大觉寺

姬脉利 张蕴芬 宣立品 王松 著

顾春敏 顾问

社会科学文献出版社
SOCIAL SCIENCES ACADEMIC PRESS (CHINA)

DAJUE TEMPLE

引 言

坐落在北京西郊旸台山东麓的大觉寺，是中国北方一座著名的禅宗寺院。该寺创建至今，已逾千载，历辽、金、元、明、清五代的世事沧桑与荣枯兴衰，虽然琳宫梵宇时增时损，山门浮屠时圮时复，但钟磬声声不绝，香火袅袅如缕，法脉相连，千年未断，可谓一直独颖丛林、享誉京师。

大觉寺始建于辽代，时称清水院。因为文献无征，其具体的创立时间，目前尚难确定，今天我们仅能根据原立于门头沟区斋堂川村双林寺的统和十年（992年）石经幢题记及现存于大觉寺内的阳台山清水院藏经记碑的记文[1]，推知早在辽圣宗耶律隆绪统和年间，该寺已具备了一定的规模，并在属地辽玉河县内诸寺中，居"领衔"地位；而到了辽道宗耶律洪基咸雍四年（1068），该寺院已有"幽都胜概"之誉，并能募得信士捐资计八十万（缗），用来修葺僧舍和印刷大藏经五百七十九帙（计5790卷）龛藏于寺内，可知当时清水院的规模之大、香火之旺，在辽南京（今北京）地区的众多佛寺中，居于前列。

大觉寺在金代的情况，不见载籍，至今也未发现相关的金石文献。但据明末刘侗、于奕正所撰《帝京景物略》一书，记述该寺即"金章宗西山八院，寺其清水院也。"可知有金一代，不仅仍沿袭了清水院之名，法脉相续，而且被金朝的第六代皇帝完颜璟辟为离宫别苑，列为西山名胜"八大水院"之一，因此使这座帝都远郊的佛教寺院与皇家发生了直接的联系。可以想见：最迟在章宗明昌年间，由于帝王和后妃们的游幸、驻跸，清水院的殿阁及园林建设，定然极一时之盛，呈现了其发展历史中的第一个繁盛阶段。

金、元易代之际，战乱频仍，蒙元大军数围金中都，畿辅糜乱。当此时，西山八大水院多成劫灰瓦砾，清水院恐亦不能幸免。推测元代初期，清水院作为前朝旧寺兼离宫，因破坏甚巨而一度荒圮凋敝，直到元代中期方渐次修复，然而虽钟磬声声，当亦非复旧观。关于元代大觉寺的情况，至今未见同时代任何文献记载，仅从明宣德三年（1428）《御制大觉寺碑记》中"北京旸台山故有灵泉佛寺"的记述推知，元代和明初的百余年间，该寺曾名灵泉佛寺。

1　统和十年经幢记文见陈述辑校《全辽文》，中华书局，1982，第369页；阳台山清水院藏经记碑记文见北京市文物局编《北京辽金史迹图志》下册，北京燕山出版社，2004，第11页。

大觉寺山门

　　明代宣德三年，宣宗朱瞻基奉其母孝昭太后之命，出内帑翻修了凋敝已久的灵泉佛寺，并更其名为大觉寺。除这次大规模的翻修外，明英宗正统十一年（1446）、明宪宗成化十四年（1478），明朝皇室对于大觉寺又先后进行了两次较大规模的修葺，而后一次修建，乃由宪宗生母周太后出资，竣工后，则派周太后从弟周吉祥主持寺务。　至此，大觉寺这座敕建禅院，也就兼有了太后家庙的地位了。明代的中早期，是大觉寺历史上第二个兴盛阶段，由皇家内廷出资修建的寺院建筑，基本保留至今，也奠定了今天大觉寺殿堂门庑的格局和规模。

　　明代末年，世乱年荒，义军蜂起，经济衰败，佛事不兴，大觉寺年久失修，廊宇多圮[2]。这种局面持续了许多年，直至清代康熙四十五年以前，尚未有较大的改观[3]。康熙五十九年（1720）至清中期，为大觉寺历史上的第三个兴旺时期。是年，时在藩邸的皇四子胤禛，不仅出资修缮大觉寺，还力荐临济正宗三十四世嗣法传人迦陵（性音）禅师主大觉寺方丈。迦陵与胤禛交往甚密，他任大觉寺住持后，开堂演法、辑纂、刊印佛教典籍，一时丛林大振，遐迩闻名。可能因为有雍亲王这个背景，康熙末年，迦陵和尚一度拟将旸台山一带开创成弘扬佛教教义的一座大道场，而把大觉寺改称"佛泉寺"，进而使其成为临济宗的祖庭。[4] 不过，在胤禛成为皇帝后，鉴于某种政治上的微妙原因，迦陵卸寺务离京南行，既而猝死江西，旸台山和大觉寺更名一事，自然作罢。自康熙五十九年至清末近二百年中，除雍正末年至乾隆初年及道、咸年间，大觉寺或因某种政治压力[5]，或因国家内忧外患影响，有过几次低谷时期外，终清一代，大觉寺作为京郊的一座敕建禅寺和雍、乾两代皇帝的行宫，不仅得到皇家的格外重视和多次修缮，建筑面积与日俱增，而且以其园林的秀丽、环境的幽雅，及当家僧侣法理修养的精湛，一直都是远近缁素求法拜佛、修心明性的一处伽蓝圣地。

民国和抗战时期，军阀混战，日寇入侵，社会秩序混乱，国民经济衰敝。大觉寺虽然香火冷落，但它作为京西名刹，不仅年年游人不断，而且作为一个特殊的文化环境，还吸引了达官贵人、民族志士等各种层面的人物及文人学者游览或栖止。民国十八年（1929），开封中山大学（今河南大学）文学院教授胡改庵，出资修补寺内所藏《宗鉴法林》一书书板并刊印流传，这是民国期间大觉寺两次较大的修缮和弘法活动。1937年，北平沦陷，西山一带寺庙均落入敌手，大觉寺则一度被日伪军强占为军事据点。在此期间，千年古刹，遭到了严重破坏。

新中国成立后，人民政府在积极保护的基础上，对破旧的建筑进行了多次维

2　据刘侗、于奕正《帝京景物略》卷五《黑龙潭》条："清水者，今绕圮阁出……"，可知当时大觉寺院内已有倾圮失修之殿阁。该书撰于明代崇祯年间，以上描述系作者亲见，时正当明末。

3　在大觉寺现藏的一批契约文书中，其中康熙四十五年前的5件，均为该寺典当房产和卖出土地的契约，于此可见大觉寺当时经济危困、香火冷落的窘况。

4　今大觉寺所藏迦陵编著的《是名正句》、《杂毒海》等书序言中，落款即属"京西大觉山佛泉寺性音"。

5　雍正末年，雍正帝对已死迦陵禅师态度大变，多次贬斥迦陵的学问人品，并严谕其子弟门徒不得妄言乱行。

修，并进行了有力的保护，今天已基本恢复了明、清两代寺院建筑的面貌。该寺坐西朝东，依山就势，步步递高。全寺有殿堂九处，建筑布局大体上分为中路、北路和南路。院内中轴线长约四百米。山门内有一长方形水池，名功德池；过池有钟、鼓二楼南北对峙；再往后，有天王殿、大雄宝殿、无量寿佛殿、大悲坛、龙王堂等殿阁依次坐落。其中，天王殿、大雄宝殿、无量寿佛殿，是明代的遗存。龙王堂是全寺最后，也是最高的一座建筑，楼前有高 15 米的覆钵式白塔一座。寺的北路为旧时僧舍，南路亦称行宫，是由四宜堂院、憩云轩、领要亭及山石、泉瀑组成的园林式建筑，均系清代雍、乾年间所建。大觉寺南约一公里的山坳间，有塔院一处，曾建有该寺明、清两代僧人灵塔百余座。塔院清代光绪五年（1879）曾奉敕重建，四围有院墙、门楣，并设置人员看护，可惜在 20 世纪七十年代被毁，现仅余一片老松古柏，森森而立。

大觉寺是一座高僧辈出的古刹。见于载籍的，如辽道宗时期的觉苑，赐号总秘大师，位至公卿，有名冠京师之誉。再如明宣德年间曾主大觉寺的智光和尚，更是明初的著名高僧，他一生政教成就卓著，生前被封为大国师，圆寂后朝廷赐授 "大通法王" 封号。明成化十四年（1478）开始兼大觉寺主持的周吉祥，是明朝僧录司的最高官员 —— 左善世钦命掌印，他在大觉寺主寺务达十五年之久，死后建灵塔两处分葬。清代迦陵（性音）禅师，为临济正宗第三十四代嗣法传人，他深通佛学，独悟禅机，示寂后敕封"国师"之号，平生著述甚丰，有多种佛学著作传世。乾隆九年（1744）圆寂的佛泉（实安）禅师，也是一位精通佛理的高僧，他是迦陵的大弟子，临济正宗第三十五代传人，曾继其师主大觉寺方丈，著有《语录》数卷传世。

历经一千多个寒暑交替和五个封建王朝的政权更迭，大觉寺在多变的沧桑世事中虽几衰几兴，却衣钵相传，既完整地保存了一处古代建筑群落，也保留了造像、碑刻、经板等许多珍贵的佛教文化遗存。大觉寺是一处典型的汉传佛教寺院，她的建筑设计、殿堂配置和园林布局，是中华民族光辉文化的凝结，具有比较高的研究价值与美学价值。除了这些古代建筑外，大觉寺还藏有各类文物千余件，这里，应该重点提到的是经板和契约文书两种。

大觉寺所藏经板计 519 块，均雕镌于清代前期，最早的雕于康熙末年，最晚的刊于乾隆初期。书板的内容为佛教著作，共九种，多为迦陵禅师编撰，有《宗鉴法林》等内典，也有《杂毒海》等外集。其中少部分收入雍正乾隆年间清政府编印的《龙藏》，多数因微妙的政治影响，如《宗鉴语要》、《宗鉴指要》和《集云百问》等，被雍正帝敕令撤出。而幸存至今的这些未正式印刷行世的著作，对于研究清代佛教史和清初宫廷史，都有珍贵的资料价值。

另有寺藏契约文书百余件，其时间上迄清代康熙初年，下至民国十三年。这些契约文书内容十分丰富，涉及土地制度、宗法制度、赋役制度、风俗人情等多方面，不仅直接反映了大觉寺二百多年来寺院经济的各个方面，也间接反映了北京地区整个社会的方方面面，具有研究寺院经济、社会风俗、土地制度等多方面的价值。

为了更好地传承大觉寺这座千年古刹的悠久历史和深厚文化，北京西山大觉寺管理处曾经两次出版以大觉寺为主题的专著。相关专著出版后，蒙广大读者垂爱，认真阅读者有之，反复推敲者有之，前来问询者有之，给出通篇校对意见者有之。彼时，因研究水平有限，出版时间亦仓促，校对不够充分，故该书存在着很多瑕疵。而且，随着时间的流逝和研究的推进，有些学术问题也有了新的诠释。所以我们决定静下心来，将存在的问题一一拣选，认真校正，删改增添，出版《大觉寺》一书，以飨读者，不负大家一直以来的广泛关注和深切厚爱。

《大觉寺》作为研究与记载北京地区佛教寺院的专著，在广泛搜集相关文献资料的基础上，基本遵循了"事以类聚、依时叙事"的史家编纂法则，将本书内容分为若干主题，对大觉寺的建筑布局、馆藏文物、历史脉络等内容进行了重点研究及阐述。在文字叙述之外，本书附加了相当数量的图片，以期对大觉寺古建佛像、馆藏文物等进行更加形象的说明和记录。书中十地菩萨造像和三大菩萨图片为祁庆国先生拍摄，二十诸天造像图片和大觉寺夜景图片为于志忱先生拍摄，部分风光文物图片为陆岗先生拍摄，封面背景国画为郭乾峰先生所绘，在此对这些同志的无私奉献与辛勤付出表示诚挚感谢！

大觉寺

目录

DAJUE TEMPLE

大覺寺

DAJUE TEMPLE

第 一 章

建筑布局和建筑艺术

掩映在绿荫深处的大觉寺

　　佛教在中国2000多年的传播发展过程中留下了大量的建筑遗存，遍布在名山胜地及城市乡村中的古代寺院，不仅是供奉佛像、僧众修行的所在，也是人们朝圣膜拜、游览观赏的场所，拥有丰富的历史文化内涵。佛教寺院中的殿堂建筑与中国传统建筑相互融合，形成了艺术表现丰富颇具中国传统建筑特色的佛寺建筑群落。位于北京市海淀区旸台山麓的古刹大觉寺是至今保存完好规模宏大的佛寺建筑，其建筑布局和建筑艺术堪称中国古代佛寺建筑中的精品。

（一）建筑布局 —— 精巧幽深的汉式寺院

中国佛教寺院的建筑布局总体上与中国传统建筑中的院落式布局相同。这种布局的特点是将寺院内各主要殿堂布置在一条由南向北或由东向西的一条纵向轴线上，殿堂前方，左侧、右侧各置一座配殿形成三合或四合院落。现存寺院大多采用了这种布局，大觉寺的建筑布局就是这种形式，即整个建筑布列在自东向西的轴线之上，依次为山门、钟鼓楼、天王殿、大雄宝殿、无量寿佛殿和大悲坛。寺的南北两侧还建有多个跨院。建筑随地势升高而变化，富有层次，步移景异，具有很高的艺术观赏性。寺院坐西朝东，既与山形地势相适应，又体现了辽代契丹族崇拜太阳、以东为尊的朝日习俗。

大觉寺地处旸台山麓，寺背依山峰，面朝东方，寺前平畴一览，景界开阔，寺后层峦叠嶂，林莽葱郁。全部建筑依着起伏的山势，层层升高，错落有致，布局精巧幽深。寺院建筑整体分为五个部分：前导建筑部分包括影壁至山门。中路是殿堂建筑，包括山门、钟鼓楼、天王殿、大雄宝殿、无量寿佛殿和大悲坛，中路建筑是寺院的主体建筑，是进行宗教活动的场所。南路行宫建筑部分包括四宜堂、憩云轩等院落；寺后园林建筑包括龙王堂、畅云轩、领要亭等。北路僧居建筑包括方丈院、香积厨等。由山门殿到无量寿佛殿，前后由一条砖砌甬路贯穿东西，形成寺院布局的中轴线。寺院占地近 4 万平方米，东西长约 400 米。南北宽约 100 米，平面呈长方形。主要建筑从山脚直至山腰部分，依天然地势自东向西排列，南北两侧各有几组封闭式的跨院。整座寺院，建筑巍峨，布局严谨。

山门殿至天王殿为第一进院落。山门内南北两侧对称分布有碑亭和钟鼓二楼，中间有功德池，石桥将池一分为二。天王殿至大雄宝殿之间为第二进院落。天王殿两侧有配殿各一与大雄宝殿两侧的南北虎房组成一个完整的长方形院落，对称设置的四个通道连接着寺内南北东三个方向。

穿过天王殿即进入了第二进院落，这里是全寺的中心。大雄宝殿坐落在高大的台基之上，周围环以汉白玉石栏板，前后有砖砌甬路通向天王殿和无量寿佛殿。第三进院落以无量寿佛殿为主体，两侧建有耳房，殿前植有两棵高大的银杏树，树冠犹如巨伞遮蔽了整个院落。无量寿佛殿后是一座双层建筑大悲坛，面阔五间，硬山顶，上层檐下悬有一匾，上有清醇亲王亲笔所题"最上法门"四个大字。大

大觉寺前古御路

位于南路西端的领要亭

位于寺内中轴线西部的大悲坛

第一章　建筑布局和建筑艺术

位于寺内中轴线的龙王堂
和南路的憩云轩

位于大觉寺南路的四宜堂

悲坛前有 25 级台阶，中路建筑从这里开始，依次升高，院落四周有红墙围绕，清幽雅致，院内植有松柏数株，高大挺拔，笔直通天。

寺内后山是一座布局精巧幽深别致的寺庙园林，有白塔、龙王堂、畅云轩、领要亭等建筑。园内古树参天，浓荫蔽日，流泉淙淙，鸟语花香。白塔位于园林最高处，是全寺的最高点，塔旁植有一松一柏，树龄均在 500 年以上，高大的松树已把塔身围抱起来形成寺内著名的八绝景观之一 —— 松柏抱塔。塔后是一座方形水池，古称龙潭，周围护有石雕栏板，望柱雕双狮。泉水自石雕龙首流出，汇成碧潭，潭水清冽，游鱼可数。潭后有一双层建筑龙王堂，其两侧有石阶可至楼上二层，周围假山叠石，是一座典型的园林式建筑。

寺院中路轴线南侧，是一组庭院建筑，位于山坡上的建筑是憩云轩，匾额为乾隆御笔。院内景致优美，苍松翠柏，参天拔地，整座庭院古朴雅致，情趣盎然。出憩云轩沿石阶而下即进入四宜堂院内，这座小院布局精巧，自成一统，而景色却四季不同，四宜堂之名即由此而来。院内遍植花草树木，名噪京华的古玉兰树就种植在此院中。憩云轩和四宜堂这两组建筑，曾是清代帝王行宫，院内流泉顺山而下，淙淙峥峥，不舍昼夜。雍正、乾隆皆有诗词匾联题咏小院，形象地描绘出这些庭院景观之雅致。

寺院中路轴线北侧建筑主要为僧居用房，有方丈院、香积厨等，建筑保存完整。

大觉寺寺院建筑布局为传统的汉式寺院布局，即以中路轴线上的建筑为主体，两侧对称布置一些附属建筑。寺院坐西朝东，层层殿宇依山而建，建筑顺应山势逐渐增高，在丛林中若隐若现，回旋萦纡，层层深入，时有柳暗花明之感。古代的造园者既借助了天然地形，又辅以花草树木和假山叠石，使得大觉寺整体上更显其超凡脱俗，呈现一种凝重幽深之意境。

（二）殿堂配置 —— 古朴壮观的殿堂建筑

殿堂是佛寺中进行宗教活动的重要地点，也是佛寺建筑的主体。殿是供奉佛教诸菩萨以及供人们礼拜之所在。堂是僧众说法行道和日常起居的房舍。殿堂的名称是依其所供奉的本尊或其用途而定，如供奉释迦佛的殿堂称大雄殿，供奉观音菩萨的称观音殿，安置存放经书的地方称藏经楼，供讲经聚会的地方称为法堂、禅堂等。大觉寺内主要殿堂为山门殿、钟鼓楼、天王殿、大雄宝殿和无量寿佛殿。

山门殿

山门是寺院的大门，由于佛寺多建在山林僻静之处，远离市坊，故得名。山门也称三门，三门是三解脱门的象征，即使只有一门，亦被呼作三门。这三座门常常盖成殿堂式，亦被称作山门殿或三门殿。殿内两旁塑有金刚力士像，如同看守寺院的两大门卫。山门是寺院的入口，也是僧俗区分的标界线。大的寺院山门之前还有照壁，建于山门前数十米之外，平面呈一字形，照壁衬托山门建筑更加雄伟高大。大觉寺山门殿面阔三间，单檐歇山式建筑，门窗呈拱券形，山门两侧有八字墙，正中门楣上嵌有明宣德皇帝书"敕建大觉禅寺"，整体建筑雄伟高大，色彩艳丽。山门两侧置有石狮一对。据说以前山门殿内旧有金刚力士像两尊，惜今以无存，现在的山门殿为 1996 年在旧址上重修而成，门前石狮亦为后补。

御碑亭

大觉寺是一座皇家敕建寺庙，明清两朝多次得到皇室出资重修扩建。寺内有石碑数通，上面记载了历代建寺修葺的经过，是珍贵的文物。山门两侧有两座碑亭，平面呈正方形，四角重檐攒尖顶，亭壁为红色，灰瓦红墙，气势不凡。亭内各置石碑一通，北侧石碑记载了明宣德三年（1428）重修寺庙的经过，南侧石碑记载了清代康熙、乾隆年间重修寺庙的情况。碑坐西朝东，为汉白玉石质，螭首龟趺，雕工精美，虽历经几百年岁月沧桑，仍保持完整。碑文字迹清晰，也是较好的书法艺术作品。

功德池

功德池亦称放生池。一般设在寺院的山门或大殿之前，大小不一。佛教以悲慈为本，不仅要求人类之间永久和平，同样也要求众生和平相处，提倡不杀生，提倡放生，让一切生物回归山林池沼，回归自然，所以寺院中常常设有放生池。池中放养各色鱼儿，以教化众生。其意是将佛陀和平慈悲的教义广播弘扬，让众生界成为一个乐园。大觉寺山门殿与天王殿之间的方形水池即为功德池。池边有棋盘式花栏

大觉寺御碑亭（南）

大觉寺功德池

大觉寺钟楼、鼓楼

第一章　建筑布局和建筑艺术

大觉寺天王殿

矮墙，池上正中建有石桥将水池一分为二。池水由山泉汇聚而成，顺石渠而下，流入池中，池的南北两端正中，各有一石雕龙首，水兽造型古朴。过去池中曾养殖有两色荷花，红白相间，争奇斗艳。乾隆皇帝当年曾为此池赋诗一首："言至招提境，遂过功德池。石桥亘其中，缓步虹梁跻。一水无分别，莲开两色奇。右白而左红，是谁与分移。"功德池边栽有楸树数株，晴天丽日之时，蓝天、白云、绿树、繁花倒映在池水之中如同幻境。池中游鱼，摆尾游弋，和谐静美，古寺更显神圣。

钟鼓楼

寺院里设有钟鼓二楼，左钟右鼓，对称而建。大觉寺内钟楼在北侧，鼓楼在南侧。钟鼓楼底层辟石雕券门，楼东西两面有砖雕花窗。楼内有木梯可登临二层，楼上四面开窗，钟楼内悬有铜钟一口，鼓楼内有架鼓一面。

钟鼓是寺院起居行事的号令，也是用于佛事活动的法器，敲击各有常度。凡佛殿诵经、食堂斋粥、升堂聚众等一切行事，都须依钟鼓号令进行。因此从朝到暮，寺院钟鼓交响，余音不绝。钟是佛寺的标志，有寺必有钟，故在佛教名地，钟就特别多。寺内钟楼悬有明宣德五年（1430）铸造的大铜钟，钟口直径 1.3 米，钟身铸满经文并雕有四天王像。钟顶部有一兽纽，据说为龙的九子之一蒲牢，因其好鸣，故放于钟顶之上。寺内大钟造型精美，工艺精湛，音质纯美，钟声穿透力极强，声音可达数里之外，钟壁之上还刻有"闻钟声，罪业轻，菩提长，智慧生"等铭文。

天王殿

天王殿位于中路轴线之上，在钟鼓楼以西，面阔三间，进深二间，灰筒瓦，歇山顶，檐下饰有斗拱，明间檐下原悬有巨匾一块，上书"圆证妙果"四字，为乾隆御笔，今已佚。殿内正中供奉弥勒坐像，南北二侧有四大天王像，原佛像今已不存，现在所供奉的佛像为近年新塑。弥勒意译为慈氏，按佛教所说他是继释迦牟尼之后的佛，弥勒常被塑成袒胸露腹、笑逐颜开的样子。四大天王是印度佛教中的护法天神，身高体健，威猛异常，在佛教传入中国后，逐渐汉化，人们建造寺庙时纷纷为其建殿塑像，因其象征"风调雨顺"，表达了人们祈愿天下太平、五谷丰登的美好愿望，所以在中国民间广受欢迎。

大雄宝殿、无量寿佛殿

大雄宝殿是寺内主要殿堂，殿堂面阔五间，进深三间，单檐歇山琉璃瓦顶，为寺中最大的佛殿。大雄宝殿前有月台，周围用白石栏杆环绕，东，南，北三面设有石阶可供上下。殿堂建在高 1.6 米的石基之上，整体建筑方正端庄，气势雄伟。殿内顶部为井口式天花，中有盘龙藻井。大殿门额上悬有乾隆御笔"无去来处"九龙漆金大匾一块。殿顶彩画由于年代久远，已经剥蚀不清，殿内香案前有木制八宝、五供。南侧有鼓，北侧有钟。大雄宝殿是供奉佛教缔造者和最高领导者"佛"的殿堂，大雄是对佛道德法力的尊称，指佛有大力，能降伏五方阴魔。殿内供有三世佛像，南北两侧为二十诸天立像，西南、西北两侧为十地菩萨立像，佛像雕造精美，神态端庄生动，此殿佛像皆为原塑，保存基本完好。

无量寿佛殿，是寺内主要殿宇。面阔五间，灰筒瓦、歇山顶，殿内门窗菱花均为古钱式，做工精美。明间檐下悬有乾隆御笔"动静等观"九龙漆金大匾一块。无量寿佛殿殿内供奉西方三圣，中间坐像为无量寿佛，两侧立像为观音和大势至菩萨。塑像木质漆金。无量寿佛殿佛像背后有一组大型的海岛观音壁塑，形象生动，至今保存完好。佛殿两侧的十八罗汉塑像，为近年新塑。

大雄宝殿和无量寿佛殿两座殿堂，主体建筑保存完好，五百年来未曾遭到大的破坏。近年在对其进行重新修缮的过程中采用了修旧如旧的方法，使得殿堂外观与内设佛像，色彩谐调，古朴庄严。建筑外表不施彩绘，力求保持原有风貌，这种修缮方法获得了专家和游人的好评。

（三）藏传佛教遗存 —— 覆钵式白塔

塔是寺院建筑中重要的内容，起源于印度。梵文为 stupa，中文译作窣堵坡、浮图等。塔是坟冢的意思。佛祖释迦牟尼圆寂后，其弟子把火化后的尸骨埋于地下，堆成土丘，称其为舍利塔。后世佛徒继承了这一方式。凡对佛教有过贡献的高僧后世都为他们建塔纪念。塔上镶有石碑称为塔铭。塔的位置有的在寺内，有的在寺外，把历代高僧的纪念塔集中一处而形成"塔林"或"塔院"。塔的形式也是

大觉寺大雄宝殿

大觉寺无量寿佛殿

多种多样：有楼阁式、亭阁式、密檐式、花式、覆钵式、金刚宝座式、过街塔门式、经幢式、组合式，等等。

随着佛教在中国的传播，塔的建筑方法与中国古代传统雕塑艺术、建筑技法相融合，不断发展变化，塔不仅是佛教建筑中的重要内容，而且成为其所在地的一处风景标识了。

大觉寺中路建筑最高处，寺庙后山的园林中耸立着一座外观与北京城区内妙

大觉寺白塔

大觉寺南塔院遗址

应寺白塔和北海永安寺白塔相近的藏传佛教建筑 —— 覆钵式白塔。此塔高约 15 米，南北两旁植有松柏各一株，树身粗壮，据古树专家分析至少有五六百年以上的树龄。

关于这座古塔的名称、功用、建造年代及背景，辽、金、元、明代文献史料及寺内现存历次重修碑都未提及，仅在清代和民国一些史料及近年一些著作中有关于这座古塔的记述（近年一些著作中多认为此塔即是清代高僧迦陵的墓塔）。

对于大觉寺的历史沿革，前文已有述及，在此不再多叙。大觉寺清代著名高僧性音（字迦陵）因与雍正结识，而致晚年命运坎坷。性音字迦陵，号吹余，自幼聪慧过人，能言善诵。早年于杭州理安寺出家，入临济宗，后辗转至京师柏林寺，曾任柏林寺方丈。他与当时的雍亲王交往甚密，经常在一起研习佛理，秘议国事。康熙五十九年，雍亲王派他任大觉寺方丈，还亲自撰写《送迦陵禅师安大觉方丈碑记》一文，以示恩宠。此碑现立于御碑亭内。但是，雍正元年（1723），性音却忽然被逐南游，雍正四年秋病逝，后雍正敕赠圆通妙智大觉禅师。性音生年著述甚丰，有《杂毒海卷》等著作，现在寺内还存有性音所著的语录木刻板。

雍正崇信佛教，自称是个不着僧服的野僧，曾引用僧人过问政治，参预机密。性音即是他结交的名僧之一。但雍正对迦陵性音的态度前后有所不同。原来任用他作大觉寺住持时是说他对佛经理解透彻，能阐明不易理解的微妙教义，超越众多僧人之上。雍正四年还说性音不图权势，到江西隐居修行，为表彰他的功绩特追赠其为国师，赐给谥号，令其语录收入经藏。可是在几年之后，雍正帝又改变其态度说性音品行不好，行为不端，好干预尘俗之事，所以命他离京，以保护佛门清规。其语录也撤出藏经，削其封号，不许门徒记录当年雍亲王与其交往活动的情形，雍正对性音的态度前后大相径庭，雍正帝驭人之道由此可见一斑。

迦陵圆寂后，其遗骨于雍正六年（1728）返京师"奉安"于敕建灵塔之内，这是有文献可考的事实。然而，其灵塔的具体位置在哪里，保存状况如何？今天位于大觉寺内中路建筑大悲坛后面的覆钵式白塔，是否就是雍正六年所建的性音舍利塔呢？

清代有关性音塔的记载见于以下资料。

清代乾隆十二年（1748）《御制重修大觉寺碑》记载：

"康熙庚子之岁，皇考以僧性音参学有得，俾往住持丈室。御制碑文以宠之。及圆寂归宗，复命其徒建塔于此……"[1]

《日下旧闻考》记载：

"大觉寺，康熙五十九年世宗潜邸时特加修葺，乾隆十二年皇上发帑重修……寺旁有僧性音塔。"[2]

《光绪顺天府志》也有如下记载：

"本朝康熙五十九年世宗潜邸时，特加修葺。乾隆十二年，高宗发帑重修。……其寺旁有精舍曰四宜堂，为世宗御书，乾隆间又修。寺旁有僧性音塔……"[3]

从以上清代史料记载及迦陵示寂的年代来看：性音塔的建造时间为雍正年间，但是对塔的具体位置的描述容易令人产生歧义。"于此"和"寺旁"究竟指的是寺内还是寺外呢？

民国二十四年《旧都文物略》大觉寺条中提及大觉寺塔，并配有古塔的图片，文中这样记载：

"……山顶有舍利塔一座，为乾隆时造，塔后为龙潭，水清可鉴……"[4]

民国二十五年李慎言的《燕都名山游记》中也有关于大觉寺塔的记载：

"……大悲坛的后面，有座藏经塔，长松环绕，势甚挺秀……塔的周围有傅增湘题诗二则。"[5]

1 寺存乾隆十二年《御制重修大觉寺碑》。

2 （清）于敏中等：《日下旧闻考》，北京古籍出版社，1983。

3 （清）周家楣、缪荃孙编《光绪顺天府志》，北京古籍出版社，1987。

4 北平市政府秘书处：《旧都文物略》，民国25年

5 李慎言：《燕都名山游记》，北平燕都学社，民国25年。

国家图书馆藏《性音塔铭》拓本

傅氏题诗如下。

　　俨然一塔压琳宫，沐日摩云势岸雄。

　　驯取蛟虬作环卫，惊看黑虎出深业。

　　石螭似诉金源恨，林鹊长呼紫塞风。

　　佛力渐随王气歇，只留辽碣伴衰翁。

　　上述材料所记古塔为寺内后山之塔，塔的名字为舍利塔或藏经塔，塔的建造年代有雍正年间和乾隆年间两种说法，而傅增湘所题古塔诗词似乎让我们对塔的历史又有新的认识。

　　国家图书馆现藏有"性音和尚塔记碑"拓本一纸，性音塔记碑石高56厘米，宽54厘米，碑额额高16厘米，宽13厘米，碑文为正书：

敕建

国师圆通妙智大觉禅师传临济正宗三十四世迦陵音和尚塔

造塔匠人　赵有良　王义

清雍正岁次戊申十月

据了解，此碑记是"文革"前拓于西山大觉寺"塔院"中的一座"和尚塔"，塔院位于大觉寺西南一公里处的山坳间，占地约两公顷，是清代大觉寺的一处附属建筑，用来安葬本寺示寂僧人，有院墙维护和僧人值守。据附近村民讲，直到二十世纪七十年代初，塔院内还是松柏葱郁，石塔林立，后因当地搞水利工程，便拆毁了院墙和所有石幢塔，只留有一片遗墟。据幸存的性音塔记拓本和塔院考古资料，可以推知，建于雍正六年的迦陵舍利塔的位置，应是在南距大觉寺一公里的"塔院"之内，而非今天坐落于寺内中路大悲坛之后。

认为今天大觉寺内白塔即是迦陵塔的说法由来已久，比较普遍，尤其是近十余年随着大觉寺对外开放，知名度越来越高，一些介绍性文章、导游书籍都认为后山白塔即是高僧迦陵舍利塔。此种说法，大概依据皆为乾隆帝御制重修大觉寺碑文中"及（性音）圆寂归宗，复命其徒建塔于此"的记述。其实，"建塔于此"中的"此"是大方位，是泛指，应与迦陵示寂之处的江西庐山的对言。可以泛指西山一带，也可以实指大觉寺及周边区域，并未具体说是建于寺院之内。还有论者，认为白塔可能是乾隆十二年（1747）重修大觉寺时发内帑所建，这既不见于各种文书、方志，也不见于迦陵法孙月天和尚的著作。乾隆十二年月天禅师继任大觉寺住持，他著有《月天宽禅师语录》（板藏大觉寺，其中文中多处提到乾隆重修大觉寺之事，却没有关于增建古塔的记载）。因此，这种推定，应是臆想。

另据藏于国家图书馆的中华民国十八年刊印的《宗鉴法林》前由开封中山大学（今河南大学）胡改庵教授撰写的叙言中，提到为其亡夫人发愿补刻寺藏《宗鉴法林》板的过程，他曾到"寺右"徐各庄村性音塔处祭拜。"寺右"者，今大觉寺之南也。由此也可知，性音葬于大觉寺外西南一公里的南塔院可能性很大。

今耸立于大觉寺后山最高处的白塔为覆钵式塔，又称喇嘛塔。喇嘛塔在金元之际已出现，明清因之，是藏传佛教的产物。元代统治者将喇嘛教奉为"国教"，地位颇高，喇嘛塔亦随着藏传佛教的盛行而遍布京城。北京阜城门内"妙应寺"白塔，是我国现存最早最大的喇嘛塔，建于元代。这座硕大的白塔，集皇权与神权于一体，充分体现了元世祖忽必烈"以佛治心"的政策。坐落在北海琼华岛上的"永安寺"白塔始建于清顺治年间，高耸云天的白塔堪为风景标识的典范，是宗教建筑与园林景观巧妙结合的产物。

大觉寺白塔即为典型的覆钵式塔，砖石结构，分为地宫、塔基、塔身、塔刹

大觉寺白塔砖雕（局部）

大觉寺白塔砖雕、塔刹

034

四部分，塔高约15米，下有八角形须弥座，中部是圆形塔肚，上方是细长的相轮，顶上饰有宝盖。塔位于寺内最高处，塔西面是龙潭，塔旁有一松一柏，周围是布局精巧的寺庙园林。地宫位于佛塔所在地基石之下，地宫应是埋放舍利的地方，除佛骨舍利之外，通常还应有各种金银器皿、佛经佛像及各种珍宝等。从地形上看，此塔位于寺内最高点，塔周围地势呈缓坡状，地宫部分方正高大，与周围地势大不相同，显得非常突兀。白塔的后面是龙潭，有关专家考证龙潭应是金章宗时所建，今存于龙潭四周的汉白玉石雕纹饰还保留着金代的艺术风格。另外虽然时过千年，龙潭水源并未影响到塔基及地宫部分，可见当时防渗工程水平之高。

塔基高50厘米，呈四方型。塔基平面铺以花岗岩条石，正东面有石阶可供上下，塔座为八角形，正面朝东，坐落在方形的塔基之上。须弥座的上枋和下枋，雕刻着仰俯莲花瓣，须弥座的束腰中雕刻有精美的砖雕图案。图案呈菱形，塔的东西南北四面菱形图案正中央，各雕刻着一条腾云驾雾、张牙舞爪的祥龙，在龙身周围雕满了朵朵祥云图案。龙爪呈风车状，龙首昂起，圆目怒张，四条龙的造型非常生动，呼之欲出，栩栩如生。塔的东北、东南、西南、西北四面雕有不同的花卉图案，依次为：葵花，牡丹，莲花和西番莲。花卉造型精美，形态各异。

须弥座上是圆形的塔座，束腰上雕有莲花图案。圆形塔座的上方有三层金刚圈与塔身相连，塔身呈覆钵形，上宽下窄，塔身正东面开有焰光式塔门，也称"眼光门"，塔门呈壶门式样，中间雕有两扇花棱形门窗。

塔身上面是相轮，共有十三层，上窄下宽，也称做十三天。最上面是华盖，四周雕有一圈佛字，计 16 个。华盖下面撑有四根铁柱，起到支撑金属塔刹的作用。华盖下还悬有风铃 8 只。华盖的顶上是铜质宝珠式刹顶。

整座白塔，造型优美，比例匀称。两边栽植的古树，树身高大，树冠蓊郁，犹如巨人默默地忠实守护着历经沧桑、见证历史、神秘庄严的大觉寺白塔。

从以上对古塔的描述及塔的形制上看，今存大觉寺内之白塔，为典型的喇嘛教佛塔。迦陵是禅宗一代宗师，作为临济正宗第三十四世传人，如其灵塔为覆钵式，似有不妥之处。大觉寺清代著名高僧迦陵和尚的舍利塔应在寺外一公里处的塔院之中。迦陵示寂于雍正四年，距今还不到三百年的历史。而依大觉寺白塔两侧所植的松柏树龄推算，此塔也应有不少于五百年的历史。大觉寺内的白塔塔身既无记载塔主身份的塔铭，塔前又无记载立塔之目的和背景之石碑。这为我们考察此塔的历史增添了一定的难度。当然除了塔院敕建的性音塔外，是否在寺内又建一座迦陵舍利塔？如果寺内白塔不是为迦陵所建，那么，它又建于何时？是舍利塔还是藏经塔，这些都有待于新的考古发现和更深入的研究才能确定。

（四）寺藏清代契约文书中记载的寺院建筑

今大觉寺藏有一份道光八年（1828）文札，内容是当时寺庙住持真觉和尚向宛平县衙禀报大觉寺内各处建筑殿堂、庭院池桥的渗漏、坍塌、损坏情况。文札中所报建筑数量众多，面面俱到，非常详细。当然所报的残损建筑是否得到维修已不可得知，但它从一个侧面向我们透露了大觉寺在清末道光年间已进入了衰微的阶段，由于得不到及时的维护，寺内建筑损毁严重。值得注意的是，在这份文书中提到了大觉寺所有建筑的名称及当时的现状，有许多建筑在道光年间的叫法与现在建筑名称不一样，因此它也为我们研究大觉寺寺院建筑名称的演变提供了不可多得的宝贵资料。为了说明方便，特将这份文书转录如下。

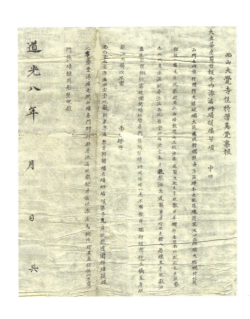

寺藏道光八年大觉寺主持僧禀文

西山大觉寺住持僧真觉禀报

大老爷座前所报寺内渗漏坍塌损坏等项

山门□内旗杆糟朽大幡破烂大绳□绳糟烂朝房渗漏碑亭走兽损坏荷花池四面坍塌大桥栏杆鼓闪／

钟鼓大殿瓦片脱截□楼瓦片脱截殿前红白墙鼓闪天王殿油画迸裂单□栏杆走□南北配殿瓦片脱截／

南北转角渗漏配房渗漏南北影堂坍塌法堂瓦片脱截油画迸裂单□阶石走错大悲坛瓦片脱截油／

画迸裂顶棚纱□破烂□墙红墙角门俱以损坏坍塌佛塔一座不齐龙潭栏杆鼓闪龙王堂瓦片脱／

截油画俱以不齐　　　　　　　南北跨所／

南行宫七堂渗漏四宜堂脱截朝房渗漏憩云轩阑墙坍塌领要亭瓦片脱截周围群墙损坏／

北方斋堂渗漏走□山墙角门糟朽厨房渗漏脱截配房俱以渗漏马棚院阶石走错俱以不齐／

门外红墙鼓闪影壁脱截

道　光　八　年　　　月　　　日　　具

　　从以上内容可知，现在寺院之内的功德池在清代道光年间有一个别名，称荷花池，想必当时池中肯定是遍植荷花。清代乾隆皇帝多次游幸大觉寺，曾为荷花池（功德池）赋诗一首："言至招提境，遂过功德池。石桥亘其中，缓步虹梁跻。一水无分别，莲开两色奇。右白而左红，是谁与分移。"乾隆三十三年（1768）御制杂诗中所描述的两色荷花景观在道光年间依然存在，只不过荷花池已经残破不堪，"荷花池四面坍塌，大桥栏杆鼓闪。"值得注意的是，这份建筑损坏情况内容的禀报中，还有关于大觉寺后山古塔的零星记载："……佛塔一座不齐，龙潭栏杆鼓闪，龙王堂瓦片脱截，油画俱以不齐。"此佛塔即为寺内后山龙王堂前的覆钵式白塔，在道光年间，寺僧称之为佛塔，而佛塔内所藏应是佛祖（释迦牟尼）的法身舍利，即经像、法物等，这又一次向我们证实了大觉寺白塔不是迦陵和尚舍利塔。

　　另外，这件文书中所记录的寺庙各处建筑之内，如天王殿、无量寿佛殿及龙王堂檐柱顶棚之上应有大面积的彩画存在，只不过当时真觉和尚将其称为"油画"，且大部分都已"迸裂"。

　　这份道光年间的文札还将寺院南路行宫建筑北路生活区建筑明显的区分开来，南路行宫建筑包括四宜堂、憩云轩等，北路生活区包括方丈院、斋堂、厨房、马棚院等，与现存寺院建筑的名称基本相似。马棚院即现在寺内的北下院，此院宽大敞亮，院内植有一棵巨大的雌雄合抱银杏树，至今仍枝繁叶茂。道光年间称北下院为马棚院，此院还出土了一些石碾、石磨，应为当时寺内重要的生活区域。

大觉寺殿顶彩画

大觉寺山门砖雕

（五）风格别致的建筑及装饰

大觉寺这座皇家敕建寺院，明清两朝屡次得到重修扩建，历经500多年的风风雨雨。虽然殿内陈设与原状发生一些变化但其主体建筑依然雄伟高大，古朴庄严。殿堂内的佛像、装饰及用具的漆饰早已失去了往昔的光彩，但我们仍能感受到当年这座皇家敕建寺庙辉煌悠久的历史和建筑工艺水平的精湛。

大觉寺殿宇宏丽，气势壮观，如同一颗璀灿的明珠镶嵌在西山莽莽群峰之中。寺院至今保存完整，主体建筑结构坚固，工艺制作精良，古色古香的明代木结构建筑群堪称不可多得的珍品。寺内建筑采用我国传统的砖木结构体系。建筑的台基、墙体和屋顶都具有浓郁的北方特色。殿堂台基是承托木构架的基础，它的作用一方面能够防潮抗震，另一方面也起到区别建筑物等级的作用。高大的台基使得殿堂更显突出和醒目。木构架是古建的重要结构，由柱、梁、枋、檩、檐和斗拱组成，其中的斗拱部分是古建中最富特色的构件。它起到装饰和承重作用。墙体在木结构建筑中主要起防寒、隔音及支持木构架的作用，一般不负重，所以我国的古建筑有"墙倒屋不塌之说"。屋顶是古建中最有艺术魅力的部分，屋顶的装饰有着严格的等级制度。

寺内建筑依山就势分布在一条东西方向的轴线之上，其他附属建筑则安排在南北两路，主次分明，错落有秩。大雄宝殿和无量寿佛殿殿堂建筑，色调艳丽而又不失古朴，大雄宝殿殿顶采用琉璃瓦顶，与众不同，凸显皇家寺庙的等级制度。屋顶的四个檐角向上翘起，呈展翘欲飞之势。两座殿堂建筑周围均用白色花岗岩石雕栏杆围绕，栏板雕工规整。殿堂斗拱装饰精美，上面的彩绘依稀可见。中路轴线两侧的建筑及院落相对较中路建筑降低了高度和大小，从而更突出了主要建筑的地位。寺内殿堂建筑色调对比鲜明：白色的台基，朱红的墙体，青绿色的彩绘再加上璃璃屋面熠熠生辉，使得这座古寺院在蓝天白云的衬托下显得格外绚丽多彩。

寺内殿堂的装饰艺术也十分出色，通过对梁、柱、枋、斗拱、天花、藻井、屋顶等结构进行艺术处理，通过壁画、彩绘、脊饰等多种形式对佛殿的空间部分进行装饰，使得殿堂建筑极具传统风格和宗教色彩。

殿堂内的天花藻井是佛殿的主要装饰。天花又称天花板即室内顶棚，藻井是

钟楼砖雕花窗

大觉寺大雄宝殿蟠龙藻井

第一章　建筑布局和建筑艺术

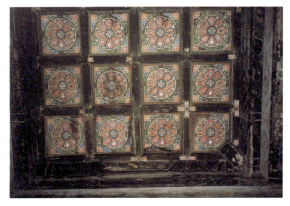

殿顶彩画

殿堂斗拱及栱眼彩画

殿顶琉璃鸱吻

殿顶琉璃脊兽

高级的天花被用在等级较高的殿堂明间正中。大觉寺殿堂内天花图案为"佛八宝"图案，由于年久，部分天花图案已经剥落，但从现存的图案上仍然可以辨认出上面绘制的法轮、宝伞、白盖、金鱼、莲花、海螺、盘长、宝罐等八种佛教法器。色彩十分艳丽。殿堂正中的盘龙藻井上圆下方，象征天圆地方，周边有小斗拱，层层收拢，制作精细。藻井中心的金漆盘龙，雕刻精美逼真。盘龙姿态矫健，须目贲张，颇具气势。

彩绘又称建筑彩绘，是在建筑物的梁、枋、斗拱、柱头等部位上描绘出各种图案纹样。它既有装饰作用，同时又对木结构建筑具有保护作用。佛教殿堂彩绘一般分为三种类型：和玺彩绘、旋子彩绘和苏式彩绘。彩绘用的颜色主调为青绿色间以红色。颜色是由矿物质中提炼出来的。寺内建筑彩绘以龙的图案和梵文的画题居多。封建帝王自命为真龙天子，凡御用之物多以龙纹做标记。大觉寺这座皇家御用寺院自然也少不了龙的装饰图案。藏传佛教中的"六字真言"也被用于装饰之中，每个字名有其意，按顺序排列，寺内大雄宝殿殿顶早期曾绘制过"六字真言"彩绘天花，从现已剥落的天花中依稀可辨认出当年的"六字真言"图案。寺内建筑彩画画题丰实，除两座大殿外，近年重新修缮的建筑如山门殿、龙王堂、憩云轩等建筑均依照前制重绘了彩画，色彩绚丽，金碧辉煌。

脊饰就是在古建屋脊之上进行的装饰。屋脊是指屋顶两斜坡相交后隆起的部分，主要有正脊、重脊、戗脊、博脊等几种形式，对屋脊进行装饰，是我国古建筑一种传统的外部装饰技术。脊饰包括正脊上的吻兽、重脊端的垂兽、四翼角戗脊上的仙人和走兽。这些脊饰有严格的等级区分，不同的建筑应有不同的脊饰。

吻兽又称大吻，一般装饰在正脊的两端。寺内殿顶两边头插宝剑的琉璃大兽就是大吻。吻兽是由汉代的鸱尾演变而来的。元明清时，传统的鸱吻变成了吻兽。由鸱尾演变成大吻是我国古代人民对龙的一种美好期望，传说中龙有消灾灭火之力，把它装饰在殿顶的目的不单是为了装饰加固建筑，实际上也是古人出于迷信的观念祈盼它能祛灾除祸。寺内大殿屋脊上的鸱吻，脊上插有宝剑，龙头怒目张口，吞住正脊，是殿堂屋脊上最华丽的装饰物品。

垂兽与戗兽造型一致，头生兽面，身有龙鳞，卷虬闭口，鬓毛飘展，古人将其像设于垂脊之端，喻义建筑牢固、不怕风吹雨打之意。

仙人走兽，饰于佛殿的戗脊端部或角脊上，一般在翼角处为"仙人骑凤"，

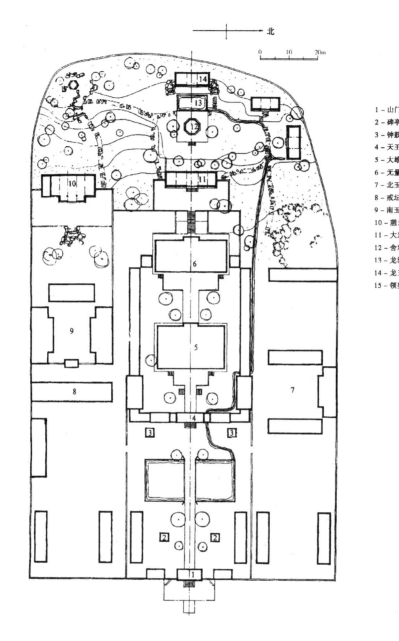

北

0   10   20m

1 – 山门
2 – 碑亭
3 – 钟鼓楼
4 – 天王殿
5 – 大雄宝殿
6 – 无量寿佛殿
7 – 北玉兰院
8 – 戒坛
9 – 南玉兰院
10 – 憩云轩
11 – 大悲坛
12 – 舍利塔
13 – 龙潭
14 – 龙王堂
15 – 领要亭

大觉寺平面图 （ 原载于周维权《中国古典园林史》，赖德霖绘制）

其后为数量不等的走兽。最多可达 11 个。清代走兽的排列顺序为龙、凤、狮、天马、
海马、狻猊、狎鱼、獬豸、斗牛、行什，它们都是能兴云作雨，灭火救灾的神异动物。
把这些动物形象置于殿脊之上，象征着消灾灭祸、逢凶化吉之意。将建筑功能和
艺术造型结合起来，体现了我国古代工匠们的非凡想像力和创造力。

大覺寺

DAJUE TEMPLE

第二章

佛教造像

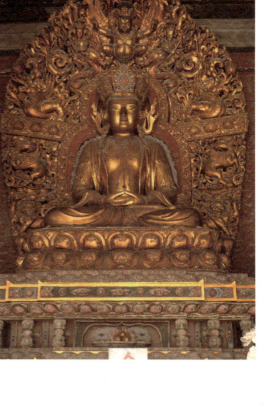

大觉寺无量寿佛殿内
供奉的无量寿佛像

　　佛教于西汉时期由印度传入中国，经长期传播发展，形成了具有中华民族特色的中国佛教。佛教诸神以佛像雕塑形式作为佛教信奉、传播的重要载体，佛教诸神主要包括佛、菩萨、罗汉、天神、鬼神等。而佛教寺院是佛教诸神在人间的栖身之地，称为"人间净土"。供奉在佛教寺院高大殿堂之内的塑像，造型生动、雕刻精美，具有极高的艺术价值，是佛教艺术的集中体现。

　　佛教雕塑内容形式多种多样。大觉寺寺庙中现存雕塑多为明清两代作品。佛教造像精细入微，追求形象的真实，无论从艺术造型、雕刻手法和装饰色彩等方面都代表了当时艺术发展的水平。

　　在高大宏伟的大觉寺寺庙殿堂中，供奉着姿态各异、数量众多的佛教造像，体现了佛教"以像设教"的宗旨。佛教诸神不仅造型生动，而且性格鲜明，菩萨端庄宁静、洒脱飘逸、充满智慧，天王促眉横目、威武健壮，弟子温顺虔诚，各具神态。从其艺术造型上看有着明显的世俗化、民族化特征，应是佛教传入中国后必然的发展结果。从雕刻技法上看，塑像主要采用浮雕和圆雕两种。浮雕是在平面物体上雕出凸起形象的作品，主要起装饰作用，寺庙中的浮雕作品内容多样，常见的图案有雕在佛龛、门楣以及佛、菩萨服饰等处的装饰，如：忍冬纹、卷草纹、莲花纹等。莲花被喻为佛教圣花，常常装饰在重要位置，佛像宝座、佛像背光上到处可见。此外在浮雕装饰纹样中还有许多动物形象出现，如：龙、马、象、虎、鹿、狮等，有些动物真实存在，有些则是想像出来的神物，它们的出现使得佛国世界更显生动，充满了生活趣味。圆雕是立体的雕塑艺术，寺庙中供奉的佛、菩萨、罗汉、诸天造像都属圆雕作品，是寺庙中所要表达的佛教信仰的主要形式。尤其是大觉寺大雄宝殿中的二十诸天及十地菩萨像，雕刻精美，人物形象栩栩如生，堪称明代雕塑艺术之精品。古代的雕塑技师们没有被烦琐的教规束缚，充分发挥出自己的想像力，创造了各种动人甚至融入个人感情的艺术形象，真实地反映了他们内心深处美好的思想与憧憬。供奉在主要殿堂的佛、菩萨像，在雕塑艺术上尽显其慈祥和悦、大慈大悲的形象，而供奉在殿堂两侧的诸位天神、罗汉则依据世俗人物来具体刻画，男女老幼性格多样，喜怒悲忧应有尽有，无一重复，简直就是人间生活的写照，众多神像会聚一堂，刚柔相济，主次分明，有着强烈的艺术感染力。

弥勒佛

天王殿内正中端坐开怀大笑的是大肚弥勒佛，他盘坐于须弥座之上，左手握一巨大布袋，右手持念珠一串置于右腿膝盖上，袒胸露腹，双耳垂于双肩之上，喜眉乐目，笑口常开，双目中神采奕奕，洋溢着慈善的光辉。

弥勒为菩萨名，亦称"慈氏菩萨"。传说先为婆罗门子，后为佛徒；先于释尊入灭，归入兜率天内院，经四千岁（相当于人间五十六亿七千万岁）后下生人间，于华林园龙华树下成佛，弘扬佛法。中国民间又以五代僧人契此为其化身，作笑口常开、袒胸露腹之胖和尚状 [1]。五代后梁时期明州奉化和尚契此，又号长汀子，

1　任道斌主编《佛教文化辞典》，浙江古籍出版社，1994。

大觉寺内天王殿
供奉的弥勒佛像

常荷一布袋入市行乞，自称弥勒化身，江浙民间多信之。贞明三年（917）他端坐岳林寺磐石说偈曰："弥勒真弥勒，分身千百亿。时时示时人，时人自不识。"遂入灭。于是寺庙多塑其像，沿袭迄今[2]。弥勒佛又称后生佛、未来佛，被视作释尊的继位者[3]。

　　大觉寺天王殿内如今供奉的弥勒佛塑像是 2003 年末雕塑、2004 年初贴金而成。据有关文物专家回忆，殿内原有弥勒塑像现应存于北京法源寺。法源寺曾遭人为破坏，1979 年由中国佛教协会筹集人力、财力，在政府的大力支持下重新修复，并定为北京市重点文物保护单位。经破坏后的法源寺殿堂佛像缺失，大觉寺内的弥勒佛就是于那时被调到法源寺的。该佛像为明代夹纻金漆塑像，像高 1.12 米，左手执念珠，右手持布袋。该像最初供奉于法源寺天王殿内，后因破损严重，被收入文物库保存，而替换为另外一尊。

2　中国佛教图书文物馆编《法源寺》，法源寺流通处，1981。

3　任道斌主编《佛教文化辞典》，浙江古籍出版社，1994。

大觉寺天王殿内供奉的站姿韦驮像

大觉寺藏明代坐姿韦陀造像

韦驮

韦驮原是古印度战神，佛教吸收为护法神，传说释迦牟尼入涅槃前，敕令他在南赡部洲护法，为南天王部下八将之一，而居四大天王部将三十二将之首。又受佛之嘱，周统东、西、南三洲巡护事宜，故有"三洲感应、危镇三洲"之说。其形象是青年武将，白脸或金脸，头戴盔帽，身披甲衣，手持金刚降魔杵。在寺院中，韦驮一般供奉于天王殿背后，面对大雄宝殿之释尊。韦驮形象通常为立式，仅有江苏如皋定慧寺、北京法源寺、北京西山大觉寺等为数不多的几尊塑像为坐式[4]。韦陀的形象如同中国古代将军，头戴金盔、身穿金甲、手执金刚杵，威风凛凛。韦驮的姿势在寺中通常有两种：一种是双手合十，横杵于腕上，笔直挺立；另一种是左手握杵拄地，右手插腰，伸身左脚略向前立。这二种姿势有两种不同的意义：合掌持杵者，表明该寺是接待寺；握杵拄地者，表明该寺不能接待寄宿僧人，游方僧人一望便知。寺内诸天行列之中的韦驮天神，通常为头戴金盔，身披金甲，双手合十，金刚杵横于两腕之间。

4　任道斌主编《佛教文化辞典》，浙江古籍出版社，1994。

1　东方持国天王
2　西方广目天王
3　南方增长天王
4　北方多闻天王

大觉寺天王殿内如今供奉的韦驮塑像是近年与弥勒佛像一起重新雕塑供奉的。塑像为木胎泥塑，采用了上等合成颜料彩绘、重点沥粉贴金（铜）铂工艺。韦驮站立于须弥座之上，双手合十，两臂间横持金刚降魔杵，这一形象是参考大觉寺遗存韦驮像和山西双林寺韦驮像重新设计雕塑而成。

大觉寺另有一尊韦驮像为本寺旧有，亦为木胎泥塑，是明代历史遗存，他正襟威坐于一木椅之上，双手合十，两臂间的金刚杵如今已经不在。

四大天王

四大天王，又名"四大金刚"，即东方持国天王，名毗提河，管辖东胜神洲；南方增长天王，名毗琉璃，管辖南赡部洲；西方广目天王，名毗琉博叉，管辖西牛贺洲；北方多闻天王，名毗沙门，管辖北俱卢洲。各率二十八部众，镇守一方。中国的四大天王像为：东方持国天王执琵琶，南方增长天王执剑，西方广目天王执蛇或龙，北方多闻天王持伞或塔，象征风调雨顺。古印度四天王则象征地水火风[5]。

大觉寺天王殿内原有的四大天王像据说遭人为破坏被毁，现供奉于殿内的塑像则是2003年末雕塑、2004年初彩绘而成。他们高大威猛，气势逼人，似动似静，神态各异，给人以强悍的震慑力量和雄壮的艺术美感。

三世佛

三世佛，所谓的"三世"是佛教的说法，是佛教对无始无终、无边无际时空的高度概括。三世佛有横竖之分，俗称"燃灯佛、释迦牟尼佛、弥勒佛"为时间上的竖三世佛，"药师佛、释迦牟尼佛、阿弥陀佛"为空间上的横三世佛。现大觉寺大雄宝殿内供奉的三世佛即为横三世佛。

药师佛，是梵文音译，全称是"药师琉璃光如来"，亦名"医王善逝""大医王佛"等，药师佛是东方净琉璃世界的教主。据《药师经》记载：药师佛曾发十二大愿，其中一条即"除一切众生诸病，令身心安乐。"药师佛名亦由此而来。药师佛不仅能治病消灾，他还能满足众生的一切愿望，解除众生的一切痛苦，所

5　任道斌主编《佛教文化辞典》，浙江古籍出版社，1994。

以信奉者极多。药师佛的形象是结跏趺坐，左手持钵，钵中盛甘露，右手结施与印，两手指拈一药丸，表示他济世的方法与功用。药师佛在大雄宝殿内常居释迦佛左边，寺内药师佛坐西朝东居释迦佛北侧。

　　阿弥陀佛是梵语音译，汉译有"无量寿佛""无量光佛"等名号，其中"无量寿佛"最为常用，由于净土宗认为阿弥陀佛能接引众生往生"极乐世界"，故又名"接引佛"。据《无量寿经》记载：阿弥陀佛在成佛前是一位国王，因为听佛说法心怀喜悦，于是舍弃王位，出家修行，取名"法藏"。他在成佛前立48大愿，其中第18愿为"设我得佛，十方众生，至心信乐，欲生我国，乃至十若不生者，不取正觉……"。经过无数年的修行，终于实现了48大愿，最终成佛，号无量寿佛。佛经上说他以"念佛"的方法救度众生。观音和大势至是他的两大胁侍菩萨，共同帮他接引众生往生西方极乐世界。阿弥陀佛在大雄宝殿中常居释迦佛右侧，结跏趺坐，两手相叠于膝上结定印，手心托一莲台，表示接引众生的功用。寺内阿弥陀佛居释迦佛南侧。

　　释迦牟尼佛供奉在寺内殿堂正中。释迦牟尼姓乔答摩名悉达多，族姓释迦，释迦牟尼是一种尊称，意为释迦族的圣人，成道后称为"佛陀"，俗名称"佛"，意为"觉者"或"觉悟真理的人"。释迦牟尼出身于古印度的迦毗罗卫国，相传他是净饭王之子，他大约生于公元前565年，涅槃于公元前486年，享年80岁。其生活的时代大体相当于中国春秋战国时期和古希腊文明的发达期。释迦牟尼天

大觉寺大雄宝殿内
供奉的三世佛造像

资聪颖，相貌端庄，其父净饭王对他寄予了极大希望。悉达多在幼年时对世间许多现象有很多的感触和深思，很早就萌有出家的念头。29 岁时他终于感悟，毅然出家修行，以求解脱人生的痛苦。经过 6 年的苦苦修行，35 岁时在菩提树下证得佛道。此后开始了长达 45 年的传教活动。其传教的范围遍及印度恒河流域各地，在传教过程中还创立了佛教僧团组织。释迦晚年安居于王舍城附近，于 80 岁时在娑罗双树间安然涅槃。佛陀示寂后，遗体被火化，遗骨舍利分给 8 个国家并建塔供养。他生前所讲佛法被弟子传诵下来，整理形成佛经三藏。释迦牟尼一生说法度生，创立了系统的教说理论，成为佛教的创始人，受到后世教徒的普遍崇奉。释迦牟尼佛的形象多种多样，基本上代表和反映了他一生的重要活动经历。其中最常见的就是"三世佛"中的释迦牟尼成道像。它的特征是结跏趺坐，左手结定印，右手结触地印表示他已证道，一切大地可以为证。

观音、文殊、普贤菩萨

大觉寺大雄宝殿板壁后供奉的观音、文殊、普贤菩萨造像为明代塑造，与"三世佛"前后呼应，塑像雕刻细腻，神态安详。

观世音菩萨，亦称"观音""观自在"等，为大慈大悲菩萨，能现三十三化身，救十二种大难。因主张随类化度众生，不分贵贱贤愚，被尊为"大慈大悲救苦救难观世音菩萨"，简称"大悲"。传说其说法道场为浙江普陀山，生日为农历二月十九，成道日为农历六月十九，涅槃日为农历九月十九。早期佛经据古印度之神话传说，认为观世音为大势至之兄，发愿修行，普度众生，兄弟同侍阿弥陀佛，合号"西方三圣"。然而人间苦难无穷，观世音之愿难全，遂居菩萨之位；但佛教徒认为，他的道行与功德，实已达到佛之境界。善男信女以为凡逢苦恼，一心称其名，观世音即观其声音，使之解脱，故名。其形象初为男身，后为男身、女身不定，元以来渐成女身，妙年貌美，手中常持宝瓶，以泻甘露，普济众生。为菩萨在民间影响最著者，传说其以度活人为主[6]。因唐太宗李世民时，避太宗之讳，改称"观世音"为"观音"。在大觉寺三大菩萨造像中，观音像位于中央。

6　任道斌主编《佛教文化辞典》，浙江古籍出版社，1994。

大觉寺大雄宝殿板壁后供奉的三大菩萨造像

　　文殊菩萨，"文殊师利菩萨"的简称，以智慧辩才为大菩萨中第一，故尊号为"大智文殊"。其传法道场为五台山。形象多为顶结五髻，手持宝剑，坐莲花宝座，骑狮子，象征智慧、辩才、锐利与威猛。传说曾与维摩居士谈病，借机弘法，充满玄理，故为魏晋名士所崇，因而在南北朝时期，名士清客中流传着"文殊信仰"，后在隋唐时被"观音信仰"所取代。在大觉寺三大菩萨造像中，文殊像位于观音像左手一侧。[7]

　　普贤菩萨，代表德行，传说他有延命之德，发过十大弘愿，因成为主一切诸佛的理德、行德者，尊号为"大行普贤"。其学得于行，而行之谨慎敬重莫若象，所以普贤好象，常骑六牙白象。其形象多为手执如意，坐于莲台，而莲台安于白象背上。北宋太平兴国五年（980）在四川峨眉山万年寺安放铸铜普贤骑白象一尊，成为普贤的代表法像。峨眉山为其说法道场。在大觉寺三大菩萨造像中，普贤像位于观音像右手一侧。[8]

7　任道斌主编《佛教文化辞典》，浙江古籍出版社，1994。
8　任道斌主编《佛教文化辞典》，浙江古籍出版社，1994。

十地菩萨

十地菩萨是真正的大菩萨，从欢喜地始，至法云地终。所谓十"地"，是因"地"能生万物，树木花草依地而生，一切情也只有依地才能存在。菩萨以地分阶位，地能生诸功德，登地的菩萨具备了自觉、觉他的智慧，成为佛的候选。

〔欢喜地〕

初地的菩萨，断除了身见结、戒禁取结、疑结，不再有执着恐怖、颠倒、梦想。不忧虑生活，不惧怕死亡，不怨人毁谤。进入初地的菩萨，等于生到诸佛如来的家中去了。助人为本，以布施为乐，能绍隆佛种，能弘法度生，因为分证了佛陀的法身，相应了菩提，欢喜踊跃，所以叫欢喜地。

〔离垢地〕

二地的菩萨，自己修行十善，也劝人勤修十善，不再误犯微细的戒律，远离垢染，获得三业清净，能够广行慈悲，饶益有情，所以叫离垢地。

十地菩萨西北

十地菩萨西南

十地菩萨西北

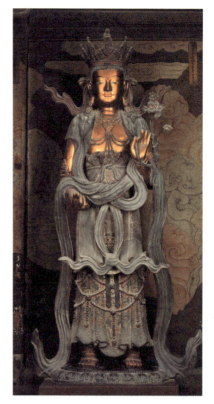

十地菩萨西南

〔发光地〕

　　三地的菩萨，勤求佛法，受持佛法，能忍一切外境，不再动心，精修定学，得慈悲喜舍的四无量定，不再为贪嗔愚痴暗蔽，圣格升华，像光明一样，驱散了一切暗冥，所以叫发光地。

〔焰慧地〕

　　四地的菩萨，精进修习三十七道品，除了我执、法执，见解上没有愚痴，思想上也无谬误，不生爱染，不起嗔怒，智能的光想火焰一样的炽盛，照亮了佛道，所以叫焰慧地。

十地菩萨 西北

十地菩萨 西南

〔难胜地〕

　　五地的菩萨，不但修满了禅定，而且更证悟真实的谛理，离诸戏论，证悟空有不二，不住生死，不住涅槃，这是极难到达的阶位，所以叫难胜地。

〔现前地〕

　　六地的菩萨，圆满了般若智能，经常安住在灭尽定中，不起有漏心识分别，照见缘起性空，彻悟诸法自性，可说真实的佛法已现眼前，所以称现前地。

十地菩萨西北

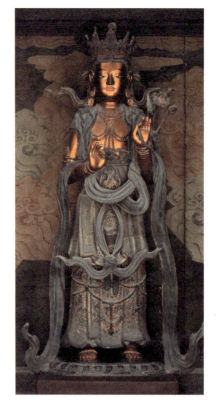

十地菩萨西南

大覺寺

058

第二章 佛教造像

〔远行地〕

　　七地的菩萨，安住在灭尽定中，出定入定，随念自由，不用功而能行诸佛法，度众生而有无限方便，远大的目标，即将到达，所以叫远行地。

〔不动地〕

　　八地的菩萨，功德任运增进，愿恼不再现行，不为名利所动和境风所诱，只有大愿度生，所以叫不动地。

十地菩萨西北

十地菩萨西南

〔善慧地〕

九地的菩萨，无相无功用行，自证的固然无功用行，为他说法，也不待功用，以自然而然的清净法力，守护佛法宝藏，以纯善的智能开示众生，所以叫善慧地。

〔法云地〕

十地的菩萨，是真正的法王子了。所谓补处菩萨，就要成佛了。有大慈悲，大神通，那福德智能的云朵，严密护身，可以发为电光，震大雷音，降大法雨，伏诸魔外，终成佛道。

菩萨从最初发心经历十地，到此完成修行，等着入诸佛位了。

二十诸天

大觉寺大雄宝殿南北两侧的二十诸天立像，最晚于明代宣德三年即已存在，诸天各具神态，表情丰富，性格鲜明，造型生动传神。他们的高度与真人相仿，极具内在的生命力。比如诸天群像的衣边、领袖的花纹，用色单纯，纹饰多用晕色，并且还有金色花纹，表现了金碧辉煌的华丽服饰。二十诸天塑像的人物年龄不一，性别不同，他们之中既有帝王、后妃，又有武将、儿童，所着服饰都绘有各式图案，除一般的吉祥符外还有花卉等纹饰，颜色用料考究，技法多样，虽历经五百余年的风蚀剥落，至今仍然"金碧交辉""光彩夺目"，其高超的技法、细腻的画工、鲜丽的色彩、协调的比例，现在看来依然可以感受到佛家的庄严和皇家的气派。

二十诸天为佛教以弃恶扬善而闻名的护法诸神，又称"诸天鬼神"。诸天是佛教中诸位尊天之简称，是佛教中管领一方的天神，是佛法的护持者，出自印度古老的传说之中，后经演变，诸天已完全汉化。自古列有十六天像，各有所主，以呵护佛法而闻名。后增日神、月神、娑竭龙王及阎摩罗王，因日可破暗，月可照夜，龙则秘藏法宝，阎摩掌管幽冥，故加此四为二十天。后又将"天龙八部"之紧那罗王，及道教神祇中的紫微大帝、东岳大帝、雷神增入其中，最终形成二十四天[9]。而"二十天"为佛教教徒所普遍承认，后增四天则属道教之神，所以并未得到佛教的普遍认可[10]。

南侧第一尊

南侧第一尊造像高约 1.68 米，泥塑，表面采用中国传统剥金工艺。该造像头戴宝冠，神色庄重，额头有白毫相，赤足，并穿戴璎珞飘带。造像共有八臂，其中双臂合适，另外六臂各持法器，惜法器已部分遗失。所余法器有三，右上臂持斧，右下臂握绳索，这两处法器与手掌牢牢联合在一起，不易拆下或移动，所以应为造像原有法器。此外，双手合十双臂上有横放金刚杵一只，与其他寺院类似造像

9　中国佛教协会会刊《法音》2005 年第 1 期。

10　任道斌主编《佛教文化辞典》，浙江古籍出版社，1994。

相较，此金刚杵应为后人从其他神像处挪来。造像手中环形法器为后添加。

该造像右后方悬挂的木牌上所写名字为"三十三天忉利称天尊天"，名字中并没有明确写明该诸天是哪一尊。在佛教典籍中可找到"地居世主忉利中王帝释尊天"的说法，在两种称谓中可见到"三十三天""忉利"等词语，而这些词语都与帝释天相关。根据《大智度论》记载，帝释天原是摩揭陀国一个婆罗门，生性乐善好施。他与三十二位知己同修福德善业，死后又一起生到了忉利天宫。忉利天共有三十三天宫，故又称三十三天，而帝释天则正是忉利天之主。以此推断，木牌所写名称即是指帝释天。

根据考证，南侧第一尊造像为诸天中辩才天的可能性较大。辩才天为梵文意译，音译为"萨啰萨伐底"，该神主智慧福德，因聪明善辩而被称为辩才天。关于他的性别，《大日经》中说辩才天为男性天神；《金光明经》中则说是女性，阎浮之长姊。经文中说她的形象是"面如满月"，"目如修广青莲叶"，"常以八臂自庄严"，"身着青色野蚕衣"。一切动物如狮子、虎、狼、牛、羊等都爱慕她。《金光明经》中宣称，凡是宣讲《金光明经》者，都能得到她的护持，增进智慧，辩才无碍，还可以解脱生死；又说诵读此经还可以使人成为大声乐家。辩才天的形象主要有两种：一种是八臂菩萨装束形象，旁边六臂持物，分别拿火轮、剑、弓、箭、斧、绳索，中二臂合掌，脚下有狮、虎、狐、豺等兽。一种是菩萨形象的坐像，左手拿琵琶，右手作弹奏状；也有作弹箜篌状的。而大觉寺南侧第一尊造像正是菩萨形象，且有八臂，虽然手中所持法器不全，但所余法器与佛经记载吻合，所以该造像为辩才天的可能性较大。

南侧第二尊

该造像高约1.7米，泥塑，表面采用传统剥金工艺。该造像头戴宝冠，脸额圆润，柳叶眉，丹凤眼，赤足，颇有佛教中菩萨像特征。上身着宽袖华服，并披有类似袈裟的衣物，双手合十于胸前，佩戴饰物有璎珞、环钏等。通身纹饰布满了缠枝莲、牡丹以及团花。

这尊诸天造像右后方所挂木牌上所写名称为"星主宿王月宫遍照尊天"，意为诸天神中的月天，而月天又被称作月宫天子。综合此尊造像特征，以及借助大觉寺诸天造像中其他造像身份的确定，此尊造像为诸天中功德天的可能性较大。功德天又被称为"吉祥天"或"吉祥天女"，本是婆罗门教、印度教中专司福德的女神，因此在佛教中被称作"功德天"。在印度教中，她是毗湿奴神的妻子，被尊称为"伟大的女神"。根据佛教典籍描述，功德天居住在毗沙门天王城附近。形象则为眼目修长，面部神情宁静，头戴天冠，以璎珞、臂钏装饰。右手作施无畏印，左手执开敷莲花。或有典籍称其头戴宝冠，身披天衣，两臂有璎珞和环钏，右手作施无畏印，左手执如意。大觉寺此尊造像面部特征和穿戴非常符合典籍中对于功德天的描述，唯独双手姿势与典籍记述有所出入，但遍观大觉寺诸天造像，并无手执莲花或作施无畏印者。而女性神像中只有北侧第一尊类似，但其双

诸天造像南侧第一尊

诸天造像南侧第二尊　　　　　　　　　　　　诸天造像南侧第三尊

手姿势更像是手持树枝的菩提树神。另外，山西崇福寺内有诸天壁画，据称为金代所绘，其中有功德天形象，该形象则正是双手合十女神像。虽然不同时代或不同地区间佛造像并不能作为充分依据来相互判定，但至少算是有了一例可供参考的资料。总之，大觉寺南侧第二尊造像为功德天的可能性要大于该殿中的其他诸天造像。

南侧第三尊

　　南侧第三尊造像高约 1.7 米，泥塑，表面采用泥金剥金工艺。该造像头戴宝冠，宝冠中央有佛像，佛像结禅定印，依此推断应为阿弥陀佛。该造像为吊梢浓眉，留有胡须，面带微笑，肤色属白色，双手做抱拳状于胸前。该造像通身穿有铠甲，铠甲之下的衣服以花朵及彩云图案装饰，显示出衣物的华丽。此外有飘带高过头顶，并从两侧飘下绕过肩膀腋窝向后缠绕并飘至两侧。

该造像右后方悬挂的木牌上所写名称为"持尊之主摩醯首罗尊天"。意为该造像为诸天中的摩醯首罗天。在佛教典籍《百丈清规证义记》以及《重编诸天传》中亦有类似说法，但也有不同之处，一为"特尊之主，居色顶天，摩醯首罗尊天"，一为"尊特之主，居色顶天，摩醯首罗"。若以典籍为根据，那么木牌中所写"持"字为误写，应为"特"字，又或有"持尊之主"的说法，只是没有找到相关资料，此处存疑。但无论如何木牌所示该造像应为摩醯首罗天。

摩醯首罗天是梵文的音译，意译为大自在天。根据研究，摩醯首罗天是南亚次大陆神话中男性生殖器崇拜者之神，据说万物都是他所生。在佛教典籍中，摩醯首罗天被认为是三界之主，居住在色界之顶，之所以被称作大自在是因为"此天王于大千世界中得自在故也"。摩醯首罗天随着佛教传入中国后也逐渐汉化，据说八臂三眼形象较多，手中分别持有不同法器如拂尘、铃、杵、矩尺等，面作菩萨像，身着菩萨装，面如天女，骑乘白牛，立像则一般无白牛相伴。也有作二臂、四臂、十八臂的诸种形象的。又有三面像，正面天王形，左面天女形，右面夜叉形，但少见。也有学者认为佛教收入摩醯首罗天后，把该天奉为十地菩萨，所以其形象也为菩萨像。在密宗则被视为大日如来的化身。由这些研究看来，摩醯首罗天也是一尊形象多样化的诸天，形象虽然多样，但有一个共同点，即多头多眼多臂形象居多，面部特征又以菩萨形象居多。大觉寺大雄宝殿南侧第三尊造像似乎并不符合摩醯首罗天这些特点，所以该造像是摩醯首罗天的可能性较小。二十诸天中形象与本造像相似者，应为四大天王像。

南侧第四尊

南侧第四尊造像高约 1.7 米，泥塑，衣纹采用泥金剥金工艺。该造像头戴宝冠，冠中央嵌有佛像，佛像结禅定印，依此推断应为阿弥陀佛。造像面赤，留有胡须，瞋目竖眉，略显忿怒像，双手作抱拳状于胸前。该造像身穿铠甲，铠甲之下的衣服以花朵及彩云图案装饰，显示出衣物的华丽。此外有飘带高过头顶，并从两侧飘下绕过肩膀腋窝向后缠绕并飘至两侧。

　　该造像右后方悬挂的木牌上所写名称为"能与总持大智慧聚尊天"，并未明确写出该诸天的名字。在佛教典籍《百丈清规证义记》以及《重编诸天传》中可以找到"能与总持大智慧聚大辩才尊天"或"能与总持大智慧聚大辩才天"的说法，可知木牌之上所示该诸天为大辩才天。而在《重编诸天传》中在大辩才天的名称后加注"女"字，应该是注明该天多以女性天神形象出现。

　　辩才天是诸天中主智慧福德以及音乐的天神。关于辩才天的形象，有不同的记载。在《大日经》中记载该天神为男身，还有妃子，而在《金光明经》中则记载该天神为女性，说她身着青色野蚕衣，且常以八臂自庄严，而八臂则各持弓箭刀槊斧长杵铁轮并胃索。而根据现有的研究成果以及考证，在中国汉地寺院中的辩才天多为菩萨脸菩萨装的八臂像，而

诸天造像南侧第四尊

第二章　佛教造像

手持法器基本与《金光明经》中的记载相符。此外，大辩才天还有四臂像，四只手臂中右第一手持花，第二手持梵夹；左第一手持华鬘，第二手持小鼓。又有两臂像，左手持琵琶，右手作挥弹的姿势。可见大辩才天的形象应有三个特征，一是该天神多以女性形象出现，二是该天神应该是菩萨像，三是该天神多臂形象的造像居多。大觉寺南侧第四尊造像显然为男身天神像，身穿铠甲与菩萨像不同，且并非多臂形象，并不符合大辩才天的传统形象，所以该造像为大辩才天的可能性较小。其实此尊造像很容易使人联想起佛教中的天王形象，根据相关资料，四大天王多为头戴宝冠，身穿铠甲，面目威严的形象，所以该造像为四大天王之一的可能性较大。

南侧第五尊

　　该造像包含一大一小两尊造像，主造像高约 1.6 米，头束发髻，脸庞圆润，神色庄重，上衣着披云肩和霞帔，及大袖上衣，下裳着长裙。通身衣纹主要为牡丹花卉及凤凰。左手执圭，具有时代特色，右手轻挽一童子。童子高约 0.9 米，福禄寿三星发型，微微抬头面带微笑仰望主造像，胸前配长命锁，团花祥云图案长袍，腰间悬挂香囊钱袋一类饰物，该造像手掌圆润可爱，与儿童手掌别无二致，为该造像最有神韵之处。

　　该组造像应为鬼子母造像。在佛教典籍中，有多处对鬼子母的描述记载，如《显证论》《陀罗尼集经》《南海寄归内法传》《西土圣贤撰集 诃利帝母真言法》等，而对于鬼子母的故事最详细地描述则出自《佛说鬼子母经》，该经记载佛在大兜国游历时，该国有一妇人，子嗣极多品行也极恶劣，常常将他人的孩子偷来宰杀吃掉。而莫名其妙丢失孩子的人家则悲痛欲绝。如此这样持续了很长时间。佛弟子阿难等人将此事告知佛祖，佛就告诉他们，偷孩子的人并非凡人，而是鬼子母转世。鬼子母有一千个孩子，其中五百名在天上，另五百名在人间。这一千个儿子都是鬼王，每一名鬼王手下又有鬼数万，非常了得，天也无可奈何。后来佛令众沙门找到鬼子母在人间的居所，将鬼子母的孩子尽数藏在精舍中。鬼子母偷盗他人孩子归来，却发现自己的孩子全部失踪，便在城内外寻找自己的孩子。

诸天造像南侧第五尊

找了十天仍然不见自己孩子踪影，鬼子母因此发狂且不思茶饭。佛就派去一名沙门询问鬼子母为何在街上发疯啼哭，并告诉鬼子母佛知道过去和未来的事情，劝她去佛那里寻求帮助，即可寻回丢失的孩子。鬼子母跟随沙门见到佛，佛便开导鬼子母说"汝有子知爱之。何故日行盗他人子。他人有子。亦如汝爱之。亡子家。亦行道啼哭如汝。汝反盗人子杀啖之。死后当入太山地狱中"，并劝导她悔改，后又授五戒于鬼子母，将之收服。总之，鬼子母经过佛的教诲，转变成了一位专事保护孩童的女神，而成为天神受供在佛教殿堂，故而在《百丈清规》中将鬼子母称为"生诸鬼王保护男女鬼子母神尊天"。

南侧第六尊

南侧第六尊造像高约 1.7 米，泥塑，造像衣纹采用泥金剥金工艺。造像头戴宝冠，面含微笑，双手持圭于胸前。其冠形制颇似汉服服饰中的远游冠，冠有九梁，梁上有琪珠，无金博山述。上衣着宽袖吉服，曲领方心，纹饰有五爪金龙和缠枝花卉。下裳着裙，海水纹饰。足登云履。此外造像身披飘带，飘带搭于肩上，向前向下至腋窝，向后缠绕并向两侧自然下垂。

造像右后方悬挂的木牌上所写名称为"光明灿烂宿曜星宫尊天"，在有关佛教诸天的重要典籍《百丈清规证义记》和《重编诸天传》中并没有找到类似说法。从名称看，该诸天应与星宿相关，而在传统的二十诸天中，并没有发现与星宿相关的天神。而佛教不但有二十诸天，还有二十四诸天的记载。根据研究，二十四

诸天造像南侧第六尊

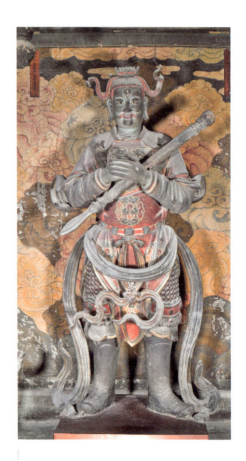

诸天造像南侧第七尊

诸天是在二十诸天的基础上衍生而来，也就是在供奉的诸天中增加四位而成为二十四天，增加的四尊分别是紧那罗天、紫微大帝、东岳大帝、雷神。这四尊天神中，紫微大帝在传说中与星宿相关，而紫微本身之意就是北极星。所以如果以二十四诸天论，"光明灿烂宿曜星宫尊天"应该是指紫微大帝。而该造像若果真为紫微大帝，那么大觉寺大雄宝殿中所供奉诸天造像则应该属于二十四诸天范畴，至于为何今存二十尊，是为疑点。可能二十四诸天造像早年曾有遗失，或二十诸天造像为其他寺院移至此处，又或大觉寺诸天本就此二十尊，供奉方式与传统二十天不同，因为没有找到相关证据，所以不能下定论。

紫微大帝，在道教为四御之一，全称为"中天紫微北极太皇大帝"，紫微又叫紫微垣、紫宫、紫微星，即是北极星。道教认为北极星是永远不动的星，位于上天的最中间，位置最高，最为尊贵，是"众星之主"，因此对他极为尊崇。紫微大帝的职能是：执掌天经地纬，以率日月星辰和山川诸神及四时节气等自然现象，能呼风唤雨，役使雷电鬼神。紫微大帝居住在天上的紫微宫。据说紫微大帝和玉皇大帝合供一殿，形象依据《洞真太极北帝紫微神咒妙经》，头戴冕旒，身着朝服，为人间帝王形象。大觉寺南侧第六尊造像，头戴九梁远游冠，虽不是冠冕的最高等级，也不是传说中的冕旒冠，但也属类似于帝王形象的造像。因此，若以二十四诸天论，该造像是为紫微大帝也无可非议。若以二十诸天论，根据相关资料和考证，该造像是为娑竭罗龙王的可能性则较大。

南侧第七尊

南侧第七尊造像高约 1.6 米，泥塑，衣纹采用泥金剥金工艺。该造像头束发髻，面含微笑，双手抱拳于胸前。造像戴小冠，毛发赤色，身绿色，面部有三只眼，浓眉且蓄有胡须。造像着窄袖上衣，纹饰有兽、祥云、缠枝莲。造像下身穿有铠甲及黑色长靴。此外，有飘带缠于腰间并向两侧下垂。此外，造像怀中还抱有一根金刚杵，而根据 20 世纪 30 年代照片，此金刚杵的摆放方式乃至金刚杵本身与诸天陈列的原状有所出入。

该造像右后方悬挂木牌上所写名称为"二十八部散脂大将尊天"，意为该造像为诸天中的散脂大将。在佛教典籍中也有类似记述，但称谓略复杂，或为"二十八部统领鬼神散脂大将尊天"，或为"二十八部总领鬼神散脂大将"。而《重编诸天传》则在散脂大将名称后标明"男"，意为散脂大将为男性天神或男身形象居多。

散脂大将据说又称密神，散脂二字全译"散脂修摩"，又名药叉大将，是北方毗沙门天王八大将之一，统领二十八部众。《陀罗尼集经》则记载散脂大将是鬼子母次子，有的佛经上说他是鬼子母的丈夫。汉化寺院中常塑成金刚武将状。许多工匠常把他和密迹金刚作为一组，密迹白面善相，散脂金面（或红面）怒相，各持降魔杵一根。据学者研究，有人又习惯把散脂大将同白脸善相的金刚密迹力士视为哼哈二将。又根据学者研究，散脂大将又名僧慎尔耶大将，是功德天之兄，其形象是手执铧镢，或右手持铧，左手持宝珠。以此看来，根据记载以及现有研究成果并不能确定散脂大将的形象。

南侧第八尊

南侧第八尊造像高约 1.7 米，泥塑，采用泥金剥金工艺。该造像头戴梁冠，满含微笑，双手持圭于胸前。其梁冠有九梁，梁上有琪珠，金博山述中央为云形或优昙花形饰物，两侧为日月形装饰，日月浮于云上。该造像眉眼细长，头发露出鬓角，鬓角处无下垂头发。造像上衣为宽袖吉服，有曲领方心，主要图案有龙及云纹。造像下裳为裙，饰以云纹图案。足登云履。

造像右后方悬挂木牌所写名称为"增长出生坚牢地神尊天"，意为该造像为二十诸天中的坚牢地神。在《百丈清规证义记》和《重编诸天传》等佛教典籍中我们可以看到类似的说法，即"增长出生证明功德坚牢地神尊天"或"增长出生证明功德坚牢地神"，在《重编诸天传》中则在坚牢地神名称后表明"女"，意为该天神为女性或女神形象居多。"增长出生"含义应为坚牢地神掌管大地及大地之上的一切植物。"证明功德"的说法应是源于地神为释迦佛证明的故事。传说在佛祖与魔王辩论时，坚牢地神助了释迦牟尼一臂之力，为佛祖证明，从而大败魔王，成为功莲显著、名副其实的护法神。根据对该造像特征的研究，造像为月天的可能性较大。

南侧第九尊

南侧第九尊造像高约 1.7 米，泥塑，衣纹采用泥金剥金工艺。该造像头戴宝冠，冠中央嵌有佛像，佛像结禅定印，应为阿弥陀佛。造像面赤，留有胡须，瞋目竖眉，且露齿，略显忿怒像。造像左手向前伸出作手印状，右手持一金刚杵形制法器。该造像身穿铠甲，包裹铠甲及铠甲之下的衣服有五爪金龙及花卉图案。此外有飘带高过头顶，并从两侧飘下绕过肩膀腋窝向后缠绕并飘至两侧。

该造像右后方悬挂的木牌上所写名称为"监斋使者紧那罗王尊天"，意为该造像为紧那罗王。根据《重编诸天传》等佛教典籍，在二十诸天中并没有紧那罗王，

诸天造像南侧第八尊

诸天造像南侧第九尊

而紧那罗王属于二十四诸天之列。

紧那罗最初是古印度神话中的一类神，是天神的歌者和乐工。"紧那罗"之名应为梵文音译，或又翻译为"紧捺洛"，意译是"人非人"。佛教创立后将紧那罗吸收为护法神，为"天龙八部"之一，且又是帝释天的部下。作为护法的紧那罗仍然与音乐相关，有佛经提到紧那罗为"音乐天"。根据资料，紧那罗并非指某一尊天神，而是一类种族的名称，紧那罗王则为该种族的统领。据称紧那罗中有男有女，男性长于演奏，女性长于歌唱，或又有说紧那罗"男则马首人身能歌，女则端正能舞，次此天女多与乾闼婆天为妻室也。"关于紧那罗能歌善舞的传说有两则典型的故事，第一，据说有五百仙人在山中修禅，当时紧那罗女正于雪山天池中洗澡，洗得畅快，不禁唱起歌来。迷人的歌喉，唱得五百仙人"即失禅定，心醉狂逸，不能自持，譬如大风吹诸林树"。佛经中有记载说"如五百仙人飞行时，闻甄陀罗女歌声，心著狂醉皆失神足一时堕地。"其中"甄陀罗女"应该就是指紧那罗种族中的女性天神。第二，佛经记载大圣紧那罗王与无量之紧那罗、乾闼婆、诸天、摩侯罗伽等拜访佛陀，紧那罗王于如来前弹琉璃琴，大迦叶等听后叹言："此妙调和雅之音鼓动我心，如旋岚风吹诸树身，不能自持。一切诸法向寂静，如是乃至上中下，空静寂灭无恼患，无垢最上今显现。"

南侧第十尊

南侧第十尊造像造像高约 1.6 米，泥塑，采用剥金工艺。该造像头戴虎头帽，竖眉瞋目，留有胡须，面部饱满且神态生动。身穿铠甲，衣纹中有团花和五爪金龙图案。飘带自头上方向两侧缠绕于手臂，左手向左前方伸出，掐中指作法印，右手持斧钺，斜扛于肩上。

该造像右后方悬挂的木牌上所写名字为"掌幽冥权阎魔罗王尊天"，意为该造像为诸天神中的阎摩罗王。在佛教典籍中阎摩罗王又被称作"掌幽冥权为地狱主阎摩罗王尊天"或"掌幽阴权为地狱主阎摩罗王"。

根据考证，该造像为诸天中散脂大将的可能性较大。散脂大将在梵语中又被称作"散脂修摩"或"散脂迦"，意思为"密"，又名夜叉（药叉）大将，是北方天王八大将之一，统领二十八部众。佛教典籍还记载"鬼子母有三男，长名唯奢叉，次名散脂大将，小名摩尼跋陀，则知其父乃德叉迦也"，指明了散脂大将的身世。又有学者研究称，在一些佛经中散脂大将为鬼子母丈夫。关于散脂大将的形象，大概有三种说法，一是手执钴镴，或右手持钴，左手持宝珠；二是金刚武将状，金面（或红面）怒相，持降魔杵一根；三是金刚武将形象，多持长柄斧钺，或单手或双手；若单手执斧，则另一手一般做出某种法印手势，或握拳在胸前，表示威猛。大觉寺大雄宝殿南侧第十尊造像与第三种形象相符，是为散脂大将的可能性较大。另外，该造像最有特色之处当属其虎头帽，虎头帽具有极其浓厚的早期佛教造像特色，根据考证，隋唐及之前的佛教造像或画像中，多有头戴虎头帽形象的天王或护法出现，而此种形象可能与天竺或犍陀罗艺术风格相关。

诸天造像南侧第十尊

073

诸天造像北侧第一尊

诸天造像北侧第二尊

北侧第一尊

北侧第一尊造像高约 1.7 米，泥塑，表面采用泥金剥金工艺。该造像头梳螺髻，戴天冠，额头有白毫相，两弯细长眉，双眼修长，面露微笑，上身穿宽袖华服，又披有袈裟状衣物，衣服纹饰主要为缠枝莲以及万字符。该造像左手微微向前伸出，掌心向右，中指略翘起，右手抬起至胸前，掌心向左，拇指掐中指。造像赤足，下身着长裙，主要纹饰为团状祥云和隐约可见的缠枝莲图案。总体看，属于佛教造像中菩萨像风格，从面部特征看应为女性神像。

该造像左后方悬挂木牌所写名称为"娑婆世界虎令独尊尊天"，该名称并未写明该造像究竟为哪一尊诸天，根据佛教典籍，可在《百丈清规证义记》和《重编诸天传》中找到"娑婆界主，号令独尊，大梵天王"的说法，其中《重编诸天传》

在大梵天王后注明"男"。对比木牌所写文字与典籍说法，两者非常接近，而木牌之"虎令独尊"与典籍之"号令独尊"应为同一词，繁体汉字中虎字与号字字形相近，虎字或为号字异体字或误写。因此，基本可断定木牌所示该造像为诸天中的大梵天。

根据现有研究成果以及与其他寺庙中诸天形象相比较，在诸天中，菩提树神与该造像特征相似。释迦摩尼佛在菩提树下修行得道，守护菩提树的天神即是菩提树神。有学者认为菩提树神是一位女神，且此神是佛教最早的一位护法神。关于菩提树神的最初形象，由于并未找到相关资料，所以不能确定，但汉化之后的形象是双手拿一树枝，作年轻妇女的样子。北京、山西、四川等地的寺庙中我们所能见到的菩提树神形象也多为手持树枝的妇女形象。根据本文最开始的描述，大觉寺北侧第一尊诸天造像面部特征为女神像，双手上下错落位于身体前侧，与手持树枝的动作符合。而遍观大觉寺诸天造像，也只有这一尊执此动作。

北侧第二尊

北侧第二尊造像高约 1.7 米，泥塑，表面采用泥金剥金工艺。该造像头戴通天冠，浓眉细眼，双手合十于胸前。其通天冠有九梁，梁上有琪珠，金博山述中央为云形或优昙花形装饰物，两侧有日月形饰物，日月浮于云上。造像上衣为宽袖吉服，饰有曲领方心，此外还有一件类似于袈裟的衣服披于身上。下裳为裙，足登云履。造像衣纹以花卉为主，兼有祥云及海水状图案。

这尊造像左后方悬挂的木牌上所写名称为"百明利生日宫遍照尊天"，意为该造像为诸天中的日天，或又称为日宫天子。在《百丈清规证义记》和《重编诸天传》两部佛教典籍中日天又被称为"百明利生千光破暗日宫太阳尊天"或"百明利生千光破暗日宫天子"。根据现有研究成果，南亚次大陆神话中的日神是"苏利耶"，佛教传入中国后，日天形象随之汉化，形象一般为红脸帝王相，乘坐七匹马拉的车。其王冠上嵌有日轮，轮中绘有"金乌"。还有学者指称日天在佛教中被认为是观音菩萨的变化身。日天住在太阳里的日宫，守护白昼，与守护黑夜的月天相对应，且由四大天王管辖。其形象是红色脸膛，双手各持莲花，乘坐四匹马的大车。

通过对诸天资料的研究，并对大觉寺诸天造像进行对比，北侧第二尊造像可能是诸天中的帝释天。帝释天是梵文的意译，音译为"因陀罗"，根据研究，帝释天本来是南亚次大陆神话中的最高天神，他统治一切，被尊为世界大王，关于他的颂诗占据了《梨俱吠陀》的四分之一。帝释天力量强大，据说他身为褐色，能变形，力能劈山引水，掌握雷雨，且又是战神，佛教中的四大天王也是他的手下。据说释迦佛下生时，帝释天为佛化现七宝金阶，还曾请佛在宫中讲解经文。佛教传入中国后，帝释天的形象也逐渐汉化，在中国寺院里，帝释天常以少年帝王的形象出现，且由男身女相的特征，谓之面如"散华供养天女"，或为青年女后像。在佛教将帝释天吸收为护法神之后，帝释天被称作忉利天之主，根据《大智度论》记载，帝释天原是摩揭陀国一个婆罗门，生性乐善好施。他与三十二位知己同修福德善业，死后又一起生到了忉利天宫。忉利天共有三十三天宫，故又称三十三天。帝释居忉利天中央的善见城（又作喜见城），他的四面各有八天宫，分别由他生前的三十二位知己作为辅臣居住。《净名经疏》中记载迦叶佛入灭后，有一位女子发心为佛修塔，另有三十二人助缘。后来以此功德，他们共生忉利天宫，那位女子便是帝释天。而帝释天又常常用种种物品供养佛及僧众。

根据以上的记载和研究，归结起来，帝释天应该有三个特点，一是帝释天的等级地位高。虽然诸天神是佛教世界观中同属天界的神，但诸天之间应也有地位或等级的区别。帝释天被称作诸天的统领，应该属于诸天神中的最高等级，地位也最尊贵，所以帝释天的冠服应该是诸天中等级最高的。二是帝释天在中国寺院中的形象多为帝王相，且有男身女面的特点。三是帝释天属于最早敬佛并供养佛的天神之一。在大觉寺诸天造像中，有五尊造像属帝王像或文官像类型。而仅从每尊造像所佩戴的冠帽上来看，有两尊造像佩戴了等级最高的通天冠，有一尊造像佩戴了比通天冠等级略低的远游冠，还有两尊则佩戴进贤冠或称梁冠。佩戴通天冠的造像为北侧第九尊以及本文所讨论的北侧第二尊，帝释天应在这两尊造像之中。而北侧第九尊造像虽然头戴通天冠，为地位极高之诸天，但该造像留有胡须，并不符合帝释天传说中男身女面的特点。北侧第二尊造像虽有浓眉但无胡须，眼目修长，面色白净，有"女面"特点。此外，该造像还身披类似袈裟的服饰，且双手合十，应可以视为皈依佛陀、信奉佛教且对佛教有巨大贡献的标志。综上所述，北侧第二尊造像为帝释天的可能性较大。

北侧第三尊

北侧第三尊造像高约1.7米，泥塑，衣纹采用剥金工艺。造像头戴宝冠，竖眉瞋目，留有胡须，上身袒露，身体为微赤色，戴有项圈状装饰物。飘带高过头顶，并向下半缠绕双臂，双臂裸露且青筋暴起，左手置于腹前，掌心向上呈拿捏状，右臂微向后，右手于身体一侧紧握飘带。下身仅着短裙，裸露两腿并赤足，双腿亦有青筋状纹路。

造像左后方悬挂的木牌上所写名称为"神通广大虎铁罗王尊天"，根据字面意义，该诸天应该为虎铁罗王，但在诸天中并未找到有此名者，所以并不能确定该造像究竟为哪一尊天神。虽然不能依据名称确定究竟为哪一尊诸天，但并不妨碍在传统的二十诸天甚至二十四诸天范畴之内进行推测。即除去该造像可能为未知的虎铁罗王尊天之外，此造像还可能是哪尊诸天。

诸天造像北侧第三尊

根据现有资料及研究的成果，该造像可能是传统二十诸天中的金刚密迹尊天。在佛教典籍中金刚密迹的全称为"亲伏怨魔誓为力士金刚密迹尊天"，金刚密迹又被称作金刚密迹力士，为梵文意译，音译为"折那"、"阇罗"或"那罗延"。根据典籍记载，因为该力士手中执金刚宝杵，所以"从所执以立名"而被称作金刚密迹。金刚密迹是大鬼神王，与五百夜叉原都是大菩萨，为护持众生及保护佛法而为佛教护法神。金刚密迹行动极为敏捷，常侍卫在佛祖身边，佛陀常把一切秘密要事委托于他，所以金刚密迹知晓佛陀一切秘密要事。

关于金刚密迹的形象，佛经中记载其"露袒其身，怒目开口，遍体赤色，头上有髻，手中执杵，以跣双足，威楞勇健"。根据考察及其他学者的研究，在中国寺院中的金刚密迹形象基本与佛经中相符，即一般持独股金刚杵，如寺院山门所塑金刚力士像；或红色脸膛，怒气冲天，全身肌肉膨胀，劲健刚强，手中常持金刚杵。因此密迹金刚是为佛教诸天造像中一名形象突出者，大觉寺北侧第三尊造像符合佛教典籍中所述"袒露其身""遍体赤色""以跣双足"等特点，所以该造像是为金刚密迹尊天的可能性很大。但佛教典籍中又称密迹金刚"怒目开口""手中执杵"，而大觉寺密迹金刚造像则只怒目而非开口，手中亦无金刚杵，是为造像的疑点。其中"开口"可能并非所有密迹金刚的共同特征，而金刚杵似乎为密迹金刚所持的典型法器。大觉寺密迹金刚造像左手伸出，掌心向上拿捏托举，以此推断，原来手中应有金刚杵武器，现已不存。

北侧第四尊

北侧第四尊造像高约 1.7 米，泥塑，造像表面衣纹采用传统剥金工艺。该造像为童子相，面庞圆润，似带微笑。其衣着为中国古代典型将军装束，身着盔甲，飘带自头顶扬起，缠绕双臂，双手合十，其武器金刚杵则横放于时间。

该造像右后方悬挂的木牌上所写名称为"殷优四部韦陀普眼尊天"，意为该造像为诸天中的韦驮天神。韦驮本为古印度婆罗门教信奉之神，叫六面童子，原为战神，有六头十二臂，手执弓箭，骑孔雀，后被大乘佛教吸收为护法神。韦驮像常被供奉于大雄宝殿对面，天王殿弥勒之背。这与他擒贼护佛立有大功有关。

诸天造像北侧第四尊

韦驮是佛国中的"神行太保"，以善走如飞著称。佛教传说，在如来涅槃时，竟有个"捷疾鬼"偷走了佛的两颗牙齿，韦驮急起直追，抓获窃贼，夺回佛牙。于是，韦驮担起保护释迦灵塔、打退盗取佛骨之敌的重任。

韦驮像一般立于山门背面，执金刚杵横眉瞪目，警惕地注视着祠堂（大雄宝殿）之前的方塔，乃取守护释迦灵塔之意。韦驮是中国佛教徒造就的，所以他是地道的中国武将打扮。韦驮像面部英俊，金盔金甲，手执金刚杵，威风凛凛，颇像赵云、马超一类著名的古代武将。一般有两种姿势：一种是双手合十（即僧人所行礼节），横杵于腕上，直挺挺站立；另一种是一只手握杵拄地，另一只手叉腰。在佛经的卷首一般刻有佛像或佛陀说法图，而在卷尾则常常刻有韦驮像。

诸天造像北侧第五尊　　　　　　　诸天造像北侧第六尊

北侧第五尊

　　北侧第五尊造像高约 1.7 米，泥塑，表面采用传统剥金工艺。该造像头梳发髻，发髻上有如意云状配饰，面带微笑，眉眼修长，显示出女神的特征。左手托一宝瓶于胸前，右手轻扶该瓶。穿戴具有明代服饰特色的披云肩，披云肩上布满绿叶图案，给人生机勃勃之感。上身着宽袖华服，图案以凤凰牡丹及三爪龙为主，下身着长裙，仍是布满植物图案。

　　该造像左后方悬挂的木牌上所写名称为"行日月前摩利支教尊天"，意为该造像为诸天神中的摩利支天。在佛教典籍中摩利支天又被称为"行日月前救兵戈难摩利支尊天"，其中"摩利支"是梵文的音译，意为"光"或"阳炎"，该天神法力非常强大，据说他"恒行日月，不能得见，亦不能捉，不能禁缚，火不能烧，水不能漂，离诸怖畏，无敢轻慢，诸恶怨家皆不得便"，即摩利支天可以隐身，而水火等皆不能伤他。又说修行摩利支天法或常诵读《摩利支天经》会得到不可思议的加持，该天神不仅自己可以隐身，而且还可使人隐身，即"能令众生在道路中隐身，众人中隐身，水、火、盗贼一切诸难皆能隐身"。

根据考证，该造像为诸天中坚牢地神的可能性较大。坚牢地神在佛教经典中又被称作"增长出生证明功德坚牢地神"，其中坚牢地神之名应为意译，音译"比里底毗"，是佛教中一尊主管大地和一切植物生长的天神。有关坚牢地神的传说，最著名的一则是为释迦摩尼佛作证的故事。据说魔王问佛"汝之功德谁为证明"，佛垂无畏手指地，坚牢地神涌出唱言"我是证明"。由此可见，坚牢地神可视作佛教早期的一尊护法神。关于坚牢地神的形象，佛经中说她作天女像，在诗中也提到"天像庄严天女像，执华果从尽周围"。因此坚牢地神应多以女神形象出现。又有学者研究称，早期的坚牢地神形象为男神，手持宝瓶或钵，其中有各色水陆鲜花。还有四臂形象，手持镰刀、斧、锄、锹，为农业劳动者形象。明清以后，则常作女神形象，手中持有盛有鲜花的钵或执谷穗。本文所讨论的这尊造像为女性天神形象，此点初步符合坚牢地神天女形象，手中持有宝瓶，则可能为盛放鲜花或谷穗之用，而环顾大觉寺大雄宝殿中的诸天像，再无第二尊更接近坚牢地神的形象。综合看来，此尊造像比较符合坚牢地神的形象特征，因此为坚牢地神的可能性较大。

北侧第六尊

北侧第六尊造像高约 1.7 米，泥塑，衣纹采用泥金剥金工艺。该造像头戴宝冠，宝冠中央有佛像。造像有三面六臂，正面类于菩萨像，面白且眉眼修长，有白毫相；左侧面孔面赤，头戴宝冠；右侧面孔面白，亦头戴宝冠，三面均神态庄严。造像六臂皆配环钏，其中有双臂于胸前合十；另外四臂中，左右上臂手托日轮与月轮，日月轮均浮于云上。左右下臂原应持有法器，现已不存。造像身披璎珞、飘带，下裳为裙，通身衣纹主要为缠枝花卉和祥云图案。赤足。

该造像左后方悬挂的木牌上所写名称为"灵通有感虎伽罗王尊天",根据字面意义,该诸天应该为虎伽罗王,但在诸天中并未找到有此名者,所以并不能确定该造像究竟为哪一尊天神。木牌之上所写名称或为佛教某支派所专门供奉之天神,但现有资料中不能找到。虽然不能依据名称确定究竟为哪一尊诸天,但并不妨碍在传统诸天范畴之内进行推测。即除去该造像确为未知的虎伽罗王尊天之外,此造像还可能是哪尊诸天。

根据现有资料及研究的成果,该造像可能是传统二十诸天中的摩利支天。在佛教典籍中摩利支天的全称为"行日月前救兵戈难摩利支尊天"。其中"摩利支"是梵文的音译,有学者认为"摩利支"意为"光",而《重编诸天传》中则认为意为"阳炎",因为"此天不可见,不可捉,火不能烧,水不能漂,如阳炎故也"。该天神法力非常强大,《大摩里支菩萨经》中说摩利支天"恒行日月,不能得见,亦不能捉,不能禁缚,火不能烧,水不能漂,离诸怖畏,无敢轻慢,诸恶怨家皆不得便",即摩利支天可以隐身,而水火等皆不能伤他。又说修行摩利支天法或常诵读《摩利支天经》会得到不可思议的加持,该天神不仅自己可以隐身,而且还可使人隐身,即"能令众生在道路中隐身,众人中隐身,水、火、盗贼一切诸难皆能隐身"。

北侧第七尊

北侧第七尊造像高约 1.6 米,泥塑,衣纹采用泥金剥金工艺。造像头戴小冠,有三面六臂,正面面赤,有三眼,面含微笑;左侧面白,右侧面黑,皆带忿怒相。六臂之中,有两臂抱拳于胸前;左右上臂掌心向上做掐指状;另外两臂各手持法器,左手持金刚杵,右手持剑。该造像上衣为窄袖华服,衣纹以缠枝花卉为主;下裳为裙并穿铠甲长靴,裙上有龙形图案。此外有飘带搭于肩上,并向下方和后方飘落下垂。

该造像左后方悬挂木牌上所写名称为"生诸鬼王保护男女尊天",并未明确写明究竟为哪一尊天神,但在佛教典籍中,可找到"生诸鬼王保护男女鬼子母神尊天"或"生诸鬼王保护男女鬼子母神"两条非常类似的称谓,意即该天神为诸天中的鬼子母天。此外，《重编诸天传》中在其名称后注明"女"字，意为该天神应为女性天神或多以女神形象出现。

鬼子母据传是五百夜叉鬼之母，故俗称"鬼子母"。其名梵文音译为"诃利帝"。传说她曾常食人子，后释尊藏其少子，劝其皈依，并令弟子施予鬼子母及其子饭食。鬼子母皈依佛门后，偏重于对妇女和儿童的保护。据佛经记载，她能保护儿童健康成长，为儿童除病消灾；能保护妇女顺利分娩，减少痛苦。鬼子母由此又被人们尊奉为"爱子母"或"爱子神"。佛教传入中国后，鬼子母的形象也随之汉化，常作中年妇女形象，但其一般有一孩童形象陪伴，鬼子母则伸手轻抚该孩童的额头，据说此孩童为鬼子母最小的儿子，名为毕哩孕迦。此外，亦有专门的佛经描述其形象："画诃利帝母作天女像，纯金色，身着天衣，头冠璎珞，坐高台上，垂下两足。于垂足边，

诸天造像北侧第七尊

画二孩子，傍高台立，于二膝上各坐一孩子，以左手怀中抱一孩子，于右手中持吉祥果。"由此可以推断，鬼子母形象应为女神形象，且为一中年妇女像，并且会有至少一名孩童陪伴身边。大觉寺北侧第七尊造像属单尊男身造像，且属多头多臂神像，与鬼子母形象特征不符，所以此尊造像应不是鬼子母。

根据资料记载和相关研究以及对大觉寺诸天像的相互对比考证，北侧第七尊造像是为诸天中摩醯首罗天的可能性较大。"摩醯首罗"为梵文的音译，意译为"大自在""威灵帝""三目"。据说该神居住于色界之顶，为三千大千世界之主，在三千大世界中得大自在，所以被称为"大自在天"。根据考证，该神原是婆罗门教中的湿婆神，据说他头上有三只眼，其中第三只眼能喷出神火烧毁一切。被佛教吸收为护法神后，摩醯首罗天为护世八方天和十二天之一，守护在东北方。有学者研究认为佛教还把摩醯首罗天奉为十地菩萨。

北侧第八尊

北侧第八尊造像高约 1.7 米，泥塑，表面采用泥金剥金工艺。该造像面露微笑并无胡须，浓眉而眼目细长，双手持圭于胸前。头戴梁冠，梁冠上有琪珠九枚，金博山述中心为云形或优昙花形装饰，两侧有浮于云上的日月形饰物。上衣着宽袖华服，圆领方心，华服上有缠枝莲图案，双袖则布满龙形图案。下裳为裙，饰以海水图案。

这尊造像左后方悬挂的木牌上所写名称为"觉场垂荫菩提树神尊天"，意即该造像为诸天中的菩提树。在佛教典籍中关于菩提树神的全称与此木牌所写类似，有"觉场埵荫因果互严菩提树神尊天"和"觉场垂荫因果互严菩提树神"两种，而在《重编诸天传》中则在菩提树神后注明"女"字，意为该天神为女性天神或多以女神形象出现。

菩提树神是佛教最早护法神之一，传说释迦摩尼佛在菩提树下修成正果，而守护菩提树的天神正是菩提树神，所以在菩提树神名称前的修饰语中有"觉场垂荫"四字，觉场应指佛祖修行觉悟的场所，垂荫自然应为菩提树为释迦佛遮风挡雨或遮阳蔽日之意。

诸天造像北侧第八尊

　　根据北侧第八尊造像的特征，该造像为日天的可能性较大。在二十诸天中，与日月有关的天神主要有两位，一位是日宫天子，即日天，另一位是月宫天子，即月天。而在大觉寺诸天造像中，可看到有日月特征装饰或手中持有日月的神像有四尊，一尊为南侧第八尊，头戴梁冠，金博山述两侧有日月标志；一尊为北侧第二尊，头戴通天冠，金博山述处有日月标志；一尊为北侧第六尊，该神像三头六臂，有两手托举日月形器物；一尊为本篇所讨论之神像。日天和月天两尊天神在此四尊造像中可能性最大。根据推测，南侧第八尊和北侧第八尊应为诸天中的日天和月天。对比这两尊造像，北侧第八尊为男性神像，且梁冠上日月形标志为红色；南侧第八尊虽然也穿戴几乎相同的文官冠服，但其面部为细长眉毛，应属于女性神像特征，梁冠上日月形象标志颜色不易辨识。中国人对日月有阳和阴的传统认知，所以日天为男性神像可能性较大，月天相应为女性神像。综上所述，本文所讨论的北侧第八尊造像应该属于诸天神中的日天。

诸天造像北侧第九尊

诸天造像北侧第十尊

北侧第九尊

　　北侧第九尊造像高约 1.7 米，泥塑，表面采用泥金剥金工艺。该造像头戴通天冠，满含微笑，双手执圭于胸前。其面有浓眉，眼目细长，鬓角有垂发，蓄有较长胡须。其冠有九梁，梁上有琪珠，金博山述嵌有云状或优昙花状饰物。上衣着宽袖吉服，曲领方心，主要纹饰为五爪金龙，布满两袖。下裳着裙，图案以植物叶子为主。足登云履。另外有飘带搭于两肩正上方，向下至腋窝，再绕至身后自然下垂。

该造像左后方悬挂的木牌上所写名称为"亲伏怨魔金刚密迹尊天"，意为该造像为诸天中的金刚密迹天神。在佛教典籍中则为"亲伏怨魔誓为力士金刚密迹尊天"或"亲伏怨魔誓为力士金刚密迹"等说法，与木牌内容类似。

金刚密迹又被称作金刚密迹力士，为梵文意译，音译为"跋折那"、"跋阇罗"或"那罗延"。根据典籍记载，因为该力士手中执金刚宝杵，所以"从所执以立名"。金刚密迹是大鬼神王，与五百夜叉原都是大菩萨，为护持众生及保护佛法而为佛教护法神。金刚密迹行动极为敏捷，常侍卫在佛祖身边，佛陀常把一切秘密要事委托于他，所以金刚密迹知晓佛陀一切秘密要事。

根据研究，大觉寺大雄宝殿北侧第九尊造像为诸天神中大梵天的可能性较大。大梵天是梵文的意译，音译为"摩诃婆罗贺摩"。大梵天原本是是婆罗门教、印度教的创造之神，与湿婆、毗湿奴并称为三大神。大梵天的原始形象为多头多臂神，他原有五个头，据说被湿婆毁去一个，剩下的四个头，面向四方。他有四只手，分别拿着《吠陀》经典、莲花、匙子、念珠。通常坐在莲花座上，出行时坐骑是一只天鹅或由七只鹅拉的一辆车。佛教吸收大梵天为护法神后，创造了许多与梵天相关的故事和传说，比如中国佛教禅宗中有"拈花一笑"的典故，其中佛祖拈花示众，佛祖所拈之花为金色婆罗花，即为大梵天王所献。在各种以佛传故事为题材的艺术作品中，大梵天与帝释天常常一起随侍于佛陀左右。单尊梵天像有四面四臂形象者，而在中国寺院中，梵天则常常以人间帝王形象出现。更有学者考证，大梵天随着佛教传入中国后逐渐汉化，多作中国中年帝王形象，有时手中会持有莲花。典型的此种形象在北京法海寺壁画中可以看到。

北侧第十尊

北侧第十尊造像高约 1.7 米，泥塑，衣纹采用泥金剥金工艺。造像头戴冕旒冠，双手持圭于胸前。冕旒冠中央金博山述嵌有云形或优昙花形饰物，两侧隐约可见日轮或月轮状饰物，日或月浮于云上。造像面赤，竖眉瞋目，蓄有浓长胡须。造像身着右衽交领宽袖吉服，下裳着裙，衣纹以五爪金龙、祥云、左旋万字为主要图案。足登云履。

第
二
章

佛教造像

大觉寺无量寿佛殿内供奉的
西方三圣造像

造像左后方悬挂的木牌上所写名称为"秘藏法界娑竭罗王尊天",意为该造像为诸天中的娑竭罗龙王。娑竭罗龙王在佛教典籍中又被称作"秘藏法宝主执群龙娑竭罗王",凭字面意思可理解为娑竭罗龙王为群龙之首。根据佛教典籍,娑竭罗龙王在不同的经书中有不同的称谓,或为娑竭罗,或为婆伽罗王、婆难陀、娑薛罗等,应该都是梵文的音译,意译则为"咸海"。有学者研究认为娑竭罗龙王亦为诸天中的"水天",梵文音译"缚噜拿"。

在法海寺壁画中可以找到与大觉寺北侧第十尊造像几乎一样的诸天形象,该形象亦为头戴冕旒冠,冠上有明显日月标志,面色偏赤,瞋目,有浓厚而且较长的胡须,身穿右衽交领宽袖吉服,双手持圭于胸前。该形象身边有手拿锯齿形状武器的牛头鬼及手持白色风幡的赤发鬼协侍。经研究,该形象就是传说中的阎摩罗王尊天。而在大慧寺大悲宝殿中的阎摩罗王造像与本文讨论的造像亦类似,其造像头戴冕旒冠(冕旒现已不存),瞋目,有浓厚且较长的胡须,经研究为阎摩罗王。经过比较,大觉寺大雄宝殿北侧第十尊造像为阎摩罗王的可能性较大。

西方三圣

寺内无量寿佛殿正中供有无量寿佛和观音、大势至菩萨,佛像雕刻精美,木制漆金,身后带有背光。三尊塑像亦称"西方三圣"。

阿弥陀佛是梵文音译,意译为无量寿佛。他是西方极乐世界的教主,能接引念佛众生往生"西方净土",所以又称接引佛,西方净土又称"西方极乐世界",是阿弥陀佛所居住的净土。根据《无量寿经》的说法:"西方极乐世界的地方是由金、银、琉璃、珊瑚、砗磲、琥珀、玛瑙等所谓'七宝'组成,色彩缤纷、富丽堂皇,这里气候宜人,到处是七宝树林,叶茂枝繁,诸佛居住的宫殿,金碧辉煌,生活在这里的众生吃穿不愁,寿命无限,没有烦恼和痛苦……"这样美丽的地方,对人们是有吸引力的。信众只要专心念佛,死后即可往生极乐世界。无量寿佛两旁立有观音和大势至两位菩萨。观音是"观世音"的略称,又译作"光世音""观自在",观音的职责是拯救一切苦难众生,使他们得到解脱。大势至也译作"得大势",主管一切智慧,通常作阿弥陀佛的右胁侍,大势至与观世音的造型颇为相似,头戴宝冠,手持莲花站立在阿弥陀佛右边。

海岛观音壁塑

大觉寺的海岛观音壁塑为明代遗存，是北京寺庙遗存中为数不多的悬山雕塑中的艺术精品，它集故事性、艺术性于一体，具有很高的历史价值、艺术价值及文物价值。所谓壁塑，就是在墙壁上塑像，是与壁画形似又占有一定空间体积的艺术品，宋代以后得到普及发展。在明清的佛教寺庙中，壁塑是很常见的艺术类别，被人们誉为立体的绘画。端坐于悬塑正中的是海岛观音，又称"渡海观音"，即塑造为观音渡海之像。一般的塑造题材大都是观音脚踏鳌鱼，手持杨柳净瓶，处于山海之间，旁边伴有庞大的群像，或为《华严经》中善财五十三参人物，或为《法华经·普门品》中观音救八难中人物，或为《西游记》故事人物，有红孩儿、黑雄精参拜，有唐僧师徒，有佛国诸天，有文殊、普贤等，气势宏大，十分壮观。[11] 大觉寺的海岛观音造型与一般题材有所不同，观音侧腿正坐于海岛之上，头戴宝冠，上身裸露，下身着华丽服饰，面目端庄，大慈大悲，超然脱俗，轻盈的衣衫犹如被和风吹拂十分飘逸，使人感到菩萨的慈悯可亲。右手执白色鹦鹉（位置疑为后人调整，原位置当于观世音菩萨与善财童子之间顶部的树枝上），鹦鹉口中衔一枚果实，杨柳净瓶置于身体右侧。在观音菩萨的左右两侧分别站立两尊塑像，左侧为善财童子，右侧为小龙女。据闻善财童子是福城长者之子，因出生时家里有金银财宝涌现故名"善财"，他看破红尘，视金钱如粪土，发誓修行得法，初受文殊教化，在文殊菩萨的指点下，善财拜访了五十三位名师。此悬塑讲述的即善财二十七参拜访观音的故事，最终善财在普贤菩萨的点拨下成佛得道，这就是"善财童子五十三参"的佳话[12]。悬塑中的善财童子，一副孩童模样，头略抬起，身体前倾，双手合十，目光虔诚，又带几分稚气，活泼可爱的形象令人赞不绝口。观音右侧的小龙女为近代补塑，据佛经记载她是娑竭罗龙王的女儿，闻名于法华会上，龙女自幼聪慧，八岁时已善根成熟，在法华会上成佛，为辅助观音菩萨普度众生，龙女又由佛身示现为童女身，居于观音右侧[13]。在观音菩萨的右上方还雕有一尊韦驮像，只见韦驮右手执金刚杵（金刚杵现已无存）状，左手合掌，

11　任道斌主编《佛教文化辞典》，浙江古籍出版社，1994。

12　全根先、张有道主编《中国佛教文化大典》第三卷，青海人民出版社，1999。

13　全根先、张有道主编《中国佛教文化大典》第三卷，青海人民出版社，1999。

大觉寺无量寿佛殿壁板后供奉的海岛观音壁塑

海岛观音壁塑局部
——善财童子像

庄严肃立于云头，俨然一位护法勇士。整座海岛观音壁塑宽 6.50 米，高 5.10 米，其中悬山高 1.40 米，最大进深 0.80 米。塑像悬空雕塑，给人以强烈的立体感应，悬塑整体设计精妙、技艺高超、造型栩栩如生，观音菩萨慈祥的面部，善财童子虔诚的表情，小龙女可爱的造型，韦驮护法威武的气势都在深深地感染着每一位观众。海水江涯，波澜壮阔，翻腾的海浪，鱼、龙、虾、蟹、海马的穿梭点缀，为整个画面增加了浓重的立体色彩。

十八罗汉

阿罗汉（梵语 Arhat）简称"罗汉"，是小乘佛教修行的最高果位，也称为"无学果"。据《大毗婆沙论》卷九四释，"罗汉"有三义：杀贼、应供和不生。佛殿两侧，多塑"十八罗汉"像。其实，在经论上找得到依据的只有"十六罗汉"。"十六罗汉"受了佛的嘱托，不入涅槃，常住世间利乐众生。"十六罗汉"的名号依次是：

大觉寺无量寿佛殿内供奉的十八罗汉造像

无量寿佛殿内东壁上的木制云龙

宾度罗跋砗惰阇、迦诺迦伐蹉、迦诺迦跋厘惰阇、苏频陀、诺矩罗、跋陀罗、迦理迦、伐阇罗弗多罗、戍博迦、半托迦、罗怙罗、那伽犀那、因揭陀、伐那婆斯、阿氏多和注荼半托迦。除"十六罗汉"外，又有庆友尊者、宾头卢尊者。一说除"十六罗汉"外，另为迦叶尊者、君徒钵叹尊者。《石渠宝笈》载乾隆和章嘉三世考证认为另两位是降龙罗汉迦叶尊者、伏虎罗汉弥勒尊者。藏传佛教则认为后两位罗汉应是释迦牟尼之母摩耶夫人、弥勒。[14]

在无量寿佛殿内的东北侧，门窗与殿顶之间，悬挂有一件精美的彩色木制龙雕，只见游龙向下倾斜，正对应殿堂东侧的砖台之上。以前只听当地百姓说过，此殿两侧供奉为十八罗汉，但并没有确切文字记载。龙雕的存在为十八罗汉塑像的恢复提供了可靠的依据，此龙雕即十八罗汉中降龙罗汉所降之物。大觉寺无量寿佛殿内两侧的十八罗汉像，曾遭到过破坏，现立塑像为 2003 年末雕塑、2004 年初彩绘而成。

14　任道斌主编《佛教文化辞典》，浙江古籍出版社，1994。

DAJUE TEMPLE

第
三
章

馆
藏
文
物

大觉寺是北京地区著名佛教寺庙，近千年的历史遗留下丰富的文物古迹，寺内保存有辽僧志延撰的《阳台山清水院创造藏经记》石碑，记载了辽代清水院刊印大藏经的始末经过，是寺内珍贵的文物。大觉寺经过明清两朝的屡次重修扩建，已成为皇家敕建寺庙。明清帝王后妃多次巡幸驻跸，降香礼佛之余留下了许多诗词、匾额及楹联，给古寺增添了许多雅趣。在古朴庄严、神秘清幽的寺院之内立有许多古碑石刻，它们或大或小，或置于亭内或露天而立，上面镌刻的文字记载了寺院的发展历史，各朝修寺的原因及相关的事件。历次的重修碑，真实地记载了大觉寺建造修葺的经过，是金石补史的宝贵资料。后山园林的假山石中还立有许多乾隆帝御制诗碑，内容大多为题咏寺内景物的感怀之作。点缀在寺内殿堂上的匾额楹联，令人回味无穷，流连驻足。这些碑石匾额及楹联，是这座皇家寺院里极为重要的文化内容，其中大部分碑文匾额字迹清晰，端庄秀丽，笔锋遒劲，至今保存完好。

（一）石碑

古代称皇帝题写的碑刻为御碑，大觉寺内共有御制石碑五通，分布在寺内中路建筑碑亭内和大殿左右。辽代古碑位于寺内后山，立石龛专门保护，明代庙产碑曾经断裂两截，仆卧在寺内北跨院西北角，近年将其修复后重立在大殿前方。

阳台山清水院创造藏经记碑

此碑在寺内后山北侧，汉白玉石质，面南向，螭首，圭额。碑身高 1.5 米，宽约 0.8 米，龟趺沉于地下。碑文正书，两面刻。辽咸雍四年刊立，僧志延撰文，李克忠正书，曹辩镌。碑阳额题：奉为太后皇帝皇后万岁大王千秋。碑阴额题：阳台山清水院藏经记

碑阳录文：

额题：

奉为太后皇帝皇后万岁大王千秋

阳台山清水院创造藏经记

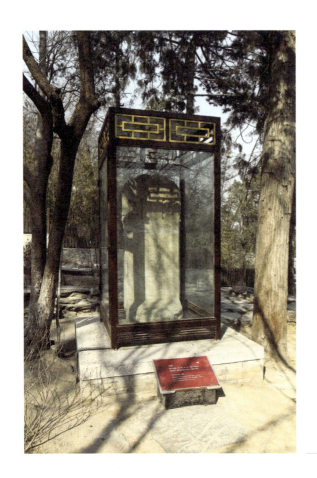

寺存辽代古碑

燕京通天门外供御石匠曹辩镌造

燕京天王寺文英大德赐紫沙门志延撰

昌平县坊市乡贡进士李克忠书

　　夫觉皇之诞世也，示生以八相，演法以一音，轨物正时，弘益无尽。自双林树圆寂而后，七叶岩结集已还，教道流通，于是乎在。若乃群方覃衍，历代弘扬，虽梦入汉庭，神应吴会，曷若我朝之盛哉！阳台山者，蓟壤之名峰；清水院者，幽都之胜概。跨燕然而独颖，侔东林而秀出。那罗窟遂，韫性珠以无类；兜率泉清，濯惑尘而不染。山之名，传诸前古；院之兴，止于近代。虽竹室华堂而卓尔，而琅函宝藏以蒇如，将构胜缘，旋逢信士，今优婆塞南阳邓公从贵，善根生得，幼龄早事于熏修；净行日严，施度恒治于靳惜。咸雍四年三月四日，舍钱三十万，葺诸僧舍宅，厥道人是念。界狱将逃，非教门而莫出；法轮斯转，趣觉路以何遥。乃罄舍所资又五十万，及募同志助办，印大藏经凡五百七十九帙，创内外藏而龛措之。原其意也，觊释氏那尼常转，读而增慧；俗流士女时顶戴而请福，大士弘济，有如此者。藏事既周，求为之记。聊叙胜因，俾信来裔。非炫公之能，故辞为愧。时咸雍四年岁次戊申三月癸酉朔四日丙子日巽时记

燕京右街检校太保大卿大师赐紫沙门觉苑

玉河县南安窠村邓从贵合家承办永为供养

碑阴录文：

阳台山清水院创造藏经记

□□□□□□□□□□□□□□□门□□□□□□□□□□□□□□

□门□□□□□□□□□□□□□□□□□□□□□□□□□□□□

□□□□□法□□□□□□□□□□持念法门□□□□教三

藏□□持念□□□□持念□门□持念□□□□□□□□门

□□□□□□□□□人福惠增日□福□□三□□□□□法

宝僧□佛□□僧□□□□□□□□男□□□□□□□□□□

氏次男□□新妇寇氏长女曰□妇次女邓郎妇小女赵郎妇长

□□□□□□□□□□□□是□□□□女□三人白□行

□邓郎居□赵郎再诠□□□□□□□□□□□□□□□□

男知辛□□张氏女杨郎妇长孙□□次孙马五小孙韩留孙女二姐

□□□□□□□□□□□□□□□□长男居□新妇邓氏

孙子留七次孙子与孙□□□□□□□□□□中郎□共

□氏□□□□□□□男壬家留女张郎妇李郎妇女三姐女二姐

□□□□□□人□邑□□□□□□□□□邑人柴志邑人

王守□邑人周信邑人周振邑人周遇邑人刘□邑人□□邑人□□邑

人□□□□□□□□□□邑人张□□邑人马守信相从助□化

道八□赵希□赵□□□□□□□□□□□□□□□□□□□□□□□□
周文显周辛李文善□□□□□□□□□□□□□□□□□□□□□□□
□□□邑人□正邑人邓晏邑人徐守均邑人赵畏邑人赵为邑
人赵□邑人□□□□□□邑人王□□□□□□□□□□□□□□
邑人□□邑人魏兴邑人张□宝邑人刘善邑人赵每诠邑人
周□□□□□□□□□□□□□□□□□□□□□□□□□□□□李
□行□□□县本典张泰在□□□□□□□□□□□□□□□□□
□□□□□□□□□□□徐守进三家村师人张□照

御制大觉寺碑

此碑在寺内山门北侧碑亭中，碑高 3.45 米，宽 0.97 米，螭首龟趺，碑额雕有盘龙纹，碑阳为宣德三年宣宗朱瞻基撰大觉寺碑，额篆书：御制大觉寺碑。碑阴为正统十一年御制重修大觉寺之碑。英宗朱祁镇撰文，正书。额篆书：御制重修大觉寺之碑。

碑阳录文：

额题：

御制大觉寺碑

御制大觉寺碑

朕惟

佛之至道，广大包乎天地，光明超乎日月，无微不入，无远弗届。其功利之溥博，盖沂乎千万劫之先，沿乎千万劫之后，皆周遍而不遗。然其本湛焉明净，如如不动，感然后通而妙应若响者也。恭惟圣母皇太后，仁圣之德，本乎天赋，清净自然有契慧旨，至诚所存，一务博施。惟欲覆载之内，万物咸适其宜。是以深居九重，日享至养，而每食必虑下之饥，每衣必思下之寒。朕日侍左右习聆慈训，拳拳钦服奉行惟勤。北京旸台山，故有灵泉佛寺，岁久敞甚，而灵应屡彰。间承慈旨，撤而新之。木石一切之费，悉自内帑，不烦外朝。工匠杂用之人，计日给佣，不以役下。落成之日，

寺存宣德三年御制大觉寺碑

殿堂门庑岿焉奂焉。像设俨然，世尊在中，三宝以序，诸天参列。鹿苑鹫山如睹，西土万众仰瞻，欢喜赞叹，遂名曰大觉寺。惟圣母茂斯功德，盖上以集隆福于宗庙，中以延鸿祚于国家，下以普慈济于幽显，至仁之施，愈远且大。夫宗庙享其福，国家保其祚，幽显蒙其济。天佑圣母，善庆在躬，福寿隆盛，永宜茂衍于万万年。谨刻石载寺之成，而系以诗曰：西方之圣，万德之尊。巍巍浩浩，妙莫名言。道函覆载，利洽宇宙。三界九幽，仁为广围。聆之无闻，视之无睹。有诚感焉，应捷桴鼓。明明圣母如天之德如佛之仁周爰矜恻两仪之大万汇之蕃冈不适宜圣慈以安，宗社疆固，本支万叶，六合一阆。圣慈以怗，日侍婉愉，谟训孜孜。圣母之仁我，我只行之，惟天孔昭，惟佛至慧。明明圣母，仁志广大，天锡纯祐。佛启灵贶，洪福万年，享天下养。旸台之异，密迩京都。奂焉翚飞。佛有新居琢词贞珉，爰纪厥成，爱日之诚，明视日星。

　　　　宣德三年四月初七日

碑阴录文：

题额：

御制重修大觉寺之碑

御制重修大觉寺之碑

昔我

皇考宣宗皇帝奉圣祖母太皇太后慈旨，修建大觉寺于京师之
旸台山，以隆宗庙之福，以延国家之祚，以普济于幽显，盖昭乎。
如天旋日行，万众所共欢忻瞻仰，而赞叹于无穷者也。今虽銮驭
上宾，然尤日切朕念。每诣山陵谒祭延望伊迩，能不益兴追慕之

寺存康熙五十九年
送迦陵禅师安大觉
方丈碑记

思。间自中道，躬谒寺下，徘徊久之。顾岁颇久，颓弊日增，惧无以副圣慈在天之灵。乃命易其故廓其隘，凡诸像设与夫供佛之具，居僧之舍，亦皆新而大之。故所以副圣慈在天之灵，而抑以称皇考承顺乎亲之大孝也。其地灵泉涌溢，无间冬夏；抚视其四旁，则峰峦之峭拔，岩谷之深邃，原壤之萦回，树艺之茂密，无不在于指顾之间。仰望台殿楼阁，俨然若自天降，而置之林壑之表者也。然后有以知圣祖母惓惓祝国祚利济幽显之心。所以属兹山而有所建者，实有得于天授，非人力也。切惟国家之兴，天与之，天保之，顾不待有所求而能然者也。圣祖母祝延利济之心，上达于天，天既鉴之，而为之后人者，则顾可以一日而或忽忘于下也哉。凡朝廷建佛宇之盛，为民禳祫，资用功力有司具焉。今大觉寺之修先后悉出内帑财物，而佣工力成之。民无知者，于其成之岁月，谨识其事于石。而为铭曰：巍巍大觉，肇迹西土。德尊宇宙，道函率溥。诚之所至，感则咸通，明无不极。幽靡弗穷，明明上天，祚我家国。惟圣祖母，允隆大德。惓惓一心，为我后人。内外远迩，咸囿于仁。旸台之山，直京西北。自我皇考，奉命卜宅。有赫梵宫，世尊所居。法像俨若，兜率真如。万众仰瞻，赞叹欢喜。获福无量，皈依敬礼。我睹大觉，如对圣灵。圣灵在天，孝思用兴。殿堂门庑，弊于风雨。乃命葺修，务浮其故。费出内帑，不劳于民。计日而就，周视一心。副我圣灵，博施广爱。庶几自天，降鉴如在。家邦衍庆，寿福齐天。本支延远，万万斯年。

正统十一年十一月初一日

送迦陵禅师安大觉方丈碑记

位于山门南侧碑亭之中，碑高3.45米，宽0.97米，螭首龟趺，碑额雕有盘龙纹。碑阳为康熙五十九年雍亲王胤禛撰文并书丹：送迦陵禅师安大觉方丈碑记，行书。碑额篆书：法轮重转。碑阴为乾隆十二年（1747）御制重修大觉寺碑文，高宗弘历撰文，庄有恭正书。碑额篆书：香界长新。

碑阳录文：

额题：

法轮重转

送迦陵禅师安大觉方丈碑记

我

皇父现无量寿佛身，光被一四。天下临御。五纪以来，万类恬熙，益登极乐国土。余荷圣慈天覆，奉藩多暇，禅悦斯深，性海同游。时亲善友顾，十方释子，如粟如麻。求其了悟真宗，不愧称善知识者，了不可多得。僧性音净持梵行，志续慧灯，闲时偶接机锋，不昧本来面目。是可主持法席而俾以宏阐宗风者也。西山大觉寺者，金源别院，表刹前明，山深境幽，泉石殊胜，岩中宴坐，当不减鹫岭雪峰，聿诹良月。吉辰，倡率道俗，送方丈安禅，开堂演法。从此信响彻于诸方，善果结于四众。莫不勤行修习，广种福田。则住山领徒之侣，既可以报佛恩者报国恩，而祝厘资福之忱，亦藉以少展。至于园居相望，往复过从，入不二门，证无上道，此又余与性音所共勉勿谖者矣。

康熙五十九年岁次庚子秋九月和硕雍亲王撰并书

碑阴录文：

碑额：

香界长新

御制重修大觉寺碑文

朕惟圣王御世，弘济群生，其与慈氏能仁普利人天，功德不可思议，迹虽殊而心源则一。佛经所云过去诸佛往往示现转轮，以世法义安天下，复以宗旨接引诸方延续慧命者，盖只期万善之同归而已。我皇考福慧两足，镜智圆明，自潜邸时，深究宗乘，证悟无上了义。御极抚辰，海内清和咸理，乃于几暇选序古德语录，开示津梁。仰惟大慈悲父广种善根，凡梵宇琳宫曾施功德，皆不啻如来身坐道场，而历劫四众。并应庄严拥护瞻礼发心者也。朕因诣龙潭，近望西峰蓝若。大觉寺者，金清水院故址，明以灵泉寺更名。运谢禅安，蔚为古刹。康熙庚子之岁，皇考以僧性音参学有得，俾往住持丈室，御制碑文以宠之。及圆寂归宗，复命其徒建塔于此。慈恩眷顾，圣迹攸昭。而积岁滋久丹膜剥落。爰加修葺，工既告竣，勒石以纪岁月。俾尔后住山大众时念法王显现化导因缘，与国家累页护持正教，振起宗风之至意云。

　　乾隆十二年岁在丁卯冬十一月兵部侍郎臣庄有恭奉敕敬书

寺存成化十四年御制重修大觉寺碑

御制重修大觉寺碑

此碑位于无量寿佛殿南侧前方，宽 0.70 米，高 2.50 米，螭首龟趺，汉白玉石质，明成化十四年（1478）九月一日刻。宪宗朱见深撰文，正书，额篆书：御制重修大觉寺碑

　　额题：御制重修大觉寺碑
　　御制重修大觉寺碑
　　朕惟大雄氏之教，以济利为用，利国利民，其用之大者。故自其教入中国千有余年，日新月盛，岁积

世满，信用不疑，上下一轨。我太祖高皇帝混一区宇，太宗文皇帝靖安家邦，爰创爰绍，为万世子孙法。事神之礼，固罔敢忽，佛氏之教，亦未或遗。乃都城西北一舍许，有山曰旸台，有寺曰灵泉。山势盘环，水流萦迂，木郁以苍，草茂以芬，盖天造地设之胜境也。旧虽有刹，不足以称神明之栖止。宣德戊申，我皇曾祖妣诚孝昭皇后，命中官董工修葺，缔构既成，因易其额曰大觉寺。后二十一年为正统丙寅，我皇考英宗睿皇帝万机之暇，车驾幸其所，觌其像已晦，堂已圮，载命新之。后又三十二年为成化戊戌，我圣母皇太后追思曾祖妣之仁，又世居其山之麓，乃矢心重造。特出宫内所贮金帛，市材僦工，凡殿宇、廊庑、楼阁、僧舍、山门，靡不毕具。实奂实轮，浮于前规，寺额仍旧。工既告完，故事宜有文于碑，以传夫上。资列圣在天之福，绵圣母齐天之寿延庇朕躬，永绥福履，阴翊皇储支庶蕃衍，以至为国家生民祝釐者，此利国之大也。导人为善，则曰忠臣孝子，即登觉路。惩人为恶，则曰不忠不孝，即堕幽局，以至荐扬超度群迷者，此利民之大也。利国利民，大雄氏之教也，亦人君宰治天下之心也。为之赞曰：

西方圣人大雄氏神功妙用广无际誓将慧力觉蒙寐十方世界同一视
普众闻风无异议佳山佳水卜胜地辉煌金碧高为寺赞欢尊崇无不至
青灯一点蟾光似宝幡两行锦绣制祖宗何以重其事祛诸恶类开善类
万寿慈皇发虔志恢弘殿宇超前制有祈有祷皆如意冥冥阴佑期无替
丰享国祚隆宗嗣海晏河清应坐致大哉大雄圣无二有明香火传千祀

　　成化十四年九月初一日

正统十年敕谕碑

　　此碑位于无量寿佛殿北侧前，宽 0.70 米，高 2.35 米。螭首龟趺，汉白玉石质，明正统十年刻。英宗朱祁镇撰文，正书。额篆书"敕谕"二字。

　　额题：敕谕

　　皇帝圣旨：朕体

寺存明正统十年敕谕碑

寺存明弘治十七年敕谕碑

　　天地保民之心，恭成皇曾祖考之志，刊印大藏经典，颁赐天下，用广流传。兹以一藏，安置大觉寺，永充供养，听所在僧官僧徒看诵赞扬，上为国家祝釐，下与生民祈福。务须敬奉守护，不许纵容闲杂之人私借观玩，轻慢亵渎，致有损坏遗失。敢有违者，必究治之。谕。

　　正统十年二月十五日

孝宗敕谕碑

　　碑位于大雄宝殿殿北侧前方，碑高3.30米，宽0.76米，螭首龟趺，汉白玉石质。此碑曾断裂两截，近年修复后重置于大殿北侧前方，龟趺为后补配。碑阳刻弘治十七年（1504）十一月初九日孝宗敕谕，碑额篆书：大明敕谕，碑阴刻明正德四年（1509）寺内庙产。

额题：大明敕谕

皇帝敕谕官员军民诸色人等

昔我

圣祖母孝肃太皇太后敬遵慈悲之教，成化十四年重修敕建大觉寺一所，祇奉诸佛菩萨，盖以阴翊皇度，普庇群生。凡殿堂门庑以及方丈庖庚之类，规制悉备。本寺宣德十年原赏常乐庄地二十七顷九十九亩八厘，清河庄地八顷，汤山庄地二顷九十四亩一分四厘，冷泉庄地二十亩，并昌平县佃户五十七户，家人一十六名。成化十五等年买得顺天府宛平县民地八十五段，共一十四顷九十八亩五分，昌平县民地八十五段，共三十九顷四十七亩五分，俱以资本寺之用。所买地土该纳粮草养马□银免征一半。恐后顽昧之徒罔知禁忌，或有亵渎毁坏盗窃陵占，兹特降敕戒谕：凡官员军民诸色人等，俱宜仰体至意，敢有不遵敕旨，辄肆侵犯者，必重罪不宥。故谕。

弘治十七年十一月初九日

碑阴录文：

今将

大觉寺原

钦赏庄田并置买地土□□开坐：宣德十年，蒙宣宗章皇帝奉圣母太皇太后

钦赏本寺庄田四处：

常乐庄一处，计地二十七顷九十九亩八厘；清河庄一处，计地八顷；汤山庄一处，计地二顷九十四亩一分四厘；冷泉庄一处，计地二十亩，俱免粮草。钦赏家人一十六户，佃户五十七户。成化十五等年，蒙宪宗纯皇帝奉圣慈仁寿太皇太后，赐价银

买到顺天府宛平县□…八十五段，计地一十四顷九十八亩五分，该征□草二百八十一束。买到顺天府昌平县□□里民人邓友□…八十五段，计地三十九顷四十七亩五分，该征□草三百三束三分。买到金吾后卫指挥宋英亲弟宋□原买到□…三十亩，该征□草一百一十束。买到内宫监太监刘□兄刘玉白地共五顷二十五亩，该征（此行以下漫漶不清）买到内府酒醋面局太监伍薰、侄男伍祥白地共五顷九十八亩该征□草□…束。弘治十七年十一月初九日复蒙孝宗敬皇帝重念圣祖母太皇太后恩育甚厚，赐赍有嘉。钦降本寺敕谕□□，内开买过两县民人地土该征草束免科一半，钦此。本寺遵奉□…外该征□草四百六十五束一分五□。

僧禄司左讲经兼本寺住持性容

左觉义兼本寺住持悟祥

　　右觉义兼本寺住持净寿

　　　　住持可保

　　　　　道聪

　　　　　道宝

　　　　　湛洪

东序

提点　净□

都管　净伍

都寺　道安

都文　悟胤

监寺　道受

副寺　德受

西序

首座　悟洪　可得　道景

书记　道祥　道暹

藏主　周晖

维那　德保　悟仙　惠春

堂司　满玉　德渊

烧香官王□　　张□　　　王玉

大明正德四年岁次己巳秋九月菊日立

（二）御制大觉寺诗文

　　大觉寺在其千年的历史中，作为皇家敕建寺庙的历史长达600年；如果从金章宗的离宫清水院时算起，与皇家的渊源则已逾800年，这为大觉寺的历史抹上了一层浓重的皇家色彩。金章宗、明宣宗、清世宗、清高宗都曾在此驻跸。金章宗将清水院设为他的西山八院之一，明宣宗修缮寺庙后赐名大觉寺。清康熙、乾隆年间又重修大觉寺。雍正、乾隆数次临幸，留下了许多诗文。雍正未即位之前，喜研究佛学，与寺僧多有交往，寺内清代主持性音就是雍正结交的僧人之一。大觉寺内四宜堂名为雍正所赐，雍正的斋号称四宜堂，诗集有《雍邸集》《四宜堂集》，他将斋名赐予大觉寺院内精舍，足以证明其喜爱的程度。他的诗中有这样赞美大觉寺的词句："寺向云边出，人从树梢行。香台喧鸟语，禅室绕泉鸣。"清高宗弘历是位善诗书的皇帝，字迹遍布全国，他在位60多年间共有御制诗五集，此外还有《御制诗余集》。乾隆多次巡幸大觉寺，题写了许多匾额及诗文，寺内大雄宝殿和无量寿佛殿前高悬的"无去来处""动静等观"两块巨匾均为乾隆御笔，寺内后山园林中的领要亭，龙王堂边的假山石上刻有他的许多题咏诗文。乾隆来大觉寺每次必有诗，他在《初游大觉寺》诗中写到："灵渊谢神贶，古寺问佛津。趁此山路遍，况逢雨霁辰……"这首诗的第一句是指到黑龙潭龙王庙祈雨，乾隆来龙王庙祈雨后常顺路到大觉寺，所以诗中有"趁此山路便"的词句。诗中还提到了寺内石桥、莲花、泉水等景物，读来令人赏心悦目。

雍正御制大觉寺诗

　　翠微城外境，峰峦画图成。

　　寺向云边出，人从树梢行。

　　香台喧鸟语，禅室绕泉鸣。

日午松荫转，钟传说偈声。

—— 大觉寺

一径烟萝夕照深，山窗幽竹更添阴。

老僧谭法挥松麈，异鸟衔花敛雪襟。（山中有白鹊）

阁响钟声传密义，潭空云影鉴禅心。

频来端爱风泉洁，却向无弦听好音。

—— 再过大觉寺

重开香积奉金仙，松径纡回警跸传。

野鸟静吟僧院竹，梵钟遥度御炉烟。

清幽水树红尘外，寂历云山太古前。

自有庄严超色相，何须慧远论真禅。

—— 谒西山大觉寺

乾隆十二年御制初游大觉寺诗

灵渊谢神贶，古寺问佛津。

趁此山路便，况逢雨霁辰。

清爽拂人面，微风袭草芬。

禾黍连远村，勃然生意新。

旸台最高峰，未到意已欣。

迤俪入林庐，便舆步法门。

石桥似虎溪，菡萏摇涟沧。

一一莲花上，疑有天女伦。

月相巍殿中，调御信独尊。

云湫泄山半，下注如垂绅。

循流登其巅，乃至水之源。

不溢亦不涸，澈底石粼粼。

时复见泳游，故知非凡鳞。

稍憩白板室，洒然诚绝尘。

鸟语似谈梵，树影全标真。

拟参大觉旨，翻歉语句频。

乾隆三十三年御制游大觉寺杂诗

言至招提境，遂过功德池。

石桥亘其中，缓步虹梁跻。

一水无分别，莲开两色奇。

右白而左红，是谁与分移。

—— 石桥

佛殿边旁精舍存，

肃瞻圣藻勒楣轩。

四宜春夏秋冬景，

了识色空生灭源。

—— 四宜堂

笠亭栖嶕峣，

如鸟翯翼然。

层峰屏峙后，

流泉布瀑前。

山水之趣此领要，

付与山僧阅小年。

—— 领要亭

古柯不计数人围，

叶茂孙枝绿荫肥。

世外沧桑阅如幻，

开山大定记依稀。

—— 银杏

云岂解劳逸，而用憩息为。

我适来山轩，见彼写楹时。

我憩云亦憩，此意谁能知。

回首语苾刍，莫拟说禅诗。

——憩云轩

山半涌天池，淙泉吐龙口。

其源远莫知，郁葱叠冈薮。

不溢复不涸，自是灵明守。

像设坐严楼，致礼孚盈缶。

利物神信能，格诚吾何有？

——龙潭

（三）大觉寺内匾额和楹联

　　寺庙匾联包括匾额与楹联两个部分，关于寺名、殿名的题匾书额盛行很早，至明清时期为寺庙题写寺名和殿名，已成为一种传统。当时有影响的名寺大观，其寺名、殿名均为当代名人手笔。匾额是中国独特的文学艺术形式，语言简练，寓意深长。在中国古建装饰中占有重要的地位，大凡文物古迹、风景名胜之处多有名匾遗存。楹联也是中国特有的艺术形式，早在千年前就已出现，随着佛教寺院的世俗化，楹联也出现在庙堂之中。各地著名的寺庙中文人墨客、达官显贵以及皇帝的亲笔御题数不胜数。其中的许多内容凝练警策，禅机无限。楹联和匾额有如锦上添花，与名胜古迹交相辉映、相得益彰。

　　由于岁月流转与时代更迭，许多胜迹的匾额楹联历经朝代变换或兵革火焚，毁弃颇多，大觉寺这座皇家敕建古寺也未能幸免，其中的楹联早已不复存在，匾额也只存下一部分。据《日下旧闻考》记载：

……寺内弥勒殿额曰圆证妙果，正殿额曰无去来处，无量寿佛殿额曰动静等观，大悲坛额曰最上法门，皆皇上御书。寺旁精舍内恭悬世宗御书额曰四宜堂，皇上御书额曰寄情霞表，联曰：清泉绕砌琴三叠，翠筿含风管六鸣。又联曰：暗窦明亭相掩映，天花涧水自婆娑。憩云轩，轩名额，并轩内额曰涧响琴清，联曰：风定松篁流远韵，雨晴岩壑展新图。又联曰：泉声秋雨细，山色古屏高。皆皇上御书……①

从以上记载可知，天王殿门额原为圆证妙果。四宜堂、憩云轩建筑内曾有许多楹联。如今在寺内天王殿、大雄宝殿和无量寿佛殿内这三座佛殿堂里还有慈禧太后御笔所题象教宏宣、妙悟三乘、法镜常圆、妙莲世界、真如正觉等匾额。匾为长方形，黄绢纸质，黑字，字大如斗，字迹秀丽端庄。匾长 3.18 米，宽 2.18 米，上钤"和平仁厚与天地同意""慈禧皇太后御笔之宝""数点梅花天地心"三玺，三款印章并排钤于匾额字体上方。慈禧太后崇信佛教，垂帘听证的闲暇时间，也参禅拜佛，有一首诗曾讲到慈禧进香拜佛之事，全诗四句：彩旗八宝焕珠光，浴佛新开内道场。昨夜慈宁亲诏下，妙高峰里进头香。京师西山妙高峰有天仙圣母庙每年四月开庙会，诗中所说的内容就是慈禧太后到妙峰山进香的事。而大觉寺是到妙峰山进香的必经之路。所以每次进香也必来大觉寺，寺中匾额为慈禧亲笔所题。另据民国时奉宽所著《妙峰山琐记》记载：

……大觉寺在徐各庄村西，山麓东向……各殿有慈禧皇太后御书"真如正觉""法云自在""灵鉴七宝""祥云普渡""香云法雨""多罗秘藏""象教宏宣""妙喜吉祥""法卫香台"诸额，又御书联曰：三明广路灵机辟，八解遥源妙谛窥。又联云

115

1　（清）于敏中等《日下旧闻考》，北京古籍出版社，1983。

慈禧皇太后御笔匾额

116

金绳路启三千界，宝盖香飞十二城。皆黄缣墨书，钤用御宝。[2]

将以上记载和大觉寺现存匾额对照可知寺内慈禧所题匾额应有12块。目前只有象教宏宣、法镜常圆、真如正觉、妙莲世界、妙悟三乘这五块匾额。在齐心撰写的《北京名匾》一书中有关于对大觉寺匾额的详细解释。[3]

〔象教宏宣〕：

匾额悬在弥勒殿内，上方钤"和平仁厚与天地同意""慈禧皇太后御笔之宝""数点梅花天地心"玺三方。"象教"是对佛教的赞称，《优婆塞戒经》卷一："如恒河北，三曾俱渡，兔马香象，兔不至底，浮水而过，马或至底或不至底，象则尽底。"因此佛教常以象比喻精深。"象教宏宣"意为弘扬光大佛教的深刻精辟教义。

2　奉宽：《妙峰山琐记》，国立中山大学民俗学会，民国18年。

3　齐心：《北京名匾》，北京美术摄影出版社，2000。

〔法镜常圆〕：

匾悬大雄宝殿内，钤玺同上。"法镜"为佛教术语，指观察事物、认识真理的智慧；"圆"，语出《楞严经》二十二："阿难及诸大众蒙佛开示慧觉圆通，得无疑惑，圆无偏缺，通无碍。"意即融会贯通，知与识全面圆满。

〔真如正觉〕：

匾悬大雄宝殿内，钤玺同上。"真如"是佛教用语，指永恒不变的真理；"正觉"指顿悟成佛。

〔妙悟三乘〕：

匾悬大雄宝殿内，钤玺同上。"三乘"即虔修佛法的众生，由于有三种器根，故有三种成佛的途径。佛教把通向目的地之途径喻为运转的车轮，故又称"乘"，"妙悟三乘"即三途俱通，以示佛祖的神明。

〔无去来处〕：

匾悬大殿正间外檐，高宗御笔，匾文意为宇宙间的万事万物，来自何方，去向何处，都是虚空的，这正是禅宗六祖惠能的偈语："菩提本无树，明镜亦非台。本来无一物，何处惹尘埃。"的延伸发展，亦即佛家的"色即是空，空即是色"的含义。

〔动静等观〕：

匾悬无量寿佛殿外檐正间，高宗御笔，佛家认为事物的动静应是相等的，亦即动即是静，静亦是动，动中有静，静中有动，所以观察事物，对它的动与静，应作等同看待才是全面客观的哲理。

〔憩云轩〕：

匾悬于乾隆帝曾驻跸的行宫憩云轩外檐正间，憩云轩是乾隆御题的轩名。佛教的游僧居无定处，如行云流水，高宗以云水僧自居，作为清帝王休憩之所，为了与庭院的自然景物协调，特将匾制成绿色蕉叶状，正上方钤"乾隆御笔之宝"玺一方。

乾隆御笔"无去来处""动静等观"匾额

乾隆御笔"憩云轩"匾额

（四）寺藏清代木刻经板

大觉寺寺存经板概况

大觉寺现存清代木刻经板共计 519 块，其中《是名正句》45 块、《宗鉴法林》226 块、《宗鉴语要》38 块、《宗鉴指要》18 块、《杂毒海》60 块、《集云百问》13 块、《佛泉禅师语录》59 块、《佛泉禅师后录》34 块、《月天宽禅师语录》19 块、各类《序》7 块。《是名正句》《宗鉴法林》《宗鉴语要》《宗鉴指要》《杂毒海》均为横 21 厘米，纵 30.5 厘米，其余《集云百问》《佛泉禅师语录》《佛泉安禅师后录》《月天宽禅师语录》均为横 18 厘米、纵 27 厘米，经板薄厚不一。

概况如下。

《是名正句》

凡八卷，宗鉴堂编，京西大觉山佛泉寺性音撰。寺存经板中该书《序》的部分已经散佚，但国家图书馆现藏线装本《是名正句》有该书的编纂缘起："集宗鉴法林七十二卷，得公案二千七百二十三则，各有拈颂，列次其下，亦欲使学者知所趋向，去其习染，行之海内，然虑挟袂担囊之徒，或苦其繁重，复就旧本拈颂中集，其不落情见者亦非情见可凑，泊者汇为一帙，共得八卷，题曰'是名正句'。"

国家图书馆藏《是名正句》一书，除钤有"北京图书馆藏"印章外，在《序》的落款"京西大觉山佛泉寺性音撰"之后，还钤有"性音之印"、"迦陵"二枚印章，是目前我们已知古籍善本中留下的关于迦陵性音的难得印记，说明此部著作在雕版之后即已印刷出版，流传于世。

另外，在书中还钤有"长乐郑振铎西缔藏书""长乐郑氏藏书之印"，说明此种佛教著作曾为郑振铎所收藏。郑振铎（1898~1958），现代作家、文学评论家、文学史家、考古学家。原籍福建长乐，1949 年以后，历任国家文物局局长、考古研究所所长、文学研究所所长、文化部副部长、中国民间研究会副主席等职。

《宗鉴法林》

凡七十二卷。清代僧迦陵性音编。收于《万续藏》第一一六册。此书广泛搜录历代诸师之古则、公案、拈颂，计 2720 条。其所列顺序为：世尊、诸经、应

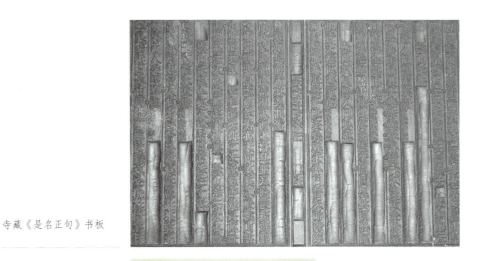

寺藏《是名正句》书板

欲開今人而皆古人因驅古人而就今人集宗鑑法林七十二卷得公案二千七百二十三則各有拈頌列次其下亦欲使學者知所趣向去其習染行之海內然慮挾袱擔囊之徒或苦其繁重復就舊本拈頌中集其不落情見者亦非情見可奏泊者彙爲一帙共得八卷題曰是名正句蓋竊取諸嚴頭云斯役也豈余之得已而不欲已哉知我罪我是在後之覽是集者

京西大覺山佛泉寺性音撰

国家图书馆藏《是名正句》书影，书中钤有"性音之印"、"迦陵"印章

是名正句卷一

宗鑑堂編

世尊初生

雲門偃云我當時若見一棒打殺與狗子喫貴圖天下太平雪竇顯云便與掀倒禪林　雲峰悅云雲門指天指地語恨恨送語傳言出畫堂使者伺能多意氣主人應是不尋常　泉大道

生來自恨錯同條纖縷心肝也分消還你獨尊三界內奈何今日叉明朝　覺菴真

是名正句卷四　終

三角因僧問如何是佛師曰明日來向汝道如今不道

傷心欲問前朝事惟見江流去不回曰暮東風春草綠鷓鴣飛上越王臺　驪古岸

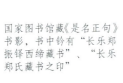

国家图书馆藏《是名正句》书影，书中钤有"长乐郑振铎西谛藏书"、"长乐郑氏藏书之印"

国家图书馆藏民国三十年十一月江山王访渔《宗鉴法林校勘表》

121

化圣贤、西天祖师、东土祖师、旁出诸祖、未详法嗣者、自大鉴下一世至青原及南岳下三十七世、嗣法未详之尊宿等。又因康熙五十一年（1712）春，于塞北之法林寺会集编书，至五十三年（1714）夏，镌版完工于京师柏林院之宗鉴堂，故题名曰"宗鉴法林"[1]。

据国家图书馆藏康熙五十七年（1718）刻经山藏本《宗鉴法林》记载："宗鉴法林贰版，一存京都敕建柏林禅寺，一存浙江杭州敕建理安禅寺。"大觉寺之经板，应为迦陵性音由柏林寺转至西山大觉寺入主方丈时随行带去。

另据民国三十年（1941）十一月江山王访渔《宗鉴法林校勘表》前序言记载："宗鉴法林有南北二本，资福、柏林二寺所藏者皆为北本，而拈花寺则为南本。河北董伯因先生依据南本乃发现下列各种之错误，作成勘误表数页，承嘱在馆藏本上亦加改正，余爱特照录一道附诸书端，以备后阅者之助"。

目前已知《宗鉴法林》有以下六种藏本。

（1） 康熙五十七年善本，现藏国家图书馆；

（2） 康熙五十七年微缩制品，现藏国家图书馆；

----

1 见吴言生博士主持编写的《禅宗典籍 560 种提要》。

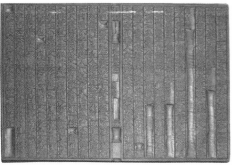

寺藏《宗鉴法林》木刻经板及书影

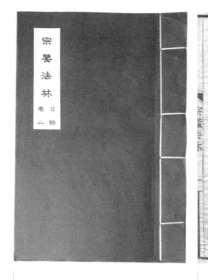

大觉寺藏《宗鉴法林》
经板 2000 年拓印本

民国十八年补刻《宗鉴法林》，大觉
寺主持僧福振在序言中记述其事

《大日本续藏经》收录的
《宗鉴法林》书影

民国十八年胡改庵为其亡夫人补刻《宗鉴法林》序言

（3） 民国十四年（1925）《大日本续藏经》收录本，现藏国家图书馆；

（4） 民国十八年（1929）补刻刊印本，现藏国家图书馆；

（5） 公元 2000 年大觉寺寺藏经板拓印本，现藏北京西山大觉寺管理处；

（6） 公元 2001 年微缩胶片，现藏国家图书馆。

据民国十八年补刻刊印本中，北平西山大觉寺住持福振于书中记载："中华民国十八年春，黄陂胡改庵居士为其亡夫人盱眙吴慧娴女居士补刻《宗鉴法林》，计添新板四十二块，修补板七十八块，共字二万五千四百五十八个，先后用银二百元。请由退院方宗和尚董[2]其事。当斯宗风不振之秋，得此慷慨布施之举，甚盛事也。板藏本刹，愿十方缁素广为印刷，以资宏扬，庶吾宗有中兴之望焉。补刻既成，欢喜赞叹，用识数言以垂纪念云尔。"

《宗鉴语要》

《宗鉴语要》分上下两卷，寺内经板上册保存完整，下册缺少 8 页，共计缺失 4 块经板。

《宗鉴语要》是迦陵禅师的法徒侍者如绰编撰，内容主要为迦陵禅师来京缘起及居京时与雍亲王辩谈记录。书尾附雍亲王法语一则。《宗鉴语要》是研究迦陵禅师佛学思想及迦陵禅师与雍正皇帝关系的重要史料。

---

2 董，即监督管理之意。

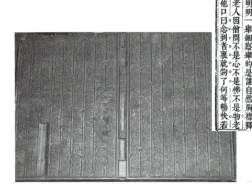

寺藏《宗鉴指要》书板及书影

《宗鉴指要》

《宗鉴指要》，一卷，东瓯仙严法弟佛鉴拜撰其序。板缺 6 页，共计缺失 3 块经板。此经板区别于寺藏其他经板的最大特点为：《宗鉴指要》板除序言外皆圈有标点，为今人阅读、断句提供了便利的条件。

佛鉴《宗鉴指要·序》中叙述了著书的缘起："鉴癸巳（康熙五十二年）岁卸仙严院，欲蹈无著之故辙。因过柏林，每于捶拂之下，不独耸耳，且乃惊心，遂依无载，领首众事。乙未（康熙五十四年）冬，众请普说，竟若决江河而莫之御，无一处不发人之未发，无一句不闻人之未闻，会下五六千指，皆恍然自失，无不欢喜踊跃。然泽宜于普法宜于遍，鉴恐穷隔僻壤耳目所不及者，错过甚多，是请而梓之，必有会心于千里外亦如鉴之惊心耸耳者矣。"

《杂毒海》

《禅宗杂毒海》二卷，又名《大慧禅师禅宗杂毒海》《大慧普觉禅师语录》。宋法宏、道谦等编录，绍兴元年刊行。收在《万续藏》第一一四册、《禅宗全书》第九十三册。宋代看话禅名师大慧宗杲迁化后，最庵道印将参禅居士追忆记、方外道友赞、佛祖赞等，以及法宏、道谦所编之大慧在洋屿庵所提唱之先德机缘法句与对参学者之开示，辑录成册，而成此书。书名中之"杂毒海"三字，系自大

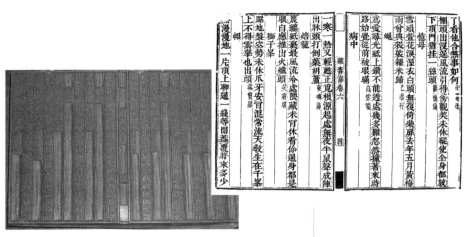

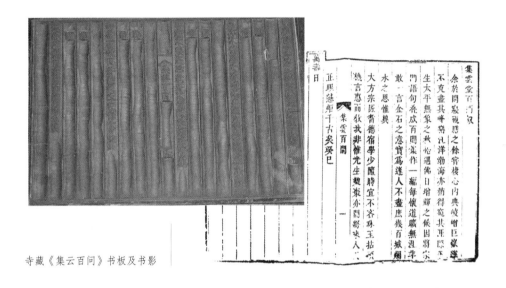

寺藏《杂毒海》书板及书影

寺藏《集云百问》书板及书影

慧所述"参禅不得，多是杂毒入心"之句而来。明洪武初年，龙山仲猷祖阐（号归庵）鉴于此录颇多误舛，故删其繁冗，撷其精要，并广搜诸师之偈颂，分类增编为十卷本。内容包括佛诞、成道、初祖、众赞等三十余项，七百三十二首。清顺治十一年（1654），南涧行悦复增补为八百七十余首。康熙五十三年六月，临济宗僧迦陵性音将十卷本重编为八卷本。内容依次为佛赞（收诸尊宿之佛祖赞、自赞等）、杂赞（收礼祖像、礼祖塔、示徒、赠别等）、投机（收诸尊宿之投机偈、留赠之偈颂等）、钞化（收依托事物提撕宗乘的偈赞）、杂偈、道号、山居等，并附有普明之牧牛十颂、梁山之牧牛十颂。

《万续藏》收录的《杂毒海》记之为："康熙甲午夏六月古柏林寺沙门性音叙""京都柏林嗣祖沙门性音重编"；而《四库未收书辑刊》中收录的《杂毒海》及大觉寺寺藏经板内则记之为："康熙辛丑夏五月大觉山佛泉寺沙门性音叙""京都佛泉嗣祖沙门性音重编"。康熙甲午当为康熙五十三年，而康熙辛丑则为康熙六十年（1721）。今综合零星记载推测，康熙甲午年间，性音主京都柏林寺方丈，而康熙辛丑年则主京都佛泉寺方丈，大觉山佛泉寺即今之大觉寺也。据大觉寺内雍亲王亲撰《送迦陵禅师安大觉方丈碑记》可知，康熙五十九年，迦陵性音在和硕雍亲王力荐下入主大觉寺方丈，康熙辛丑版《杂毒海》为性音被派往大觉寺主方丈后重新雕版而成，2000 年辑录的《四库未收书辑刊》则依据大觉寺经板印刷版收录。

《四库未收书辑刊》依据《四库未收书分类目录》收集整理而成。《四库未收书分类目录》主要收录清乾隆时四库馆臣未见和清乾隆以后至清末问世的书籍，几乎网罗了当时存世的《四库全书》以外的优秀典籍。20 世纪二十年代末，三十余位国学大师开拟了一串有二万余条目录的书目，名曰《四库未收书分类目录》，试图补《四库全书》之未备，并将"四库学"发扬光大，《杂毒海》即被收录于内，这进一步肯定了该书佛教经典的地位。经比对分析，《四库未收书辑刊》内所收《杂毒海》确与大觉寺寺藏经板为同一版本。略感遗憾的是，《四库未收书辑刊》内收录的《杂毒海》独第六卷第 4 页缺失一页，而又值得庆幸的是，缺失之页在大觉寺寺藏经板中完好保存，倘日后《四库未收书辑刊》再版，可据之补齐。

《集云百问》

集云堂编，康熙五十二年（1713）刻。《集云堂百问叙》中载其编纂缘起："余于问寝视膳之余，尝栖心内典，崚嶒巨岳虽不克尽其峰峦，汪洋渤海，亦稍得窥其涯际，予生太平无象之秋，恰遇佛日增辉之候，因将宗门语句叠成百问，集作一编，每怀道旷无涯，非敢一言金石之意，实为逢人不尽，庶几百城烟水之思。惟冀大方宗匠耆德宿学，少随时宜，不吝珠玉，拈颂机言，惠而教我，非惟光生梨枣，亦开将来人天正眼，慧炬千古矣！癸巳万寿日。"据叙文语气，作者应为雍亲王胤禛。

经板保存完整，并无缺失，共计 25 页，13 块。但字型竖长略小，版面雕刻亦觉粗糙，部分字句中字受损较为严重。

《佛泉禅师语录》

共六卷，嗣法门人际机等编第一、四卷，际宽等编第二、五卷，际寰等编第三、六卷。

书前有乾隆三年（1738）"岁次戊午夏古吴查行者元昭氏"撰写的序言，其中有关于佛泉禅师的记述："今我佛泉大和尚具笃实之性，生秉冰霜之操守，未入归宗之门，已如临济之在。黄檗位下三年，行业纯一，暨受迦老人付嘱之后，潜心苦志，参则真参，悟则真悟，修则真修，真云居，所谓行之之人，而余所谓行而后能言之人也。及乎老人辞世，佛公奉其灵龛，建塔于京畿西山大觉寺之傍。庐墓而兼主席，一瓢自爱，足不入城者十有余年。凡城中之学士大夫慕佛公之名而求一见者，山城迢递，邈不可得，盖其真实践履，能令人一望而生欢喜心。而出一言吐一气，亦使人当下知归。噫！不意际此佛法陵夷之日，而得我佛泉和尚之笃行，君子哉！"佛泉禅师示寂后，建灵塔于大觉寺南塔院内。塔近代被拆毁，其塔铭现埋于大觉寺南莲花寺一现代建筑基座下，如今尚可以清晰看到"传临济正宗三十五世佛泉安和尚塔"的文字，及四周雕刻双龙、山石、海水等纹饰。

《佛泉禅师后录》

共四卷，嗣法门人际融、际太等编第一卷，嗣法门人际善、际存编第二卷，门人际有、际寰编第四卷，第三卷因卷首缺失，编者无考。实有经板34块。第四卷结尾处撰有佛泉禅师行状，因卷尾缺失，故只余一句："师讳安，号佛泉，楚之湖北安陆府景陵县张氏子。"

《月天宽禅师语录》

《月天宽禅师语录》分上下两卷。实有经板19块，缺失16块。"嗣法弟子了睿等同诸昆仲敬述"。卷终结尾处有关于月天禅师的行状记述："讳宽，号月天，系遵化玉田县孙氏子，母张氏。生于康熙癸未十一月二十四日戌时。童年颖异不凡，二亲强之娶，生二子，性好施，每怀出世之心。年二十九，辛亥，依出头山净和尚薙染，次年诣盘山和尚授具戒。至甲寅往京西参大觉师翁一载，深明大法，师翁以从上法印并源流衣拂付之，有'掀翻窠臼、法眼流传'之句。戊午，调叔祖奉上命主万寿，师以深心力辅之，后因正师主江西归宗，尊师翁命代理兴善方丈，

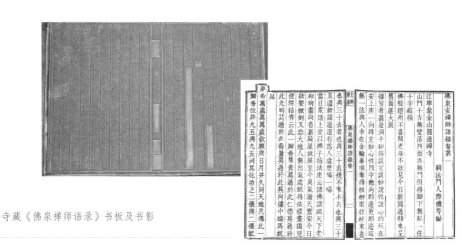

寺藏《佛泉禅师语录》书板及书影

寺藏《佛泉禅师后录》书板及书影

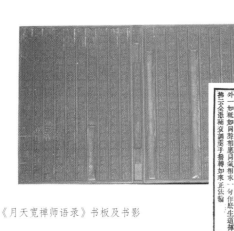

第三章

館藏文物

寺藏《月天宽禅师语录》书板及书影

居座元寮三载。至甲子春，归省大觉，遂留山中，辅之一载。至甲子冬，师翁谢世，庄亲王命继主大觉方丈。未逾一载，遐迩称其真心实行，住持得体。值遇呈恩重修大觉，此亦希世之奇逢，至辛未春，又荷命兼理印务，非师所尚，唯以佛法为己任，结制打七，单提向上，力振宗风。至乾隆十七年壬申三月九日示微疾，就医于灵鹫庵，师觉病体沉重，急命归山告众，跏趺坐化。蒙发帑金，津送入塔。师住大觉九载，谨守祖风，实心为道，可谓无愧于龙天者也。有语录二卷，嗣法弟子共七人。"

大觉寺寺藏经板519块，保存较为完好，是非常珍贵的历史文物。经板分为《宗鉴法林》《杂毒海》《是名正句》《宗鉴语要》《宗鉴指要》《佛泉禅师语录》《佛泉禅师后录》《月天宽禅师语录》《集云百问》共九类，其中《宗鉴语要》《宗鉴指要》为迦陵和尚语录，《佛泉禅师语录》《佛泉禅师后录》为迦陵弟子佛泉和尚语录，《月天宽禅师语录》为佛泉弟子月天和尚语录。迦陵音、佛泉安、月天宽三位禅师分别为大觉寺在清代康熙、雍正、乾隆三朝的住持，他们的语录除记述佛教禅理外，还从侧面记叙了一些历史事件，因此也具有一定的史料价值。

清代大藏经 ——《龙藏》概况

清代的《龙藏》，全称为《乾隆版大藏经》，又名《清藏》，是清代唯一的官刻汉文大藏经，清世宗雍正十一年(1733)在北京贤良寺设立藏经馆，十三年

国家图书馆藏《清刻释藏略史》之《清藏经板编刊之缘起》和《清藏经板保管之变迁》

(1735) 正式开雕，至清高宗乾隆三年 (1738) 完成。今国家图书馆藏民国间抄本《清刻释藏略史》中记载了《清藏经板编刊之缘起》。

清雍正帝素耽禅悦、深入教海，万机之暇游泳梵刹，觉明藏未经精校，讹谬颇多，遂命兼通宗教之大德居士等一百三十余人，在京师贤良寺晓夜校阅，鸠工重刊，命和硕壮亲王允禄及和硕和亲王弘昼总理藏经馆事务。自雍正十一年开馆编刊，至乾隆三年工竣，历经多载，成兹钜制，校对精良，版本古朴，洵称希世之法宝也。

雍正重修大藏经的目的，尽管他自己说是"（《北藏》）未经精校，讹谬颇多"，但是学术界认为，雍正修藏更重要的是出于政治目的。自清军入关以来，一批具有反清思想的人士，为了"既不做降臣，也不当顺民"，于是出家做了和尚。不少僧人便借以禅宗语录的形式以发泄其对清朝廷的不满，这些语录便加进《嘉兴藏》的《续藏》和《再续藏》中传播。雍正看到这方面问题，亲自撰写了《拣魔辨异录》和《御选语录》，对明末以来法藏、弘忍一系的禅宗教派的思想进

《龙藏》之一页

行批判，对已经入藏的《五宗原》《五教救》等经典进行撤换，销毁经板并谕令教徒不得私自收藏。同时，还提出他的入藏经典的收录标准。[3]

《龙藏》分正藏、续藏两部分。总共 724 函，7240 卷，收录佛典 1675 部。正藏部分按照《龙藏》的结构，共 485 函，续藏共 239 函。千字文函号自"天"至"机"。所用经板共 79036 块。藏经编辑好以后，又陆续三次撤毁入藏经典。《龙藏》的版式与《明北藏》相同，每版折为 5 个半页，半页 5 行，行 17 字，楷书手写上板。[4]《清刻释藏略史》对此也有详细记载，整理了《清藏经板之种类及详细数目》。

（甲）原刻板数

种类　一千六百七十种

函数　七百二十四函

以千字文编制号数目自天字起至

机字止每字为一函每函十卷

卷数　七千二百四十卷

经文板　七万八千六百一十五片

序文板　七片

目录板　五十一片

经签板　三百六十三片

以上原刻板统计七万九千零三十六片

（乙）撤出板数撤出原因无明文记载未便以口传之词列入

俊字函五卷　计板六十三片

开元释教录略

于字函六卷　计板五十六片

办伪录

务字函一卷　计板十三片

3　李际宁著《佛经版本》，江苏古籍出版社 2002 年版。

4　李际宁著《佛经版本》，江苏古籍出版社 2002 年版。

明仁孝皇后梦感佛说

第一希有大功德经

宙字函一卷　计板六片

永乐御制序中赞文

等字六函六十卷　计板六百六十片

钱谦益注楞严蒙钞

以上撤出经五种七十三卷计板七百九十八片

（丙）现存详数

种类　一千六百六十五种

函数　七百一十八函

内有九卷者二函五卷者一函四卷者一函

余者皆十函外有目录五卷另一函

卷数　七千一百六十七卷

经文板　七万七千八百十七片

序文板　七片

目录板　五十一片

经签板　三百六十三片

以上实存经板统计七万八千三百三十八片

　　由于乾隆年间曾出现过三次撤经毁板，故至今保存完整的《龙藏》已寥寥无几。据《大清高宗纯皇帝实录》载，第一次在乾隆三十年（1765），乾隆以钱谦益"大节有亏，实不足齿于人"为由，下令撤毁钱氏所注《楞严经疏解蒙抄》，毁板660块。第二次在乾隆三十四年（1769），乾隆以明永乐"犯顺称兵，阴谋篡夺"为由，下诏撤毁《永乐赞制序撰文》等永乐撰著4种，毁板128块。第三次是在乾隆四十一年(1776)，撤毁武则天所撰的《华严经》序文，板片数目不详。《清藏经板之种类及详细数目》中记载的内容如"种类1670种"与"收录佛典1675部"略有出入，其它记叙内容与目前所见一些论著也多少有些差异，概为参考资料不同所致，但为何出现这样的差异现象也颇值得我们探讨。

《龙藏》完工后曾刷印 100 部，分赐全国各大寺院。后来直到 1935 年，又刷印了 22 部。此外还有少量刷印，但累计总印数不超过 150 部，故传世较稀，多人所贵。据《清刻释藏略史》中《清藏经中国各省名山大刹自备工料颁请藏经记略》中记载。

　　夫以鹫峰玄文乃禅门之宝筏鹿苑秘笈为缁流之南针，佛说无人相，无我相，道在普渡群生，释典亦心学，亦哲学，理可比类诸子。清制颁给龙藏经典例由内务府先期敬备，逮至咸同以降内帑不充，改令僧人自备工料请印，兹将自光绪初年直至现在所有各省请印者省名寺名开列之后，以便稽考云尔。

令人遗憾的是，在《清藏经中国各省名山大刹自备工料颁请藏经记略》中所提"兹将自光绪初年直至现在所有各省请印者省名寺名开列之后"并未在文后查到相关记载，所以"所有各省请印者省名寺名"我们就无从以此知晓了。

　　《龙藏》原藏在故宫武英殿，后移至柏林寺收藏保管，《清刻释藏略史》中《清藏经板保管之变迁》有详细记载。

　　清制钦赐龙藏为表扬僧寺之不世荣典。原经板储存于武英殿由内务府保管，不轻印刷，后经拈花寺方丈达天和尚掌僧录司正印时，以印刷不便奏请移储于柏林寺，仍由内务府监对，僧录司及柏林寺住持共负保管之责。咸同以来国家多故，内帑不充，准许僧寺自备工料奏请刷印，嗣以内务府及僧录司疏于监视，板片凌乱、卷帙淆误。于光绪初年经柏林寺方丈昆峰和尚募集捐款，购木作架挨次清理，历时三载，始整理就绪。民国以来僧录司废改，由内务部督同柏林寺住持负责保管，复以未定规则无凭遵守，每遇印经时悉凭承印之商人随便取放，以致板片次序复多错乱。民国九年，经劝办实业专使叶公恭绰条陈振兴文化，案内声请整理，由内务部拨款，将木架重加修葺，签编号数，并经部定颁给规则八条、印刷规则十二条、保管规则八条，呈请大总统公布施行。

由是始有恒规希世法宝永镇禅林，此在柏林寺保管经过之大概也。

该板片略有残损，基本完好，是我国历代木刻藏经中唯一尚存之板片。关于中国藏经刊刻发展的历史以及《龙藏》经板保存的状况，在《清刻释藏略史》之《北京柏林寺存储清藏经板纪要》中也有相关记述。

粤稽中国之有释藏经板，始自宋开宝四年开刊之藏板，迨后神宗元丰三年雕刻福州东禅寺板，徽宗政和二年开雕福州开元藏板，高宗绍兴二年雕刻思溪板，理宗嘉熙二年开雕碛砂板，元武宗朝开雕杭州板，明洪武五年雕刻南藏，永乐十八年开雕北藏，万历十七年雕刻嘉兴藏书本板，清雍正十三年开雕龙藏板，宣统三年上海哈同花园活印频伽藏，民国十二年上海商务印书馆影印日本续藏，统计宋元明清四朝至今，共有大藏经板十二分，现在卷帙完整者已属无多，其中枣梨无恙可供批阅研索者，惟柏林寺所存之清藏经板尚完好如初，第以年淹代远，其间之变迁更易，公家既无档案可稽，又无传记可考，实为一大憾事，兹将各方咨询略述颠末，能否据为信史尚不敢必，尤望后之阅者谅之教之是幸。

解放后，柏林寺及龙藏经板由北京图书馆接管，"文革"期间，该馆将其迁出放于寺外临时搭建的大棚之内。该板被一层摞一层垛放，高达三四米，编号全被打乱。从1966年到1982年的16年间，因大棚漏水、积水，经板被浸泡、重压、虫蛀等损害。为了抢救这批珍贵文物，1982年7月市文物局接管了这套经板，将其移入智化寺存放。经板系选用上好的梨木雕造，刀法洗炼，字体浑厚端秀，由于印刷量极少，因此经板至今字口锋棱俱在，完整如新。1988年"龙藏"经板移出智化寺并付梓，后移至房山石经山云居寺收藏保存。

大觉寺寺存经板与《龙藏》的关系

清初风气，凡是开堂说法的宗师，示寂后常由门人辑录其机缘法语付梓成书传世。大觉寺藏木刻经板共九种，其中以著述甚丰的迦陵禅师所编撰的《宗鉴法林》《杂毒海》《是名正句》《宗鉴语要》《宗鉴指要》等佛教内、外典籍为主。

《宗鉴语要》书影

迦陵禅师法徒佛泉及法孙月天两位禅师所著的《佛泉禅师语录》《佛泉禅师后录》《月天宽禅师语录》，也是我们了解迦陵禅师和雍正皇帝关系的重要资料。而对迦陵禅师和雍正皇帝关系的分析，也是我们研究大觉寺藏经板与清代《龙藏》关系的重要线索。

迦陵和尚是清代早期一位著名的禅僧，他青年时便投高阳寺毗庐真一禅师受具戒，后来南游参禅宗临济尊宿杭州理安寺梦庵禅师，因悟性深而超格得授衣拂法印，成为临济正宗第三十四世嗣法传人。迦陵一生的参学、演法活动范围很广，其足迹遍及江南、塞北的一些著名禅寺，先后在杭州理安、江西归宗、京都柏林、大觉和塞北法林等寺庙主方丈。迦陵聪慧过人，博闻强记，诗文俱佳。他一生著述宏富，除寺藏上述几种著述外，尚有《十会语录》二十卷、《宗统一丝》十二卷。可惜，因为性音晚年的一些特殊遭遇，他留下的许多最能见其心性的文字，多已不传。

迦陵和尚以一介禅僧，结识并受知于雍亲王胤禛，始于康熙五十一年(1712)。雍亲王府举办法会，胤禛欲召高僧论道，有人举荐了迦陵。几番谈辩之后，互觉机缘相契，于是，在雍亲王未登大位前，迦陵便成了雍亲王府的一位常客。迦陵编撰的《宗鉴语要》一书中以语录体多处记载了雍亲王充溢机锋和隐喻的禅语，对于了解康熙末年胤禛的内心思想，有启示和参考价值。如：

雍亲王千秋，竖如意云：威音那畔不假，炉鞴钳锤不假，雕

凿栽培，直教遍尘遍刹，无不赖其光辉。若有一法过于此，光明
过于此，寿量过于此，我此如意端直作如意用。击一下云：今日
化为轮王髻中宝珠，照耀四天下去也，为人一一点出。是眼司见，
是耳司闻，是鼻辨香，是舌谈论大地人争。敢道他不知，只是不
敢承当，未免孤负尊贵。一路只得借此为标准，普令遍法界，一
草一木，尽截以为筹，贮于石室中，以满其寿之量。且道，法界
还赴也未？欲知赖及万方，只因化被草木。遂放如意云：不见道，
尧舜之君，犹有化在。

雍正于早年便有刊刻清版大藏经之志，虽然《龙藏》正式于雍正十一年（1733）
开馆编刊，但其经藏收集工作开始较早。在雍正四年（1726）十二月对内阁上谕中，
便可看到关于收录迦陵禅师语录入经藏的记载。

朕在藩邸时，批阅经史之余，每观释氏内典，实契性宗之旨，
因时与禅僧相接。惟性音深悟圆通，能阐微妙，其人品见地，超
越诸僧之上。朕于西山建大觉寺，为其静修之所。以朕嗣登宝位，
凡体国经邦，一应庶务，自有古帝王治世大法。佛氏见性明心之学，
与治道无涉，且若以旧印熟识僧人，仍令主席京师，天下或以朕
有好佛之心，深有未可，且有累于性音之清行。而性音亦力辞归隐，
遂安禅于庐山隐居寺四年。于兹谨守寺规，谢绝尘境，即本省大
吏尽不知不闻也。今闻其圆寂，朕心深为轸恤，著照玉林加恩之例，
追赠国师，并赐予谥号，交内阁撰拟。其语录乃近代僧人所罕能者，
著入经藏，以彰其真修翼善之功。

初看雍正这番上谕，可以看到其间满溢着君臣之义和念旧之情，并表明雍正
自己处处以大局为重，在处理政、教的关系上弃取割舍均出之于理，一切都是光
明正大之辞。

然而，雍正八年（1730）前后，雍正帝便对其态度突然发生了绝大的变化，
一改以前的赞誉有加、恩礼备致；说自己早就发现迦陵品行有亏，行为不端，以

法界之人却喜干预尘俗之事，所以在登极后令其离开京城，以护佛门清规。并说性音语录含糊费解，不能有利众生，"朕从前失于检点，亦性音辜负朕恩处，著削去所赐'国师'封号，其语录入藏者亦著撤出"[5]。不仅如此，雍正还敕令地方官严加访查，不许性音门徒记录当年雍亲王与僧衲交往的情况，更不准将这类文书加以保存，否则治以重罪[6]。

结合迦陵晚年的实际处境，再细细品味雍正四年十二月对内阁的上谕，则会感到，这番上谕用心良苦，不过是借此"说事"，借题发挥，多有言外之意、弦外之音，用以掩盖天下人的耳目才是其本意。

雍正十一年（1733）九月，雍正在其《御选语录》一书后序中，再次对迦陵大加贬斥，说他心行不正，污辱祖庭，所编《宗统一丝》"尤为乖谬"，斥其"昏聩卑鄙至于此极也"。雍正十二年（1734），沛天上人奉敕组织了40多名僧侣，校勘藏经，从中撤出去了部分内容，迦陵的《宗鉴语要》等著作，便于此时被删弃。

雍正帝竟不惜否定自己以前的"圣谕"而对迦陵大加贬斥，前后态度的巨大变化着实让我们震惊。依据寺藏迦陵画像赞语推测，迦陵对康熙与雍正的"父子冤仇"知之甚深而遭雍正帝遗恨。除此以外，更让雍正揪心不已的则是迦陵及其弟子语录的流传于世。迦陵所著语录中有许多记录雍亲王与僧衲交往的内容，如《宗鉴语要》和《宗鉴指要》中这类记述附拾即是，雍正绝不能容忍其流传于世，迦陵的弟子们在迦陵禅师圆寂后，因悲愤之情不能自已而写下了不少怀念先师、讽喻世情的文字，因此招致了雍正皇帝第二次更为严厉的惩处。

如今，这些经板印刷流传于世的仅有《宗鉴法林》《杂毒海》《是名正句》，因其为佛教经典的集成，而非佛学思想、禅师语录内容，所以才有可能在世间流传，虽数量不多，但我们尚能寻到其流传的痕迹。而其它几类如《宗鉴语要》，《宗鉴指要》的经板，我们今天就真的很难寻觅了，几乎可以这样说，它们已成为古籍孤品。这些经板对于我们研究其与清代大藏经 ——《龙藏》的关系、佛学理论和佛教宗派背景、编校刊印流传过程与清初政教背景、宗鉴堂编经与雍正崇佛的关系等多方面具有重要的史料价值。通过下一步对经板的细致研究，我们有望更为深入地了解清初大藏经编写的政治背景和历史背景，解决《龙藏》编印刊刻中的一些历史疑团，补充清代大藏经中的一些有价值的内典和外籍，从而推进古老的中国佛学研究，填补北京地区近代佛学研究的某些空白，探讨清代临济宗在中国北方的兴衰过程。

（五）寺藏清代契约文书

大觉寺自辽创建至今，近千年的历程中，几度兴衰，这座由皇家敕建的寺院，曾经收藏过辽代"契丹藏"和明代"永乐北藏"大藏经，有着辉煌的历史。不仅如此，寺内还珍藏着鲜为人知、保存完整的清代至民国初年有关寺院庙产等方面契约文书的原始资料，它是研究清代大觉寺历史、北京寺庙经济史及北京社会经济历史的第一手资料，具有珍贵的研究价值。这批契约文书原件基本保存完整，真实具体地记录了大觉寺清代至民国初年寺院经济及其它方面的活动，数量虽然不多，但所反映的问题却很多，内容极为丰富，颇具地区特点。明史研究专家，原首都博物馆馆长赵其昌先生在看到这批契约文书资料后说："大觉寺所藏契约文书是北京地区极为少见的残存资料，内容涉及诸多方面，除对寺院经济有直接价值外，对清代北京社会经济之研究更有其独特价值。"北京石刻艺术博物馆研究馆员吴梦麟先生说："大觉寺是我市著名的寺院，寺藏文物丰富，其中的契约文书又为劫后残存的珍贵文物，对研究大觉寺的历史较有价值，更可补充研究北京地区部分寺院及重要僧人的历史。"专家学者的评语充分肯定了寺存清代契约文书的史料价值，通过对它们的整理、考证及相关研究，将能恢复契约文书所反映的大觉寺清代的寺院面貌，勾勒出有清一代大觉寺寺院经济的基本发展轮廓，探询其中内在的规律。

寺藏契约文书内容简介及分类

契约即合同，《辞海》里的解释有广狭两义，广义泛指发生一定权利、义务关系的协议；狭义专指当事人之间设立、变更、终止民事关系的协议。契约（合同）一词及制度在中国古代即已产生。因此我们可以这样认为：人们在社会生活中发生的种种物权和价权行为用文字的形式记录下来，以保证当事人履行权利和义务所形成的文字，即是契约。中国使用契约的历史，最早见于西周时期的铜器铭文，而契约原件则以西汉为最早，保存至今数量最多的当属明清时期的契约文书。

大觉寺馆藏契约文书，大部分属于清代，还有少数属于民国时期，上迄康熙七年（1668），下至民国十三年（1924），时间跨度长达两百五十余年之久，数量逾百件左右，内容十分丰富，涉及土地制度、宗法制度、赋役制度、诉讼司法、风土人情以及寺院宗教管理制度等许多方面，其中包括了各种契约文书、账簿、名册、置产簿、收租簿、字据、案卷和告示等等，是极为珍贵的原始资料。经过整理及分析，我们将其分为：买卖契、租佃契、典当契、借贷契、施舍赠予交换契、伙资合同、诉讼文书、寺院制度、账簿名册和其它共十类。现将契约文书中的部分内容摘录如下，以便做详细的说明。

立卖契文约人祖洪。因手乏无钱使用，将自置地壹段东西□东至沟、西至郝姓、南至郝姓、北至赵姓，四至分明，计地叁拾亩。此地座落在北安河村北，今同中说合，情愿卖与大觉寺常住永远为香火之地。言明清钱肆佰伍拾吊整，其钱笔下交足，并无欠少。自立契之后倘有重租盗典等情，具在卖主一面承管，与买主无涉。此系两家情愿，各不返悔，恐口无凭，立此卖契为证。

　　　　　　　　　　　　　　　雍正八年十二月初一日

　　　　　　　　　　　　　　　立卖契人　祖洪（押）

　　　　　　　　　　　　　　　中保人　宝均（押）

　　　　　　　　　　　　　　　　　永远执照

立典契文约人孙廷佐。因乏手无钱使用，将周家坟地一段，烦中说合，情愿典与大觉寺常住以为耕种。供众言明，清钱贰拾吊整。其钱笔下交足，并无欠少。其地土木相连，两家情愿各无返悔，三年以后钱到回赎。恐后无凭立此文约存照。

乾隆陆拾年后二月初七日

　　　　　　　　　　　　　　　地主　孙廷佐（押）立

　　　　　　　　　　　　　　　中人　李喜（押）

寺藏契约 046 号

寺藏契约 064 号

寺藏契约 062 号

寺藏契约 084 号

寺藏契约 069 号

立借钱文约人行义。因为手乏无钱使，用被掌书赵明德逼迫。赵明德作主，欲将大殿前果松一株伐卖。后因常住知道，拦挡不许伐卖。行义仝赵明德再三求常住说，暂借钱叁吊，此树永不许私动。恐后无凭，立此文字为证。

乾隆五十四年十二月二十四日

立字人　行义（押）

立借钱字为证

立公议合同。旧业窑户马进山，旧业山主张起龙，因南安河村小南山地方旧有煤窑一座，嘉庆九年□做过，因工本短少未成，今马进山会同新业开窑人大觉寺常住监院了尘，与三官庙豁然，报明做煤，言明按壹佰贰拾股开做。言明出煤得利之日，先归新业工本，后有余利，照字所分。旧业窑户马进山应得贰拾伍股，山主张起龙应得拾伍股，大觉寺常住应得四拾股，三官庙豁然应得四拾股。说过如有旧业人等争论，有马进山一面承管。三言议定批合同，以样二张，此系在字各人情愿，并无返悔。恐后无凭，立合同文约永远存照。

道光十六年十一月二十二日

立合同窑户人　马进山（押）

山主人　张起龙（押）

新业夥计　了尘（押）豁然（押）

代字人　王成功（花押）

立施园契文约人付人。

立施园契文约人张永连。今有祖遗杂果园壹段，土木相连。此地座落在常住大影壁下坎，东至徐各庄，西至大影壁，南至道，北至道。四至分明，计地叁拾贰亩。因年老无子，不能耕种，今全中人说合，情愿施与大觉寺耕种摘收。常住因伊年老，与伊养老银贰拾伍两整，其银笔下交清，并无欠少。自立契之后，如有亲族人等争夺，俱在施舍人一面承管，两家不须返悔。恐后无凭，立契永远存照。

嘉庆玖年伍月初二日立

施字人　张永连（押）

中见人　广智（押）　阎福荣（押）

郝尊武（押）　吕国洪（押）

执　照

以上契约是大觉寺馆藏契约文书中比较典型的有关买卖、典当、借贷、施舍及合同等方面内容的具体实例。这些契约文书书写在横长40—50厘米，纵宽50—60厘米左右的黄棉纸上，文字竖排，均用毛笔书写。现以第一例卖契为例做如下说明。

契约右侧首行开始的"立卖契文约人祖洪……"等字表示该契的种类和立契人，"因手乏无钱……"是说明卖掉土地的理由，"今全中人说合情愿……"是麻烦别人做中保卖掉土地。契约中还写明了这块土地的来源，所处的位置及具体数量，写明了买、卖、中人三方共同议定的价格及立契日交付银两的事实，最后为了预防纠纷还写下了如不按时履约的罚则内容，都强调了契约是根据当事者双方意愿而立。结尾部分是立契日期、双方立契者和中人的名字，名字下画押。此契无官印，可知为民间自行议定。一般契约上钤有官印则表明此契已报知官府并缴纳了契税，钤有官府红印的契约称为红契，反之则为白契。白契是一种不合法的契约。但却在民间大量通行。并不影响其实质，具有同等的法律效力。大觉寺所藏契约文书大部分为白契，将这些契约与国家图书馆所藏清代契约相比较，两者在格式上也大致相同，都是由立契约文书人姓名、立约原因、土地房屋来源、名称位置、四至地点、土地数量、卖方或租方姓名、价钱、银钱交付方式、立约保证、立约时间、立契人中保人姓名等构成，所不同的就是大觉寺所藏契约大多为白契，这足以证明清政府在当时已不能按其意志控制土地田产买卖活动的现实，另外也从另一方面反映了大觉寺这座皇家敕建寺庙与清皇室及地方政府的关系极为密切。对土地田产买卖实行官契，是清政府试图对封建土地加强管理的一种手段，尽管三令五申严格要求各州府县具体实施，但事实上仍有大量白契通行，大觉寺内所藏契约就是典型的代表。

大觉寺馆藏契约文书的研究价值及意义

契约文书是研究契约学的重要史料，已被广泛运用在明清史及相关领域的研究中，它真实地记载了当时社会各种各样的有关土地、房产及其他一些财产的买卖、典押、租赁及围绕这些财产而产生的诉讼纠纷事例，记载了在签定和执行契约中的习惯及宗法势力的影响，在当时社会具有法律凭证、约束的作用。契约文书反映了当时社会中普遍存在的一些社会现象。因此具有极为重要的科研价值。

北京大学历史系教授张传玺在《中国历代契约考释汇编》一书中这样写到"……中国契约学的任务是要研究契约自身发展的历史及其规律，进而要研究与之直接有关的中国社会史、民法史、商业史、财政赋税史、土地制度史、宗法制度史等等，此外契约在政治史、民族关系史、宗教史、民俗史、文字学史上的史料价值及其反映的重要问题也要研究。可以说，如此门学术发展起来定会成为一门重要学科而跻身于学术之林。"[1] 由此可见此门学科的重要地位。

1. 大觉寺馆藏契约文书是研究清代寺院经济的资料

近年来刊布的徽州文书、福建契约、新都地契等已为学术界所瞩目，但这些契约文书所涉及的地区和内容是南方较多、北方较少，农村社会经济的较多，寺院经济内容较少。大觉寺是清代北方地区重要的佛教寺庙，与清皇室关系密切。而寺庙所藏契约文书则正是以大觉寺及其下院僧人的具体经济活动为主，多方面揭示了清代北京西山地区寺院经济的情况。土地是农业社会中基本的生产资料，

---

1 张传玺《中国历代契约汇编考释》北京大学出版社，1995

明清时期的土地兼并达到了历史上最严重的地步，土地愈来愈集中到以皇帝为首的封建地主阶级手里，其中就有僧道地主，尤其是僧道地主受封建统治阶级庇护，享有减免赋役等特权，使得在土地兼并的过程中，比一般世俗地主具备了更多的优势。土地田产是寺院赖以存在和发展的基础，它关系着寺院的兴衰和存亡。因此，不断的扩大土地占有量，是寺院的经常性活动。土地占有数量的多少，在各个历史时期各个寺庙都很不一致，多者达到百顷千顷，少者也有十亩百亩。寺内现存的乾隆六十年收地租账簿中记载了大觉寺出租的土地就达一千六百余亩。因此清代一段时期大觉寺寺院土地多达千亩，寺庙经济相当发达。一般较大寺院土地的来源，除钦赐固有土地外，还有信徒的施舍、纳献及其它寺院的赠予和交换等形式。但更多的是出钱典买土地，卖主中既有农民，也有僧人，所买入的土地来源，也多为"祖遗"或"自制"，也有僧人的"本身香火地"，等等。清代大觉寺内土地来源与中国古代寺庙土地来源的渠道大体相符。

寺院土地称为香火地，带有宗教色彩，但对土地的经营，与世俗地主并无区别，大多数采取招佃收租的形式，寺田有常住庄与私庄之别，前者是寺院的公产，寺租收入主要用于寺院的维修和僧众的口粮，后者则为僧人个人私产，可以买卖转让，不受限制。从嘉庆二十年地亩押租账看，租种大觉寺土地的村庄达十余个，租种土地多者达百余亩，村名为冷泉、唐家岭、回龙观、韩家川、东北旺等。大觉寺出租土地时，要与佃户定立租批，并在其中讲清所租土地的位置、名称及四至、亩数、租金等，并申明交租日期及罚约。由于商品经济发展的影响，地租是以货币地租为主。

佛教教义之根修本在于让人摆脱一切欲望，以明心见性证成正果。佛教戒律明确规定不许僧弥蓄积个人财产，然而契约文书中所反映的僧人经济情况却不如此，在敦煌文书中僧弥拥有个人私产的例子数不胜数，大觉寺所藏契约文书中也有这样的实例，如嘉庆七年（1802）僧人信悟带土地果园到大觉寺养老，僧人义起把祖遗地卖给大觉寺，等等。从契约文书中可知，僧人个人财产的来源，也是多种多样的，有的是从师傅那里继承的，有的属于自己典买的，其个人财产的处理权，归自己掌握，不受寺院限制，与世俗的个人财产没有区别。

寺院除接受善男信女的施舍，与招募佃农租种土地外，也从事其它经济活动，如道光十六年（1836），大觉寺监院了尘参与合股开煤窑活动，从一个侧面反映了资本主义萌芽情况。此外，还包括出租房屋、宅基地以收取租金等经济活动内容，寺院经济活动十分广泛。

大觉寺所藏契约文书中关于清代北京社会经济的资料很丰富，通过对其进行经济分析，可探讨租佃关系、土地关系等方面情况，通过对土地价格、土地买卖、土地经营以及地租率、地租形式等具体内容的研究，可剖析当时的社会实态，并由此窥见诸多的清代北京社会经济现象。

北京西山大觉寺发现的契约文书，与北京大学图书馆所收藏的清代宛平、大兴的契约文书在书写格式及用语上大致相同，都是由立契约文书人姓名、立约原因、土地房屋等来源、名称位置、四至、数量、买方姓名、价钱、钱银交付、立约保证、时间、立契约人姓名、中保人姓名、代书人姓名等构成，不同在于大觉寺的契约全是白契，而北京大学图书馆收藏的宛平、大兴契约中有红契，有的还有完税的契尾。但这并不影响契约文书的实质。大觉寺清代属宛平县管辖，加上寺院早已世俗化，因此，大觉寺所发现的契约文书也为研究清代北京的社会经济活动提供了珍贵资料。

（1）土地典卖

土地典卖的原因，从契约来看，大多是"手乏""手乏不便""手乏无银使用""手乏无钱作用"等，少数的是老年无子不能耕种等。乏，即缺少、匮乏，也即是缺少银钱，而多数写成"手乏"之类的语言，也就成了公式化的东西，在公式化语言的背后，肯定存在着各种各样的原因，不过得结合其他材料才能分析的比较具体而透彻。典当契约，一般都注明典当年限，少则一年，多则五十年、八十年。在规定的期间内赎回，一般约定地无租价、钱无利息，提前赎回就要出高低不等的利息。到期无力赎回，也可要求再增加一些钱，而土地房屋等则归为他人所有。

（2）土地价格

土地价格的高低，主要取决于地租的多少、土地的丰度、供求关系等因素，因土地肥瘠不等、位置不一、时期不同，也有些差异。如康熙七年（1668）僧人佛果卖的八亩杂果园地，每亩平均白银九.三七五两。雍正八年（1730），祖洪卖给大觉寺的三十亩地，平均每亩清钱十五吊，而康熙五十九年尚进忠等卖的九亩地，平均每亩白银一两三钱。出典的土地一般比出卖的土地价格低，但也不完全相同，如康熙六十一年（1722）刘显荣典给大觉寺的四亩地，平均每亩二两，康熙五十四年（1715）杨哈那典给高姓的二十八亩地，平均每亩零点六六两。典当土地价格低，当是典主还想赎回土地等原因而造成的。但在大觉寺发现的契约中，有相当一部分只有总价钱，而土地面积则写成含混不清的一段、两段或两沿等，直接影响了对土地价格的比较研究。

（3）押租钱与佃权倒卖

从乾隆收地租账簿和嘉庆地亩押租账看，大觉寺的佃户大多数比较稳定，十年、三十年甚至父子相继、世代相承租种大觉寺的土地。大多数佃户都要先交押租钱，其数量一般相当于一年的地租钱。然后，到每年八、九、十月间一次或分几次交纳地租钱。嘉庆地亩押租账所记载的三月即向佃户收取地租，全部交纳的不多，一般是先交一部分，实际上所先交的这一部分钱，是带有预租钱性质的。虽然在租批中规定了不准倒典、私对花户等，但仍有佃户因各种原因而转租土地者，如在乾隆五十一年收地租账簿中有东北旺"吴吉祥种地八十五亩，押租钱四十七千四百五十文"的记载，到六十年收地租账簿上就变成了"贾九对吴吉祥地十六亩，押租钱九吊二百文"。"吴吉祥种地六十九亩，押租钱三八吊二百文。"吴吉祥原来租种的八十五亩土地分成了由吴九、吴吉祥两家承租。在五十九年的账簿上有小字批注："各自交租"，看来吴吉祥的转租得到了大觉寺的允许，也就不算是私对花户了。在清代中后期，福建、安徽等地一田二主或一田多主、田骨与田皮相分离的情况相当普遍，而在北方此类情况则不太多，但也存在。如在大觉寺发现的契约文书中，有光绪十八年（1892）十月大觉寺佃户李和、李晏因手乏，将佃种的八亩土地，倒与陈文祥名下认佃交租永远为业，言明倒价京平松银一百一十五两，每年九月初一交大觉寺租价当十钱九吊。这件倒佃契，既反映出永佃权已成普遍现象，同时又提供了一个北京地区不太多见的一田二主的例证。倒佃契在大觉寺被发现，当是得到大觉寺的认可。反映出封建生产关系发生了深刻的变化。

（4）典买手续

147

2　光绪《大清会典事例》卷 755。

光绪《大清会典事例》卷七百五十五载："凡典买田宅不税契者，笞五十，契内田宅价钱一半入官。[2] 不过割者，一亩至五亩，笞四十，每五亩加一等，罪止杖一百，其田入官。""雍正五年议准，自雍正五年以后，凡民间置买田房地土，一切税契，务须黏连有布政使所发契尾，州县官钤印，给业户收执，如无契尾者，即照匿税例治罪"。此类规定在契尾上也可以见到。规定的虽然严厉、具体，但大觉寺所发现的契约中，既没有州县官盖印，更没有布政使所发契尾，大都是按着契约规范格式立下的白契，多由中保人、知情保底人、族人、诸山等为之担保而已，以逃避偷漏应该交纳的百分之三的契税。这反映了清代北京地区，尤其是像大觉寺这样的寺院，有皇帝驾幸，又善于交通王侯，联结官府者，更是置律条而不顾，能偷漏契税就偷漏契税。官府也以民不告官不究的心态，不予追查，因而相沿成俗。对于钱粮过割，有些契约上也注明了应完钱粮数目，说明交与里长。实际上也就不用到州县去办钱粮交割手续了。

（5）立约保证

在契约文书的结尾，总有几句大体相同的话，一般百姓则说："如有来路不明、重复典卖及亲族人等争竞，俱有卖主及中保人等一面承管。"僧人则说："自后如有同宗同派人等争竞等情，有作证人一面承管。"等等。这既是立契约文书的基本要求，也是立契人和中保人给买入方的一个无容质疑的保证，以免买入方卷入是非争竞之中。同时，也说明无论是世俗的亲族人等，还是僧人的同宗同派人等，在土地房屋等财产转移活动中，均具有优先获得权，即亲族优先原则，如果没有亲族、同宗同派人等的同意，就会埋下许多隐患。这反映出宗法血缘关系僧侣宗派关系、在财产转移中起着不可忽视的作用。

大觉寺发现的契约文书中关于清代北京社会经济的资料很丰富，由此可窥见诸多的清代北京社会经济现象，是研究清代北京社会经济不可多得的珍贵资料。

3. 大觉寺所藏契约文书是研究大觉寺历史的宝贵资料

大觉寺作为千年古刹，有着辉煌的历史，寺存许多御制碑刻和匾额题诗，高僧大德在此主持焚修传经布道，随着中国进入多灾多难的近代，大觉寺也失去了往日风采，日渐衰落破败。关于大觉寺的记载，除《宛署杂记》《日下旧闻考》等书中的记录外，系统资料很少，许多只是片言只语、零星杂记。而大觉寺发现的契约文书不仅是研究清代寺院经济、北京社会经济的史料，同时也为研究大觉寺的历史提供了真实的宝贵资料。

大觉寺曾是清代皇帝的行宫，乾隆皇帝多次巡幸驻跸寺内，并题写了大量碑文、匾额、楹联，乾隆时期是大觉寺的繁盛时期。嘉道以后清王朝由盛而衰，财源日渐枯竭，已无力顾及这座行宫，大觉寺逐渐变得清冷，甚至连御路上的树木也被人砍伐。这批契约文书中有一份嘉庆二十三年（1818）的劄谕，其主要内容为：命将大觉寺庙内所存陈设全部撤回，运交黑龙潭新建殿内安置摆放，其余残缺不全之件，俱交圆明园器皿库存储。这件劄谕让我们知道了大觉寺作为清代皇帝行宫的使命已经完成，从此失去了皇帝的关注。另外，寺存契约文书中还有一张道光八年（1828）大觉寺主持禀报寺内多处建筑渗漏坍塌损坏情况的记录，十分详细具体，无疑也是大觉寺濒临衰败的可靠记录。

寺院的兴盛，在于历代僧人的焚修和香火旺盛。大觉寺清代著名主持是迦陵和尚。康熙五十九年，大觉寺修缮后，雍正遣当时名僧性音（迦陵）住寺主持，并亲撰《送迦陵禅师安大觉方丈碑记》一文，以示恩宠。雍正四年性音圆寂，雍正封其为国师又在寺旁敕建陵塔一座。迦陵的大弟子佛泉实安在这一年被立为大觉寺方丈，管理寺务，成为大觉寺临济正宗第二代住持。乾隆年间的主持僧月天际宽被庄亲王允禄称为"真心实行"，继佛泉禅师后为大觉寺第三代继席法师。但此后的僧人延续不得而知。从此次发现的契约文书中，可以知道嘉庆年间的主持惠彻，道光年间的主持真觉、月宽，咸丰年间的住持同寿，以及道光年间的监院了尘等等，同时还可以了解其他一些僧人的情况。通过方志碑刻等材料，对它们进行研究，能够使笼统的大觉寺僧人传承情况变得更加生动具体。

大觉寺雕梁画栋、飞檐斗拱、暮鼓晨钟、香烟缭绕的景象使其蒙上了浓重神秘的宗教色彩，但这一切并没有隔断它与世俗的联系。寺僧不仅靠善男信女的施舍和佃农交纳的地租维持生活，而且与世俗有着诸多的交往联系。道光十三年（1833）大觉寺方丈惠彻与汪菊圃交换土地，道光十六年（1836）大觉寺监院了尘与窑户马进山等合股开煤窑，光绪二十三年（1897）大觉寺同本利木厂工头张永吉立修建南塔院合同，诸如此类的事情反映了大觉寺在经济上与世俗社会存在着很多来往。同时大觉寺与周围的村庄百姓也存在许多冲突，如嘉庆十四年（1809）乡长邢秉理等人为修村中真武殿而砍伐御路树木，道光十七年（1837）李万春等因饥饿贫困而偷大觉寺肥犬被发现等等。一百多年过去了，当事人所立下的字据，有幸保存至今，为今天我们了解大觉寺与世俗关系提供了不可多得的证据。

寺庙下院即寺庙的分院。大觉寺这座皇家寺庙共有多少下院，分布在哪里，目前已很不清楚，有关史料也少有记载。而这批契约文书为我们提供了一些新的线索。据此可知，在北安河观音庵附近有大觉寺下院，朝阳门南小街十方院胡同的法兴寺是大觉寺下院，灵鹫庵也是，下院与大觉寺联系非常密切。此外契约文书中出现的静妙庵、三教寺、普照寺、瑞应寺、三官庙、老爷庙、西观音庵等，这些寺庙都与大觉寺有或多或少的联系，有些寺庙至今还仍然存在。

以上是从三个方面简要介绍了大觉寺契约文书的史料研究价值，这只是诸多内容中的三个方面，随着研究的继续深入及新资料的发现，将会有更新更多的研究成果出现。

寺藏部分契约文书录文

契约文书 037 号

　　立复卖园地。僧人佛果有自置杂果园地壹段八亩，坐落大觉寺山门外。因为无钱□用今……人马一夔说合，果情愿卖与马文辅永远为业，复价银七十五两整，其银当日……足，不致短少。园地东至道，南至道，西至□庄头、北至道，四至明白。……罚契内价一半入官公用。倘亲族人等争竞者，乞僧果一面承管，恐后无凭，固立□□文约永远存照。每年随带宛平县香火钱粮。

康熙七年三月初二日立

复卖文约僧人佛果（押）

同中□代书人　马一夔（花押）

张应旗（花押）

同前契中人海勋　性福　性果

大　吉　利

契约文书 038 号

　　立字人僧定旺。因为无银使用，将本庵正殿前围房贰间，系东边同师弟典到王名下住坐为业。言明典房价银五拾柒两整，其银当日交足，外无欠少。立字之后，如有外人争竞，有典主一面承管。恐无凭，立此典房字存照。（康熙肆拾年贰月初六日定旺大师傅往西安府去指此又借银伍两整）

康熙贰拾柒年拾壹月初八日

立典房人僧　定旺（押）

同师僧　定盛（押）

大吉利

契约文书040号

立典约僧人海山同徒寂举。因为无银使用，今将自置祖业甜樱桃、香椿、杂果树株，坐落在乍而峪共三沟三段，出典与韩性、德二人名下摘收为业。同众言明典价白银八十三两整。其典价银当日交足，外无欠少。言过十年以后银到园归本主。自立字之后如有法眷人等争竞，有山师徒一面承管。此系三面情愿各无反悔，如有悔者，罚契内银一半入官公用。恐无凭信，立此典契存照

中见　闵绍祯（押）　崔文秀（押）

普慈（押）　普宇（押）赵子绪（押）　赵国瓒（押）

通贵（押）

同徒　寂举（押）

康熙四十五年七月十五日立典契人僧　海山（押）

代书　何呈祥（花押）

乍而峪老典契

契约文书044号

立卖地契人尚进忠同大爷起凤。因为无银使用，今将祖置地一段，今同中人赵国祚说合，卖与大觉寺永为香火之地。言明每亩时值价银壹两叁钱，其地共玖亩，坐落黄家洼。四至都至常住

寺藏契约文书 037 号

寺藏契约文书 038 号

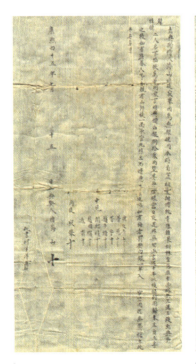

寺藏契约文书 040 号

寺藏契约文书 044 号

寺藏契约文书 045 号

153

寺藏契约文书 047 号

之地。共谈价银拾壹两柒钱正，其银当日交足，并无欠少，自立契之后并无弟男子侄诤斗，如有诤斗都在卖主一面成管。恐后无凭，立此永远存照。空

康熙五十九年十二月十五日

同大爷起凤（押）

立卖契人尚进忠（押）

同中人赵国祚（押）

赵惟明（押）

张喜忠（押）

大吉

契约文书045号

立典地契人刘荣显。因为无银使用，今将西立屯村南地四亩，典于大觉寺永远为香火。言明典价银捌两正，其银当日交完，外无欠少。五十年后银到许赎，两家情愿，恐后无凭，立字存照。

康熙六十一年二月初七日立

典地人　刘荣显（押）

高文标（押）

中保人　张二胡子（押）

内有换地廿六亩，作落冷泉村东南一段十四亩　村西南一段

十二亩

契约文书047号

立典契文约僧人海潮、性德。因为无银使用，今将祖业香火地拾亩，坐落在黄家凹，出典与铺头村杨名下耕种为业。言明典价清钱拾肆吊正，全众言过，三年已后不倒归赎，地归本主，银无利息，地无租价，每年种主交纳钱粮清□壹吊正。恐后无凭立文约存照。

雍正拾年　八月十五日立

典地文约人　海潮（押）　性德（押）

乾隆拾壹年拾贰月高钱贰吊同三村乡亲说合人：同依（押）

杨从志（押）

顾岐凤（押）　赵之祯＋

闵其章（押）　肖宗海＋

信　成（押）

信　行

圆通同三村乡亲说合人高钱贰吊说合人言明四年以外许赎

十二年起至十五年秋后许赎

契约文书 048 号

立典契僧人海潮、性德因无钱使用，将本庵香火地柒亩，坐落黄家洼，情愿典于杨宗义名下耕种。价钱清钱捌吊整，言明三年已后钱到许赎，价钱当面交足并不欠少。二家情愿，不许返悔。恐后无凭，立字存照。

乾隆四年正月十三日立

立典契人海潮（押）　性德（押）

乾隆拾壹年拾贰月高钱肆吊同三村乡亲说合人　赵之祯（押）

闵其章（押）

肖宗海（押）　信　成（押）

同　依（押）　杨从志（押）

顾岐凤（押）

信　行

圆通同三村乡亲说合人高钱肆吊说合人言明四年以外许赎

十二年起至十五年秋后许赎

契约文书 049 号

立分单人性德、寂志师兄师弟二人不目岂宜？一旦分折人心不合勉强同居，恐生嫌隙。是以兄弟和同商议，情愿请寺内和尚、

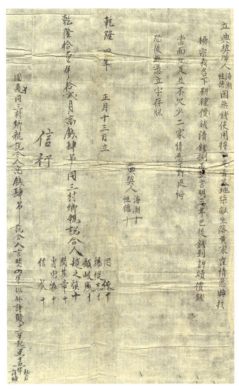

寺藏契约文书 048 号　　　　　　私藏契约文书 049 号

两廊下乡亲各将分受祖业炸儿峪上分一块。园子地财物家什等项，品搭均分，拈阄为定，开列于后明白。性德照管至公无私，各宜，安分照单管业倘有二家眷属争竞者，执此赴官深究。恐后无凭，性德各纸一张永远徒子法孙执照。

乾隆八年十一月二十三日

同寺内和尚　通玄、觉寺、普兴、普意、普弘

同两廊下　通达、通祥

同乡亲　赵国瑞　闵朝维　郝世芳

契约文书 050 号

钦命僧录司印堂　为严禁侵占以杜争端事，照得本庵僧人性

德与僧人寂志，前凭乡亲僧俗人等分居，各管各业。一居街之南，一居街之北，田地产业品搭阄分已有分单可证。今性德已故，其徒圆通理应照单管业，接续焚修。业经本印堂将分单二纸当堂批示，并令寂志出具永不侵占多事。□结在案，但恐阳奉阴违沿袭不改，合行出示严禁。为此示仰：分单内有各中证及巡查人等知悉，倘有恃强凌弱骚扰侵占，越分取物争斗多事者，许被害之僧投鸣，中证即同秉公据实禀报巡查，掌书查实，即将违禁之僧□拿赴印，以凭严惩究治决不宽贷也。一体凛遵毋违须至告示者　遵

　　右　　仰　　通　　知

乾隆十一年六月二十二日

告示

实贴三教庵山勿致损坏

契约文书 053 号

　　立字人普兴。因为年老失目，无有徒子法孙奉侍，今同两廊本家人等全送常住，住净养老，所有果园三块亦随常住。永远供众，恐后不明立字存照。

乾隆拾捌年五月初七日

立字人　普兴（押）

说合人　闵朝维（押）

果园第一段旧普同塔西

又果园一段坐落主山后

又一段二亩上八亩园下坎

契约文书 056 号

　　立卖契文约人觉明。因为无钱使用，今将本身香火地两段，头段六亩，四至买主；二段拾亩，东北西三至买主，南至大沟，四至分明，共计地二段十六亩，坐落北安河家北黄阴洼。同中说合卖给大觉寺耕种永远为业，言明价钱清钱六十五吊正，当日笔

寺藏契约文书 050 号

寺藏契约文书 053 号

寺藏契约文书 056 号

下交足，外无欠少。恐后无凭立此卖契存照。

乾隆三十八年十月二十九日

立卖契人　觉　明（押）

中见人　觉　寿（押）　通　性（押）

刘自祥（押）　郝承义（押）

孙弘志（押）

代字人　了　照（押）

契约文书 057 号

立租契人系瑞应寺下院当家宗玉。今有二挫子庙工铺面房屋一所，共计十六间，今租……沙河德春店作理生意，连借缸三口，对众言定每年租价清钱五十千正，只许客辞，许主辞客房屋损坏，房主修理。恐后无凭，立租帖存照。现收租价清钱三十千正。租价不许增长。

乾隆三十九年六月初六日

立租贴人　瑞应寺下院当家　宗玉（押）

中见人　白起龙（押）　陈得禄（押）

借字人　狄云亭（押）

契约文书 058 号

立卖契文约。僧人法名通达，因为无钱使用，将老爷庙东杂果园一块，情愿卖与常住，作永远香火。东至房后，北至阶子，西至官到，南至阶子四至分明。但此园于卅九年租于常住八年，年限未满，于四十三年又接租八年。二次使过常住租银十六吊，其园至五十四年秋后才满，于四十七年仝师侄觉心情愿卖与常住永远。土木相连，杂果园前有未满年限租银七吊，今又找银十五吊二，共付卖价京钱廿二吊，其银当日仝师侄觉心并中保人三面交足，并无短少，恐后无凭，立此卖文约为据。

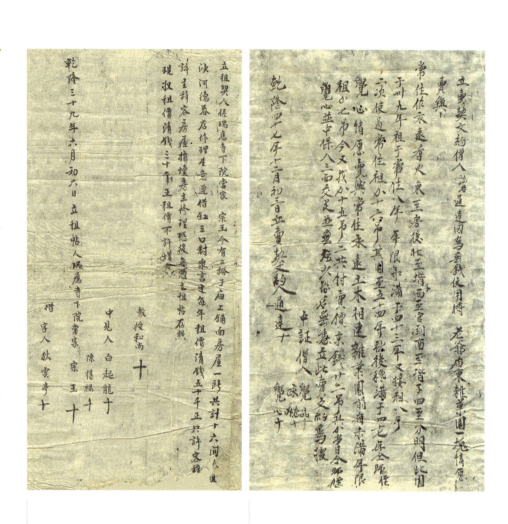

寺藏契约文书 057 号　　　　寺藏契约文书 058 号

乾隆四十七年十二月初三日

立卖契文约人：通达（押）　觉心（押）

中证僧人：觉晶（押）　永德（押）

契约文书 063 号

立典字文约人王得坤。今将自己本身家窑土坡一段，情愿典与大觉寺常住使用。其地坐落在村西路南，北至河滩，南至张姓地阶，西至张姓地阶，东至下坎本家地。此副地许常住走车拉土。全中言明，典价清钱七吊，其钱当日交足并无短少，自典之后过十年后方许钱到回赎。恐口无凭，立典契为证。

乾隆五十陆年二月二十六日

立典约人王得坤（押）

中见人刘成章（押）

赵之相（押）

契约文书 068 号

立供养茔地文约人碧天。因北廊下三教院住持法长。初创开山未得没后安葬之地。今有大觉寺常住监院，同众诸山言明，情愿供养茔地一段坐落在西竺寺天王殿前甬路南边。南朝阳庵，北甬路彼岸是西至东至赵姓，四至分明。情愿供养任凭建塔修葺，永远传代埋葬。此系两家情愿，并无返悔，恐后无凭，立供养字存照。

道生（押）

觉心（押）

诸山　觉明（押）

觉晶（押）

永德（押）

心亮（押）

嘉庆八年十一月二十九日

立字人碧天（押）

监院宽如（押）

立　字　存　照

契约文书 070 号

立筏御路树株人乡长邢秉理地方刘鹏金木匠王瑞随人陈有才

寺藏契约文书 063 号　　寺藏契约文书 068 号　　寺藏契约文书 070 号

162

因本村西门真武殿渗漏坍塌，仝议砌盖。木料短少，无奈筏路树枝岔修，大觉寺当家师亲见拿住。今有合村众乡亲仝求常住，当家师大开慈善，立字实放。自此之后，四人各栽树拾棵管活。从此之后御路树木再有人拆筏，有四人看守拿送常住送官治罪。如有树株短少四人不到者，有众乡亲壹面承管。恐后无凭，立字存正。

嘉庆拾肆年二月初二日

立字人　邢秉理（押）　刘鹏金（押）

　　　　王　瑞（押）　陈有才（押）

　　　　张　安（押）　张德珮（押）

中保众乡人　张　镜（押）　权国平（押）

　　　　姜文亮（押）　天然（花押）

立 字 存 照

契约文书 073 号

立字人戒台寺方丈临、监院怡常住旧有香火庙一处，坐落昌平

立字人戒臺寺方丈臨濟常住晉有香火廟一處坐
落昌平州西門外延慶寺隨廟香火地畫頃有
餘原係戒臺祖道田產因道途遙遠不能照應
情願與大覺寺方丈慧微焚修辦理永遠為業
恐口無憑立字存照

嘉慶二十五年二月十三日立

立字人臨遠十
接往人慧微

寺藏契約文書 073 号

立占契藏弘覺兄第三人間為十乣無藏恕自舍自己本身山畫庋二㪷庭落在大覺
寺下伏西堂常住四至分明今同親乣人情願先占與九覺寺常住
名下永遠建為業占伎籥弊柴拾賣吊吉而交完主不短少
言定五㪷以外乣有親誅今爭本庋者有契主園頭一面承管二家情系不許退悔
恐后典藏方占契永遠存㷧

年年隨代廣張佛臺日文

道光三年十一月初三日

立占契永遠存㷧

中見人
言契人孫弘慶川兑十
高連科十
霍希荣十
賴煩代重十

同圍頭趙連秋十

寺藏契約文書 074 号

立占契約人孫連桂因為乣己無錢使用今將自己本身
山坡把臺段地基坐落在大覺寺下坎南至大墙北至刻雜
東至趙姓西至常主四至分明今閙卿親人契主情願占与
大覺寺常住永遠為香火地占賣以后北有親诛人等多乣
錢与面交足並不短少言明今占契以后北有親诛人等多乣
者有契主園頭此㑄兩家情愿各不返悔恐
無憑立占契存証

道光肆年十一月十二日

言明每年十月初一日隨代錢粮錢戊百文

立占契存証

中見人高連科十
圍頭人趙連秋十
立卖人孫連桂十
代字人楊祥慕

寺藏契約文書 075 号

州西门外延庆寺。随庙香火地一顷有余，原系戒台祖遗旧产。因道途遥远不能照应，情愿与大觉寺方丈慧徽焚修办理，永远为业。

恐口无凭，立字存照。

立字人临远（押）

怡然（押）

接住人慧徽

嘉庆二十五年二月十三日立

契约文书 074 号

立占契文约人孙弘宽、庆、亮。兄弟三人因为手乏无钱使用，今将自己本身山地一段二沿，座落在大觉寺下坎，东至孙姓，南至大道，西至常住，北至郭姓，四至分明。今同乡亲人，情愿出占与大觉寺常住，名下永远为业，占为香火。言明占价清钱柒拾壹吊，其钱当面交完，并不短少。

言定立字以外，如有亲族人等争竞者，有契主园头一面承管。二家情愿，不许返悔。恐后无凭，立占契永远存照 每年随代钱粮钱壹佰文

道光三年十一月初三日

庆（押） 高连科（押）

立契人孙弘宽（押）中见人管希荣（押）

亮（押） 杨 顺代笔（花押）

立 占 契 永 远 存 照

同园头 赵连秋（押）

契约文书 075 号

立占契文约人孙廷柱。因为手乏无钱使用，今将自己本身山坡地壹段，地坐落在大觉寺下坎，南至大墙，北至刘姓，东至赵姓，西至常主，四至分明。今同乡亲人契主情愿占与大觉寺常住，永远为香火地。占价清钱伍拾伍吊整，其钱当面交足，并不短少。

言明占契以后如有亲族人等争竞者，有契主园头以面承管。此系两家情愿，各不返悔，恐后无凭，立占契存证。

言明每年十一月初一日随代钱粮钱贰百文

道光肆年十一月十二日

立字人孙廷柱（押）

中见人高连科（押）

园头人赵连秋（押）

立　占　契　存　证

代字人杨祥（花押）

契约文书 080 号

立典杂果园地文约人陈德。因为手乏无钱使用，今将本身祖遗杂果园地一段，坐落在塔院东边计贰沿半，土木相连。恳烦中人说合，情愿典与大觉寺常住耕种摘收。言定典价清钱叁拾贰吊正。其钱当日交完并无欠少。言明摘收拾年，钱到许赎，地归本主。此系两家情愿并无返悔，恐口无凭，立字为证。十年之内契主如若回赎，按三分利息归还，十年之外回赎照原典价钱数，利息一概不要，立字为凭。

道光拾贰年新正月初十日

立典字文约人　陈德亲笔（花押）

中见人　　　　张国富（押）

张老（押）

契约文书 081 号

立卖契文约人胡有才。因手乏无钱使用，今有本身自置地壹段，东至崔姓，西至小道，南至马姓，北至沟，四至分明，计地八亩，此地座落在徐各庄村西。全中人说合，情愿卖与大觉寺常住永远为香火。言明卖价银壹拾贰两整。其银同中保人当面交清，并无短少。自立契之后倘有远近亲族争论及重覆盗卖等事，

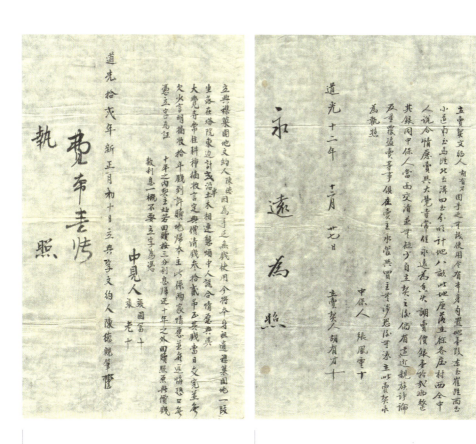

　　俱在卖主承管，与买主无涉。恐后无凭，立此卖契永为执照。

　　　　　　　　　道光十二年　十二月　二十七日

　　　　　　　　　立卖契人胡有才（押）

　　　　　　　　　中保人　张凤灵（押）

　　　　　　　　　永　远　为　照

契约文书 082 号

　　立卖杂果园地文约人陈德。因为手乏无钱使用，今将本身祖遗园地一段，东至马姓，西至常住，南至南廊下陈姓，北至常住。四至分明，土木相连，恳烦中人说合，情愿将此园地出卖与大觉寺常立卖契文约人胡有才因手无钱不敷使用今有年身自置坟事段车上崔胜而忠小道南至马洼北至沟四至分明计地八畝此地房在崔各庄村西合中人说合情愿卖与大觉寺常住永远为业谢卖价钱共大觉音常住永远为业谢卖价钱每自主契之後二比俱各情愿其钱笔下交足自立契之后两相不须反悔及重叠盗卖等事俱在卖主永管无买主诉论恐口难凭立此卖契永为凭据

道光十二年十一月廿九日

中保人 张凤童十

立卖契人 胡有才十

寺藏契约文书 082 号

立转房契文约僧人进一因本庙无人照管府自治西立门洞一间将一月觉即契修住帐承远为业嗣微清钱叁伯叁拾零贰百叁文庭卖无欠火言明壹文字之後如有僧俗人等争说君所立字契王人一面承当原有咸卯手本二月四日契三张此係两家情願並無反同恐後车憑立字存照

道光十六 年 四 月 十 三 日

中保人 松年

兆佑十

長事人 彭艺圃

立字人 进一

寺藏契约文书 086 号

立卖契文约人信然因无钱使用合将祖遗地壹段東至小道西至大道南至卿路北至墙根四至分明共地八畝此地座落在崔各庄张浪庙前新前路合同中说合情愿卖與大觉寺常住永远为业謝卖价钱壹伯七拾零叁伯文毫其钱笔下交足並無欠少自立契之后两相不须收悔如有重叠盗卖等事俱在卖主永管其買主無涉恐後無憑立卖契永为存照

咸豐 三年 十二月 廿四日

中保人 慧明送

立卖契人 信然十

寺藏契约文书 088 号

住永远为业。言定卖清钱伍拾吊整，其钱当日交完不欠，立字之后，不许返悔。如有先悔之人，罚纹银伍拾两，常住收用。恐口无凭，立卖契文约存照为证。每年五月交纳钱粮钱叁佰五十文。

道光拾叁年六月初七日

立卖契文约人陈德（花押）

中见人海然（押）

永　远　为　凭

契约文书 086 号

立转香火文约。僧人湛一因本庙无人照管，将自治西直门洞庙，转于月宽师焚修住持，永远为业。转价清钱叁佰叁拾吊整，当日交足并无欠少。言明自立字之后，如有僧俗人等争竞者，有立字见正人一面承管。原有城印手本二□白契三张。此系两家情愿，并无返回，恐后无凭，立字存照。

道光贰拾年四月十三日

立字人湛一（花押）

中保人兆佑（押）

松年（花押）

代笔人彭华圃（花押）

契约文书 088 号

立卖契文约人信然。因无钱使用，今将祖遗地壹段，东至小道，西至大道，南至御路，北至墙根，四至分明，共地八亩，此地座落在徐各庄娘娘庙前新开路。今同中说合，情愿卖与大觉寺常住永远为业。言明卖价钱壹佰壹拾吊整，其钱笔下交足，并无欠少。自立契之后两相不须反悔，如有重覆盗卖等，俱在卖主承管，与买主无涉。恐后无凭，立卖契永为存照。

咸丰三年十二月二十四日

立卖契人信然（押）　中保人慧明（花押）

永 远 存 照

契约文书 090 号

　　立供养字文约人慧缘同致敬修、永修。因西山三教院东边□空庄窠一块，今同中人说合，情愿供养三教院住持尊一修殿盖房使用。供养知后不与三官庙、关帝庙相干。立字知后，如有亲族人等争渝，有供养人与俱一面承管。两家情愿，并不反悔，恐口无凭，立供养字存照。

　　　　　　　　　咸丰八年正月二十四日
　　　　　　　　　立供养人亲笔□立（押）
　　　　　　中保人　陈　建（押）　王文奎（花押）
　　　　　　　　张忠选（押）　张成智（押）
　　　　　　　　德　远（押）　碧　清（押）

契约文书 094 号

　　立卖园地契文约人赵应仕。因为手乏不便，今将自己祖遗园地壹段，座落在周家坟之间，四至东至闵姓，西至吴姓，南至道，北至：吴姓，四至分明，计园地叁亩。自心出卖与三教院住持僧人宽亮名下。言明刨种摘收，言明卖价清钱贰百伍拾吊整。其钱笔下交完，不欠少，各不反悔永远为业，每年随代小租钱壹吊五百文，秋后十月初一日取。

　　　　　　　　　同治五年七月初一日
　　　　　　　　　立字人　赵应仕（押）
　　　　　　　　　代笔人　刘　亮（押）
　　　　　　　　　同当族人　赵连海（押）
　　　　　　　　　　　　　赵连捷（押）
　　　　　　　　　　　　　赵连俊（押）
　　　　　　　　　　　　　赵　海（押）
　　　　　　　　立 卖 契 永 远 为 业

契约文书 093 号

　　立转供养香火。静妙庵住持僧胜林，因一人不能照料二庙，情愿供养净持师替我接代焚修。有胜林陈欠帐目全钱贰佰吊正，有净持替我清还□贰佰吊正。其钱笔下交清并无欠少，恐口无凭，立转香火字存照。

同治元年三月初二日

立转供养□人　胜林（花押）

接代香火僧人　净持（花押）

信　行

契约文书 096 号

　　立卖园地契文约人张大亮。同兄张大立自因手乏无钱用，今将祖遗园地一块，座落在塔院下头，计地一段。今烦中人说妥，情愿出卖与南安河村住人名下徐景鳌永远为业，耕种摘收，土木相连。言明卖价清银贰拾两整，其银当面交足，并无短欠。立字之后，倘若亲足人等争竞者，有契住一面承管，无有置主相干，

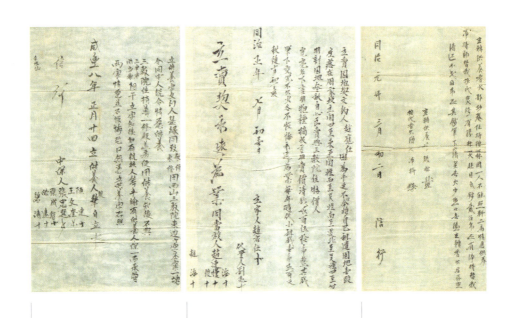

寺藏契约文书 090 号　　　　寺藏契约文书 094 号　　　　寺藏契约文书 093 号

寺藏契约文书 096 号

立賣園地契文約人張大亮同見張大主自因手之会錢用今招祖遺園地一塊座座
在塔院下頭計地二段今凭中人說妥出賣與南安河村住人名下
徐景照永遠為業耕種水土木相連言明賣價清銀玖拾貳整其地當面文
足交訖隨欠立字之後倘若親裡人等爭競者有賣主相干但
保二家情愿各无反悔如若悔者罰銀捌拾兩公同恐口会無言賣契永遠
存照 為証每年隨代小祖壹升文秋後文納
東至王姓地至實姓南至道西至塔院

同治拾貳年拾月初一日

　　　　　　　　　立賣契人張大亮 十
　　　　　　　　　　住富有
靕照為証　　中見人代書王寬 十

寺藏契约文书 100 号

大覺寺曾有香火地二段座落在
此地租興我等名下頄種言明年利每畝交地租制錢
九月拾五日自行常住交租不許欠款短不許重租盜典
盜典私花戶者被本住案出即將奪佃覓租押租錢不退如不欵租常住
亦不增祖等佃恐後歎分諍改立祖批為祖

大覺　寺主
　　　　　租
　　　　　批
　　　　　存
　　　　　照

大清光緒叁拾壹年閏肆月十六日

佃戶手承亮

寺藏契约文书 101 号

立換地字文約人鄧文亮今有自置民地壹段計地合制畝就此地坐落在
後廠村東南至溪北至道東至鄰莊西至王姓四至分明今凭中人說合情愿與
大覺寺香火地壹段計地合伍畝半此地生
落在後廠村北南至黃東至大道西至香火地四至分明目與已後查方
打开安营由其鄰姓目便不異常住相干鄰住長地武畝半常年異常
住燕致認祖此係兩家情愿並無反悔恐後無憑故立對換字永遠
為証

　　　　　中保說合人 范廷志 十

大清光緒捌年三月初壹日立換字人鄧文亮親筆

俱系二家情愿各无反悔，如若反悔者罚银伍拾两，入官公用。恐口无凭，立卖契永远存照为证。每年随代小租钱壹吊文，秋后交纳。东至王姓，北至贾姓，南至道，西至塔院。

同治拾年拾月初一日

立卖契人　张大亮（押）　张大立（押）

中见人　焦富有（押）

代　字　王　宽（押）

执　照　为　证

契约文书 100 号

　　大觉寺旧有香火地二段，坐落在韩家川，计地拾五亩换李德龄。此地租与于永兴名下领种。言明年例每亩交地租制钱伍佰叁拾文，俱要满钱贰拾四吊伍佰贰拾，每亩外有小租钱贰拾文，因常住修理先使押租钱八吊，定于例年九月拾五日自行常住交租，不许欠短，不许重租盗典私兑花户，如有重租盗典私兑花户者，被常住察出，即时夺佃转租，押租钱不退。如不欠租常住亦不增租夺佃。恐后滋弊分诤，故立租批为证。

大觉寺租批存照

大清光绪柒年拾壹月十六日

佃户于永兴

契约文书 101 号

　　立换地字文约人邓文亮。今有自置民地壹段，计地拾捌亩，此地坐落在后厂村东，南至沟，北至道，东至邓姓，西至王姓，四至分明。今托中人说合情愿换与大觉寺永远为业。仝中原换大觉寺香火地壹段，计地拾伍亩半，此地坐落在后厂村北，南至道，北至沟，东至大道，西至香火地，四至分明。自换已后盖房、打井、安营，由其邓姓自便，不与常住相干。邓姓长地贰亩半，当年与常住照数认租，此系两家情愿，并无反悔。恐后无凭，故立对换字永远为证。

大清光绪捌年三月初一日

立换字人邓文亮亲笔

中保说合人　范廷志（押）

契约文书 104 号

　　立典地契文约人西观音庵。因为手乏不便，今将本庙香火地壹段三亩，座落在周家坟内计开四至，东至赵姓，南至小道，西至吴姓，北至吴姓，四至分明。自心情愿仝众言明出典与北安河村万隆号名下耕种摘收。言明典价京制钱伍拾吊整，其钱笔下交完不欠。此系两家情愿，各不反悔，恐口无凭，立典契为证。地典三年以外秋后钱到回赎，每年随代小租钱京制钱贰佰六十文。随代旧契贰张。

光绪十六年十月初三日

立字人代笔　西观音庵（押）

中保人常　慧押　赵德胜（押）

执　　照　　凭　　据

契约文书 102 号

　　立倒佃户文约人李和晏今因手乏，本身大觉寺佃户地一段，计地捌亩两辐，座落在韩家川村北，东至刘姓，西本香火，南沟，北至香火，四至分明。今仝中人说合情愿倒与陈文祥名下认佃交租，永远为业。言明倒价京平松银壹佰壹拾伍两整。其银笔下交足，并不欠少。言明每年九月初一日交大觉寺租价当十钱玖吊，自倒以后如有亲族人等争论者，有李和中保人一面承管。此系两家情愿各无悔，反恐口无凭，立倒字为证。

大清光绪拾捌年十月十六日

立字人　李和（押）　李晏（押）

寺藏契约文书 104 号

寺藏契约文书 102 号

寺藏契约文书 103 号

代字人　王永凤（花押）

实　倒

　　立施舍园地契文约人宋门宋氏。因为本身园地壹段，座落在朱家坟，计地叁亩。上下两段，计开四至。东至闵姓，西至吴姓，南至小道，北至吴姓，四至分明。因年龄有迈，不能刨种，今同至亲人，自心情愿，将此地施舍与三教院庙内住持僧人常慧名下，作为香火之地，耕种锄刨修养树。土木相连，取土作井，立占坟茔，从立字之后永远为业，不与宋氏相干。立字之后，并无争论，如有争论者，有字一面承管。此系两家情愿，各无反悔，恐口无凭，立施舍字可证。随代旧契纸三张，每年随代小租，当十九钱贰吊正，十月初一日交取。光绪辛丑年辛卯月乙卯日

立施舍契字人　宋　氏（押）

中保人　张德如（花押）王富利（押）

李广德（押）李进安（押）李永兴（押）

内亲中保人任治国（押）

代字人赵永绍（花押）

立施舍契永远执照

大铜锅

（六）其他文物

大铜锅

　　铜锅是寺院僧侣生活的日常必用品，安置在寺院生活区之内，由青铜铸造而成。大觉寺院内现有两口大铜锅，一大一小，分别摆放在寺内北跨院及中路殿堂之前。稍大一些的铜锅为康熙年造，锅口边缘上刻有"康熙甲申年（1704）四月初八日诚造敕建弘宗大觉寺深雪轩制"等字样，其中"宗大觉"三字从锅缘表面上看是将原有的字迹抹掉后又重新雕刻上去的（原雕其上的字迹今已无从考证）。此锅高 0.9 米，外沿直径 1.7 米，内沿直径 1.37 米。略小的一口铜锅为乾隆年造，锅口边缘上刻有"乾隆十五年（1750）三月众善人发心虔造"等字样。此锅外沿直径 1.45 米，高 0.8 米。两口大铜锅至今保存完好，用手轻触锅壁，大铜锅发出清脆悦耳的回声。

　　清代的大觉寺在康熙末年及乾隆年的一段时间内，香火十分旺盛，寺内僧弥众多，大德高僧在此开堂演法，来寺庙请香拜佛的信徒香客络绎不绝，两口大锅不仅担负着寺院众僧日常生活熬粥煮饭之功用，而且还要向来寺庙讨斋的人们施舍粥食。腊月初八是佛教的重要节日，每年的这一天，京城寺庙都要熬制腊八粥，用于纪念佛陀成道。每逢农历腊月初八，寺庙僧人用杂粮红豆干果等煮成供粥，然后大家聚而食之。

铜香炉

铜香炉

香炉，是佛教重要法器之一，用于插香、烧香。香炉有三足鼎、四足鼎、方形、圆形等形状，香炉质地、材料多种多样，有金制香炉、瓷制香炉、玉石香炉，但大多数都是用铜或生铁铸造而成，摆放在佛殿中间。大觉寺内香炉为铜制，供奉在大雄宝殿佛像前，香炉通高 0.80 米，三足两耳，腹为圆形，无铭文记载其制作年代，但据其款式推测为明代铸造。支撑炉身的三足兽鬃毛卷曲、圆睁双眼，足底部雕有云头纹图案，三足铆接于炉身之下，炉身两侧各铆接一提耳，高于炉身。据说香炉上三足兽头为龙生九子之一，其名为狻猊，因其喜好香火，所以被铸在香炉足上支撑炉身，以享受香火供奉。此香炉设计精巧，制作工艺精良，使用了铆接工艺，技法成熟，至今仍保存完好。寺内无量寿佛殿的香炉与其造型、款式完全一样，是依此香炉复制而成。

观音造像

大觉寺内现存的文物中，还有一尊制作精美的铜佛像，青铜铸造，表面鎏金。这种佛像多供奉于寺庙或宫廷之中。大觉寺内铜佛像为自在观音造像，铜质，高 0.40 米，为明代铸造。该像造型精美，面部鎏金，很有特色。除冠部略残外保存基本完好。铜像表面的鎏金已有所脱落。铜观音菩萨像面相丰满、弯眉、鼓眼、高鼻、小口、唇微翘、目略张、束腰，结跏趺坐于莲台之上，一手作说法印，一手作施与印。人物上穿圆领裳下着大裙，有璎珞饰于胸前，披帛飘于肩背，裙裾自然垂放于足前坐上。披帛飘洒，璎珞陆离，装饰极为华丽。人物顶发覆额，鬓后盘髻，头戴宝冠，顶部分四瓣均作莲叶形，冠两侧有带翅相连，从上而下，通肩至肘通肩带翅。这尊观音造像设计精巧，比例协调，典雅优美，制作精细，从面部刻画到衣饰冠座均一丝不苟，线条起伏，圆转流畅，铸造手法纯熟，堪称佛教造像中的精品。

木制八宝

大雄宝殿是寺内主要殿宇，建于明代，佛前香案上供有木制八宝。八宝，又称"八吉祥"原为流传于藏传佛教中的一种吉祥物，后传入中原。元时流行于汉化寺庙之中，明清时融入民间。寺内殿堂上供奉的三堂八宝，高约 0.62 米，底座直径 0.20 米。为木雕制品，表面漆金，其底座为盛开的莲花，莲花之上为各种吉祥物。八种吉祥物的名称为：轮、螺、伞、盖、花、罐、鱼、长。刻工精美，古色古香。轮，全称法轮，象征佛教教义法轮常转。螺，全称法螺，象征佛音吉祥。伞，全称宝伞，张弛自如，覆盖众生。盖，全称宝盖，象征佛法力量广大。花，全称莲花，象征不染污泥，清净无比。罐，全称宝罐，取圆满无漏之意。鱼，又称金鱼，象征自由与解脱。长，全称盘长，取其回环贯通之意。

木制八宝

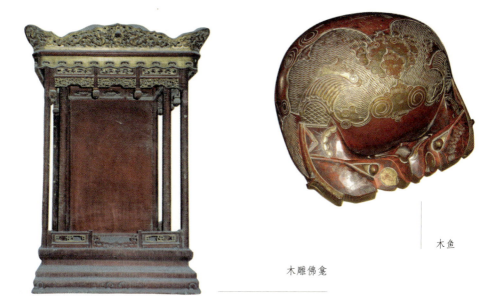

木雕佛龛

木鱼

木鱼

到寺庙殿堂礼拜常可看到一种木雕类似鱼形的法器摆放于佛像之前，轻轻敲击发出有节奏的声响，这种法器就是木鱼。寺庙殿堂中的木鱼造型呈扁圆形，一头高起、一头低陷。殿堂之内的木鱼用途是为诵经时调和音节，木鱼刻为鱼形，据说是因为鱼昼夜常醒，象其形以警昏惰。

大觉寺殿堂内有一个硕大无比的木鱼，供放在木制圆形支架上面，外表涂有朱漆，金饰闪亮，木鱼上雕有鱼纹，鳞片分明，造型生动，是由一整块木头凿空而成，做工相当精美，保存完好。

木雕佛龛

木雕佛龛就是专用来供奉佛像的木制佛教艺术品。龛，原是南亚次大陆石窟的一种小型石室，据说佛可在其中栖身、打坐、入定。寺院中供养佛像也常常模仿石窟的做法，在佛像外罩上一个木龛，即佛龛。佛龛的形式多种多样，一般为木制。大觉寺殿堂内现存佛龛为木雕，外形如同一间小的房子，前面开门，正面敞开，制作精美。长 0.89 米，宽 0.8 米，高 1.56 米，佛龛底部为金刚宝座，中部有立柱与顶部相连，三面围有栏板，顶部雕有二龙戏珠图案。整座佛龛雕饰华丽，古色古香。

琉璃砖雕"清规"

　　大觉寺现存文物中有两块琉璃砖雕"清规"。砖雕为正方形，每边长 0.48 米，上刻"清规"二字，古朴刚劲，琉璃方砖四边为绿色，底部平面为黄色，字为黑色，镶嵌于木制托架之上，木架上方饰有龙形图案，刻工精美。"清规"原指禅宗寺院组织的章程，以及寺院僧众日常必须遵守的法则，后来逐渐成为中国寺院僧众日常遵行的规制。寺存"清规"文物，当是殿堂禅室内的装饰用品。在大觉寺寺存清代契约文书中有一件抄写于光绪甲午年（1894）的"禅堂清规"内容十分详细。僧众日常行事均以清规上的具体要求为准则。现将规条内容转录如下。

　　　　禅堂规条开列于左

　　　　破四条根本大戒者重罚出堂

　　　　上殿过堂出入高声语笑不随众违者重罚出堂

　　　　□咬是非搅群乱众犯者重罚出堂

　　　　交手相打口舌是非相骂不威仪犯者重罚出堂

　　　　出入不白职事放意舒散无事出门犯者重罚出堂

　　　　私□□房谈论别人口舌是非犯者重罚

　　　　行香坐香交头接耳犯者重罚

"清规"琉璃砖

跑香坐香□香□抗香板犯者重罚

轮流监香以公报私下香板者违者重罚

九坐香不抱说头三香板不下单违者重罚

送□□不清楚者重罚

开静止静错乱钟板犍椎不留心者重罚

堂中不许评论□外经书□集公案违者重罚

堂中轮流当直损坏物件□二堂□二板违者重罚

不受职事约束私□单乱□者重罚

私用堂中什物私造饮食违者重罚

结制以后不满期不季头不满三月告假起单违者罚

无事三五成群游玩山境违者罚

懒□偷□失□上殿过堂违者重罚

以上规条各守清规慎勿违犯

光绪甲午年己巳月下□　　　□宗证脉

方丈特示

石狮

狮子是我们熟知的一种动物，来自异城，凶猛异常，号称兽中之王，由于它的勇猛和威严，在我国古代成为权势、地位的象征。因此在皇室、官府朱漆大门之前大都立有一对石质或铜质的狮子。

寺庙庙门两边也可常看到石狮一对。寺庙里摆放的石狮另有一番寓意，它像征着寺庙的威严和佛法的威力。皇家寺庙前摆放石狮一方面可以表明寺庙的地位，另一方面也包含护法之用意。西山大觉寺院内功德池两边分立着一对青石雕凿而成的石狮，体态小巧，雕工精细，腰身细劲，八宝吉祥座为后配，从其形态及雕刻工艺上看应为金清水院时寺庙旧存。在寺庙后山园林领要亭前还蹲踞着一头由花岗岩雕刻而成的石狮，体态古拙，风化严重，狮子面部残缺一半。一般石狮是成对出现摆放，大觉寺后山园林中的石狮不知何由，却只有一个，它面朝北方，守护着寺庙，从其特征看是辽代清水院遗存。

石狮

藏经橱

明代藏经残卷及藏经橱

　　大觉寺历史上曾经收藏两部大藏经，即辽代的《契丹藏》及明代的《永乐北藏》。记载信士捐资清水院刊刻辽代契丹藏的阳台山清水院创造藏经记石碑和明英宗正统十年颁赐大藏经一部给大觉寺永充供养的敕谕石碑如今均在寺内，保存基本完好，分别立于寺内后山及无量寿佛殿北侧前方。

　　大藏经是一部有关佛教典籍的丛书，卷帙浩繁，版本很多，汉文《大藏经》中著名的有《开宝藏》《崇宁藏》《契丹藏》《碛砂藏》《永乐北藏》等。其中的《永乐北藏》是明永乐十九年（1421）在北京开始雕刻，按千字文编次。于正统五年（1440）雕刻完毕。《永乐北藏》为折装本，字体秀丽，装帧精美，用于颁赐天下名山寺院。

　　明英宗正统十年所赐大觉寺大藏经应为《永乐北藏》。寺内无量寿佛殿西侧墙壁前还立有六组高大的木质经橱，由于年代久远，外观已呈黑色。经橱高2.86米，宽2米，厚0.95米，门对开两扇，里面是分隔成数层的木屉。汉文大藏经是汉文佛教经典总汇，内容丰富，数量庞大，将这些经卷收藏分类是件非常不容易的事情。

　　因"北藏"是专供皇家颁名山大寺之用，所以传世本较罕见。如今寺藏文物中还有部分《大方广佛华严经》残卷，封皮掐金，绢丝覆面，为明代藏经遗存。

大覺寺

DAJUE TEMPLE

第四章

辽金元时期的清水院

寺存辽代咸雍四年刊立阳台山
清水院藏经记碑

寺存辽代石狮

（一） 辽代的清水院

　　大觉寺创建的具体时间，不见于史籍，已难详考，但现存该寺辽咸雍四年"阳台山清水院藏经记碑"的记文和题名，作为距今九百多年前的金石文献，对于大觉寺早期的历史，有约略的记述。其碑阳所刊僧志延《阳台山清水院创造藏经记》一文，内叙：

> 阳台山者，蓟壤之名峰；清水院者，幽都之胜概。跨燕然而独颖，侔东林而秀出。那罗窟遂，韫性珠以无类；兜率泉清，濯惑尘而不染。山之名，传诸前古；院之兴，止于近代。

　　以上引文，从侧面记载了当时的大觉寺名为清水院，其兴建（或兴盛）的时间，去咸雍四年已不下百年，并且是当地遐迩闻名的一处胜景——"院之兴，止于近代"

与"清水院者，幽都之胜概"，即此之谓也。据此可以推测，清水院的创立时间，可能在辽圣宗耶律隆绪统和初年，距今至少有千年的历史了。另外，今北京门头沟区斋堂川双林寺旧址原立有一座经幢，该幢习称为"佛顶尊胜陀罗尼幢"，刊立于辽统和十年（992），此幢由当时的玉河县令齐讽等当地官员倡建，参建的有本县县域内四座佛教寺院僧侣和邑众千人，而寺院僧侣列前题名者，就有"清水院山门僧功德主绍迁、院主绍金、绍兴、绍文"及门人等 17 人 [1]。此外在《阳台山清水院创造藏经记》一文的末尾，有"玉河县南安窠村邓从贵……"的记载，可知，清水院的地域隶属为辽南京道析津府玉河县，又其坐落的山峰之名称，辽代前后一直写作"阳台山"，而"旸台山"的"旸"字写法，则始见于明代宣德三年的《御制大觉寺碑》一文中 [2]。

清水院创建和兴盛的背景

同辽南京地区（今北京）其他一些著名寺院一样，清水院的创建与兴盛，是有深远的历史基础、社会原因及广泛的区域背景的。从大背景上说，契丹统治者崇奉佛教，终有辽一代二百余年，其笃信的程度，可与唐代相比而远超北宋，以至于后人有"辽亡于佞佛"的说法。辽代尚佛，其来有自：因为自西汉哀帝元寿

寺存辽代经幢残件

---

1   见包世轩先生所撰《辽统和十年清水院经幢题记》一文，载《门头沟文物史料》，中国文联出版社，2004。

2   明宣德三年建御制大觉寺碑，宣德皇帝撰文，现存大觉寺。

辽咸雍年间刊印于燕京的大藏经（局部书影）

元年（前2）时期佛教自印度传入中国，传播蔓衍的速度很快，至隋、唐时期，已遍及华夏。然而，佛教的过度泛滥，不仅使老百姓深受其害，也与世俗地主阶级的利益发生了冲突，甚至使最高统治集团也感觉受到威胁。因此，自唐以来，曾先后发生了两次灭佛运动：前一次是唐武宗会昌五年（845），后一次是后周世宗显德三年（956），均由朝廷下诏，检括天下僧尼寺院，计废天下寺院7万余所，敕令还俗僧尼数十万人。而当时，契丹已兴起于北方，并开始崇尚佛教，在这种历史背景下，正如一些研究者所论，中原王朝的两次灭佛运动，自然造成了佛教的西灭东来、南抑北行的局面，这在客观上为幽燕地区，特别是汉文化基础深厚的辽南京（今北京）佛教的兴盛与发展创造了条件[3]。

另外，辽南京地区佛教活动的特殊兴盛局面的形成，同辽朝内部的政治、军事环境也有很大关系。辽朝建立之初，还是一个军事奴隶制政权，其发动战争的主要目的是掠夺和杀戮。以燕京为中心的幽燕地区人民，饱经战乱之苦，因此怨恨之情、反抗之心非常强烈。这使迅速封建化的契丹贵族们逐渐意识到，仅靠强

3　见王玲《北京通史》第三卷第一章《辽南京的宗教》，中国书店，1989。

第四章　辽金元时期的清水院

辽咸雍年间刊印于燕京的大藏经（局部书影）

权暴力，难以治民安国，所以在尚武的同时，大力崇佛[4]。燕京沙门志延在辽大安九年（1093）撰的《景州陈公山观鸡寺碑铭》中，曾概括地记述了辽朝统治者崇佛的过程和幽燕地区当时佛寺之盛。

> 　　我钜辽启运，奄有中土。始武功以堪世乱、拯乾纲，中文德以茸王猷、恢帝业，尚虑前缘未晓，宁分贵贱之殊。后报或迷，安息战伐之意。由是诚坚信力，诞布宗乘，尊一音垂□之专，固万叶匡维之盛。俾民知信响，免仁暴以参淆；化助修明，极遐迩而敬畏。浮图为胜，可得而言。故今昔相沿，历朝所尚，城山胜处，列刹交望矣[5]。

正是在这种历史背景下，清水院得以建立，并且坐落在蓟之名峰旸台山麓的"城山胜处"，在"列刹交望"中卓然秀出。

辽圣宗至辽道宗时期（983~1101），是辽南京地区佛教法事活动最盛的时期，

4　见王玲《北京通史》第三卷第一章《辽南京的宗教》，中国书店，1989。

5　见陈述辑校《全辽文》卷八，中华书局，1982。

也是清水院的兴盛时期。在我国佛教史上，由于帝王扶持倡导而法事大兴者，虽不乏其例，但尤以辽代为甚。如辽圣宗耶律隆绪，用时人的语言来说，就是一位"垂衣而御宇宙，握镜以统黔黎"[6]的人皇令主兼觉皇佛主的皇帝。据文献记载，圣宗统和六年（988），耶律隆绪曾临幸燕京延寿寺和延洪寺礼佛；统和十二年（994）十二月，以景宗像成，又幸延寿寺并饭僧；统和十五年（997），再次临幸延寿寺。圣宗之子兴宗耶律宗真也是一位佞佛的皇帝，有记载重熙十一年（1042）十二月，以宣献皇后忌日，兴宗与皇太后素服饭僧于燕京悯忠寺、延寿寺、三学寺[7]。而道宗皇帝耶律洪基，不仅与其列祖一样崇信佛教，而且钻研教理，对佛学有较高的造诣。相关文献记载，道宗通晓梵文，深究佛理，据传他尤善佛教华严宗之教理，对佛教其他宗派的学说亦旁通二三。因而辽道宗在位的45年间，对隋唐时期形成的佛教各宗派均加弘扬，各佛教宗派于辽国流行之盛，超过了同时代的中原地区。当时有一位叫法悟的和尚，曾著文盛赞辽道宗佛学修养之深：陛下传刹利之华宗，嗣轮王之宝系；每除庶政，止味玄风。升御座以谈微，光流异端；穷圆宗而制赞，神告休征。在这种溢美之辞中，他指出了道宗深谙华严之学，并为华严之教亲制赞文。事实上，辽道宗的确对华严之学颇有研究，他曾著有《华严随品赞》、《华严经赞》和《华严经五颂》等文论，在当时颇有影响。

由于契丹最高统治者的大力提倡，民间佛事日盛一日，燕京地区不仅伽蓝处处，浮图林立，缁素日众，而且出现了佛教民间邑会组织，如流行的"千人邑"，前文提到的由清水院参建的、统和十年刊制的"佛顶尊胜陀罗尼幢"，实际上就是这种"邑社"法事活动的一种表现形式。

清水院参建的"佛顶尊胜陀罗尼幢"

迄今为止，我们对于辽代清水院的情况，尚知之甚少，而直接的了解，全赖清乾隆四十三年发现的辽咸雍四年"阳台山清水院藏经记碑"和近年发现的辽统和十年"佛顶尊胜陀罗尼幢"两件石刻文物，因为通过记文，我们对清水院在辽代圣宗、道宗两朝的情况，才有了些许的了解。

6　见包世轩先生所撰《辽统和十年清水院经幢题记》一文，载《门头沟文物史料》，中国文联出版社，2004。
7　见包世轩先生所撰《辽统和十年清水院经幢题记》一文，载《门头沟文物史料》，中国文联出版社，2004。

"佛顶尊胜陀罗尼幢"，原立于北京门头沟区斋堂川上清水村双林寺，直到20世纪中期还保存较好，目前已移离原地，由门头沟区博物馆收藏。此幢辽统和十年建，幢高4米有余，由14件石雕件叠砌而成。下为八方基座，饰圆形仰莲承托幢身。幢身为两层，呈上小下大略有收分的八棱体。其上有方形小龛，每龛雕一造像，造像题材有释迦牟尼、文殊菩萨、普贤菩萨等诸佛及四个伎乐人，伎乐人分别作弹琴、弹曲颈琵琶、吹笛、吹排箫、舞蹈等状。幢身上段刻《般若波罗密多心经》及题记；下段幢身刻《佛顶尊胜陀罗尼经》《佛说佛顶尊胜陀罗尼经》及序文，序文后为倡建与参建人题名。题名有"朝议大夫检校尚书虞部郎中行幽都府玉河县令赐紫金鱼袋齐讽"及玉河县本典、状子、衙典的题名。并有四家寺院的僧侣及斋堂村、胡家林村、清水村、青白口村、齐家庄村"都维那"姓名，以及众多地方驻军头领、官吏、百姓约697人的题名。[8] 幢铭汉文，正书，竖刻，字径约2厘米，书法俗劣，行文不循定格，但保存较好，基本清晰可辨。值得注意的是，在参加建立这座经幢的四家寺院僧人题名中，清水院不仅列于首位，而且刻记了捐资者"山门僧功德主绍迁，院主绍金、绍兴、绍文，门人守净、守均、守谦、守荣、守密、守恩，童子重喜。尚坐僧从玩，讲上生经师昭琼，友守赞、惠颙、惠照、惠节"的名字。[9]

根据这座经幢的题名，或可推定：早在辽圣宗统和十年，清水院已经存在，并且在参建经幢的四座寺院（其他三座寺院为白贴山院、双峰院、延福寺，均为当时玉河县辖境内的较大寺院 —— 作者注）中居"领衔"地位，可见其已具备了一定规模与财力，而非草创甫毕的小庵小寺。然而，也许有的研究者会以此经幢并未立于今大觉寺院内，而是立于距旸台山东麓数十里的今斋堂村村西北的山洼内，且题名"清水院"前未标"阳台山"，从而断定此清水院与今大觉寺的前身清水院无涉，经幢题记中的"清水院"别是一院，非咸雍四年刊印大藏经的阳台山清水院。[10] 为了弄清这个问题，我们不能不先谈点经幢这类佛教建筑和辽南京

8　政协北京门头沟区文史资料委员会：《京西碑石记事》，香港银河出版社，2003，第248页。
　　包世轩先生《辽统和十年清水院经幢题记》一文，录写了此幢的题记和题名，并详细考证了辽玉河县沿革等问题，功莫大焉。
9　包文认为，参建该幢的清水院另是一寺，与阳台山清水院无涉。
10　见《北方文物》1985年第4期载刘精义、齐心《辽应历五年石幢题记考》一文。

统和十年经幢经文、
题记（拓本）

原立于门头沟双林寺的辽统和十年经幢
（20世纪60年代摄影）

时期经幢建立的情况。

　　经幢是佛教刻石中的一种，因其形似幢而得名。幢是佛教用品，原本是一种由丝帛制成的伞盖形状的装饰品，顶端装如意宝珠，下端装有长木杆，树立于佛像前；后来人们用石块模拟其形建造，是为石经幢。考古发现证明，石经幢的建造始于唐代初年，一般作八楞柱状，亦有六楞、四楞或用多种石块雕饰而成。柱顶有盖（俗称"天盖"）为檐，单檐、重檐、多檐不等，多雕垂幔、璎珞图案为饰。柱身刻经文或佛像，经文多汉、梵文相间，佛像则或浮雕、或线刻。经幢内容丰富，形制不一，往往先刻经文，后有题记和题名，文字多镌于幢身；造型或简或繁，有置多层"天盖"和须弥座者，雕饰亦渐趋繁复。经幢名称繁多，有称"八楞碑""石柱碑""八佛头"的，也有称"法幢""妙幢""宝幢""花幢"的。

　　经幢以刻写佛教经文为主，主要用于祈福祛灾。目前发现的北京辽代经幢，大都刻写《佛顶尊胜陀罗尼经》，也有刻写《金刚般若经》《心经》《智矩如来破地狱真言》《七惧藏佛母心大尊那真言》，而且大多梵、汉间书，也有全用梵文的。

据有关学者考证，《佛顶尊胜陀罗尼经》在唐高宗永淳年间传入中国，因该经文有言："佛告天地：若人能书写此陀罗尼安高幢上，或安高山，或安楼上，乃至安置窣堵波中，天帝！若有比丘、比丘尼、优婆塞、优婆夷、族姓男、族性女，于幢等上或见，或与相近，其影映身，或风吹陀罗尼幢等上尘落在身上。天帝！彼诸众生所有罪业，应堕恶道地狱畜生、阎罗王界、饿鬼界、阿修罗身恶道之苦，皆悉不受，亦不为罪垢染污。"由此可知，信奉佛教的人相信：刻写了经文的经幢，其影子映照到身上，其微尘沾染于身上，即所谓"尘沾影覆"，就能使人消除罪业，免入地狱；而建造经幢，更是功德无量。

北京地区辽代的经幢原石，大多数发现于伽蓝旧地或市坊遗址，多为僧人或善男信女所建，而辽代早期的，多有地方官吏参与。其形制不一，大者逾丈，小者数尺，精美者奇巧胜出，简略者粗拙质朴；经幢以刻经为主，有的加以偈语赞文，有的附有题记和序文，文后则大多都附有出资参建者的题名。

细审统和十年"佛顶尊胜陀罗尼幢"的题记和题名，可知此件佛教建筑是由玉河县令齐讽及其属吏们主持建立的，而四所寺院及驻地军官及各村民众，均系应命捐资的参建者。因为在刻记的顺序上，首刻佛经，经文后则刊写："统和十年岁次壬辰十月辛酉朔十二日建。朝议大夫检校尚书虞部郎中行幽州都府玉河县令赐紫金鱼袋齐讽，衔典耿彦遵、田承裕，本典邢秀峦、状子齐赞。"按照顺序习惯，显然县令齐讽等，才是建此幢的主持者，而后面题名的僧俗贰众，则皆为捐资参建者。据此，认为此幢乃清水院所主持建立，并其所立之地即是清水院旧址，则缺乏依据。另外，此幢题记中，也未有建立地点的记述，其题记为：

> 《易》曰：善不积不足以成名。《书》云：福善祸淫，天之道也。是知善中之善，孰过三业精纯，名中之名，曷尚一如显焕。邑众等内外双备，行解两全，温修姤路之微言，崇乎秘密。邻窣堵波之胜地，建以石幢。所谓四郊无垒，八极来王。少女行而甘雨时，长男咸而禾稼实。尘沾影覆之利，形影如言；见闻随喜之流，金

寺存辽金时期经幢残件

石固德，无穷受益。书不尽言，以示将来，序之云耳。

据记文，知此幢乃玉河县邑众于"邻窣堵波之胜地，建以石幢"。推测此幢所立之地，并非某一寺院内，而是与寺塔相距不远"四郊无垒"的空旷之地，以便于远近士庶瞻拜，得"尘沾影覆之利"。题记之后，又刊有题名僧俗697人，其中有朝廷派驻当地军人、域内寺院僧人、县及村的僧官及男女信徒，而清水院僧人题名列于其他三座寺院（白贴山院、双峰院、大安山延福寺）之前，且捐资僧人的数量也最多[11]。由此可见，早在圣宗统和年间，清水院起码在本县（玉河县）范围内，已盛于同侪。

有辽一代，此种经幢类佛教建筑十分流行，但形制不一，有大、小、精、粗之分，但像此"佛顶尊胜陀罗尼幢"，形制高大，雕镌装饰精美，铭文众多而且文献价值与艺术价值兼具的独立建筑，则十分罕见。目前北京地区保存下来的此类石刻，数量不少，可惜大多残佚，难窥全貌了。1977年6月，在北京房山长沟镇北正村一座辽塔内，出土了一座应历五年（955）北正院邑人刊立的石经幢，幢高32厘米，由盖、顶、身三部分组成，幢身刻佛经，形制上与正统十年"佛顶尊胜陀罗尼幢"相近。[12]因此幢的题名中，有"石经寺主讲论大德谦讽"的题刻，所以使研究者

11 周绍良：《房山石经与"契丹藏"》，载北京辽金城垣博物馆编《北京辽金文物研究》，北京燕山出版社，2005。
12 见释成宽编《〈大藏目录〉与〈蓝本入藏目录〉比较分析》引文，《中华佛学学报》1991年第4期。

了解到距刊立经幢地点二十里外（注：北正村距云居寺 20 里）云居寺的一些情况。—— 今门头沟斋堂村的辽统和十年经幢上的题记，其文献价值与房山北正村经幢一样，都从侧面间接为我们保留了当时的一些著名寺院的信息。

《阳台山清水院创造藏经记》

现存大觉寺的"阳台山清水院创造藏记碑"，是北京地区著名的碑刻之一，它的碑文不仅直接记叙了清水院的一些情况，而且间接透露出与刊印《契丹藏》相关的许多重要信息。此碑刊于辽咸雍四年（1068），汉白玉石质，螭首圭额，碑身高 150 厘米，宽 80 厘米。碑文正书，两面刻。碑阳额题"奉为太后皇帝皇后万岁大王千秋"，碑文记叙玉河县南安寨村（今海淀区南安河村）邓从贵一家于辽道宗咸雍四年三月，舍钱 30 万缗，修葺清水院僧舍，复施舍钱 50 万缗，印制大藏经 579 帙，"创内外藏而龛措之"一事。碑阴额题"阳台山清水院藏经记"，碑文载捐资者题名，文字大多不辨。碑阳文字《金石萃编》、《全辽文》卷八及《辽代石刻文编》都曾著录。抗日战争时期，碑石曾被打断，后建碑亭保护，碑文经近千年的风剥雨蚀，风化磨泐甚重，碑阴文字已难通读，碑阳记文全文如下。

> 阳台山清水院创造藏经记
> 燕京通天门外供御石匠曹辩镌造
> 燕京天王寺文英大德赐紫沙门志延
> 撰昌平县坊市乡贡进士李克忠书
> 夫觉皇之诞世也，示生以八相，演法以一音，轨物正时，弘益无尽。自双林树圆寂而后，七叶岩结集已还，教道流通，于是乎在。若乃群方覃衍，历代弘扬，虽梦入汉庭，神应吴会，曷若我朝之盛哉！阳台山者，蓟壤之名峰；清水院者，幽都之胜概。跨燕然而独颖，侔东林而秀出。那罗窟邃，韫性珠以无类；兜率泉清，濯惑尘而不染。山之名，传诸前古；院之兴，止于近代。

虽竹室华堂而卓尔，而琅
函宝藏以蒇如，将构胜
缘，旋逢信士，今优婆塞
南阳邓公从贵，善根生
得，幼龄早事于熏修；净
行日严，施度恒治于靳
惜。咸雍四年三月四日，
舍钱三十万，茸诸僧舍
宅，厥道人是念。界狱将
逃，非教门而莫出；法轮
斯转，趣觉路以何遥。乃
罄舍所资又五十万，及募
同志助办，印大藏经凡
五百七十九帙，创内外藏
而龛措之。原其意也，觊
释氏那尼常转，读而增慧；
俗流士女时顶戴而请福，
大士弘济，有如此者。蒇
事既周，求为之记。聊叙
胜因，俾信来裔。非炫公
之能，故辞为愧。时咸雍
四年岁次戊申三月癸酉朔
四日丙子日巽时记

燕京右街检校太保大
卿大师赐紫沙门觉苑玉河
县南安窠村邓从贵合家承
办永为供养

此碑是咸雍四年三月由名僧觉苑
主持刊立的，碑记中觉苑结衔作"燕

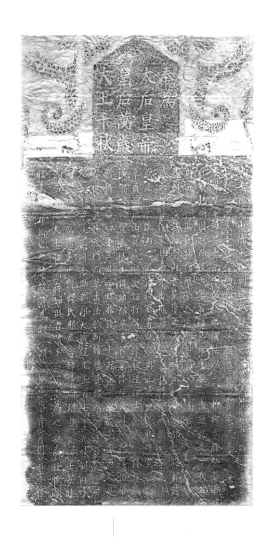

阳台山清水院创造藏经记碑
碑阳记文（拓本）

京右街检校太保大卿大师赐紫沙门"。僧觉苑佛学造诣很深，历兴宗、道宗两朝，受敕担任大藏经（即契丹藏）校勘，而此碑刊立主旨是记述印制大藏经并"创内外藏"之事，故尔碑阳之额题曰："奉为太后皇帝皇后万岁大王千秋"——因为刊印经藏一事乃是最高统治者诏令和倡导的。

《阳台山清水院创造藏经记》一文，则由辽代中晚期著名的"文僧"、碑记中结衔作"燕京天王寺文英大德赐紫沙门志延"所撰写。碑文虽仅三百余字，却记叙了辽代朝野崇佛盛况和清水院筹资印制《契丹藏》的始末，并且描述了阳台山清水院的山川形胜，不仅具有宝贵的文献价值，也具有较高的文学价值。

《阳台山清水院创造藏经记》的表述形式主要采用"骈体"，这种文学体裁源于古代民歌，确立于魏晋而风靡于六朝时期，自北宋而至明、清，渐趋衰微。其句式多用4字或6字，追求词语的对仗工稳及声律的铿锵，且多用典故，虽读起来朗朗上口，但往往过于注重形式或追求华丽辞藻，所以不免流于语言空泛而内容单薄。然而，《阳台山清水院创造藏经记》一文，其写景状物、叙事评议生动而概括，警句哲言，妙语联珠。如："阳台山者，蓟壤之名峰；清水院者，幽都之胜概。""跨燕然而独颖，侔东林而秀出。""那罗窟邃，韫性珠以无类；兜率泉清，濯惑尘而不染。""界狱将逃，非教门而莫出；法轮斯转，趣觉路以何遥。"都堪称是情、景、理交融的佳句。

记文的作者志延，为辽代后期僧人，主要活动于辽道宗耶律洪基和天祚帝耶律延禧两朝，据其撰述的《阳台山清水院创造藏经记》和《大辽景州陈公山观鸡寺碑铭》中其题名"燕京天王寺文英大德""燕京右街天王寺论经律前校勘法师"的佛家职衔看，他曾在当时燕京著名佛寺天王寺（即今坐落在北京西城区的天宁寺）演法校经。志延，俗姓高，易州（今河北省易县）高阳郡涞水县东里人。有记载说他皈佛后戒行孤高，通大、小乘，曾参与印制校勘《契丹藏》，是一位既擅文辞又善书法的僧人。志延生年不详，卒于天祚帝乾统八年（1108）。志延死后，法徒为其造经幢，立于北京房山中峪寺（今云居寺），幢八面刻，先经后记，正书，额题"先师志延造陀罗尼经幢"。今石已佚，拓本存国家图书馆。记文《辽文存》著录。

说来令人遗憾，这通石碑及其记文，历金、元、明数代，未见著录，直到清乾隆四十三年九月，著名金石学家王昶，在大觉寺"游迹所不到"的龙王堂院里"寒芜落叶堆中搜得之"，发现后传拓于世并著录于其编纂的《金石萃编》一书。

王昶是江苏青浦（今属上海市）人，生于清雍正三年（1725），死于嘉庆十一年（1806）。王昶字德甫，号述庵，又号兰泉，是清中期著名学者。他于乾隆年间登进士第，官至刑部右侍郎。其生平好金石之学，收罗商周及历代石刻拓本1500余种，撰辑《金石萃编》160卷，并参加编修《大清一统志》《续三通》等书。他还擅诗古文辞，著有《春融堂集》，辑有《明词综》《国朝词综》《湖海诗传》《湖海文传》等。王昶认为此碑的发现，有裨史乘，可补《辽史》之阙颇多。他不仅在《金石萃编》中著录了碑阳记文，而且在跋文中，对记文所涉及的地名、人名史实做了较详细的考证，这些考证，今天看来也很有价值。

按清水院在京城西七十里，距圆明园三十余里，宛平县所属。山半有泉，下注如垂绅。至山麓，则有龙潭以储之，山侧则有鹒鹟谷，见明王嘉谟《蓟邱集》，今无考矣。清水院之额，始于辽而沿于金，《帝京景物略》载金章宗有八院，此其一也。后易名"灵泉"，明宣宗宣德三年建寺，更额"大觉"，今仍之。寺中穹碑易见者，惟明碑两方，刻宣宗、英宗御制文，此碑在寺内龙王堂，游迹所不到，故传拓绝少，乾隆戊戌九月二十七日，昶从寒芜落叶堆中搜得之，摩挲雒诵，回环数四，因叹北方石刻，可证辽金史者甚夥，惜无好事者搜抉出之也。碑额书"奉为太后皇帝万岁大王千秋"，皇帝即道宗，太后则道宗母仁懿皇后萧氏也。《辽史·列传》萧氏小字挞里，兴宗后。道宗即位，尊为皇太后。清宁二年上尊号曰"慈懿仁和文惠孝敬广爱宗天皇太后"。大王者，辽《百官志》：初名夷离堇，太宗会同元年改称大王。有南北二院，皆分掌部族军民之政，谓之知大王事。《道宗纪》：咸雍二年三月，以东北路详稳耶律韩福奴为北院大王。三年十二月，以东北路详稳高八为南院大王。以臆度之，燕京当为南院所属，所称大王，或即高八也。碑云：阳台山者，蓟壤之名峰，清水院者，幽都之胜概。蓟壤即蓟县。唐建中二年析蓟县为幽都县，辽开泰元年改幽都为宛平。碑盖从今称也。辽《地理志》：玉河县，本泉山地，刘仁恭于大安山创宫观，师炼丹羽化之术于方士王若讷，因割蓟

阳台山清水院创造
藏经记碑螭首

县，分置以供给之。在京西四十里。辽之蓟县改名析津，今为大兴。辽之玉河，析宛平地置，而云割蓟县者，当由两县犬牙相错之地也。《志》明云在京西，今之顺天府，辽为南京析津府，辽言京西，正与今同。则清水院似在玉河县地，今山左右尚有南安窠、北安窠之名，或即《辽志》所谓大安山之南北也。邓从贵为南安窠村人，所居近清水院也。检《畿辅通志·建置沿革》，不载玉河，山川内不载阳台山。朱氏《日下旧闻》不载《志延藏经记》，皆失之疏略，因详识之。碑末沙门觉苑，结衔称检校太保大卿。大卿之称，金《百官志》无考。

在某种意义上说，这篇跋文对于大觉寺早期历史的研究，具有开先河的意义。因为此前，不仅明大典本《顺天府志》《帝京景物略》《宛署杂记》等方志及宣德、成化、弘治时的几通相关碑刻，尚未记述此碑并一直认为大觉寺开山于金源，而且清代康、乾时期的两通御制碑文及《日下旧闻考》等文献，也未提及此碑，并沿袭了大觉寺乃金源旧刹的说法。《金石萃编》刊行于嘉庆中期，随着《阳台山清水院创造藏经记》及王昶跋文的流传，大觉寺创建于辽代而非金代，才为世人所知。

信士捐资刊印大藏经

《阳台山清水院创造藏经记》载，有居于玉河县南安窠村（即今海淀区南安河）的佛教信徒邓从贵，于咸雍四年三月先舍钱计三十万缗，修缮僧舍，复"磬舍所资又五十万，及募同志助办，印大藏经凡五百七十九帙，创内外藏而龛措之。"这里记述的清水院募资印大藏经一事，是该寺院立碑刊石的宗旨所在，也是被当地僧俗贰众视为应铭之金石，以垂永久的大事。从文献价值方面看，此碑的碑文间接地提供了一些有关刊印《契丹藏》的情况 —— 而这部卷帙浩繁的佛教文化典籍（开宗四年开刊）的刊印，乃是辽代中晚期社会文化与宗教史上的一件大事。

大藏经者，即佛学经典的总集，也谓一切经。有关学者研究认为，藏经之刻，首创于北宋开宝年间（968~976），后世称之曰《开宝藏》，可惜这部藏经久佚，目前所存残帙不足十卷，今天已难考出其经目。[13] 继《开宝藏》之后，便是辽朝所辑刻的《契丹藏》了，而上述碑文所言的"创内外藏而龛措之"的五百七十九帙大藏经，便是指这部著名的《契丹藏》。

关于契丹大藏经雕印的具体时间，诸多研究者曾众说纷纭。叶恭绰先生《历代藏经考略》以为"约为辽兴宗（1031~1055）迄辽道宗时（1055~1101）"。罗炤先生认为"契丹藏雕印年代始自辽兴宗重熙年间，终于辽道宗咸雍四年"。据辽南京著名僧人觉苑所述，兴宗命远近搜集的佛经，都付雕印，并邀人详勘，觉苑因此参与校勘。重熙二十二年（1053），辽兴中府建灵岩寺，曾购得藏经一部收藏，以广流通（耶律劭：《灵岩寺碑铭》），大抵当时契丹藏已经初步印行。道宗时，继续收罗，校勘入藏，即《阳台山清水院创造藏经记》石碑所载；咸雍四年，"今优婆塞南阳邓公从贵……又五十万及募同志助办印大藏经凡五百七十九帙，创内外藏而龛措之"可为印证。

---

13 见释成宽编《〈大藏目录〉与〈蓝本入藏目录〉比较分析》引文，《中华佛学学报》1991 年第 4 期。

此外，罗炤先生认为："契丹藏前后有'统和本'与'重熙－咸雍本'两个版本：'统和本'共五百零五帙，编校主持人诠明，目录为《开元释教录》入藏录及诠明所撰《续开元释教录》三卷；'重熙－咸雍本'共五百七十九帙，编校主持人可能即是觉苑，目录是其太保大师（可能即觉苑）所撰的《契丹藏》入藏录。"据罗炤先生之考证，则清水院之"大藏经凡五百七十九帙"实为《契丹藏》的重熙－咸雍本。另据《阳台山清水院创造藏经记》"燕京右街检校太保大卿大师赐紫沙门觉苑，玉河县南安窠村邓从贵合家承办永为供养"的落款，可确证"重熙－咸雍本"大藏经确为觉苑编校和主持雕印。

历经九百多年世事沧桑仍得以幸存的"阳台山清水院创造藏经记碑"，是迄今为止发现的关于大觉寺历史的极珍贵的文物和石刻文献，碑文所载一所寺院即能印制入藏（可能还增加雕镌了部分经典 —— 作者）五百七十九帙经藏，如果以一帙为十卷计算，共 5790 卷！如此浩繁的佛学典籍的置办和收存，不仅需要足够的财力，而且也非一朝一夕便可毕其役。据此，足见当年清水院的实力和规模，绝非一般寺院可比。

高僧觉苑

根据今天我们能见到的材料可知，觉苑是大觉寺辽代历史上的一位极为重要的高僧。在《阳台山清水院创造藏经记》中，觉苑的结衔作"燕京右街检校太保大卿大师赐紫沙门"，又据碑文书写的规制，知觉苑既是刊碑的主持人，又是募集资金修葺诸僧舍宅和印制经藏的主持人。从其当时朝廷所赐爵位上看，其显赫的程度绝非同侪可比。其中"检校"系当时官制用语，初谓代理，隋及唐初即设有，但均掌其职事。北宋前期置检校太师、太傅、太保等，皆由诏命除授而非正式任命的一种加官。"大卿"唐、宋时太常、光禄、卫尉等九寺主官的通称。"大师"：即大德者。"赐紫"一事：系辽太康三年（1077）觉苑奉敕撰《大日经义释演密钞》，得圣宗褒奖，圣宗赐紫衣。以上称谓辽官制中并未记载，但汉地沿袭汉制则亦应沿袭此官制。推测，觉苑在当时 —— 咸雍四年前后，曾一度兼主清水院寺务。[14]

---

14 因资料不足，觉苑曾主清水院寺务之事，此处仅作推测。又"阳台山清水院创造藏经记碑"碑阳题名中，列前应有僧吕题名数十人，这本是考定觉苑身份的重要资料，惜文字漫漶莫辨，又无早期拓本流传，故难深考。

阳台山清水院藏经记
碑碑阴（拓本）

现存云居寺辽清宁四年"四大部经成就碑记"

觉苑是辽代中晚期燕京地区的著名僧人，主要活动于辽兴宗、道宗两朝（1031~1101）。他对佛教经典有很高的修养，兴宗耶律宗真和道宗耶律洪基都曾命他参与《契丹藏》的刊印，负责搜集和校刊工作。咸雍年间，他不仅对已经译出的经文进行校刊，而且新译、补录了一些佛教典籍。他曾撰《大毗庐遮那成佛神变加持经义释密钞》二卷，卷首自署"燕京圆福寺崇禄大夫检校太保行崇禄卿总秘大师赐紫沙门觉苑"。时人赵孝严赞其"幼攻蚁术，长好鹏耆，学赡群经，业专密部……名冠京师"。[15]

觉苑是一位密宗大师,有佛学著作传世。这里,附录其于道宗大康年间所撰《神变加持经义释演密钞序》一文,以管窥其佛学造诣和为文的风采。

　　恭闻皇觉垂形,俨十身于藏刹;微言著范,轶五驾于殊途。或有众生,睹佛威仪而得度者,或有众生,闻佛音声而得度者,谅根器以成差,遂影响而亦异。然利有攸往,功不唐捐。若夫理包性相,义贯浅深,为八藏之泉源,作一乘之钤键。独标圆密,迥出馀宗者,则大毗卢遮那成佛神变加持经,其大矣哉。斯经乃总持之润府,法界之灵宫。金刚手,方可探其赜;莲华眼,始能窥其奥。顿超位地,譬之以神通;速离缠疴,喻之以咒术。加以入金刚界,启菩提心,升金刚座,绍菩提种,护摩设祭,大自在事。火异其宗,浇顶施仪,色究竟受职方,其躅不入曼荼罗,不依阿阇梨,则不得入其手。自无畏三藏翻译之后,禅师一行义释以还,绵历岁时,声光沦追坠,非遘昌期,孰能极此?今我天佑皇帝,睿文冠古,英武超今,十善治民,五常训物。博综儒经,有时赋碑记之制;锦烂华明,允彰乎教化,尤经释典,有赞序疏张之作。山辉川媚,聿在乎修行,于兹邃旨,凤促宸怀。爰命琐才,俾宣秘咒,因咸雍初提总中京大天庆寺属以时缘,再兴未肆。乃有副留守守卫尉卿陇西牛铉,守司空悟玄,通圆大师弼公,洎僧首紫褐师德百有余人,同致书曰:伏闻毗卢大教,旨趣宏深,疏诠妙颐,早已著其菁华,钞解至玄,尚未辟于闉域,傥纳勤诚,愿闻可尔。尝其虽从削简,未暇操觚。越大康三年,忽降纶音,令进神变经疏钞科,则密教司南时至矣。于是敬酬圣泽,兼副舆情,强摭群诠,谬成斯解,目之曰演密钞。会于前冬,诏赴行在,面奉进呈,敕领雕印。坠典斯兴,仁王之力也!觉苑智亏宿种,见匪生知,徒然爝火之明,曷益曦轮之照。庶俾来者,共践玄涯尔。

15　见陈述辑校《全辽文》卷九,中华书局,1982。

（二）金代清水院与元代灵泉佛寺

大觉寺在金、元两代的情况，因同时代的史籍无征，而且迄今也未发现与其相关的金石文献，仅明、清时期的一些方志或碑刻有一点简略的记述。因此，目前我们只知道金章宗明昌、承安、泰和年间，大觉寺袭辽旧名，仍称清水院，只是当时的清水院，除了进行正常的佛教活动之外，还兼有皇家离宫别苑的功能，成为金中都西山著名"八大水院"之一的清水院；而到了元代，则改称灵泉佛寺。

"金源别院" —— 明清文献中的记载

明确记载大觉寺在金代即是章宗所建"八大水院"之一的文献资料有数种，但最早的一种，是明末崇祯年间刘侗、于奕正合撰的《帝京景物略》一书，在该书卷五"黑龙潭"一条内，记有：

> 又北十五里，曰大觉寺，宣德三年建。寺故名灵泉佛寺，宣宗赐今名，数临幸焉，而今圮。金章宗西山八院，寺其清水院也。

刘侗与于奕正认定大觉寺即为金章宗西山八大水院之一的清水院，其依据是来源于他们读到的史籍还是故老耆旧的口碑资料，作者未予注明，今天已无从知

金章宗时期清水院的遗存 —— 龙潭

龙潭芳纹汉白玉浮雕栏板与螭首圆雕——典型的金代文化遗存

晓了，但其所记必有所本是没有问题的。此后，一些方志、笔记及碑刻记文均沿袭此说，认定大觉寺金代时即"西山八院"的清水院。现寺藏康熙五十九年秋雍亲王胤禛撰写的《送迦陵禅师安大觉方丈碑记》中即循此说：西山大觉寺者，金源别院，表刹前明。山深境幽，泉石殊胜，岩中宴坐当不减鹫岭雪峰……

可知在清代初年，大觉寺曾一度是金代皇室离宫别苑的说法，已得到普遍认可。又寺藏乾隆十二年《御制重修大觉寺碑》文中，清高宗也有指出。

> 大觉寺者，金清水院故址，明以灵泉寺更名。运谢禅安，蔚
> 为古刹。

另有《日下旧闻》与《钦定日下旧闻考》，在该书"郊坰"条内，几乎是原文照引了《帝京景物略》的记述。

> 黑龙潭……北十五里，曰大觉寺，宣德三年建。寺故名灵泉
> 佛寺，宣宗赐今名，数临幸焉，而今圮。金章宗西山八院，寺其
> 清水院也。

此后的许多方志、笔记如《春明梦余录》、光绪《顺天府志》等，均沿袭此说。其中，清代英和撰《恩福堂笔记》中，不仅记大觉寺为金之清水院，而且生动描绘了这座旧时离宫秀美的自然景观，赞誉该寺秀甲都下，名标诸寺。

> 西山大觉寺，金之清水院，故名灵泉，明宣宗易以今名，正统间，
> 复修茸之。寺建于山腰，远望烟树葱茏，但露浮屠数级。及庙，
> 始见山门，碧瓦丹垣，缭以方沼，有泉出自山巅，盘旋回绕，到
> 处皆通，淙淙瀺瀺，不舍昼夜，与檐马塔铃相酬答，闻之发人深省。
> 寺中花木不多，惟翠竹千竿，高盈四丈，一碧干霄。七尺牡丹一树，
> 花时绚烂甲都下。西山南北梵宇不少，各标名胜，而余独以此寺
> 为最焉。

龙潭望柱上的石狮雕刻，虽已残损，
但仍能看出金代中晚期的造型风格

寺内功德池桥头的石狮子
—— 金代清水院旧物

金章宗西山八院

　　金朝是十二世纪初，由我国东北少数民族女真人建立的王朝。贞元元年（1153），
金朝的第四代皇帝完颜亮，将都城从上京（今黑龙江省阿城市）迁往燕京（今北京），
改辽朝陪都南京为中都，改析津府为大兴府，而清水院隶属于大兴府宛平县。

　　与辽代契丹贵族的狂热佞佛不同，金代统治者对佛教采取的是既保护、利用
又适当控制的态度，在提倡支持的同时，不允许其势力和影响超过或高于政府的
威望。有的研究者认为，金中都地区的佛事活动和佛教建筑，虽然统治者做出了
种种限制，但仍十分兴盛，其原因是，原辽南京地区的佛教极为兴盛，到金代虽
有限制，但不能立即使之完全衰落，金统治者除使用儒学维持风俗外，也需要使
用佛教这个在本地区影响较深的宗教起辅助教化作用，因此除在总的限制方针之
下，个别方面还予以鼓励和倡导，佛教在人民群众中间由于传播已久，影响很深，
经受多重压迫剥削的人民把信仰佛教往往作为精神寄托，所以一直有很深的社会
基础。据有关文献记载，金中都时期的佛事活动和佛寺建筑，并不亚于辽南京时期，
特别是都城远郊的一些寺、塔建筑，融汇了中原地区的某些特点和风格，更为壮
观秀丽。金末元初，有诗人杨宏道写《中都》七律二首，内有"龙盘虎踞古幽州，

金代石狮雕像细部

寺内功德池桥头的石狮子
——金代清水院旧物

此图为20世纪三四十年代所摄，其时金代石狮尚未残损

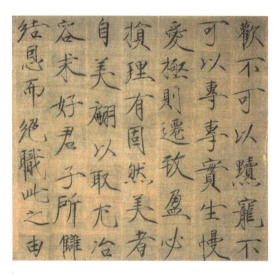

金章宗书法：题顾恺之《女史箴图》

在大觉寺周边地区发现的一块碑石残片，其书法艺术与金章宗书风相近

甲子推移仅两周。佛寺尚为天下最，皇居尝记梦中游[2]"之句，可知金代的中都当时佛教兴盛之状。

到了金代中期，特别是章宗明昌年间以后，中都郊区的许多佛寺，往往不仅是佛教活动的场所，而且还兼作帝王后妃们的行宫之用，如辽南京阳台山佛寺清水院，在章宗时期就被辟为著名的"八大水院"之一。

金章宗完颜璟（1168~1208），金朝的第六代皇帝。作为少数民族出身的最高统治者，他受汉文化浸润极深，擅书、画，文学修养很高。《金史》卷十二章《宗纪》云："章宗在位二十年，承世宗治平日久，宇内小康，乃治礼乐，修刑法，定官制，典章文物，粲然成一代治规，"由此可知，金朝至章宗时，国内政局稳定，国库充实，经济力量也有很大发展。章宗广修离宫别苑，建名胜景点，使中都进入园林建设的兴盛时期，不仅兴建了著名的燕京八苑，而且还在京西山势雄伟、林木葱郁、流泉丰沛的西山各地建造了集北方山水之雄浑、南方园林之秀美的"八大水院"。据《明昌遗事》载，八苑（亦称"燕京八景"）即建在中都城内的芳园、南园、北园、熙春园、琼林苑、同乐园、广乐园、东园。八景即燕京八个景区，均择地在中都城郊风景秀丽和具有历史典故之处。其始建燕京八景之目，名为：太液秋风、琼岛春云、金台夕照、蓟门飞雨、西山积雪、玉泉垂虹、卢沟晓月、居庸叠翠。此外，章宗还在中都西山一线，选择山势高耸、林木苍翠、流泉飞瀑、地僻幽深的山林间修建了八大水院，为游幸驻跸之所。并从全国各地征召来造园大师和工匠，对八院进行修建和崇饰，其造园艺术手法既有南方风格，又与北方山水自然美相融合，使魏晋南北朝以来的"寺庙兼有园林"的造园艺术，有了进一步发展。

对于金章宗所建西山八大水院的具体位置，目前仅有清水院（今大觉寺）、圣水院、香水院、灵水院可确指，其他数处，经很多研究者孜孜不倦考证，也大致可指出所在位置。本书于此仅附录除清水院外其他七院遗址的情况，供读者参考。

香水院（法云寺）　在海淀北安河北，妙高峰下有法云寺为金代香水院。据《珂雪斋集》云："法云寺在西山后，远视为一山，近则山山相倚，如笋抢篝，其根为千年雨溜，浇出石骨，每山穷处，即有小峰如笔格，寺枕最高处，近寺有双泉

2　见薛瑞兆编《全金诗》卷一〇一，南京大学出版社，1995。

鸣于左右，过石梁拾级而上，至寺门，内有方池，石桥间之，水沧然沉碧，双泉交会也"。这就是法云寺。周围环境景色幽胜。寺内有两股清泉，峥琮交响，古诗咏曰："双流鸣玉雪"。此泉西者源于三层殿后石罅，经茶堂西侧廊庑，流绕而出；东者则出自后山经菜园入"香积厨"，流汇前院小石桥下方形莲池。据《帝京景物略》称："这里草际断碑'香水院'三字存焉"、"金章宗设八院游览，此其一院"。

潭水院　位于今京西游览胜地香山公园内南部。香山寺庙始建于金朝，依山而筑。相传章宗游幸至此，梦见地出双泉。遂题"双井"二字刻于石上。至清代，乾隆手书"双清"二字，镌刻摩崖，为静宜园二十八景松坞云庄景区。史书云："京师天下之观，香山寺当其首游也。"

泉水院　玉泉山芙蓉殿，有专家认为似是八大水院之一的泉水院。玉泉山在昆明湖之滨，著名的"天下第一泉"即出此，泉水清澈，味甘甜，极清洁，据《习成集》云："玉泉山在京城西30里西山之麓，有石洞，泉自山中而出，洞门刻'玉泉'二字，泉味甘冽。上有石岩，名吕公洞，其上有芙蓉阁，金章宗避暑处，其在山阴者，泉自下涌……。"

金水院　从北安河村西登山上行8里有余，有一座秀美的山，名叫金山，山间清泉一眼，20世纪60年代初水量还相当丰沛，当地称之为金泉。原有金仙庵，相传是慈禧太后表妹金仙姑娘重修，她落发为尼后居此。庵在日本侵略中国时被烧毁，仅存遗址和两棵银杏树，寺兴建始末不可考，但从遗址残碑证实明正德年间曾对此寺重修过，庙原名金山寺，因金山泉而名。

双水院（香盘寺）　在今石景山区双泉村北。据《石景山文物志》载："石景山双泉院在五里坨乡双泉村，东、西、北三面环山，西有小路通天台山。香盘寺旧名双泉寺，金刹也，乃章宗驻跸之所。"史志载："金章宗明昌五年诣其寺潜暑，寺有双泉因而得名。"

灵水院（栖隐寺）　中都城西的仰山一带风景绝佳，古人有诗称"断岸连苍山，寒岩多积雪；中有万古泉，淙淙声不绝"。金世宗大定二十年（1180）在此建栖隐寺，金章宗时因其地景致优美，就寺之所在，建为行宫。寺内龙王堂，泉水甘冽清澈，有五峰八亭，章宗屡游之，曾题诗刻石。

圣水院（黄普寺）　地处西山车儿营西北五里。黄普寺为金代古刹遗址，据《妙觉禅寺残碑》记述："尚书太常太卿三山赵荣书，远接神山居庸一带，林峦叠翠，

大觉寺内无量寿佛殿月台栏板，其浅浮雕纹饰风格标明这些石质栏板与望柱，除少量明代补配者外，均为金章宗清水院时期旧物

石栏板纹饰

石栏板纹饰细部（局部）

溪洞清流，而有金章宗创建之古刹黄普寺……"。碑文记有黄普院建于金章宗时期。此处与玉泉山泉水院并列，当择其一，列入八院。[3]

　　以上所引，仅是许多专家目前的研究成果，尚难一一定论，因为有的遗址既无史料记载，又无考古资料佐证，只能靠一些口碑资料支撑。近年，在北京平谷发现了金章宗明昌四年刊立的一块"重建（山曷）山双泉院碑"（已残），有专家推定此"双泉院"也可能是"八大水院"之一。此碑原存址不详，现立于北京市平谷区黄花峪乡黑豆峪村。该碑汉白玉石质，已残断，螭首圭额，额楷书竖题"重建双泉院碑"六字，字径7厘米。碑现仅存上半部，宽90厘米，残高约80厘米。碑文记载双泉院在崌山，据《日下旧闻》卷142《京畿·平谷》载："崌山在县

3　见人弋《京西"八大水院"史话》，《北京水利》1997年第2期。

东北四十里，峰峦峭峻，林谷深邃，有双泉寺，金明昌中建。"据碑文推断，双泉院至少在辽代已存在。有研究者认为，因为碑立于金章宗明昌四年（1193），所以碑文中的"皇妃"应是章宗之元妃李师儿，而双泉院也很可能是金章宗时八院之一。此碑碑阳首题"重建碣山双泉院记"，正书竖刻 23 行，每行残存 6 至 9字不等，字径 3 厘米。书法宗欧阳询，挺拔而姿媚。碑阴为题名，惜已磨灭殆尽，仅可辨"蓟州""武节将军""广威将军蓟州刺史兼"题名等残文。因碑石断佚，撰文、书丹、立石者名字均泯失。今据拓本录碑阳残文如下，以供研究者参考。

重建碣山双泉院记

额题：重建双泉院碑

平谷之地自东而北皆（下残断）

其名考于载籍不知所（下残断）

处院西北有石庵存焉（下残断）

住持辽时蒙赐院额至（下残断）

住扫地几尽后虽建屋（下残断）

本朝大定间存僧善慈（下残断）

家于本县胜福寺礼谨（下残断）

凡数稔辞师□□□□（下残断）

之地顾其院宇崩坏（下残断）

不忍也遂启愿心欲（下残断）

之以自运功力虽劳（下残断）

助缘遂诛茅刊本湮（下残断）

客寮平峻极路而运（下残断）

缁流踵至禅客集居（下残断）

厨室厄陕常以为歉（下残断）

驾秋獮皇妃公□□（下残断）

价仅二百千慈喜而（下残断）

能事毕矣呜呼大凡（下残断）

名岂少哉观此一段（下残断）

寺内功德池（旧称
荷花池）螭首

　　皇族乐施不能成仆（下残断）

　　其时是不可无传焉（下残断）

　　时大金明昌四□□（下残断）

《大金国燕京宛平县阳台山清水院长老和尚塔记》的发现与青州希辩

　　《大金国燕京宛平县阳台山清水院长老和尚塔记》，是发现于大觉寺内的一块重要的金代石刻，其碑文内容，详述了金代禅门曹洞宗著名僧人青州希辩的生平履历和影响，对金代禅宗史研究具有重要的研究意义，主要体现在以下方面。

　　第一，北京地区现存金代碑刻遗迹较少，此石碑是重要的金代文物遗存，于金史研究具有重要的学术价值。

　　第二，青州希辩是金代著名禅僧，是禅门曹洞宗在北方绵延发展中承上启下的重要人物。其塔记中自叙生平，史籍多有记述，学界却从未见及一手资料。此塔记石刻乃金代希辩禅师塔之遗存，是重要的文物发现，可以充分回应史籍所载。

第三，清水院即今之大觉寺，辽代有《阳台山清水院创造藏经记》石碑可载，金代却罕见于石刻之林。此塔记对于了解大觉寺金代时期宗派传承等情况具有重要的参考价值。

第四，禅门曹洞宗谱系繁杂，有些传承颇具争议，塔记中相关记载，可作为明确佐证给予确指。

目前，对于希辩禅师前后传承的禅史，学界已有了相当多的研究积累。结合前辈们已有的学术成果，本文现拟对《大金国燕京宛平县阳台山清水院长老和尚塔记》进行全面考述。在考述的过程中，尝试着对学界在青州希辩尚存疑的一些问题给予探讨，使学界对于希辩禅师在京西活动的历史更为明朗。

石碑的发现

2011 年 10 月 27 日，大觉寺管理处后勤职工徐连文在收拾大觉寺内南山坡荒草杂物时，意外发现一块因施工而翻动的石头实为一石碑，碑文内容显示此碑为金代刊刻，其中提及"大金国燕京宛平县""阳台山清水院""长老和尚""塔记""灵骨""天德三年"等很多重要文字信息。徐连文凭直觉认为此碑一定非常重要，便立刻找到管理处有关领导及工作人员汇报。经研究人员初步查看，得知此碑为《大金国燕京宛平县阳台山清水院长老和尚塔记》（以下简称《塔记》），碑文内容分两个部分，第一部分记载金代高僧希辩禅师自叙生平行实，第二部分记载建塔缘起，建塔人为阳台山清水院山主正寂，建塔时间为金天德三年（1151）三月十五日。碑文中涉及很多重要历史信息，通过此碑的进一步研究，史学界尚存争议的部分问题或许能得到一个准确的解答。阳台山清水院，即今之大觉寺是也。大觉寺管理处一直致力于大觉寺自辽至今千余年间历史的研究，但碍于资料有限，尤其是辽金元时期文字资料极少，研究工作的开展受到很大的制约。此件石刻遗迹的发现，对于金代大觉寺历史的研究工作也具有重要的推动意义。

石碑概况及录文

石碑概况

石碑为汉白玉石质，高 49.5 厘米，宽 72.5 厘米，厚 15.5 厘米。碑心高 43.5 厘米，宽 67 厘米。镌刻铭文 20 行，满行 34 字，总计约 594 字，字径约 1.7 厘米，正书，楷书字体（图一、图二）。

碑额题记为：大金国燕京宛平县阳台山清水院长老和尚塔记

这篇《塔记》，主要讲述了两部分内容：第一部分是自述，希辩禅师以自叙的口吻描述了自己的生平行实，及自撰塔记的始末；第二部分是建塔之人正寂关于建塔缘由的陈述。

石碑录文

大金国燕京宛平县阳台山清水院长老和尚塔记

余法号希辩，俗姓黄，曾祖、先祖江南洪州人。元丰间，先祖守官安陆，未终任捐馆。余□□六，十一岁丁父忧，服阕出家，

图一　　　　　　　　　图二

十八受具，二十岁游方，先参云门、临济，末后参襄州鹿门□。政和万寿禅寺第一代和尚，讳自觉。政和五年冬雪夜，发明拂旦，印证曰："汝真吾宗再来人也。然汝不宜久住于此，宜往山东沂州，礼芙蓉和尚去，讳道楷。"又经半载潜装离鹿门，到邓州丹霞，参谛谛二师，又过西洛参少林。初法王雅宝林深诸师皆蒙印可。逦迤遍参，遂至沂州，礼芙蓉和尚。参侍经年，深获陶汰，亦有授记之言，并记蒭颂二首；次往袭庆府泗水县龙门山庵居。宣和间，青帅董待制与三禅长老，备礼仪，命专使请住天宁寺。前后三请不获已，应命住经八载。

本朝兵破青社，遂至燕京。初住奉恩，次住华严，乃今万寿寺是也，晚年住仰山。天眷三年，入城，复住大万寿寺。皇统六年九月退□仰山。噫！余三十年叨添传持宗旨，接待四来，唯一真谛示学徒佛祖未生前事。未尝以古人公案因缘惑乱初机，增长识情知解。至于左敲右击，使伊皮肤脱落，独露真常。然后痛下钳锤，于生死路上稳步无疑而已。后之学者深宜全身放尽时，中如一息不来底人。忽然绝后重生，始信不从人得。皇统九年十二月八日病中书此，以为塔记。

师于当年十二月十二日书偈垂诫，至亥时怡然而逝。十五日茶毗，葬于仰山栖隐寺。正寂遂于茶毗灰烬中收拾微小灵骨，得数十粒，复获牙一枝。念先师住持仰山万寿，虽大振宗门，而彼二处立为十方。唯清水度僧，近二百数。若不建塔立石，切恐向后年深，失于依止。与众共议，遂建此塔，以为久远之传。

天德三年三月十五日阳台山清水院山主小师比丘　正寂　建塔立石

碑记考述

青州希辩，秉承曹洞宗旨，对金朝乃至后世禅宗曹洞宗派的发展影响甚大，净柱《五灯会元续略》称："当是时，北方二百余年，燕秦齐晋之间，入是宗者，皆其后学。"

曹洞禅是洞山良价禅师和曹山本寂禅师师徒俩人共同创立的禅门宗派，曹洞宗虽以师徒两人之山命名，但本寂只传四代即断。幸而良价另一嗣法弟子、"千人万人把不住"的云居道膺（834~902）才使曹洞禅得以绵延相承。希辩，便是继云居道膺一系传承而来，是为曹洞宗第十祖，洞山系祖师。金元之际北方曹洞名僧均出自青州和尚希辩的法脉。

希辩禅师生平，佛教典籍记载颇丰，如《五灯全书》《宗统编年》《续灯存稿》《五灯严统》等，但上述佛教典籍更多侧重其言论及思想，关于他的生平，《佛祖道影》（一称《佛祖正宗道影》）、《祖灯大统》则记载较多，近现代学者相关论述也很丰富，确指之事，此不赘述。现仅就大觉寺发现之希辩禅师塔铭，比对现今学术界尚存疑的一些问题，进行考证，以期对学术传承有所助益。

青州自叙《塔记》的真伪问题

青州希辩《塔记》之真伪，向有争论，如清人聂先《续指月录》力斥青州塔记之伪，清纪荫《宗统编年》也认此记为伪，而陈垣先生对此塔记也持怀疑态度。

李辉、冯国栋在《曹洞宗史上阙失的一环——以金朝石刻史料为中心的探讨》一文中，对青州自叙《塔记》的真伪问题，进行了系统而全面的探讨，并认为：《祖灯大统》中青州之资料来源于青州辩自叙《塔记》，此记述与《元一统志》中金翰林学士施宜生所撰《塔记》关于青州希辩之生平行履基本一致。且论述施宜生《塔记》真确不伪，则推论自叙《塔记》一事非伪。

《佛祖道影》（一称《佛祖正宗道影》）载"希辩禅师"云："师洪州黄姓，年十一丁父忧……金皇统九年己巳示寂，塔分仰山栖隐、阳台清水院二处，寿六十九，当宋绍兴十九年。"这一记载极为重要，为希辩禅师塔分两处之事给予了确指。包世轩在《门头沟区伽蓝名僧记》"金代青州希辩倡法仰山栖隐寺"篇中称："希辩示寂于仰山。此碑立于仰山栖隐寺，久毁。笔者1984年文物调查中在寺址内寻访到一汉白玉石碑额，弃草莽中。题曰：'辩公大师遗行碑记'，篆字清润秀朗。想必是施宜生所撰的贞元元年（1153）碑记了。"关于希辩禅师居仰山栖隐寺和圆寂后寺内建塔之事记载颇多，但阳台山清水院建塔一事，则记载甚少，唯《佛祖道影》有载。即使是传承千载，记述颇丰的阳台山清水院寺院本身，也未见与之相关的任何著录，此事则成了悬案。而大觉寺（金之阳台山清水院）《大金国燕京宛平县阳台山清水院长老和尚塔记》的发现，为九百余年前这宗悬案提供了第一手材料，据此推断希辩禅师塔分仰山栖隐寺和阳台山清水院两处确切无疑。且再一次明确了塔记内容为希辩禅师生前自叙，其与《祖灯大统》和《元一统志》等早期重要文献内容基本一致。由此，也更加充分地肯定了李辉、冯国栋二君于文中关于青州自叙《塔记》真伪问题的判断。这也是大觉寺《大金国燕京宛平县阳台山清水院长老和尚塔记》发现的重要意义所在。

生平行实

1. 禅师之名

关于禅师之名，《续指月录》记为"普照一辩"，《宗鉴法林》（《卍续藏》116册）为"青州希辩"，《五灯全书》卷六十一、《续指月录》卷三、《宗统编年》卷二十四记载："希辨（1081~1149）宋代曹洞宗僧。又称一辨、一辩、一弁。"

《嘉兴藏》第36册《文穆念禅师语录》和第37册《寒松操禅师语录·源流宗旨颂》为"青州希辩"。《元一统志》记载："后有禅师希辩，宋之青州天宁寺长老也。"

禅师之名"一辨、一辩、一弁"之说概为谐音而来。刘晓在《万松行秀与北方佛教 —— 以〈万松舍利塔铭〉为中心》的论文中也有论及："希辩的传记资料在《大藏经》中也很多，但均把希辩称作一辩（如《续灯录》《续指月录》等），疑误。" 而史料中普遍存在争议之字则在于"辨"或"辩"。

明正统十一年（1446）春三月吉日立于北京胜果寺的《曹洞源流碑》中记载："曹洞正传青原思、石头迁……芙蓉楷、鹿门觉、青州辨……"。

而众多现存金代石刻，则与《嘉兴藏》一致：刻于金皇统六年（1146）的《大金燕京宛平县金城山白瀑院正公法师灵塔记》，文末署名为"仰山栖隐寺退居嗣祖比丘希辩题"，该塔石现存于北京市门头沟区雁翅镇淤白村白瀑寺。 悟闲禅师之《大金故慧聚寺严行大德闲公塔铭》，有其"谒青州希辩禅师"的记载。该石幢塔建于金贞元元年，现立于北京房山长沟镇甘凤池村村西山岗的林地内。 长清县灵岩寺立于金大定十四年（1174）的《宝公禅师塔铭》载"闻青州希辩禅师传洞下眼藏""辩一见而奇之""辩一日室中问师父母未生前事""辩加'淳淳然，般若光中流出'之句沐师""辩以法衣、三颂付之"，宝公即希辩禅师嗣法弟子。以上三通金石，颇具说服力，更接近于禅师之名的本来面貌。

大觉寺发现金天德三年（1151）建塔立石之《大金国燕京宛平县阳台山清水

院长老和尚塔记》，禅师自叙生平"余法号希辩"之记载，则使疑问豁然开朗，与上述金石碑刻成为最好的印证。

明代胜果寺《曹洞源流碑》，就史料价值而言，虽于曹洞宗派传承极为重要，但其刻立时间已晚于金代碑刻近300年，所以碑文中"希辩"之名当不及如上金代石刻更接近事之原委。

如上所述，"希辩"禅师之法号，当可从此不再争议（后文中再有文献引用处，皆统一为"希辩"二字）。

2. 出生和圆寂时间

关于希辩的出生时间，史无所载，新近发现的塔铭上亦无所载；其圆寂时间，则记载颇多，且有争议。

《佛祖道影》记载："金皇统九年己巳示寂，塔分仰山栖隐、阳台清水院二处，寿六十九，当宋绍兴十九年。"

《祖灯大统》载青州辩《塔记》自叙："皇统九年腊八亲书塔记，十二亥刻示寂。"

《元一统志》记载："后有禅师希辩、宋之天宁长老也……天德初示化于仰山。"

《大明宝塔铭》载："天德庚午岁，青州示寂仰山。"

陈垣《释氏疑年录》卷八载："青州普照寺希辩，洪州黄氏……金皇统九年卒，年六十九（1081–1149）。《宗统编年》作宋淳熙十二年卒，《盘山志》二载圆照撰《行通塔记》，作皇统中卒，今据《佛祖道影》三。"

以上史料，关于希辩禅师圆寂时间，有五种说法：一皇统九年十二月十二亥刻示寂；二天德初示化；三天德庚午岁示寂；四宋淳熙十二年卒；五皇统中卒。众说纷纭。大觉寺发现的《大金国燕京宛平县阳台山清水院长老和尚塔记》，为以上说法提供了明确的判断："皇统九年十二月八日病中书此以为塔记。师于当年十二月十二日书偈垂诫，至亥时怡然而逝。十五日荼毗。葬于仰山栖隐寺。"

皇统九年十二月十二日示寂，这是个非常明确的时间，为何在有些史料中还出现了"天德初""天德庚午岁"呢？这里涉及金朝时期一次重要的帝王更替和纪年改元事件。金熙宗皇统九年十二月丁巳日，海陵王完颜亮等人弑熙宗，海陵王即位。己未日大赦，改皇统九年，即1149年为天德元年。则1150年为天德二年。希辩禅师示寂于皇统九年腊月，恰值改元皇统为天德之初，所以称"天德初"是合理的。"天德庚午岁"当为天德二年，此说法记载于希辩禅师嗣法弟子大明宝

（宝公）圆寂之后的塔铭上。希辩禅师示寂于燕京（今北京）仰山栖隐寺之消息，传递至时任济南府（今山东）灵岩寺主持宝公处，尚需时日，其传递时间或有延误；且宝公塔建于金大定十四年，相去希辩禅师圆寂已二十五载，其间又经历帝王更替和纪年改元之事，时间记载略有出入也是可以理解的。

至于有些文献中记载希辩示寂时间为淳熙十二年（1185）或皇统中，没有可依托之史料，实为谬载，不足为论。

希辩禅师寿69岁。其圆寂时间为金皇统九年即1149年，由此上推，其出生时间即为1081年，宋元丰四年（金大康七年）。

由此确论：希辩禅师出生于宋元丰四年（1081），圆寂于金皇统九年（1149年），寿69岁。

3. 出家和受具戒时间

《大金国燕京宛平县阳台山清水院长老和尚塔记》记载："余（希辩）……十一岁丁父忧。服阕出家。十八受具"。

希辩11岁时乃父去世，当值北宋元祐六年（1091）。依古制，子为父母服丧，为斩衰，披麻戴孝服丧时间当为三年。《晏子春秋·外篇下二》载："其母死，葬埋甚厚，服丧三年，哭泣甚疾。"《后汉书·桓典传》亦载："典独弃官收敛归葬，为丧三年，负土成坟，为立祠堂，尽礼而去。"三年是个通俗说法，儒家的实际守孝时间为27个月，以古代婴儿出生后哺乳期是27个月，为报答父母恩德而定守孝三年之制。

因没有确切的月份记载，所以推断希辩出家时间概为北宋元祐八年（1093）或九年（1094），时年约十三四岁。

希辩"十八受具"。18岁时，当值北宋元符元年（1098），希辩受持比丘戒律仪轨，从此正式成为佛门弟子，并开始了其修行及弘法生涯。

4. 游方参学概况

修行得道，绝不是一朝一夕的事情，需要慧根、因缘具足，亦需要付出不懈的努力。《大金国燕京宛平县阳台山清水院长老和尚塔记》中，希辩禅师描述了自己求法的过程。

二十岁游方，先参云门、临济，末后参襄州鹿门□。政和万寿禅寺第一代和尚，讳自觉。政和五年冬雪夜，发明拂旦，印证曰：

"汝真吾宗再来人也。然汝不宜久住于此，宜往山东沂州，礼芙蓉和尚去，讳道楷。"又经半载潜装离鹿门，到邓州丹霞，参谆诵二师。又过西洛参少林，初法王雅宝林深诸师皆蒙印可。迤逦遍参，遂至沂州，礼芙蓉和尚。参侍经年，深获陶汰，亦有授记之言，并记蓟颂二首。

由《塔记》可知：

北宋元符三年（1100），希辩二十岁游方。先参云门、临济，末后参襄州鹿门。北宋政和间（1111~1118），希辩参襄州鹿门山鹿门寺（西晋时称"万寿禅寺"）第一代和尚鹿门自觉禅师（即净因自觉）。鹿门寺，历史上以禅宗道场著称。马祖道一弟子庞蕴，在这里留下了重要的活动足迹。曹洞宗曹山系、洞山系法脉于此均有传承。北宋末年，曹洞宗第八世祖，洞山系祖师芙蓉道楷的弟子鹿门自觉、法灯续曹洞法脉，于北宋政和年间先后住持过鹿门寺，并把鹿门家风推致鼎盛时期。

关于鹿门觉公的身份和师承，学界尚有分歧。李辉、冯国栋《曹洞宗史上阙失的一环 —— 以金朝石刻史料为中心的探讨》明确希辩师承鹿门觉，鹿门觉上承芙蓉楷，而非上承天童净；刘晓《万松行秀与金末北方佛教——以〈万松舍利塔铭〉为中心》则称：希辩"得法于鹿门觉公（天童如净法嗣）"，坚持了鹿门觉公师承天童如净的说法。毛忠贤《中国曹洞宗通史》在《道楷北宗及万松行秀》篇中专门开辟一节"鹿门自觉辨"，对学界存疑的"传法于青州辩的鹿门觉之身份"进行讨论，认为鹿门觉就是净因自觉，其师承确为芙蓉楷，而非天童净。论据充分，在此不再赘述。《大金国燕京宛平县阳台山清水院长老和尚塔记》，文之凿凿，是这一论述的又一份重要一手资料。

政和五年（1115）冬雪夜，希辩明心见性。希辩问："如何是尽乾坤是当人一只眼？"鹿门曰："汝被一卷经遮却也。"希辩拟对，鹿门摇手曰："不快漆桶！去！"希辩于言下有省，得鹿门印可。于拂晓受自觉禅师印证："汝真吾宗再来人也。然不宜久住于此，宜往山东沂州礼芙蓉道楷和尚。"时年三十五岁。

《塔记》中记载："又经半载潜装离鹿门……"政和五年冬蒙鹿门自觉印可后，又过半年，约北宋政和五年或六年，希辩潜装离鹿门到邓州丹霞参谆诵二师。又过西洛参少林初法王雅宝林深。皆蒙印可。

《塔记》中又载："迤逦遍参。遂至沂州。礼芙蓉和尚。参侍经年……""经年"，意为"经过一年或多年"。遍参诸方之后，约北宋政和六年或七年，希辩来到沂州，礼芙蓉道楷，"参侍经年，深获陶汰，亦有授记之言，并记蒴颂二首"。

5. 住持寺庙概况

希辩禅师修行弘法，按地域分，可分为两个阶段，第一阶段是在青州（今山东），第二阶段是在燕京（今北京）。

得芙蓉道楷印可后，希辩选择的第一处修行庵居之所，是袭庆府泗水县龙门山（今之山东省泗水县龙门山）。其山人文历史悠久，风水极佳，早在汉代时就兴建有灵光寺弘法于世。此时约为政和末年。

希辩的第二处修行庵居之所为青州天宁寺。据塔记记载："宣和间青帅董待制与三禅长老。备礼仪命。专使请住天宁寺。前后三请不获。已应命住经八载。"即北宋徽宗宣和年间（1119~1125），希辩禅师受请住持青州天宁寺，举扬曹洞宗风，道法极盛，时人称他作"天宁长老""青州和尚"。只是，希辩禅师于天宁寺"住经八载"，文献只提及在宣和间受请住持，那么其住持天宁寺的起止时间确切为何时呢？

当金兵破青州，希辩禅师随至燕京，开始了他后半生最辉煌的弘法生涯。我们不难看出，金军兵破青州的时间，便是他离开天宁寺的时间。若能确定兵破青州的时间，也便能推论他住持天宁寺的起始时间。

赵万里辑《元一统志》载："后有禅师希辩，宋之青州天宁寺长老也，耶律将军破青州，以师归燕，初置之中都奉恩寺，华严大众请师住持，服其戒行高古，以为潭柘再来。至金天会间，退居太湖山卧云庵，既而隐于仰山栖隐寺，骠骑高居安以城北国并寺前沙井归之常住；天眷三年，召师复住持；皇统初，更赐寺名为大万寿，师再隐仰山，门人德殷续灯于万寿三年而退居于医巫闾。"

上述时间，史料中有详细记载，也有约略描述。其中关于何时兵破青州，青州希辩何时到达燕京，又于何时住持仰山栖隐寺，语焉不详。《曹洞宗史上阙失的一环——以金朝石刻史料为中心的探讨》一文，则给予了详尽的论述："考《金史·太宗本纪》'（天会）六年正月……宗弼破宋郑宗孟于青州。'可知金人破青州在天会六年（1128），其时希辩48岁。耶律将军不详为何人，可能为耶律怀义或耶律埜山。""对于青州辩居仰山之时间，《祖灯大统》仅言其'晚居仰山'，而《元一统志》则记载其天会间初隐仰山，晚年再隐仰山。《元一统志》'栖隐寺'条载：'又按寺《记》：金天会戊申，青州禅师受德真通辩大师之请，住持此山。'《元一统志》此条依栖隐寺寺记而撰写，较为准确。天会戊申即天会六年，知青州辩初住仰山在天会六年，亦即其初至燕都之时。而其再隐仰山据前引《元一统志·大万寿寺》则在皇统初年。而刻于皇统六年（1146）的《大金燕京宛平县金城山白瀑院正公法师灵塔记》，文末署名为'仰山栖隐寺退居嗣祖比丘希辩题'，则知其皇统六年尚在仰山。"

既然确定兵破青社是在金天会六年，那么此前"住经八载"的天宁寺，北宋徽宗宣和三年（1121），便是希辩禅师入寺之起始。

希辩禅师在《大金国燕京宛平县阳台山清水院长老和尚塔记》中自叙："本朝兵破青社。遂至燕京。初住奉恩。次住华严。乃今万寿寺是也。晚年住仰山。天眷三年。入城复住大万寿寺。皇统六年九月退□仰山。"

由以上记载和论述可知，金朝于天会六年兵破青州，希辩禅师应缘至燕京。初置中都奉恩寺，再受请华严寺，后退居太湖山卧云庵。天会六年，受德真通辩大师之请，住持仰山栖隐寺。如果兵破青社是在金天会六年无误，如果青州禅师受德真通辩大师之请住持仰山也确是在金天会六年，那么"破青州，师归燕，居奉恩、华严、卧云庵、仰山"之诸多大事，都发生在同一年，则希辩禅师在这一年真算是"颠沛流离"而又"丰盛饱满"了。青州希辩自天会六年至天眷三年（1140）间，约12年时间居仰山。天眷三年，希辩至华严寺（大万寿寺）住持。皇统三年（1143）退居医无闾（辽宁）。皇统六年（1146）九月退席仰山。皇统十二月十二日示寂于仰山，最后在仰山栖隐寺的时间近4年。

笼统而计，希辩禅师在天会六年被裹挟至燕京，到皇统九年十二月十二日圆寂，共21年时间，有近16年时光是在仰山栖隐寺度过的，这也是他一生中居住最久、缘分最深的一座寺院。由此也不难想象，他与一山之隔的阳台山清水院之间殊胜的弘法因缘了。

《大金国燕京宛平县阳台山清水院长老和尚塔记》中记载："师于当年十二月十二日书偈垂诫，至亥时怡然而逝。十五日荼毗，葬于仰山栖隐寺。正寂遂于荼毗灰炉中收拾微小灵骨，得数十粒。复获牙一枝。念先师住持仰山万寿，虽大振宗门，而彼二处立为十方。唯清水度僧，近二百数。若不建塔立石，切恐向后年深失于依止。与众共议，遂建此塔，以为久远之传。"

据笔者了解，希辩圆寂后塔分两处：一在仰山栖隐寺，另一在阳台山清水院。

建塔立石者，为阳台山清水院山主"小师比丘正寂"，师承青州希辩，其寺清水院亦有近二百数僧得希辩禅师曹洞之法。此乃为寺院佛门大事，"若不建塔立石。切恐向后年深失于依止。与众共议。遂建此塔。以为久远之传。"以今日眼光看来，正寂禅师当年"年深失于依止"之"恐"不无道理，若非现在发现此塔记碑石，九百年前的清水院度僧建塔一事，也许就会被永远尘封了。后人也只能带着一个《祖灯道影》"塔分仰山栖隐、阳台清水院二处"的记载，茫然猜测，而无从确论。

正是因为塔记的存在，我们可知，自辽道宗咸雍四年至金皇统、天德近百年时间，清水院之名依然沿袭使用。在皇统、天德时期，清水院法脉传承为曹洞宗，且寺内建有希辩禅师牙塔。这一记载极为重要，可补大觉寺金代历史之不足。

希辩禅师大阐曹洞宗风，足迹遍及北方各地，使沉寂许久的北方禅宗重新焕发出生机。他示寂后，金翰林学士中靖大夫知制诰施宜生亲自为他撰写碑文，碑文中说："师既来燕，潭柘寂然；师既往燕，曹溪沛然"，对希辩禅师在燕京弘禅给予了极高的评价。可以说，希辩禅师对曹洞宗传入燕京具有开创之功，堪称金元燕京乃至整个北方曹洞宗的鼻祖。至于其法脉传承与佛学思想等，学术界论述较多，本文无需赘言。

金代青州希辩禅师，一篇论文不足以将其生平行实和史学、佛学地位全面论及。笔者仅就大觉寺新近发现之《大金国燕京宛平县阳台山清水院长老和尚塔记》，结合史学界尚存疑的一些问题给予了梳理。此塔记为第一手史料，其史学研究价值不言而喻。笔者借此文代表大觉寺管理处将这一史料公之于众，以供更多方家学者进一步深入研究和探讨。

附：《青州希辩生平大事记》

借由对《大金国燕京宛平县阳台山清水院长老和尚塔记》的研究和本文的梳理考证，笔者对青州希辩禅师生平大事记做了一番整理，附于文后供学界参考。

金代曹洞宗希辩禅师生平大事记

北宋元丰四年（1081），出生。俗姓黄，祖籍江南洪州（今江西南昌）。宋神宗元丰年间（1078~1085），祖父守官安陆（今湖北安陆市），未终任捐馆。

北宋元祐六年（1091），11岁丧父。

北宋元祐八年（1093）或九年（1094），13或14岁出家（服丧满三年）。

北宋元符元年（1098），18岁受具戒。

北宋元符三年（1100）至北宋政和五年（1115），20至35岁，游方16载。先参云门、临济，末后参襄州鹿门。

北宋政和年间（1111~1115），参襄州鹿门万寿禅寺第一代和尚鹿门自觉禅师（即净因自觉）。此时为31至35岁。

北宋政和五年（1115）冬雪夜，明心见性，于拂晓受自觉禅师印证："汝真吾宗再来人也。然不宜久住于此，宜往山东沂州礼芙蓉道楷和尚。"时年35岁。

约北宋政和五年或六年（1115或1116），潜装离鹿门到邓州丹霞参谆诵二师。又过西洛参少林初法王雅宝林深。皆蒙印可。时年约35至36岁。

约北宋政和六年或七年（1116或1117），至沂州，礼芙蓉和尚，参侍经年，深获陶汰，亦有授记之言，并记箴颂二首。时年约36至37岁。

约北宋政和七年或八年（1117或1118），往袭庆府泗水县龙门山庵居。时年约37~38岁。

北宋徽宗宣和三年至金天会六年（1121~1128），青帅董待制与三禅长老备礼仪命专使请住天宁寺，前后三请不获，已应命住经八载。时年41~48岁。

金天会六年（1128），时希辩禅师为宋之青州天宁长老，金之耶律将军破青州，以师归燕。师至燕京时，年48岁。

金天会六年（1128），初置之中都奉恩寺，华严大众请师住持，服其戒行高古，以为潭柘再来。至金天会间，退居太湖山卧云庵，既而隐于仰山栖隐寺。时年48岁。

骠骑高居安以城北园并寺前沙井归之常住（按：归之华严寺之常住），时年不详。当于金天会六年（1128）至今天眷三年（1140）之间。

金天会六年（1128）至金天眷三年（1140），住持仰山栖隐寺，约为12年时间。师时年48至60岁。其间，青州辩弟子行通"闻辩老唱法燕都，特来参侍。后从辩老至仰山。"

金天眷三年（1140），住持华严寺。师60岁。皇统初，华严寺更赐名为大万寿（寺），即今之北京潭柘寺。后希辩禅师退隐，门人德殷续灯于万寿。

金皇统三年（1143），退居于医巫闾（辽宁）。时年63岁。

金皇统六年九月（1146），希辩禅师再隐仰山。时年66岁。

约金皇统三年至六年（1143~1146），大明法宝（辩之嗣法弟子）礼荐青州希辩三年，辩以法衣、三颂付之。希辩时年63至66岁。

金皇统六年（1146）九月，退席仰山栖隐寺。时年66岁。

金皇统六年（1146）十月一日，为白瀑寺内圆正法师塔题写塔记，并署名"仰山栖隐寺退居嗣祖沙门希辩"。时年66岁。

金皇统九年（1149）十二月八日，希辩长老于病中书写塔记。时年69岁。

金皇统九年（天德元年，1149）十二月十二日，希辩禅师书偈垂诫。至亥时怡然而逝。寿69岁，僧腊约为57或58载。

金皇统九年（天德元年，1149）十二月十五日，希辩禅师荼毗，葬于仰山栖隐寺。

金天德三年（1151）三月十五日，阳台山清水院山主小师比丘正寂以荼毗时在灰炉中收拾小灵骨得数十粒及牙一枝，为希辩禅师于阳台山清水院建塔立石。

大觉寺的衰落时期：元代灵泉佛寺

金代的清水院，以地居名山胜境的佛寺而兼离宫别苑，盛极一时，状况虽不见于载籍却足资想象。然而，由于金朝国祚不永，特别是蒙元兴起，金章宗明昌盛世维持仅十余年，便危机四伏，国事日蹙。待到卫绍王和宣宗时期，则内忧外患更甚，蒙元大兵多次围攻中都，畿辅糜乱，不仅帝王无心远足西山游兴，八大水院盛况不再，而且渐次凋敝。到金贞祐三年（1215）五月金中都陷落于蒙古大军，盛极一时的清水院很可能与其他七院一起，彻底毁于兵掠火焚。关于金清水院当时的具体情形，文献无征，但通过一些背景资料，仍可推想其最终难逃厄运。当年在金末蒙古大军围攻中都城的数次战斗中，给燕京城区及周边地区造成了极大的破坏，"佛寺尚为天下最"的中都之盛已成往昔梦景。如金亡后不久即成书的《大金国志》记载：

> 崇庆元年正月三日，河东总督统军完颜及、高阳帅遣贵兴各路兵入援。至易州，完颜及又遣人使于朦骨，俾袭其国。……十五日，内城及四子城开，完颜及等见主大哭，主亦泣曰：燕京

自天会初不罹兵革，殆将百年，僧侣道观，内外园苑，百司庶府，室屋华盛，焚毁无遗，向非献忠王有先见宏图，国不立矣。[4]

又《元一统志》记载：

昭觉禅寺，亦旧刹也，金因之。贞祐初毁于回禄。[5]

又《湛然居士文集》记载：

……贞祐初，天兵南伐，京城既降，兵火之余，僧童绝迹，官吏不为之恤，寺舍遂为居民有之……。[6]

又近年发现的金、元之际的《祖玄塔铭》，侧面记述了当时西山诸寺曾毁于金末兵火的事实，可为推测金末元初清水院的"遭际"作一参考。祖玄塔原位于北京门头沟区斋堂镇沿河城办事处北山坡间，据传此塔坐北朝南，砖砌六角须弥座，上刻卍字花纹，三檐转角斗拱为三踩单翘，每边宽1.08米，通高4米，塔前有篆字铭文"通悟大师玄公灵塔"，下有二扇窗，塔右侧刻"德兴府礬山县圣泉柏山寺故通悟大师玄公塔铭并序。"今塔已毁，刻石存门头沟区文管所。石2块，汉白玉石质，均长50厘米、宽42厘米。计刻文40行，字多漫漶不清。进士王庭瑶撰并书丹，元宪宗七年（1257）三月弟子宗主道理建。塔记先序后铭，叙大师"讳祖玄，通悟乃师号也，亦号龙溪老人。俗姓杨，祖居本土人也。"幼礼花严大师受具戒。"本府官众请师住持法云寺，完殿宇圣像。兵革之后大师居于他所实为愧也，况乡中古刹皆已煨烬。书状再三请师，重新诸圣之法像再集白莲之社众。及朱窝、结石、大明等寺覆得修完，皆师之力。"又记"师大定二十五年十二月二十五日生，乙卯（元宪宗五年）三月十七日辞其大众"示寂。柏山寺，创于唐，

4　净柱：《五灯会元续略》卷一，《续藏经》第138册，台湾新文丰出版公司，1995，第853页。

5　黄夏年主编《禅宗三百题》，台湾建安出版社，1996，第88页。

6　李辉、冯国栋：《曹洞宗史上阙失的一环 —— 以金朝石刻史料为中心的探讨》，《佛学研究》2008年第1期。

金元之际属德兴府礬山县。又据房山孔水洞万佛堂所存《重建龙泉大历禅寺之碑》，内记龙溪老人于庚寅年（1230，为金正大七年，当时金中都已陷于蒙元15年）曾感慨兵革战乱和沧桑之变，叹佛殿荒圮，征工丐资，重修大历禅寺之事，也可作佐证。

在蒙元大军攻陷金中都之后，兼做前朝皇帝行宫的佛寺清水院被毁，并废其原名，是情理之中的事。但大觉寺何时更名并香火又续，因文献无征，已难确指。今天我们仅能从宣德三年四月《御制大觉寺碑记》中，推测一二。碑文说："北京旸台山，故有灵泉佛寺，岁久敝甚。""故有"与"岁久"者，皆年代较远之谓也，而宣德三年去元代灭亡仅60年，因此推定"灵泉佛寺"系元代所更之名，当无误。

另外，推测元代时的大觉寺（灵泉佛寺），应该有过一次规模较大的重建或修缮，其"灵泉佛寺"院名的更改启用，可能即在那次修建之际。

DAJUE TEMPLE

第五章

明代的大觉寺

寺藏明中早期汉白玉佛教造像

　　洪武元年（1368）八月，明军攻入元大都，改大都为北平府，统治了中国近百年的元朝灭亡。洪武十三年（1380）朱元璋四子燕王朱棣封藩北平（今北京），后燕王朱棣起兵北平，发动"靖难之役"，最终攻下南京，夺取了帝位。明成祖继位后，改北平为北京，迁都北京，北平府改称顺天府。北京的西北郊历来为风景胜地，明代中早期即在西山一带大量修建佛教建筑，这里寺庙林立，香烟缭绕。位于旸台山脚下的大觉寺就是其中一座著名的古刹。

　　明代是大觉寺历史上的鼎盛时期，据寺存明代各朝碑文记载，从宣德三年（1428）至成化十四年（1478）整整半个世纪的时间里，明皇室对大觉寺进行了三次较大规模的重修和扩建,现存寺院建筑和规模基本是明代奠定的。明代的宣宗、英宗、宪宗、孝宗皇帝曾多次临幸驻跸大觉寺，帝王们不仅出资重修寺庙、遣僧住持而且还赏赐田亩、颁赐藏经，使得大觉寺不仅殿堂巍峨，佛像庄严，僧弥众多，而且寺庙经济相当发达,成为西山三百寺中的一座巨刹。在明代二百多年的历史中，大觉寺寺院规模之大,寺院经济之兴盛,佛事活动之活跃已远远超过了辽金元三代。而自宣德三年重修成为皇家敕建寺庙后，大觉寺进入了历史上的第二个兴盛阶段。

寺藏明中早期汉白玉佛教造像

（一）明代帝王崇佛的社会背景

明太祖朱元璋推翻元朝统治建立了明王朝，这位曾当过数年僧人的皇帝深知佛教"阴翊王度"的作用，所以在位期间大力提倡保护佛教。不过在保护的同时，他对佛教也采取了整顿限制政策，制定了一系列制度，形成了明王朝前期以整顿限制为主又加保护和提倡的佛教政策。利用和发挥佛教所谓"阴翊王度"的作用，是朱元璋君臣对待佛教及制定相关政策的一个基本出发点。也可以说是明太祖重视佛教的基本原因。[1] 元朝统治大厦倾覆的前车之鉴，使得明太祖朱元璋对于元朝灭亡心存深刻反省态度，进而影响到对佛教的态度和政策主张，即在限制和利用之间摇摆。[2]

明成祖迁都北京后，随政治中心的北移，北京逐渐成为北方的佛教中心。明成祖朱棣对佛教的态度与明太祖相似，明确主张对于儒释道要"各资其用"。他明确以儒术治天下，同时以佛辅助治化，所谓"用儒道治天下，安得不礼儒者！致远必重良马，粒食必重良农。亦各资其用耳。"[3] 他认为佛教的作用是"普劝善缘，使人人同归于善，…以乐夫太平之治。"[4] 所以皇帝大臣要"维持是教，阴翊皇度"。[5] 明成祖朱棣非常关注佛教，尊崇释道，在位期间敕修刻印藏经，亲撰佛

1　周齐：《明朝诸帝的佛教认知与政治文化环境》《法源》2001 年第 19 期。

2　周齐：《明朝诸帝的佛教认知与政治文化环境》《法源》2001 年第 19 期。

3　《明实录·太宗实录》卷五十七。

4　（明）朱棣：《诸佛世尊如来菩萨尊者神僧名经序》。

5　（明）朱棣：《诸佛世尊如来菩萨尊者神僧名经序》。

教书籍，大力兴建寺庙。

纵观明朝诸帝王，崇佛者有之，排佛者也有之，但明代各朝基本上受明初确立的佛教政策影响。由于统治者的提倡和保护，佛教在元末衰败的基础上得以迅速恢复和发展起来。

北京的西北郊历来为风景游览胜地，明代中早期在西山一带大量修建佛寺建筑。明人沈榜在《宛署杂记》中详细记载了当时翻修古刹、新建寺庙的情景。

> 余尝经行其居，见其旧有存者，其殿塔幢幡，率齐云落星，备极靡丽，如万寿寺佛像，一座千金，古林僧纳衣，千珠千佛，其他称是。此非抒轴不空，财力之盛不能也。又见其新有作者，其所集工匠，夫役，歌而子来……此非间左无事，遭际之盛所不能也。又见其紫衫衣纳，拽杖挂珠，交错燕市之衢，所在说法衍乐观者成堵……[6]

寺观如此之多，僧侣如此之众，可见当时佛教之兴盛。据后人统计，从明成祖迁都到明朝灭亡的二百多年历史中，北京地区兴建佛寺千余所，位于旸台山东麓的古刹大觉寺是明代一座著名的佛教寺院。

（二）宣德三年重修大觉寺

明皇室第一次对大觉寺的翻修扩建，是在明宣德三年。宣宗朱瞻基奉其母孝昭太后之命出内帑修建早已凋敝的前朝灵泉佛寺。现存寺内御碑亭中的明宣德三年御制大觉寺碑，详细记载了寺庙重修的起因和重建后的盛况。

> ……北京旸台山，故有灵泉佛寺，岁久敝甚，而灵应屡彰，间承慈旨，撤而新之，木石一切之费，悉自内帑，不烦外朝，工

6　（明）沈榜《宛署杂记》，北京古籍出版社，1983。

大觉寺御碑亭

匠杂用之人，计日给佣，不以役下，落成之日，殿堂门庑岿焉奂焉。像设俨然，世尊在中，三宝以序，诸天参列，鹿苑鹫山如睹，西土万众仰瞻，欢喜赞叹，遂名曰大觉寺。"[7]

　　从以上记载可以得知，大觉寺修缮规模之大，修缮花费之巨，在当时令人叹为观止。宣德皇帝秉承皇太后旨意将旧有残破不堪、毁弃多年的灵泉佛寺建筑，全部"撤而新之"，所需修缮资金全部出自宫内。修建的内容既有殿堂建筑也有佛教造像，修缮后的寺庙巍峨壮观，金碧辉煌。这次大修之后，明宣宗朱瞻基还钦赐寺名大觉寺，以后历朝修缮均"寺额依旧"，此名一直沿用至今。从宣德三年始，大觉寺遂成皇家敕建寺庙，以崭新的姿态屹立于西山寺庙之林。

　　明宣宗朱瞻基是明朝的第五位皇帝，明仁宗朱高炽长子，洪熙元年（1425）

7　寺存明宣德三年《御制大觉寺碑》。

明宣德三年《御制大觉寺碑记》（拓本）

寺藏明代青花器物座

五月朱高炽病逝，朱瞻基即位，年号宣德。仁宗父子是儒生式帝王，推行文官政治，以仁治为宗旨，仁宗在位不足一年，宣宗继承仁宗德化之风，励精图志，把大明王朝推向了"仁宣之治"的黄金时期，虽然他在位时间也不过十年光景，但被后世比为"明有仁宣，犹周有成康，汉有文景。"[8]

宣宗的亲母为仁宗张皇后，河南永城人，宣宗继位后，张氏被尊为皇太后，宣宗十分孝顺母亲，每天早晚都要到母后寝室问安，四方朝贡之物也都要进献给母亲，遇到重大的军国要事时常向母亲禀报。仁宗张皇后为人贤慧静雅，堪称一代贤后，她历经洪武、永乐、洪熙、宣德和正统五朝，有多次临朝听政的机会，但谨守妇道，安于宫内，从不干涉朝政，还常常告戒宣宗"水能载舟，亦能覆舟"之理，作为帝王一定要把百姓疾苦放在心上。"仁宣"之治的形成应有张氏的许多功劳。[9]在御制大觉寺碑文中宣宗这样赞颂母后。

8　许文继、陈时龙：《正说明朝十六帝》，中华书局，2005。
9　许文继、陈时龙：《正说明朝十六帝》，中华书局。2005。

圣母皇太后，仁圣之德，本乎天赋，清净自然有契慧旨，至
诚所存，一务博施，惟欲覆载之内，万物咸适其宜，是以深居九重，
日享至养，而每食必虑下之饥，每衣必思下之寒。朕日侍左右，
习聆慈训，拳拳钦服奉行。[10]

宣宗是明朝帝王中少见的不溺教者，他延续了明初统治者对佛教采取的既整
顿限制又加保护提倡的政策。但宣宗崇信藏传佛教，曾大肆封赐供奉藏僧，宣德
三年重修大觉寺后，特命当时著名高僧智光入寺主持，并敕礼官度僧百余人为其
徒弟。宣德十年（1435）智光圆寂于大觉寺，后又在寺侧增扩智光塔并敕建西竺寺。
宣德十年还钦赐大觉寺许多庙产：赏常乐庄地二十七顷九十九亩八厘，清河庄地
八顷，汤山庄地二顷九十四亩一分四厘，冷泉庄地二十亩并昌平县佃户五十七户，
家人一十六名。

（三）正统十一年英宗重修大觉寺

大觉寺在明正统十一年（1446）进行了第二次大规模的修缮工程，寺存明代
御制重修大觉寺之碑详细记载了明英宗重修寺庙的缘起。

……今虽銮驭上宾，然尤日切朕念，每诣山陵谒祭延望伊迩，
能不益兴追慕之思，间自中道，躬谒寺下，徘徊久之，顾岁颇久，
颓弊日增，惧无以副圣慈在天之灵，乃命易其故廓其隘，凡诸像
设与夫供佛之具，居僧之舍，亦皆新而大之。[11]

明英宗朱祁镇（1427~1464）是明朝历史上第六位皇帝，他是宣宗长子，先
后两次御极，在位共22年。英宗登极时只有9岁，是明朝第一个幼年登极的天子，

---

10 寺存明宣德三年《御制大觉寺碑》。
11 寺存明正统十一年《御制重修大觉寺碑》。

寺藏正统十一年《御制重修大觉寺之碑》（拓本）

寺藏明代汉白玉日晷

是名副其实的小皇帝。继位之初由太皇太后和仁宣朝重臣"三杨"等人辅政，一度国家安定，经济发展。三杨即杨士奇、杨荣、杨溥，他们是明历史上的名相，有丰富的治国经验，他们辅佐年幼的皇帝治理国家，继承了仁、宣二朝的政治风格和对待佛教的态度。正统十一年三月庚辰，英宗朱祁镇钦命工部右侍郎王佑督工修葺大觉寺。

英宗即位后，多次临幸大觉寺，他非常喜欢这里的生态环境，盛赞这里的山形地貌、自然景观。

其地灵泉涌溢，无间冬夏，抚视其四旁则峰峦之峭扳，岩谷之深邃，原壤之萦回，树艺之茂密，无不在于指顾之间。仰望台殿楼阁，俨然若自天降，而置之林壑之表者也。[12]

明英宗崇信佛教，正统初年敕建不少寺院，恰若时人的评说："迁都以来，所废弛者，莫甚于太学；所创新者，莫多于佛寺。"[13]

---

12 寺存明正统十一年《御制重修大觉寺碑》。

13 《明实录·英宗实录》卷23。

寺藏明代汉白玉石雕香炉座

寺存明成化十四年御制重修大觉寺碑

（四）成化十四年重修大觉寺

明宪宗朱见深（1447~1487）是明朝历史上第八位皇帝，明英宗朱祁镇的长子，他天顺八年（1464）继位，改年号为"成化"，在位共23年。宪宗在位期间宠信后妃，佞幸宦官，耽于玩乐，怠于政事，使得成化年间败政甚多，危机四伏。当时的佛教状况可从成化二十一年礼部尚书周洪谟所议九事中略见一斑。

"成化十七年以前，京城内外敕赐寺观至六百三十九所，后复增建，以致西山等处相望不绝，自古佛寺之多未有过于此时者……"[14]

大觉寺在明宪宗成化十四年（1478）又一次得到重修。成化十四年御制重修大觉寺碑载：

14　《明实录·宪宗实录》卷260。

……宣德戊申，我皇曾祖妣诚孝昭皇后，命中官董工修葺缔构既成，因易其额曰大觉寺。后二十一年为正统丙寅，我皇考英宗睿皇帝万机之暇，车驾幸其所规其像己晦，堂己皇，载命新之。后又三十二年为成化戊戌，我圣母皇太后追思曾祖妣之仁，又世居其山之麓乃矢心重造，特出宫内所贮金帛，市材傔工，凡殿宇，廊庑，楼阁，僧舍，山门，靡不毕具。实奂实轮，浮于前规，寺额仍旧。……[15]

寺藏成化十四年《御制重修大觉寺碑》拓本

由碑文可知大觉寺在明成化十四年由宪宗母亲周太后出资重修。周太后的家乡即在大觉寺附近，现在大觉寺周边尚有周家巷、周家坟等地名，相传即与周太后有关。周太后，《明史》有传。

孝肃周太后，英宗妃，宪宗生母也，昌平人。天顺元年封贵妃。宪宗即位，尊为皇太后。……二十三年四

15　寺存明成化十四年《御制重修大觉寺碑》。

位于海淀区柳林村的
周家坟遗址

月上徽号曰圣慈仁寿皇太后。孝宗立，尊为太皇太后。……弘
治十七年三月崩，谥孝肃贞顺康懿光烈辅天承圣睿皇后，合葬
裕陵。[16]

周太后从小生长在京西柳林村，十五岁时入宫，生子封为贵妃，地位显赫，英宗驾崩后其子即位，尊为太后。周太后有一从弟名周吉祥，成化十四年重修寺庙后周吉祥被任命为僧录司右阐教兼住大觉寺，兼管番汉僧，主持大觉寺寺务达15年之久。因此，大觉寺这座寺庙又兼有太后家庙的地位。据上述可知，周太后不惜重金重修大觉寺的原因，不仅是其追思曾祖姊（诚孝昭皇后）之仁，还是其家乡就在大觉寺附近。成化十五年（1479）宪宗奉太后之命赐银大觉寺买得顺天府宛平县、昌平县民地计有50余顷。

16 《明史》卷113，中华书局，1974。

（五）高僧智光

　　智光是明初著名高僧，曾数次奉旨前往西藏地区和邻国。他精通佛学，广译佛经，促进了佛教文化的发展。智光一生政教成就卓著，颇受皇帝恩宠和信徒的尊奉，《明史》中有关于智光的记载，称其为"历事六朝，宠锡冠群僧"。[17] 正统初年著名的大学士杨荣为其撰《智光塔铭》，赞其"遭逢之盛，自有沙门以来未或过之者也"。可见智光在明初佛教史上的重要地位。从《智光塔铭》中我们可以详细的了解这位高僧的生平戒行，弘教之功及历朝帝王对他的宠遇之荣。

　　智光，名雅尔萧·罗密克，也译为雅纳罗释弥，字无隐，俗姓王，祖籍山东庆云，元至正八年（1348）十二月十六日生，圆寂于明宣德十年（1435）六月十三日。《智光塔铭》中记载其"自幼聪慧，阅书经不忘。"[18] 少年时辞父母出家为僧，"年十五于北京吉祥法云寺礼西天板的达国师，传天竺声明记论授心印"，"二十一岁侍师游五台诸山，得睹文殊妙相"。[19]

　　明太祖非常注意对少数民族实行符合其特点的政策，对西藏（时称乌斯藏）实行"因其俗尚，用僧徒化导为善"的政策，[20] 并利用汉族名僧为这一政策服务。洪武七年（1374）智光奉召到南京，授命于钟山翻译板的达所携的《四众弟子菩萨戒》，以词理简明，为众所推服。十七年春，与徒惠辩等奉使西域，往返二次，永乐三年（1405），擢右阐教。次年，俾迎大宝法王。后升任右善世。永乐十五年（1417），奉召北京，俾居崇国寺，赐国师冠。仁宗时，赐号"灌顶广善大国师"。宣宗即位，出内帑创大觉寺，俾居之，以佚其老，并敕礼官度僧百余人为其徒。英宗即位时加封"西天佛子"。宣德十年六月，示寂于大觉寺。

　　智光以其渊博的学识和杰出的才能，不辞辛苦，多次出使印度、尼泊尔等国，为发展中国与这些国家的友好关系做出了贡献。

　　智光精通梵文，熟悉内外经典，对佛学有极高的造诣。其塔铭有云"达摩自西天来，卓锡少林而神光承之，大师自西天来，卓锡法云而法王承之，是皆弘开法席

17　《明史》卷 299，中华书局，1974。
18　《智光塔铭》，北京图书馆藏拓片。
19　《智光塔铭》，北京图书馆藏拓片。
20　《明史》卷 331，中华书局，1974。

丕阐祖风华梵所共瞻依者也。"这些记载证明了智光在明初佛教史的地位及影响。

智光先后两次居北京,第一次是在元至正二十三年(1363)十五岁到北京至洪武七年应诏至南京,其间共十一年,第二次是在永乐十五年召智光至北京到宣德十年,其间共十八年。智光在北京居住过的寺庙有吉祥法云寺、崇国寺、大能仁寺、大觉寺、西竺寺、开元寺、西域寺、弘仁寺、广善寺和广寿寺等共十座。在智光当年所居诸多寺庙中,只有位于京西旸台山的大觉寺至今保存完整,其余几座寺庙早已无存。

关于宣德三年重修大觉寺一事,《智光塔铭》(《西天佛子大国师塔铭》)有明确记载。

> 阳台山之大觉寺,实皇帝奉皇太后慈旨出内帑所创者,功德利济无间显幽,特命大国师居之以佚其老,并敕礼官度僧百余人为其徒,恩德至厚,无以加矣。[21]

智光入大觉寺时已81岁高龄,宣宗扩修大觉寺后命智光居之也是为了"以佚其老"。大觉寺是智光生前所居的最后一所寺庙且寿终于此,他临终示偈曰:"空空大觉中,永断去来踪。实体全无相,含虚寂照同。"关于智光在大觉寺的戒行没有更多记载,可能是其入寺时年事已高的原因。但大觉寺钟楼上悬挂的宣德五年(1430)大铜钟钟记铭文上则有智光主持寺务时铸造大钟的记录。

宣德十年六月十三日,智光坐化,享年88岁,僧腊72,明宣宗朱瞻基闻听智光圆寂,格外礼遇,御书赞辞,向天下人昭示智光的法德。

> 托生东齐,习法西竺。立志坚刚,秉戒专笃。行讯毗尼,情彻般若。澄明自然,恬澹潇洒。事我祖宗,越历四朝。使车万里,有绩有劳。掇沥精虔,敷陈秘妙。玉音褒扬,日星垂耀。寿康圆寂,智炳几先。灵消旷海,月皎中天。[22]

---

21 《智光塔铭》,北京图书馆藏拓片。
22 《智光塔铭》,北京图书馆藏拓片。

国家图书馆藏《智光塔铭》拓本　　　　明代御制重修西竺寺碑

　　智光圆寂后众弟子取其遗骨于各处广建塔寺。位于大觉寺西北的西竺寺是高僧智光的墓地，智光生前在这里"倩工累石为塔，以为异日栖神之所"。荼毗后回葬在此，所以西竺寺是先有塔，后建寺。如今塔寺俱已无存，只留下几通石碑和数座覆钵式小塔。大觉寺是智光生前所居的最后一所寺庙，与大觉寺相邻的智光塔、西竺寺及大觉寺周围的普照寺、广善寺等寺庙，均为智光居大觉寺以后建造的佛教建筑。

　　附：大通法王碑铭

赐进士资政大夫吏部尚书兼翰林院学士知制诰南阳李贤撰奉

直大夫礼部员外郎兼修玉牒直文渊阁凤阳凌耀宗书奉直大夫礼部员外郎兼修玉牒直文渊阁钱塘林章篆

　　法王名智光，字无隐，姓王氏，世家山东之庆云。宣德十年六月十三日归寂于大觉寺，预垒石为塔而栖焉。大学士杨荣为撰塔铭，其出家游方之详，累朝宠遇之荣，与夫戒行之实，弘教之功莫不毕举而备言之矣，天顺改元之明年，皇上念其功德绘像曰圆明净妙，广大慈悲，息彼妄念，降心整仪，有相皆虚，深契斯理，既获本来，湛然止水，六根五蕴，如云在天，颔之无迹，胸次洒然，□佛玄文，真乘密藏，发秘启扃，功德无量，证神见性，普度昏迷，遂成正觉，百世光辉。庚辰春，复追封为大通法王，遣礼部左侍郎邹余行礼，谕祭曰惟灵凤精释典，克振宗风，事我先朝，积有年岁，荣名洊进，未几寂归，慈念畴昔之勤，诚宜隆异数之恩典，特追尔为大通法王遣官谕祭，以慰冥漠。灵其有知，钦承嘉命，乃□赐诰曰：朕惟佛氏之教，以寂静为宗，慈悲为用。上以阴翊皇度，下以化导群迷，自昔有国家者，莫不崇奖而褒之，尔圆融妙慧净觉弘济辅国光范衍教灌顶广善西天佛子大国师智光凤究真乘愿力洪深，受恩先朝，益笃诚敬，显号荣名，辉焕远迩，圆寂既久，眷念良深，特隆恩典，追封为大通法王，锡以诰命。於戏宗风丕振，式彰已往之功，慧性圆明，用阐方来之化，法灵如在，尚其钦承其徒灌顶广善国师乃耶室哩等念其师之归寂于今二十七年矣，犹荷皇上眷顾之隆，天葩睿藻，极共褒称，追封谕祭，大施殊典，而其遭逢之盛，自有沙门以来未或过之者也，苟不讬诸铭文刻于坚石，何以传示无穷。相与谒予而丐铭焉，固辞弗释。窃惟法王中国人也，乃能礼西天板的达大师于法云寺，而传其天竺声明记论遂得心印玄旨中国诸僧盖已瞠乎其后尘矣。既而遍游五台诸山，瞻礼文殊众相，缘契益深，高庙命于钟山译其师菩萨戒文，复命访补陀造天目。寓水西谒东林，乃往西域至尼巴辣梵天竺乌思藏诸国，传其会礼而还未几复往率其众来朝。文庙嘉之，授以阐教，导升善世俾讲诸经，仁庙进为大国师。宣德中恩礼益厚，

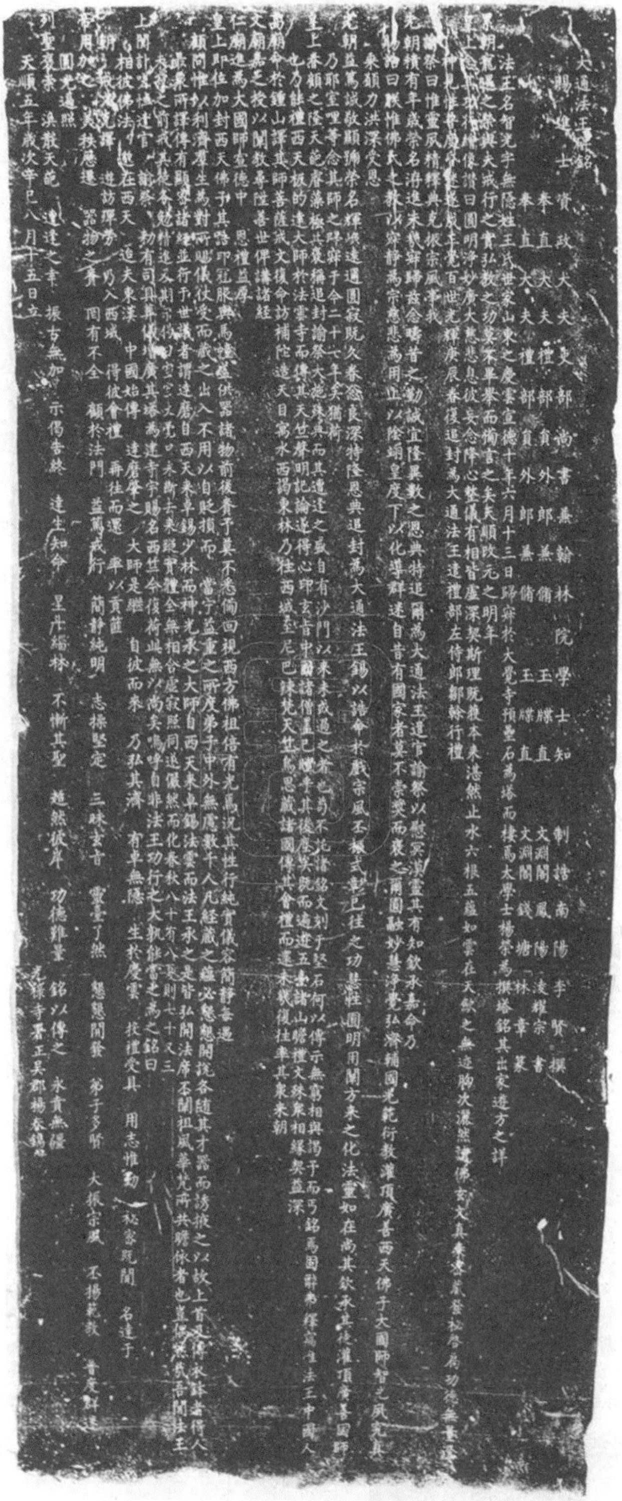

国家图书馆藏《大通法王碑铭》拓本

皇上即位加封西天佛子，其诰印冠服舆马幢盖供器诸物前后赉于莫不悉备，回视西方佛祖倍有光焉，况其性行纯实，仪容简静，每遇顾问，惟以利济群生为对，所赐仪仗，受而藏之，出入不用，以自贬损，而当宁益重之，所度弟子，中外无虑数千人，凡经藏之蕴，必恳恳开说，各随其才器而诱掖之。以故上首及傅衣钵者，得人最众。所译传有显密诸经并行于世。议者谓达磨自西天来，卓锡少林，而神光承之。大师自西天来，卓锡法云，而法王承之。是皆弘开法席，丕阐祖风，华梵所共赡依者也，岂偶然哉。吾闻法王未寂之前，戒其徒各勉精进，及期示偈曰：空空大觉中，永断去来踪，实体全无相，含虚寂照同。遂俨然而化，春秋八十有八，夏则七十又三，上闻讣嗟悼，遣官谕祭，敕有司具葬仪，增广其塔，为建寺宇，赐名西竺。今复荷此，无以尚矣。呜呼，自非法王功行之大，孰能当之。为之铭曰：相彼佛法，邈在西天，迨夫东汉，中国始传，达磨肇之，大师是继，自彼而来，乃弘其济，有卓无隐，生于庆云，投礼受具，用志惟勤，秘密既闻，名达于朝，戒文克译，游访殚劳，乃入西域，得彼会礼，再往而还，率以贡篚，帝用加之，美秩历远，器物之赉，固有不全，顾于法门，益笃戒行，简静纯明，志操坚定，三昧玄旨，灵台了然，恳恳开发，弟子多贤，大振宗风，丕扬范教，普度群迷，圆光遍照，列圣褒崇，涣散天葩，遭逢之幸，振古无加，示偈告终，达生知命，星斗缁林，不惭其坚，超然彼岸，功德难量，铭以传之，永贲无疆。

天顺五年岁次辛巳八月十五日立光禄寺署正吴郡杨春镌

（六）高僧周吉祥

周吉祥，明代高僧。《明史》中有关于他的记载。

　　孝肃有弟吉祥，儿时出游，去为僧，家人莫知所在，孝肃亦

位于房山区孤山口村北的周吉祥塔

若忘之。一夕，梦伽蓝神来，言后弟在某所，英宗亦同时梦。旦遣小黄门，以梦中言物色，得之报国寺伽蓝殿中，召入见，后且喜且泣，欲爵之不可，厚赐遣还。宪宗立，为建大慈仁寺，赐庄田数百顷……[23]

周吉祥又名周云端，今位于房山区上方山脚下孤山口村北有一座周吉祥塔，塔前石碑铭文详细记载了周吉祥的生平戒行。

23 《明史》卷300，中华书局，1974。

大师云端公，世为顺天之昌平文宁里人。姓周氏，讳吉祥，圣慈仁寿太皇太后之从弟，大保庆云侯寿、长宁伯彧之从兄也，父讳斌，母郭夫人，师生于正统六年二月二十三月丑时……礼香山永安寺昙季芳者师之，……乃厌弃繁缛，隐处家山，天顺甲申，圣恩覃延，特授僧录司右觉义，成化丙戌，奉命兼住大慈仁寺，己丑升左觉义，丙申升左讲经，戊戌升右阐教兼住大觉寺，兼管番汉僧，辛丑升右善世，癸卯升左善世。宪庙恩泽稠叠，不但笃亲亲之，诚亦惟戒行之高，操履之纯，有是动人都耶。[24]

从房山《周吉祥塔碑记》可知，周吉祥为顺天府昌平州人，是圣慈仁寿太皇太后（周太后）的从弟。大保庆云侯寿、长宁伯之从兄（从弟即堂弟，从兄即堂兄）。因此也可知周吉祥不是周太后的胞弟。周吉祥出家于香山永安寺（即今香山寺），拜永安寺昙季芳为师，他在师傅去世后，"乃厌弃繁缛，隐处家山。"成化十四年，周太后以"追思曾祖姒之仁，又世居其山之麓"之由，出资重修了大觉寺，九月初一工程告竣，刻碑石以记其事。也就是在这一年周吉祥被任命为僧录司右阐教兼住大觉寺方丈，并兼管番汉僧，时年 37 岁。弘治五年（1492）周吉祥去世，终年 51 岁。从成化十四年至弘治五年周吉祥主持大觉寺寺务达 15 年之久。周吉祥从一名普通的僧人成为明弘治初年掌管全国佛教事务的最高官员左善世，并同时兼任两处寺庙的主持，无可讳言，是与周太后这位堂姐有很大关系的，因此大觉寺这座皇家敕建禅院也兼有了太后家庙的地位，即所谓"恩泽稠叠"。

周吉祥入大觉寺主持寺务的第二年即成化十五年（1479），大觉寺由皇家赐银买到顺天府宛平县、昌平县等处土地多达 50 余顷。周吉祥圆寂后，其徒大觉寺住持性容为他建造一座灵塔，此塔位于今海淀区大觉寺南 1.5 公里处山坡上，塔南壁上嵌有塔铭，上刻楷书"圆寂本师僧录司左善世兼大慈仁寺开山第一代住持并大觉堂上周公云端大和尚灵塔。"落款为"孝徒僧录司左觉义兼本寺住持性容弘治五年三月吉日立。"时隔七年后，即弘治十二年（1499），其徒又在良乡

248

---

24 《周吉祥塔碑记》转引自舒小峰《北京两处明代周吉祥塔考辨》，《北京文博》2003 年第 2 期。

位于海淀区徐各庄村的
周吉祥塔

周吉祥塔塔铭

县赐大慈仁寺庄地之处（即今房山区上方区孤山口村）建造一座周吉祥塔，塔身正门嵌有塔铭一块，上刻楷书："僧录司左善世钦命掌印第一代住持周吉祥大师塔"塔前有一碑仆地，碑阳朝上，额题篆字为"僧录司左善世兼大慈仁并大觉寺住持周吉祥禅师传"。此碑是研究周吉祥生平重要的一手资料。关于周吉祥生平及周吉祥灵塔，近年，舒小峰先生撰写的《北京两处明代周吉祥塔考辨》一文，从北京两处周吉祥塔的始建年代，周吉祥与周太后的关系，周吉祥的生平及最初出家为僧的地方，圆寂后两处建塔的原因等几方面进行了详细的考辨。（见《北京文博》2003年第2期）

房山周吉祥塔"碑记"录文

碑首篆文：僧录司左善世兼大慈仁并大觉寺住持周吉祥禅师传

翰林院侍讲承德即经筵官兼修国史青齐武卫撰

赐进士及第嘉议大夫兼翰林院学士国志副主裁知制诰经筵官南阳焦芳书并篆

大师云端公，世为顺天之昌平文宁里人。姓周氏，讳吉祥，圣慈仁寿太皇太后之从弟，大保庆云侯寿、长宁伯之从兄也。父讳斌，母郭夫人。师生于正统六年二月二十三月丑时，髫发时即绝荤芳，简澹厚，迥出物表，礼香山永安寺昙季芳者师之，昙卒，谒讲经淳质庵，一意恭究□得其秘，遂用充著圆明湛觉，不可言议。乃厌弃繁缛，隐处家山。天顺甲申，圣恩覃延，特授僧录司右觉义；成化丙戌，奉命兼任大慈仁寺；己丑升左觉义；丙申升左讲经；戊戌升右阐教兼住大觉寺，兼管番汉僧；辛丑升右善世；癸卯升左善世。宪庙恩泽稠叠，不但笃亲亲之，诚亦惟戒行之高，操履之纯，有是动人都耶。今上弘治戊申，命掌僧录司印。师以门资贵盛率求，所以阴翊王度者，固不殚力为之，捐囊饭□流至六万余众，始登广菩坛，受具足戒，确老靡移，以坛无庇承大足以阐扬教嘱，遂弃衣资金帛平骑充林盖，传法宝坛。事闻，赐以金缯副之，逾年而就，法众咸仰焉。一日，忽思五台□□□□□□□之特蒙俞允，出内帑、金帛、宝幡异品以充其行，志境毕合，遂见金灯之祥。于时依阳白峪重修□□□□□□□焉，自是归来杜门不出，日诵法华、华严诸典，匠人不废。遂用是年夏五月十五日舁于天开□□□□□□□□□□□焉。□乎，自佛教盛于后世，而其徒蓄富后贵，享有玉石，出有舆从，率兴金紫，净卫立师者加□□□□六年矣□出以贵盛，不以骄泰，易其虚，善蹈□行，奉□隆备不以爱吝□□□□□□□□□□□□其□定究竟之律是庸峻，用祇园增盛，咸畹可尚矣，夫其徒僧录司右□□□□□□□□□□□□□□□予乞铭，铭曰：

浮图之道，以善为实。日省□□□□□□□□□□□，不籍耘锄。靡次节秩。志以捧偈，悟惑声怵。有……

大明弘治岁在己未季春月吉日□其徒僧录司右……

（七）寺存宣德五年大铜钟

大觉寺天王殿前建有钟、鼓二楼，北侧钟楼之内，悬有一口铸造于宣德五年（1430）的大铜钟。此钟形制宏大，铸造精美，击之声音浑厚洪亮，至今保存完好。

钟是佛门中重要的法器，它与寺院的日常生活密切相关。

大钟又名梵钟，常悬挂钟楼上，声音洪亮，钟体巨大。按照寺规，僧人在每日早晚和举行法会时都要敲钟。元代《敕修百丈清规》记载："晓击即破长夜，警睡眠，暮击则破昏衢，疏冥昧。"钟声在寺院中既是僧人修行起居的法号，也是佛事庆典中的法乐。敲击要有法度：晨昏钟要撞击108下，之前还要默颂钟偈："闻钟声，罪业轻，智慧长，菩提生，离地狱，脱火坑，愿成佛，度众生。" 吰吰的钟声，荡涤着尘世的喧嚣，传送着佛陀智慧之声，时时警醒着世间之人。

大觉寺大钟高2.17米，钟口直经1.3米，双头蒲牢钟组，钟肩饰莲瓣23朵，每朵莲瓣内铸一梵文字，莲瓣上下各有一周梵文，钟腰以两粗两细的凸弦纹将钟体分为两部分，凸弦纹与上四方之间有一周铭文，内容为《心经》《天女吉祥神咒》。上半部四方内中间部分为汉字，其中有《三十五佛名经》。三个牌位及边框内均铸有梵文字，另一牌位内铸有"皇图永固，帝道遐昌，佛日增辉，法轮常转"16字。

明宣德五年铸造的大觉寺大钟

大觉寺大钟（局部）

大觉寺大钟题记铭文（局部）

钟体下半部分同上部分相同，四个方内为汉字，边框内为梵文。钟裙与四方之间为一周汉文铭文，内容有《敲钟偈》《七佛偈》。四个牌位内铸有四大天王浮雕像，下方铸有华严经部分。在钟体内壁铸有捐资铸钟施主姓名。

钟体记文及题名，记载了大觉寺在宣德五年智光主持寺务时由太监、信官等诸多人物出资铸造了这口大铜钟。

其钟记与题名为：

圆融妙慧净觉弘济

辅国光范衍教灌顶

广善大国师　智光

证明

特发诚心　　舍财施主：

太监　　　　　王钵提翰□□

助缘

　　太监：

　　林僧巴斡资罗

　　田哑弥嗒室哩

　　阮安流

　　信官

　　金英

陈孤赊辣室哩

阮普宗

武安 阮普寿

阮汝回

崔广

王觉智

陈璸

宣德五年岁次庚戌秋

七月吉日僧禄司右

讲经月纳耶室哩志

书华字括苍季良

书梵字荥阳邢恭

提调铸造僧

孤纳甘昆囉

卜塔发得囉

（八）明英宗正统十年颁赐大藏经

明英宗正统十年（1445）二月，朝廷曾颁赐《大藏经》一部于大觉寺永充供养。《大藏经》是汇集佛教全部经典的一部全书。主要内容由经、律、论三部分组成，又称《三藏经》。宋太祖开宝四年刻《大藏经》5000余卷，是第一次大规模的刻经工作，从宋太祖时开始，经金、元、明、清各代，朝野所刻的《大藏经》有许多种。而官版《大藏经》主要是颁赐给国内名山大寺和赠送友邦邻国的，因此大都刻工精良，装帧华美。正统十年英宗所赐《大藏经》即《永乐北藏》，是一种相当名贵和珍稀的版本。《永乐北藏》开雕于永乐十九年（1421）完成于正统五年（1440），为折装本，每版25行，折为5个半页，每半页5行，约17字。字体为俊秀的赵体，目前传世本相当罕见。大觉寺当时能得到明英宗所赐《大藏经》足以证明其当时的佛教地位之高和与明皇室的关系之密切。

据《宛署杂记》记载，正统年间京都一带得到皇家颁赐大藏经的寺庙还有大隆善寺、广善寺、弘教寺、寿安寺。今天颁赐大藏经的敕谕碑还立于寺内无量寿佛殿之前，其碑文如下。

> 皇帝圣旨：朕体天地保民之心，恭成皇曾祖考之志，刊印大藏经典，颁赐天下用广流传。兹以一藏安置大觉寺，永充供养，听所在僧官僧徒看诵赞扬，上为国家祝釐，下与生民祈福。务须敬奉守护，不许纵容闲杂之人私借观玩，轻慢亵渎，致有损坏遗失，敢有违者，必究治之。谕。正统十年二月十五日。敕命之宝[25]

（九）孝宗敕谕与正德四年庙产碑

明孝宗朱祐樘是明朝历史上第九位皇帝，他是明宪宗朱见深的第三个儿子，

---

25 寺存明正统十年颁《大藏经》敕谕碑。

寺存明正统十年颁《大藏经》敕谕碑及拓本

成化十一年（1475）被封为太子，成化二十三年（1487）继位，改元弘治。孝宗在位期间，政治较为清明，百姓安居乐业，与其父朱见深执政期间相比有很大改观，因此被史家称为"弘治中兴"。弘治初政时极力改变成化年间旧有弊端，对佛教采取严厉管束的态度。弘治二年（1489）僧录司左善世周吉祥等因寿州僧告知州刘概擅权拆毁寺观，奏请治刘概罪并奏请免行拆毁寺观令，但结果是"吉祥等以故违禁例阻挠新政"[26]被治罪，后因其是贵戚为僧，才"姑贷之"。但孝宗严斥曰："近年僧道不守清规，伤败风化及私创寺观，其耗钱粮甚多，朝廷累有禁约，周吉祥何为辄便奏扰？法当究治。"[27]由此可见弘治朝对释道的基本态度。

26　《明实录·孝宗实录》卷25。

27　《明实录·孝宗实录》卷25。

大觉寺"大明敕谕"碑及碑阴拓片

但朱祐樘的统治进入中期后，他对佛教又产生了极大兴趣，笃信程度不亚于其父。弘治十七年（1504），颁赐大觉寺的敕谕是其崇信佛教、保护寺庙利益的一个例证。

弘治十七年十一月初九日，孝宗朱祐樘敕谕官员军民诸色人等：

> ……本寺宣德十年原赏常乐庄地二十七顷九十九亩八厘，清河庄地八顷，汤山庄地二顷九十四亩一分四厘，冷泉庄地二十亩并昌平县佃户五十七户，家人一十六名。成化十五等年买得顺天府宛平县民地八十五段共一十四顷九十八亩五分，昌平县民地

八十五段，共三十九顷四十七亩五分俱以资本寺之用，所买地土该纳粮草养马□银免征一半。恐后顽昧之徒罔知禁忌或有亵渎毁坏盗窃陵占，兹特降敕戒谕：凡官员军民诸色人等，俱宜仰体至意，敢有不遵敕旨，辄肆侵犯者，必重罪不宥。故谕。[28]

明正德四年（1509）九月，大觉寺主持性容及悟祥、净寿等将本寺庙产分序详列，刊刻于弘治十七年（1504）敕谕碑之阴。据正德四年大觉寺庙产碑记载：宣德十年、成化十五年、弘治十七年，皇家屡向大觉寺赐庄田、佃户和银两，使得大觉寺庄田丰实，僧弥众多，成为西山三百寺中的巨刹。

寺院经济是佛教活动赖以存在和发展的基础，僧人们要满足自己的物质需要和精神追求，建立和扩张寺院经济就成为必然之事。明代统治者针对不断扩大的寺院经济，采取了许多抑制政策来阻止其发展和壮大，但随着佛教的日益世俗化、社会化和扩建寺院的不断增多，明代较大的寺院在经济上依然有一定的规模。寺院经济的核心内容就是寺田，即寺庙所拥有的田地。因此各寺庙占有土地数量的多少直接影响着寺庙经济的实力，所以对土地的争夺和占有就成为各大寺院的主要目标。

中国历史上各朝皇帝及王宫贵族向寺院赐田舍田的记载屡见于史书，钦赐田亩各朝都有，遍及全国。各地寺庙遗存的庙产碑记载了赐田赐地的时间、数量和具体范围。大觉寺明代庙产碑详细记载了明代从宣德十年至成化十五年间寺院土地的来源和数量等情况。据庙产碑所记，大觉寺土地（寺田）主要来源于皇家钦赐，数量已逾百余顷，是当时西山三百寺中著名的大寺院。如果没有皇帝的大力赏赐，寺院是很难聚敛如此之多的土地的。同样钦赐田产也得到皇权的严格保护，弘治敕谕碑中明确规定：所买地土免征一半赋税。正是由于得到明皇室雄厚的物力和财力支持，大觉寺在明代早期成为京城著名的佛教大寺，寺院经济相当发达。雕梁画栋、僧弥众多的大觉寺举办法事活动与维持其日常生活的经济来源靠的自然是寺院经济。

有明一代，由于统治中心北迁，北京西山一带寺庙林立，钟鼓和鸣，大觉寺

---

28 寺存明弘治十七年敕谕碑。

位于大觉寺北的普照寺

及周围诸寺庙已联崎成片，构成了西山脚下一处颇具气势，规模宏大的寺院群落，当年这里深山藏古刹，绿树掩朱墙，呈现一派幡帜飞扬、香烟缭绕的繁盛景象。从现存于寺内宣德三年、正统十一年以及成化十四年重修寺庙碑文字资料所记来看，大觉寺在明代从 1428 年至 1478 年五十年的时间里，由皇室出资进行三次大规模的重修扩建，每次修缮殿堂，僧舍，门庑，全部撤旧换新，以永呈佛像庄严，金碧辉煌。皇帝们不仅出巨资重修扩建寺庙，而且多次临幸驻跸于此，还钦赐寺额，遣僧住持，赏赐田亩、银两及佃户以资寺用，由此可见大觉寺在明皇室中的地位之高与恩遇之厚。

明代末年，世乱年荒，社会动荡不安，寺院也渐趋萧条，从成化十四年至明末，大觉寺再未得到皇室的大规模修缮，寺内建筑残破不堪，几近荒圮，明人刘侗、于奕正撰写的《帝京景物略》中有当时关于大觉寺的记载："……又北十五里，曰大觉寺，宣德三年建。寺故名灵泉佛寺，宣宗赐今名，数临幸焉，而今圮。金章宗西山八院，寺其清水院也。清水者，今绕圮阁出，一道流泉是。"[29] 此书撰写于明代崇祯年间，从叙述的语气、语境看，作者当是亲历本寺，亲眼目睹了大觉寺当时塌毁的建筑和破败的景象。

29　（明）刘侗、于奕正《帝京景物略》，古典文学出版社，1957。

DAJUE TEMPLE

第 六 章

清代的大觉寺

大觉寺无量寿佛殿

　　清朝是中国历史上最后一个封建王朝，从顺治元年（1644）清军入关至1912年中华民国成立，清帝退位，统治中国计268年。清统治者出于政治上的目的，对释、道两教也采取了保护支持的政策，而且尤重藏传佛教。清初的顺治、康熙、雍正、乾隆四代皇帝都崇信佛教。清顺治九年（1652），达赖五世入京，次年受到册封。康熙六次南巡，沿途多参礼佛寺，御撰碑文，赋诗题词。清世宗与禅僧往来甚密，自号圆明居士、破尘居士。乾隆皇帝更是崇信佛教，一生多次巡幸驻跸名山大寺，题写了许多楹联匾额，御制诗文。清代帝王中既有崇佛者也有崇道者，还有佛道皆信者。他们不仅出资修扩寺庙建筑，而且还和当时著名的僧人交往十分密切。

　　北京的西北郊，泉水丰沛，林木繁茂，丘壑起伏，可谓兼有江南水乡的秀丽和北方山林的粗犷，早在金、元、明时期，这里就被皇族贵胄看中，修建了大量的园林和寺庙，到了清代，北京的西北郊又一次得到皇家贵胄的大力开发和建设，位于旸台山脚下的大觉寺在清康雍乾时期得到进一步发展。康雍乾时期是大觉寺历史上的第三个兴盛时期，大觉寺在康熙五十九年、乾隆十二年曾两次得到清皇

寺藏清乾隆年间文札（局部）

262

清宫廷旧藏《雍正礼佛图》

雍正皇帝《御录经海一滴序》

室大规模的修缮。

　　康熙末年，因与雍亲王过往甚密而被力荐到大觉寺做住持的著名高僧迦陵在这里开堂演法，辑刊经典，佛事活动一时大兴。迦陵禅师还拟将旸台山一带开创成弘扬临济宗的一座大道场，但因雍正登基后反将其逐出京城而作罢。与其他各朝一样，在清代二百多年的历史进程中，大觉寺的兴衰荣辱与当时最高统治者对其态度的变化密切相关。

（一）雍正时期的大觉寺

　　雍正帝胤禛是清入关定鼎中原后的第三位皇帝，康熙帝玄烨的第四子，他45岁始登基继位，在位共 13 年。胤禛崇信佛教的程度在中国历代帝王中非常突出。胤禛自幼苦读佛学书籍，研习佛家典籍，自号圆明居士和破尘居士。他在《御选语录》中谈到："朕少年时喜阅内典，惟慕有为佛事……"[1] 成年后更认真研究佛法，交结僧纳，多次在王府内举行法会，邀众僧论经说法，平时常去雍亲王府的僧人有二世章嘉呼图克图、弘素和尚、迦陵禅师等。

　　胤禛自幼受到严格的教育，熟悉满汉文化，还擅长书法，字迹遒劲流畅，早年结交僧侣时常"书扇与僧"，[2] 他曾在扇上亲笔撰写了一首五言律诗，诗中充满禅机，这首诗也是清世宗雍正在藩邸时与沙门接触的明证。

> 绿荫垂永昼，人静鸟啼烟；
>
> 脱网游金鲫，翻阶艳石蝉；
>
> 无心犹是妄，有说即非元；
>
> 偶值朝来暇，留师品茗泉。[3]

1　（清）雍正《御选语录》。

2　《御制文集》卷 26《雍邸集·书扇与僧》。

3　《御制文集》卷 26《雍邸集·书扇与僧》。

雍正崇佛但不迷信佛教，而是充分利用佛教来巩固自己的统治，他干预梵宫事务，却不允许佛教僧人干涉政事。他提倡用"周礼"[4]思想指导禅学，并以"天下主"[5]的身份，对不符合其思想的佛教徒"在组织上彻底摧垮"。[6]雍正在位时还开始对汉文大藏经进行雕刻，一直持续到乾隆朝才完成。

雍正在藩邸时大肆谈禅并与僧纳往来甚密。他宣扬自己的清心寡欲，一方面是出于本身宗教信仰，另一方面也是其保护自己、蒙蔽对手的韬晦之策，即利用崇佛来掩盖自己对储位的争夺。此时的康熙帝正为废立太子之事大伤脑筋，其诸子跃跃欲试，宫廷中为争夺皇室继承人的明争暗斗愈演愈烈，且险象环生。而胤禛在此期间却专心于佛事，与世无争，除编纂佛学著作外，还于康熙五十九年以皇子的身份重修了西山大觉寺等寺庙。清代关于雍正修建大觉寺的情况见于以下记载。

朕在藩邸时，批阅经史之余，每观释氏内典，实契性宗之旨，因时与禅僧相接，惟性音深悟圆通，能阐微妙，其人品见地超越诸僧之上。朕于西山建大觉寺为其静修之所。[7]

大觉寺，康熙五十九年世宗潜邸时特加修葺。乾隆十二年皇上发帑重修。[8]

本朝康熙五十九年，世宗潜邸时，特加修葺。乾隆十二年，高宗发帑重修……[9]

当世宗皇帝在藩邸时留心性宗，且帝以古佛再来信根深重，其护持三宝，为古今罕匹。若京兆之柏林、千佛、西山之大觉、古杭之南□，咸发重帑修造捐资供众。命师兄次第住持，佛法之隆，

4　任继愈主编《佛教史》，转引自全锦云《天圆地方话钟楼》《大钟寺古钟博物馆建馆二十周年纪念文集》，北京出版社，2001。

5　任继愈主编《佛教史》，转引自全锦云《天圆地方话钟楼》《大钟寺古钟博物馆建馆二十周年纪念文集》，北京出版社，2001。

6　任继愈主编《佛教史》，转引自全锦云《天圆地方话钟楼》《大钟寺古钟博物馆建馆二十周年纪念文集》，北京出版社，2001。

7　《雍正朝起居注册》《上谕内阁》。

8　（清）于敏中等《日下旧闻考》卷160《郊垧》，北京古籍出版社，1983。

9　（清）周家楣、缪荃孙编《光绪顺天府志》，北京古籍出版社，1987

10　寺藏《佛泉禅师语录·序》木刻板。

御碑亭及清康熙五十九年
《送迦陵禅师安大觉方丈碑
记》拓本

于斯为最，以故四方龙象望风而翕聚者恒万余……[10]

大觉寺修葺后胤禛特遣当时著名的高僧性音入寺主持，开堂演法。寺存清代康熙五十九年雍亲王胤禛亲撰的《送迦陵禅师安大觉方丈碑记》直接记载了此事。

> 我皇父现无量寿佛身，光被一四。天下临御。五纪以来，万类恬熙，益登极乐国土。余荷圣慈天覆，奉藩多暇，禅悦斯深，性海同游。时亲善友顾，十方释子，如粟如麻。求其了悟真宗，不愧称善知识者，了不可多得。僧性音净持梵行，志续慧灯，闲时偶接机锋，不昧本来面目。是可主持法席而莫以宏阐宗风者也。西山大觉寺者，金源别院，表刹前明，山深境幽，泉石殊胜，岩中宴坐，当不减鹫岭雪峰，聿诹良月，吉辰，倡率道俗，送方丈安禅，开堂演法。从此信响彻于诸方，善果结于四众。莫不勤行修习，广种福田。则住山领徒之侣，既可以报佛恩者报国恩，而余祝釐资福之忱，亦藉以少展。至于园居相望，往复过从，入不二门，证无上道，此又余与性音所共勉勿谖者矣。[11]

由此碑文可知，雍亲王因性音"净持梵行，志续慧灯，闲时偶接机锋，不昧本来面目，是可主持法席而俾以宏阐宗风者也……"所以"倡率道俗，送方丈安禅，开堂演法。"迦陵与雍亲王胤禛交往甚密，迦陵升任大觉寺主持后，开堂演法之余，还辑纂刊印佛教典籍，一时间丛林大振，遐迩闻名。

雍亲王胤禛先后多次到柏林寺、大觉寺与迦陵禅师参究佛理，在他亲撰的《送迦陵禅师安大觉方丈碑记》中有"至于园居相望，往复过从"的记述。这里所指的园当为胤禛的赐园圆明园。清代北京西北郊园林建筑达到了中国古典园林艺术的最高峰，康熙年间清廷即在西郊建行宫。在供清帝经常驻跸和听政的西郊园林中圆明园堪称代表作。康熙年间畅春园建成，成为清廷避暑和紫禁城外的离宫，康熙驻跸

11　寺存康熙五十九年《送迦陵禅师安大觉方丈碑记》。

寺藏清康熙甲申年（1704）所
铸铜锅

此园时，朝廷大员和皇子常伴驾随行。皇子享有赐园，圆明园就是胤禛的藩邸赐园。

胤禛对大觉寺"山深境幽，泉石殊胜"的自然环境非常喜爱。翻阅史料，可以看到三首与大觉寺相关的雍正皇帝御制诗，其中一首即名为《大觉寺》，生动详细的描述了大觉寺的地理位置、山形地势和清幽静谧的自然景观。

翠微城外境，峰壑画图成；
寺向云边出，人从树梢行。
香台喧鸟语，禅室绕泉鸣；
日午松荫转，钟传说偈声。[12]

雍正的斋号称四宜堂，在他经常居住的圆明园中有四宜堂，雍正的诗集有《雍邸集》和《四宜堂集》，他还把大觉寺这座寺庙南路行宫院的一座建筑亦赐名四宜堂，匾额也由雍正御书，这一切足证雍正对大觉寺的垂青。

康熙六十一年（1722）十一月二十日，胤禛即位，从此开始了他的帝王生涯。雍正称帝后，对佛教的兴趣有增无减，崇佛的兴趣未因政务繁忙而减弱，他甚至

12 （清）于敏中等《日下旧闻考》，北京古籍出版社，1983。

在批写臣工奏折和下达谕旨中都谈及佛法，论讲佛事。如在雍正初年，他在看了年羹尧的奏折后，随手批了一段与该折毫不相关的话：京中有一个姓刘的道人，自称数百岁，寿不可考。前者怡王见他，此人漫言人的前生，他说怡王生前是个道士。"朕大笑说：这是你们前生的缘法，应如是也，但只是为什么商量来与我和尚出力？王未能答。朕说，不是这样。真佛真仙真圣人不过是大家来为利益众生，栽培福田，那里在色像上着脚，若是力量差些的，还得去做和尚，当道士，各立门庭，方使得。大家大笑一回。闲写来令你一笑。"[13]

在这里，雍正讲了个故事：说怡亲王允祥的前身为道士，自己是和尚。这虽是他的随意戏言，然而表示了他的某种思想：真佛真仙真圣人是来为众生造福，表面形式并不重要，很可能那些不是出家之人，譬如自己，在某种程度上或许比出家人还高明。雍正帝还作一首题为《自疑》的诗，此诗载于《清世宗御制文集》卷30《四宜堂集》。在诗中，他把自己形容是不着僧服的野僧，也即为臣民谋福利的人间教主—佛爷皇帝，胜过形式上遁入空门的和尚。

> 谁道空门最上乘，谩言白日可飞升。
> 垂裳宇内一闲客，不衲人间个野僧。[14]

雍正朝后期，佛事大兴，雍正于万机之暇在宫中多次举办法会。他贵为天子却起了两个佛号：破尘居士和圆明居士，以示身虽在世，心已皈佛。雍正十一年春夏两季，雍正帝在宫中举行大型法会，召集全国有学行的僧人参加，法会上他还亲自说法，广收门徒，自视为人间教主。事后，雍正还为此事庄重的做了记录，并从"悟道"的八位大臣弟子的著述里精选出他满意的文字编成一集，题名为《当今法会》。

雍正继位后也非常担心过分崇佛和交往僧人会引起朝野的不满和议论，为此他曾一度疏远僧人，将潜邸时结交的诸僧如弘素、性音等逐往江南。极力隐讳其

13　《文献丛编》第六辑《年羹尧奏折》，转引自冯尔康《清人生活漫步》之《雍正帝的崇佛和用佛》，中国社会出版社，1999。

14　《清世宗御制文集》卷30《四宜堂集》。

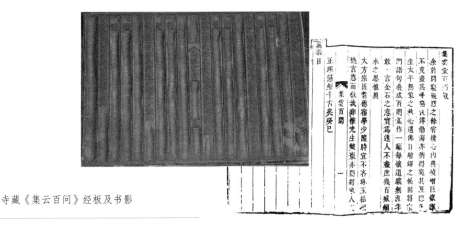

寺藏《集云百问》经板及书影

曾用比丘参予帷幄的事情。雍正元年，迦陵禅师辞去大觉寺事，飘然南游，于雍正四年示寂于江西归宗寺。雍正得知性音示寂的奏闻后，敕赠其为"圆通妙智大觉禅师"谥号，[15] 追封其为大清国师，并迁其灵骨在北京西山大觉寺寺南塔院敕建灵塔奉安。此后雍正对大觉寺高僧迦陵的弟子依然恩遇有加。雍正五年（1727）四月八日，继迦陵主大觉寺方丈的佛泉禅师获御前赐紫之荣。雍正十年（1732）壬子元旦三日，雍正帝重赐大觉寺主持佛泉禅师紫衣三袭，以示眷顾。[16]

雍正八年前后，雍正对迦陵性音态度忽又大变，说其行为不端，令消去性音国师封号，并将其已收入藏经中的佛学著述撤出，雍正还敕令地方官严加访查不许性音门徒记录当年雍亲王与僧衲交往的情况，更不许将这类文书加以保存，否则治以重罪。

以释主自称的雍正帝，直接干预佛教内部事务，除任命寺院住持，捐资扩建修缮寺庙，赐予释徒封号外，还利用皇权将儒佛道三教糅合在一起，强调他们三者间的一致性。雍正帝一生参究佛理，佛学方面著述甚丰，编有《当今法会》《经海一滴》《宗镜大纲》等佛学作品，还撰写《圆明语录》《集云百问》《御选语录》《悦心集》等佛学著作，作为一代帝王，他在政教两界都产生了很大的影响。

15 《性音塔铭》国家图书馆藏拓片。

16 寺藏《佛泉禅师语录》书板。

（二）乾隆时期的大觉寺

乾隆十二年，乾隆帝出内帑重修西山大觉寺，并撰写了《御制重修大觉寺碑文》，这通石碑也是大觉寺清代历史上的唯一一通御制重修寺庙碑。乾隆帝在碑文中赞誉其父皇佛学修养之精湛，追述了雍正当年对性音的依重，从而间接地表明了自己对禅宗的态度和他对迦陵的肯定。

> ……我皇考福慧两足，镜智圆明，自潜邸时，深究宗乘，证悟无上了义。御极抚辰，海内清和咸理，乃于机暇选序古德语录，开示津梁。仰惟大慈悲父广种善根，凡梵宇琳宫曾施功德，皆不啻如来身坐道场，而历劫四众，并应庄严拥护瞻礼发心者也。朕因诣龙潭，近望西峰蓝若。大觉寺者，金清水院故址，明以灵泉寺更名，运谢禅安，蔚为古刹，康熙庚子之岁皇考以僧性音参学有得，俾往住持丈室，御制碑文以宠之，及圆寂归宗，复命其徒建塔于此慈恩眷顾，圣迹攸昭，而积岁滋久，丹膊剥落，爰加修葺。工既告竣，勒石以纪岁月，俾尔后住山大众时念法王显现化导因缘，与国家累业护持正教，振起宗风之至意云。[17]

清高宗乾隆（1711~1799）是雍正第四子。雍正十三年（1735）继位，改年号乾隆。乾隆帝笃信佛教，在御院以及行宫内建有许多佛堂寺庙，崇佛的乾隆还把他的葬身之地裕陵设计为佛国世界，充分表明他崇佛之态度。乾隆十二年重修大觉寺后多次巡幸驻跸于寺内。这位雅爱诗书的皇帝还为寺内殿堂建筑题写了许多匾额、楹联。现存大雄宝殿"无去来处"、无量寿佛殿"动静等观"及憩云轩匾额均为乾隆帝御笔。寺内后山园林假山石上刻有多首乾隆游幸大觉寺时所作诗

17　寺存康熙五十九年《送迦陵禅师安大觉方丈碑记》。

清乾隆十二年《御制重修大觉寺碑文》拓本　　寺存乾隆御制诗石刻

寺内大雄宝殿乾隆御题匾额　　寺内匾额上"乾隆御笔之宝"印

圓明園為割諭事據苑丞吉成華呈稱前
經呈明將
大覺寺廟內所有存收陳設並木器全行
撤回運交
黑龍潭新建兩卷殿內安擺其餘殘缺不
齊之件俱交末園器皿庫存貯在案呈
明交該寺方丈存照等因前來相應
割諭
大覺寺方丈查照可也須至割諭者
右　割　諭
大　覺　寺
嘉慶二十三年　月

寺藏嘉庆二十三年文书

立字人李萬春曹□禄曹文興與圖國家貧無耶棰子啼饑偶蹈匪為經福大覺寺肥犬□延六
人觀露觸怒聖寺行控濤自知非撤蘇遍體史異鄉鄰說憶住
聖寺蒙上人大發慈心不控無知似此大禮不惟我等感念而且舉家托思無極以
後再不作此匪為有把邊地倘異日聖寺園地被禍或親身捉余或風洞的定住上
人中保一齊稟官完治無辭所原者城門失火殃及池魚諒上人佛心普存慈悲
永失道福尚且寬恕不竊宣恩誑余九頓謝宥威德無極頌余不信甘具此字永
存後日為憑
道光十九年十一月卅日
立字人　李萬春十　曹文興十
　　　　曹□禄十　曹□見十

寺藏道光十九年契约

词，内容多为吟咏寺内景物的抒怀之作。乾隆到大觉寺游览，虽小住几日，却每来必写诗词。乾隆十二年有《初游大觉寺诗》，是写他到黑龙潭祈雨后来大觉寺游览时所看到的景色。乾隆三十三年有《御制大觉寺杂诗六首》，分别吟咏描写了寺内石桥、四宜堂、龙潭、领要亭和银杏树诸景。

正是由于雍乾两代皇帝的眷顾，大觉寺这座古老的禅寺，在有清一代名闻遐迩，香火鼎盛，进入了大觉寺历史上的第三个兴旺时期。如前所述：临济宗三十四世嗣法传人迦陵禅师在康熙末年曾一度拟将阳台山一带开创成弘扬佛教教义的一座大道场，把大觉寺改称"佛泉寺"，把阳台山改名为大觉山，他的这些想法在寺藏迦陵所编的《是名正句》《杂毒海》等木刻经板序言中有所体现，落款处均刻有："京西大觉山佛泉寺性音"等字，只不过雍正登极后，随着迦陵的突然辞卸寺务离京南行而自然作罢了。

（三）嘉、道、咸时期的大觉寺

嘉道时期，清王朝国力由盛而衰，财源也日渐枯竭，道光后期内忧外患愈演愈烈，清王朝的局面每况愈下。清室已无力再修缮这座敕建禅刹，这一点，在大觉寺现存清代契约文书中即有真实的记录。如契约中有一张清嘉庆二十三年（1818）剳谕，内容是命将大觉寺庙内所有存放陈设并木器全行撤回，运交黑龙潭新建的卷殿内安摆，其余残缺不齐之件俱交圆明园器皿库存贮。这件剳谕反映了大觉寺作为皇帝行宫的使命已不复存在，从此失去了皇室的关注，衰微成为定局。另外寺内现存的契约文书中还有一份道光八年（1828）大觉寺住持禀报寺内多处渗漏坍塌损坏建筑的情况文札，内容非常具体，后来寺院是否得到了修缮已不可知，但从当时情况来看，也说明了寺庙因未得及时的维修才至破损严重，这也是大觉寺呈现衰微状态的又一个可靠记录。随着中国进入多灾多难的近代社会，大觉寺逐渐失去了往日皇家敕建寺院的风光。

首都博物馆藏清代"妙峰山进香图"

寺存清醇亲王题"方丈"匾　　　　　　　　　寺藏清同治十年青花瓷香炉

寺南塔院发现的清光绪五年石质门楣

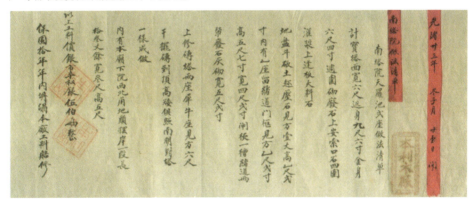

寺藏重修南塔院契约文书

（四）清末的大觉寺

　　大觉寺作为京师一座皇家敕建禅寺和雍乾两代皇帝的行宫，得到过皇家的重视和修缮，建筑面积逐渐扩大。清代历史上有记载的寺庙修建除康熙五十九年雍亲王重修大觉寺和乾隆十二年弘历出资重修外，有实物记载的皇家修缮寺庙的内容还包括光绪五年（1879）年敕修大觉寺南塔院工程。大觉寺南塔院曾有数十座清代大觉寺主持僧人的灵塔，塔院遗址出土的门楣上刻有光绪五年闰三月敕修塔院文字内容。

清德宗光绪帝（1871~1908），全名爱新觉罗·载湉，四岁时被慈禧太后选为同治帝的继位人，成为清朝的第11位皇帝，光绪帝在位34年，他继位后的34年中，1875~1888年是他的读书阶段，1889~1898年是他亲政阶段，1898~1908年，是被囚禁阶段。光绪元年至十四年光绪读书阶段也是慈禧垂帘听政的时期，当时这位太后她热衷于权力，权倾朝野。

慈禧太后（1835~1908）姓叶赫那拉氏，咸丰元年（1851）选为秀女，咸丰二年（1852）五月初九日封兰贵人。六年生载淳封懿妃，七年晋升懿贵妃，十一年咸丰帝去世，载淳即位，与皇后纽祜禄氏并尊为皇太后，钮祜禄氏上徽号"慈安"，那拉氏上徽号"慈禧"。慈禧太后崇信佛教，垂帘听政的闲暇时间经常拜佛参禅求得宁静，慈禧对大觉寺情有独钟，屡屡临幸，她于光绪五年（1879）出内帑修葺殿堂，并于同年敕修了寺院西南圆寂诸僧的塔院，现在大觉寺殿堂等处悬挂的"妙悟三乘""妙莲世界""真如正觉""法镜常圆""象教宏宣"匾额为慈禧御笔所题，均钤有"慈禧皇太后御笔之宝"印。光绪帝的生父醇亲王奕譞选定西山妙高峰东麓原唐代法云寺旧址建园寝（七王坟），这里距大觉寺不远。大觉寺藏经楼所悬"最上法门"匾即为醇亲王敬书。寺内还存有"方丈"匾，亦为醇亲王敬书。

（五）高僧迦陵

聪敏机辩、深悟佛理的迦陵禅师是清代早期著名的禅僧，他是沈阳（今辽宁沈阳）人，俗姓李，法名性音，别号吹馀，迦陵是其字，平生以字行。迦陵自幼聪慧，能言善辩，成年后厌弃尘俗，投高阳毗庐真一法师受具足戒出家为僧，关于迦陵出家后参究禅理弘演佛法之事，《新续高僧传》有这样的记述。

真一示以本来面目，诣默参有省，辞一南游。时济洞尊宿，

寺南塔院遗址

法席相望，音皆谒叩，多未能契。及见梦庵于理安，便入记室。庵每有垂问，横机不让，竟授衣拂。已而辞去，道经六安，爱雪峰山水之胜，颇欲栖止。康熙丁亥（1707），梦庵主柏林，寓书招之，入京分座临众勘验，真切简要，莫不推服。戊子（1708）夏，梦庵寂，诸山耆旧请音继席，乃遁之。西山缁素复以大千佛寺敦逼，出世据座提唱，广众翘仰，为法为人，剿知刊见。于是方来英俊，奔超恐后，座前环绕三千余指。禅风斯卤，殷勤六载，得益如林。未几，协锡补处柏林。才及三年，而杭之理安虚席以待，又往应之。方欲避酬答、憩山阿，江右许方伯兆麟以庐山归宗请为栖息之地，忻然赴之。未逾年，而有京都大觉寺之命。雍正元春，忽谢院事，飘然而南，一瓢一笠，山栖水宿，居无定止。四方征书交至，却之弗顾。四年秋，复还归宗，独居静室。凉风九月，偶示微疾，举疏山造塔事，遂段作颂，有"此处埋老僧，不得羊肠鸟道自庚辛"之语，为后来迁塔燕都大觉先兆。以雍正四年九月二十九日示寂。

18　喻谦味庵氏编《新续高僧传》四集卷二十五。

清迦陵禅师画像

佛泉撰写的迦陵禅师像赞

大覺堂上第二代繼席法徒書

國師　圖通妙智大　安敬題

清迦陵名晉老和尚讚云

欲要讚只恐污途又帕子難讚譽又

破嘴飲霊空欲要

難跋父重不是兒

憑誰解奉重不是你大

孫內無智保你大

阿師　這樣怎受人天敬禮

同治二年秋重裝第八戒法孫

奉空恒供

礼亲王汇其事迹奏闻，敕赠圆通妙智大觉禅师。[18]

根据以上记载，可知迦陵嗣法于杭州理安寺梦庵禅师，超越常格而得授临济宗衣钵，成为临济正宗第三十四世嗣法传人。康熙四十六年（1707）梦庵主持柏林寺时召性音入京，第二年梦庵示寂，众僧请性音继嗣法席，性音不受而隐遁于西山，一度在京西大千佛寺（遗址在今房山长沟北正村北）开堂说法，禅林大振，后性音又辗转于柏林寺、归宗寺。康熙五十九年经和硕雍亲王力荐，任大觉寺方丈。胤禛继位后，性音却忽然辞去大觉寺寺务，悄然南行，从此山栖水宿，居无定止，雍正四年秋示寂于江西庐山归宗寺。终而归葬于京师大觉寺，雍正六年（1728）敕赠"圆通妙智"谥号，建灵塔于西山大觉寺南塔院。

迦陵一生参学佛法，活动范围遍及江南塞北的许多著名禅寺，他一生，著述颇丰，著有《宗鉴法林》《是名正句》《杂毒海》等多卷佛教内外典籍，是清代早期的一位著名的禅师。与同时代的一些大德高僧相比，迦陵和尚的一生有着特殊的遭际，即他在晚年遇到了雍亲王胤禛，迦陵禅师晚年及身后的升沉荣辱与雍正皇帝有着重要的关系。

西山大觉寺藏有一幅迦陵禅师画像，是当年供奉于寺内"影堂"之物，画像的上端有大觉堂上第二代继席法徒实安题写的《老和尚像赞》，其反映的内容对于间接了解迦陵与雍正帝的关系有所启发。像赞曰：

欲要赞，只恐污涂这老汉；欲要毁，又怕虚空笑破嘴。即难赞，又难毁，父子冤仇凭谁委？不是儿孙解奉重，大清国内谁睬你！咄！这样无智阿师，怎受人天敬礼？[19]

像赞中既有"棒喝"之语，又有愤激之言，充溢着嗣法弟子对先师结交最高权力者的"微词"，明明被当朝皇帝赐谥号为"妙智"，赞语却称其"无智"，虽已贵为"国师"，赞语中却有"大清国内谁睬你"牢骚之句，很明显地表示出

19　寺藏《迦陵禅师画像》像赞。

自己对先师遭遇这种结局的嘲讽之意及悲愤无奈之情。

这则赞语的作者实安，法号佛泉，曾随侍迦陵多年。迦陵圆寂后，他继主大觉方丈，成为临济正宗三十五世传人。他对于其师自恃明敏善辩，参预世俗政务，颇有微词，这一点从他所著的《语录》中可窥一斑，《佛泉禅师语录》卷五载有他在迦陵死后所写的题为《国师勘三藏》七言诗，论迦陵生平行事很有见地。他在诗前小序中说："若以世谛论，国师错过三藏，若以真谛论，三藏错过国师，彼此错过且置，毕竟第三度在什么处？错！错！"[20]在辩证的哲理之中隐含着深深的无奈。"舌尖带剑欲伤人，纵使英雄也丧身。不是三藏暗捉败，几乎千古恨难伸！"[21]此诗以反语锐辞抒写了对迦陵因聪敏而伤自身的泣血之叹，读来颇堪玩味。

迦陵和尚以一介禅僧结识并受知于雍亲王胤禛，始于康熙五十一年（1712），当时雍亲王府举办法会，胤禛欲召高僧论道，有人举荐了迦陵，几番辩谈后，互觉机缘相契，于是迦陵便成了雍亲王府的常客。雍正在其编写的《御选语录》中有对迦陵的一段追忆。

> ……壬辰（康熙五十一年）春正月。延僧坐七，二十，二十一随喜同坐两日，共五枝香即洞达本来，方知惟此一事之理然自知未造究竟，而迦陵性音乃踊跃赞叹，遂谓己彻元微……[22]

由此可见他与雍亲王关系之一斑。雍正与迦陵的交往约十年左右时间，康熙五十九年，当时在潜邸的雍正对京西名刹大觉寺特加修葺，荐迦陵性音任该寺主持，当年秋九月，雍亲王还亲自撰文并书丹《送迦陵禅师安大觉方丈碑记》，文中盛赞迦陵："净持梵行，志续慧灯，闲时偶接机锋，不昧本来面目，是可主法席而以宏阐宗风者也……"可谓恩宠备至，无以复加。从碑文中即可以看到雍亲王对迦陵性音禅师德学的高度评价，也透露了当时雍亲王与迦陵僧俗君臣间关系之密

20　寺藏《佛泉禅师语录》书板。

21　寺藏《佛泉禅师语录》书板。

22　（清）雍正《御选语录》。

切程度。迦陵至大觉寺后，因有雍亲王为后盾，风光异常，开堂演法，编著经书。寺藏《佛泉禅师语录》序文中有对当时盛况的描述。

> 佛法之隆，于斯为最。以故四方龙象，望风而翕聚者恒万余，指我师兄乘三尺龙须，指开觉路，闻正法者，不可胜数。[23]

迦陵到大觉寺后亲自编纂他的禅学专著《宗鉴语要》《宗鉴指要》等书，书中以语录体多处记载了他与雍亲王充溢机锋和隐喻的禅语，对于了解康熙末年胤禛内心思想颇有启示和参考价值。书中除保存了迦陵禅师作为临济宗宗师的语录外，还保存了不少雍正在藩邸时与迦陵交往的旧迹。这些书是研究清史的重要资料，非常宝贵。

雍正登基之后，这位与新帝王关系不一般本应宠冠京师的大和尚却突然辞去寺务，抛下一群徒子徒孙，于雍正元年春，悄然南下，过起了"一瓢一笠，山栖水宿，居无定止"[24]的漂泊生活，直到雍正四年秋才回到江西庐山归宗寺，独居静室，闭门不问世事，于当年九月二十九日以微疾示寂。迦陵的突然南行、隐居和遽然死去，可以说在当时是迷雾重重，时人如何猜测已不得知。

《雍正朝起居注册》四年十二月初八日条和《上谕内阁》记载了清世宗对迦陵的评价和意见。

> 朕在藩邸时，批阅经史之余，每观释氏内典，实契性宗之旨，因时与禅僧相接，惟性音深悟圆通，能阐微妙，其人品见地超越诸僧之上。朕于西山建大觉寺为其静修之所，以朕嗣登宝位，凡体国经邦，一应庶务，自有古帝王治世大法，佛氏见性明心之学，与治道无涉。且若以旧邸熟识僧人，仍令主席京师，天下或以朕

23　寺藏《佛泉禅师语录·序》书板。
24　寺藏《佛泉禅师语录·序》书板。

有好佛之心，深有未可，且有累于性音之清行。而性音亦力辞归隐，遂安禅于庐山隐居寺四年。于兹谨守寺规，谢绝尘境，即本省大吏尽不知不闻也。今闻其圆寂，朕心深为轸恤，著照玉林加恩之例，追赠国师，并赐于谥号，交内阁撰拟。其语录乃近代僧人所罕能者，著入经藏，以彰其真修翼善之功。[25]

从以上材料内容分析，迦陵在雍正登基后突然退隐，悄然南下，是有其原因的：雍正在藩邸时结交僧人，韬晦其外，密议其内，朝野共知。雍正也并不掩饰，但登极后怕臣工们认为他依靠沙门参政，为避臣下说他佞佛宠僧之议，又出于惧怕泄露雍邸机密的考虑，才将迦陵放逐到江西庐山。

寺藏《佛泉禅师语录》经板序文中有这样的记载：

> 厥后，世宗御极，我师兄退隐匡阜，四海英豪，亦皆星散，而佛公（迦陵嗣位弟子佛泉）等数人甘心藜藿，木食草衣，执侍靡倦。其为之真切，事师之诚挚，不啻婴儿之于慈母，有终身不肯离者。[26]

以上内容真实的描述了当时迦陵禅师在雍正登基后所遭遇的经历。雍正四年秋，迦陵在凄苦的流亡生活中悄然离世，雍正闻讯后特命其随侍大弟子佛泉禅师将迦陵遗骨移回大觉寺建灵塔安葬，并命其继任为大觉寺方丈。《佛泉禅师语录》序文中这样概括这段历史：

> 痛我师兄，于丙午秋谢世。上闻之，不忍置荒烟寂寞之地，以特命佛公等请灵龛建塔西山大觉寺之傍，而佛公即主席方丈。[27]

今国家图书馆善本部藏《性音塔铭》拓本中有关于迦陵禅师的记载，其铭曰："国

25　《雍正朝起居注册》《上谕内阁》。
26　寺藏《佛泉禅师语录·序》木刻板。
27　寺藏《佛泉禅师语录·序》木刻板。

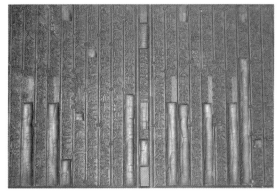

国家图书馆藏《性音塔铭》拓本　　　　寺藏《是名正句》书板

师圆通妙智大觉禅师传临济正宗三十四世迦陵性音和尚塔"两侧有钦差监督造墓塔官员、嗣法门人、造塔匠人题名。从迦陵塔铭中可以确知雍正曾追赐迦陵为国师，赐予他"圆通妙智大觉禅师"的谥号，并且知道迦陵生前是我国佛教禅宗中临济宗的第三十四世正宗传人。

但迦陵死后其"哀荣"并未得以保持长久。数年之后，雍正帝对其态度突然又发生了大的变化，一改以往的赞誉有加、恩礼备至的口吻，雍正降旨说："朕早知迦陵性音品行不端，'好干世法'，故朕初御极即命其出京，以保法门清规。性音语录也是'含糊处不少'，并非'彻底利生之作'，故而不堪为'人天师范'，着削其封号。语录也自藏经中撤出。命地方官员严加查访，不许其门徒将朕当年藩邸之旧迹私记存留，违者重治其罪。"[28]

是何原因使雍正一改常态，不惜否定自己以前的"圣谕"而对迦陵大加贬斥呢？根据寺藏迦陵画像赞及木刻版语录等相关资料推测：一则是迦陵所著语录中有许多记录雍亲王与僧衲交往的内容，如《宗鉴语录》和《宗鉴指要》中这类记述附拾即是，雍正绝不能容忍其流传于世；另一则原因是其弟子们在迦陵圆寂后，

28　《文献丛编》第三辑《雍正朝汉文谕旨》转引自冯尔康《清人生活漫步》之《雍正帝的崇佛和用佛》，中国社会出版社，1999。

因悲愤之情不能自已而写下了不少怀念先师、讽喻世情的文字，招致雍正皇帝第二次更为严厉的惩处。

雍正一面削黜迦陵国师封号，将其语录撤出藏经，还不许迦陵门人将其"当年藩邸之旧迹私记存留"，另一方面却仍将他在康熙五十九年撰写的《送迦陵禅师安大觉方丈碑记》石碑存立于寺内碑亭之中，且还将当年他向迦陵参禅求学的问题编成《集云百问》一书收在自己的文集之中，他既将世法即国家大事主动向迦陵讨教于前，后来又怪罪迦陵"好干世法""品行不端"。这种出尔反尔的行为完全出自于封建帝王的善弄权术，由此也可以证明雍正崇佛不仅是出于宗教信仰的缘由，更多的还是出于利用佛教巩固其封建统治的考虑。

雍正六年 (1728) 十月敕建"国师圆通妙智大觉禅师传临济正宗三十四世迦陵性音和尚灵塔"在京师西山建成，迦陵禅师灵骨从江西庐山归宗寺移至入塔。关于迦陵塔的具体位置及保存现状，经过实地勘察，性音和尚塔建在大觉寺西南约一公里处的山坳间，这里是清代大觉寺塔院，占地约有两公顷，塔院是安葬本寺示寂僧人的场所，大觉寺塔院内曾有清代和尚塔若干座，四周有院墙围护和僧人看守。据当地百姓讲直到 20 世纪 70 年代初，塔院内还是松柏蓊郁，石塔林立，塔院院门由石雕件构成，宏伟华丽，如今只剩下一片遗墟。据幸存的性音塔记拓本和塔院残存的遗迹可以推知：建于雍正六年的迦陵舍利塔的具体位置是在南距大觉寺一公里的塔院之内。

因通达佛理，机敏聪慧而与清朝一代帝王结识的迦陵禅师，虽然遭逢复杂，命运坎坷，但一直作为大觉寺"开法第一代先师"被其徒子徒孙"奉重"了近三百年。

（六）佛泉禅师和月天禅师

佛泉（？~1744），讳实安，号佛泉，湖北人。他是清代临济正宗第三十四世传人迦陵禅师的弟子，清代著名僧人。迦陵示寂后，佛泉禅师继任大觉寺方丈，成为临济正宗第三十五世传人。

佛泉禅师有《佛泉禅师语录》上下二卷、《佛泉禅师后录》四卷流传于世，这些语录木刻板至今仍存于大觉寺之内，是研究佛泉禅师生平的重要资料。

寺藏《佛泉禅师语录序》书影

佛泉和尚語録序

序　一

道非言之難行之難也行之非難
難乎行之之人也故昔雲居有云
佛法有什麼事行得即是又云欲
得與麼事須是與麼人既是與麼
人不愁與麼事觀雲居之語乃知
不行而徒言是爲不根之談非人
不行而徒言是爲不根之談非人

而行道是爲矯强之行夫矯强之
行猶足以檢束身心不失人天正
路不根之談瞞心昧已妄談般若
罪犯彌天靡所不至矣且道之爲
道本無言之可言行之可行也天
高地厚魚躍鳶飛渴飲饑餐冬寒
夏燠處處具足物物現成自背真

　　关于佛泉禅师，《新续高僧传》无传。寺藏《佛泉禅师后录》经板中其行状内容只存"师讳安，号佛泉，楚之湖北陆府景陵县张氏子，父"等文字，其余经板都已亡佚，行状部分已失，没有下文了。值得庆幸的是在《佛泉禅师语录》及《后录》序文和书中部分文字中，我们可以了解到佛泉禅师的生平。

　　　　大觉佛泉公，我先法兄迦陵和尚之嗣也。当世宗皇帝在藩邸时，留心性宗，且帝以古佛再来，信根深重，其护持三宝为古今罕匹。若京兆之柏林、千佛、西山之大觉、古杭之南之间咸发重帑修造，捐资供众，命师兄次第住持。佛法之隆，于斯为最，以故四方龙象望风而翕聚者恒万余；指我师兄乘三尺龙须，指开觉路，闻正法者，不可胜数，而我佛泉公，尤为入室之真子焉。[29]

　　从这段序文可知：佛泉是迦陵禅师的继嗣人，即弟子中继位为大觉寺方丈者。佛泉是在迦陵极受雍亲王宠幸、一生中最得意时所收的入室弟子，关于佛泉师从迦陵的情形，序文中这样写道：

29　寺藏《佛泉禅师语录·序》木刻板。

佛泉大和尚具笃实之性，生秉冰霜之操守，未入归宗之门，已如临济之在黄檗位下三年，行业纯一，暨受迦老人咐嘱之语，潜心苦志，参则真参，悟则真悟，修则真修。真云居所谓行之之人，而余所谓行而后能言之人也。[30]

1723 年雍正登基，迦陵禅师却离京南行，作为迦陵的大弟子，佛泉不忘师恩，追随迦陵南行不离左右，历尽艰难。寺藏《佛泉禅师语录》序文中这样写到：

厥后，世宗御极，我师兄退隐匡阜，四海英豪，亦皆星散，而佛公（迦陵嗣位弟子佛泉）等数人甘心藜藿，木食草衣，执侍靡倦。其为之真切，事师之诚挚，不啻婴儿之于慈母，有终身不肯离者。[31]

雍正四年迦陵在江西辞世，雍正闻讯后降旨褒赐迦陵为国师，命佛泉奉其灵骨回北京西山大觉寺建塔安葬。序文中也描述了这一情况。

痛我师兄，于丙午秋谢世。上闻之，不忍置荒烟寂寞之，以特命佛公等请灵龛建塔西山大觉寺之傍，而佛公即主席方丈。[32]

也就是在这一年，迦陵的弟子佛泉禅师被任命为西山大觉寺主持。雍正在迦陵圆寂后，对大觉寺的眷顾有增无减。《佛泉禅师语录》中记载了佛泉禅师继席大觉寺方丈受清室封赐的一些事情："师于雍正五年四月八日御前赐紫，又于十年壬子元旦三日重赐紫衣三袭，到山上堂，师捧衣示众云：大庾岭头提不起，九重深处风唧来，曹溪未肯轻传世，今日承恩大展开。"[33]

30　寺藏《佛泉禅师语录·序》木刻板。

31　寺藏《佛泉禅师语录·序》木刻板。

32　寺藏《佛泉禅师语录·序》木刻板。

33　寺藏《佛泉禅师语录》书板。

佛泉继大觉寺方丈后，举办法会，宣讲禅法，有许多朝廷重臣，包括皇上的弟弟和硕怡亲王允祥也经常亲临现场，因此在《语录》中除念及雍正皇帝恩宠之外，还不断多次提及怡亲王的恩典。"恭祝和硕怡亲王殿下永佑圣明，常光佛日"。[34]

不料，经过雍正四年至十年短暂的哀荣之后，雍正帝对迦陵的态度又大变其调，一改以往赞誉有加与恩礼备至，公开指责迦陵语录，削其国师封号，语录撤出藏经，并不许门徒私记存留在藩邸之旧迹，违者重治其罪。随着迦陵的又一次遭贬，一向以迦陵为荣的佛泉禅师陷入了两难的境地。今大觉寺保藏的迦陵禅师画像上方有佛泉禅师为之题写的像赞一首，真实的流露出了他对迦陵欲言又止、毁誉两难的无奈心态。

乾隆九年（1744）冬，佛泉示寂，其灵塔位于大觉寺之南塔院，墓志铭云："传临济正宗三十五世佛泉安和尚塔"此石现存于大觉寺南莲花寺墙基之下，字迹清晰可见。

佛泉禅师，性情笃实，操守秉洁，继迦陵禅师为大觉寺方丈后，潜心于佛学研究。"一瓢自爱，足不入城者十有余年。凡城中之学士，大夫慕佛公之名而求一见者，山城迢递，邈不可得。盖其真实践履，能令人一望而生欢喜心，而出一言吐一气亦使人当下知归。"[35] 语录序文中的这段描述，真实的记载了佛泉入主大觉寺方丈后的戒行生涯。

月天禅师是清代著名僧人，讳际宽，号月天，河北遵化玉田县人。他生于康熙四十二年（1703）十一月，卒于乾隆十七年（1752）三月九日。有《月天宽禅师语录》传于后世。

月天禅师幼年聪慧，性善好施，年二十岁出家，雍正十二年（1734）经京西大觉寺参礼佛泉禅师，因其深明大法而得继佛泉禅师衣钵，乾隆九年佛泉示寂，月天禅师奉庄亲王命继任大觉寺方丈。

月天禅师任大觉方丈共有九年，"开堂演法之日，四方纳子云臻座下，千指环绕"。[36] 月天因其"住持得体，真心实行"而远近闻名。乾隆十二年即月天任

---

34 寺藏《佛泉禅师语录》书板。

35 寺藏《佛泉禅师语录·序》木刻板。

36 寺藏《佛泉禅师语录》书板。

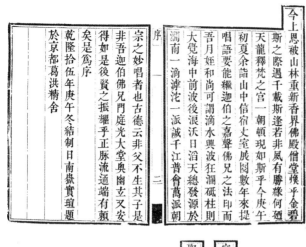

寺藏《月天宽禅师语录·序》书影

大觉寺方丈的第三个年头，乾隆出内帑重修西山大觉寺："幸蒙今上恩被山林，重新香界，佛殿僧堂焕乎金碧。斯之际遇，千载斯逢，若非夙有胜缘何乃天龙释梵之宫一朝顿现如斯乎。"[37]月天禅师在工程告竣之后结制谢恩，上堂拈香。寺藏《月天宽禅师语录》中有一节详细记载了重修寺庙之事："纶音一出。直下承当，彻底掀翻，重新梵宇，山门，佛殿，厨库，僧堂，露柱，灯笼无一不新者也。苟非帝力孰以为之。"[38]月天禅师在任期间，值遇皇恩重修大觉寺，堪比希世之奇逢。

37　寺藏《佛泉禅师语录》书板。

38　寺藏《佛泉禅师语录》书板。

此后数年，月天以佛法为己任，力振宗风，欲以此来报国恩浩荡。

寺藏《月天宽禅师语录》中还附有其《行状》篇，从中我们可以更多了解月天禅师的生平。

> 师讳宽，号月天，系遵化玉田县孙氏子。母张氏，生于康熙癸未十一月二十四日戌时，童年颖异不凡。二亲强之娶，生二子，性好施，每怀出世之心，年二十九，辛亥依出头山净和尚雉染，次年诣盘山和尚授具戒，至甲寅往京西参大觉师翁一载，深明大法，师翁以从上法印并源流衣拂付之，有掀翻窠臼法眼流传之句，戊午调叔祖奉上命主万寿，师以深心力辅之，后因正师主江西归宗，遵师翁命代理兴善方丈，居座元寮三载，至甲子春，归省大觉，遂留山中，辅之一载，至甲子冬，师翁谢世，庄亲王命继主大觉方丈，未逾一载，遐迩称其真心实行，住持得体，值遇皇恩重修大觉，此亦希世之奇逢，至辛未春，又荷命兼理印务，非师所尚，唯以佛法为己任，结制打七，单提向上，力振宗风，到乾隆十七年壬申三月九日示微疾，就医于灵鹫庵，师觉病体沉重，急命归山告众，跏趺坐化，蒙发帑金，津送入塔。师住大觉九载，谨守祖风，实心为道，可谓无愧于龙天者也，有语录二卷，嗣法弟子共七人。[39]

《月天宽禅师语录》前附有实瑄撰写的序文，序文中称迦陵为迦伯，称佛泉为佛兄，称月天为月侄，依此排序分析，实瑄乃月天的法叔，他在序文中对月天的评价甚高："今庚午初夏，余诣山中信宿丈室，展阅数年来提唱语要，能继迦伯之嘉声，佛兄之法印而吾月侄和尚，可谓滴水兴波，狂澜砥柱，则大觉海中前波后浪，沃日涛天，总发源于涧南一滴，漙沱一派，诚千江普会万派朝宗之妙唱者也。古德云非父不生其子是非吾迦伯佛兄门庭光大堂奥幽玄又安得如是后贤之振耀乎，正脉流通端有赖矣。"[40]

---

39 寺藏《月天宽禅师语录》书板。
40 寺藏《月天宽禅师语录·序》书板。

（七）寺藏清代契约文书中记载的寺院经济情况

大觉寺在明末清初时由于世乱年荒，佛事不兴，殿堂已年久失修，廊宇多圯。这种局面一直持续了许多年，直至清代康熙四十五年（1706）以前尚未有大的改观。大觉寺所藏清代契约文书中康熙四十五年前的五件契约均为寺庙僧人典当房产和出卖土地的内容。由此可见当时寺庙经济困难、香火冷落的窘况。从雍正末年至乾隆初年一段时间及道咸年间，大觉寺或因某种政治压力，或因国家内忧外患影响有过几次低谷时期，致使寺院建筑凋敝，经济衰退。这一点从寺藏清代契约文书中可见一斑。

康熙七年（1668）五月，大觉寺僧佛果将坐落在大觉寺山门外的杂果园约8亩地，以银70两之价出售给俗人马文辅永远为业。

康熙二十七年（1688）十一月初八，大觉寺僧定旺复将本庵正殿两间典与王某住坐为业。

康熙四十五年七月，大觉寺僧海山等将杂果林一块典出，并将院北西竺寺苇地一段卖与三教院。

由以上契约反映内容来看，大觉寺寺院经济在当时已呈每况愈下之状。

康熙五十九年，皇四子和硕雍亲王胤禛出资重修大觉寺并力荐迦陵为大觉

寺藏乾隆五十九年收地租账

寺藏乾隆六十年收地租账

寺主持，这时大觉寺的寺院经济呈上升阶段。迦陵因雍亲王的宠遇和倚重在任大觉寺方丈期间，大觉寺于康熙五十九年十二月十五日即购置香火地九亩。康熙六十一年二月初七，大觉寺以五十年为期典进香火地四亩。

雍正登基后迦陵卸寺务南游，于雍正四年示寂于江西庐山归宗寺，朝廷敕赐其为"圆通妙智大觉禅师"谥号，追封迦陵为大清国师。其灵骨迁移入京于大觉寺南建其灵塔一座以传宗风。迦陵的大弟子佛泉入主大觉寺方丈。雍正八年（1730）十二月初一日，大觉寺又购置香火地三十亩。

雍正末年，雍正帝对已死多年的迦陵禅师态度大变，多次贬斥迦陵的学问及人品，并严谕其弟子门徒不得妄言乱行，还令削去性音国师封号，将其已收入《大藏经》中的佛学著述撤出藏经，寺院事务也因此而受牵连，寺院经济进入了衰微不振的阶段。雍正十年（1732）八月十五日，大觉寺僧人海潮、性德则将寺内祖业香火地十亩典出。乾隆四年（1739）正月，大觉寺僧人海潮、性德又将祖业香火地十亩典出。由此可见寺庙当家僧人因为没有了皇族亲贵这座靠山，不得不靠出卖祖业维持时日。此外寺院内部由于疏于管理也闹起了纷争。乾隆八年（1743）十月，大觉寺当家僧性德、寂志兄弟因二人不和，议同分受祖业，遂将田园、财务搭均平分，各领法徒，分户管理各业，一居街之南，一居街之北，这件契纸上还有若干行红色批语，字迹已漫漶不清，推测应是数年后寺僧因纠纷，执此件赴京诉讼，红字应为官府的批语。乾隆十一年（1746）十月初十日，大觉寺僧人圆通将祖业香火地18亩典出，至此大觉寺经济每况愈下，几近破败。直到乾隆十二年五月，乾隆到黑龙潭祈雨后忽发游兴，来到了西山大觉寺，这种窘况才有所改变。乾隆十二年大觉寺重修，乾隆亲撰《重修大觉寺碑记》刊刻于其父雍亲王《送迦陵禅师安大觉方丈碑记》之阴。乾隆在碑文中追述了雍正与迦陵交往之事，他在碑文中这样说：

"朕因诣龙潭，近望西峰蓝若，大觉寺者金清水院故址。明以灵泉寺更名，运谢禅安，蔚为古刹，……皇考因僧性音参学有得，俾往住持丈室……" [41]

从碑文内容中可以看到乾隆对迦陵的肯定。这次巡幸是他登基为皇帝后初次

41　寺存乾隆十二年《御制重修大觉寺碑文》。

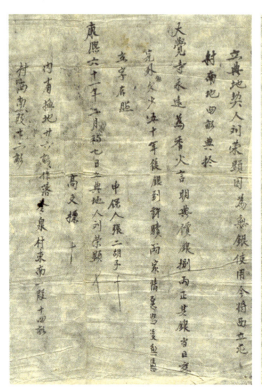

寺藏康熙六十一年典地契　　　　寺藏乾隆五十年卖地契

来大觉寺，为此还御制了《初游大觉寺》诗一首，诗中写到："灵渊谢神贶，古寺问佛津，趁此山路便，况逢雨霁辰……"这首诗的第一句是指他到黑龙潭龙王庙祈雨之事，黑龙潭距大觉寺不远，约15里路，黑龙潭是明清帝王每年祈雨的地方，这年乾隆来龙王庙祈雨，顺路来到大觉寺，所以诗中有"趁此山路便"之句。诗中还提到寺内诸多景物，如石桥，莲花，龙潭泉水等。乾隆非常喜爱大觉寺这座古寺庙，以后曾多次重游，为古寺题写了许多匾额楹联及诗文。

　　因为皇室的垂青眷顾，大觉寺的寺庙经济又得到恢复发展。乾隆十二年至乾隆六十年（1795），大觉寺逐年购入香火地和杂果园数块数顷之多，乾隆十八年（1753）三月檀越普兴还自带果园三块投大觉寺"住净养老"。乾隆二十三年（1758），大觉寺还出租香火园地一块计10亩给予急需用地之人。乾隆三十三年（1768）十一月，购进香火地四亩。乾隆三十八年（1773）十一月购香火地十六亩。乾隆四十七年（1782）十二日购入杂果园地一块。乾隆四十八年（1783）又购入荒地一处，永为恒业。乾隆五十年（1785）二月，因大觉寺行宫外有旧庙址一所，殿宇倒塌，恐有碍圣驾巡幸观瞻，故购入修补。这些都是当时寺院的经济实力和地位的证明。

大觉寺这座敕建禅寺不仅因是雍乾两代帝王的行宫而得到皇室的重视和多次修缮，而且还以其园林的秀丽、环境的幽雅及高僧大德们法理修养的精湛成为远近缁素求法拜佛、修心明性的一处伽蓝圣地。这座有着千年历史的名山古刹伴随辽、金、元、明、清五个朝代的兴衰更替，能够在岁月的风雨沧桑中常盛不圮，独颖于京都西山数百座梵宇琳宫之中，一直誉满禅林，其重要原因是历代的帝王和后妃都对这里格外眷顾：修葺寺庙，赏赐田亩，遣僧住持，巡幸驻跸，御题诗匾，这一切都使得大觉寺在改朝换代的兵革火焚中能衰而复兴，永远秀出禅林，成为京师一处著名的佛教圣地。因此也可以得出这样一个结论：佛教在中国社会固然要受到政治、经济、文化等因素的影响，但在君主专制体制王权至上的社会形态中，帝王的好恶和对于佛教的态度对佛教的发展起着举足轻重的作用。[42] 僧人很早就认识到"不依国主则法事难立"，[43] 史家亦谓："释老之教，行乎中国也，千数百年。而其盛衰，每系乎时君之好恶。"[44] 大觉寺兴衰更替的历史无疑也印证了这种观点。

（八）《鸿雪因缘图记》中描绘的大觉寺

清人完颜麟庆在他的《鸿雪因缘图记》中记录描绘了大觉寺诸多的景物。完颜麟庆（1791~1846），字见亭，金世宗后裔，隶镶黄旗，官至河督，一生治河有功。他博学多才，见识深远，利用为官在外宦游四方之便，将耳闻目睹的名山胜迹编成文字，绘成图画，付梓印行即著名的《鸿雪因缘图记》。此书兼年谱、

42　周齐：《明朝诸帝的佛教认知与政治文化环境》，《法源》2001 年第 19 期。

43　（梁）慧皎：《高僧传合集》，上海古籍出版社，1991。

44　《元史》卷 202。

《鸿雪因缘图记》中的《大觉卧游图》

1889年福兰阁在大觉寺的留影

政记、游记为一体，文字流畅，图绘精美。《大觉卧游图》描绘了清代大觉寺内憩云轩、灵泉、领要亭诸景，为当时的大觉寺留下了生动的记录。

其中一段文字详细描写了大觉寺内泉水的情况。

> 垣外双泉，穴墙址入，环楼左右，汇于塘，沉碧冷然，于牣鱼跃，其高者东泉，经蔬圃入香积厨而下，西泉经领要亭，因山势三叠作飞瀑，随风锵堕，由憩云轩双渠绕雷而下，同会寺门前方池中。[45]

文中提到的塘即寺内园林的龙潭，憩云轩即南路行宫的一幢建筑，泉水流至轩后依陡峭山势呈三叠飞瀑顺流而下。从《大觉卧游图》中清晰可见当年南路飞流成瀑的景象，从图中还可看到，憩云轩依山傍水，曲径纵横，轩旁林木茂盛，翠竹丛生，一幅极美的人间仙境。完颜麟庆在文中还写到：于轩内拂竹床，设藤枕，卧听泉声，淙淙铮铮，愈喧愈寂，梦游华胥，倏然世外。这段文字生动地描写了作者在憩云轩卧听泉声的情景，联想到他作为清代河督十余年来值伏秋汛，每闻水声心怦怦动，安得今日听水酣卧。作为督修水利的官员最担心的就是每年汛期的水情，以至于平日听到水流的声音心里就紧张，唯独在大觉寺听到这淙淙的泉水声时才觉得愈喧愈寂，梦游华胥，倏然世外，不由得抒发

45 （清）完颜庆著文，汪春泉等绘图《鸿雪因缘图记》，北京古籍出版社，1984。

了"寺名大觉我觉矣"的感慨，大觉卧游表现了麟庆此时此刻释去心中重负、怡然自得的心态。

清代末年，社会动荡不安，经济萧条。大觉寺的部分房舍曾租借给外国人使用，当时的德国使馆人员为躲避夏天的炎热，就租借了大觉寺憩云轩并在那里办公。从光绪初年起，他们就选择大觉寺作为夏天的办公地，实则也是看中了这里的风水宝地，把大觉寺作为避暑消夏的山庄别墅。

一位德国人曾于光绪十四年（1888）秋到北京德国公使馆工作，第二年在大觉寺过夏天，他就是著名的汉学专家福兰阁。在他的回忆录中这样写到："我们在坐落于陡峭山峰脚下的大觉寺内租了房子，并加以布置，从这里直到两千多公尺的山上，虽树木不多，但雨季后形成的落差较大，溪流发出阵阵怒吼，流经深深的山间峡谷，构成了美丽的图画，从山顶上眺望远处，沟壑纵横的山区，景色美不胜收，只要时间允许，我便于大觉寺而出，在山中漫步，在寺院中看和尚们祭礼，听他们诵经也同样另我大开眼界。"[46] 福兰阁在寺内居住期间还拍摄了部分照片，其中有一幅是坐在憩云轩后假山石上的照片，从照片中可见当年大觉寺后山的诸多景物：林木葱郁，遮荫蔽日，流泉飞瀑，鸟语花香，泉水顺青石板淙淙流淌，由于上下落差形成三叠飞瀑的景观，与清人麟庆在《鸿雪因缘图记》中描述的泉水景象相吻合。当年寺内泉水分为两路，北路泉水顺石槽、竹林沿山而下，汇入功德池中，南路泉水则顺山势作飞瀑状汇于憩云轩后小渠，经四宜堂汇入功德池中，两道泉水蜿蜒流淌，形成寺内著名的二龙戏珠景观，遗憾的是如今南路泉水已无复当年，失去原貌，而其中一道已断流多年。

光绪十八年（1892），一位德国高级建筑师利用在寺内居住修养的时间，亲自勘测考察了寺内大部分殿宇、房舍以及古塔，为当时的寺庙留下了第一份测绘数据，并以建筑师的眼光撰写了一本关于大觉寺建筑的小册子，同年在德国柏林出版，书中详细介绍了大觉寺古建筑的功能特点，书内还附有当时大觉寺的部分图片。

---

46 傅吾康及家人提供文字资料及图片。

附：《鸿雪因缘图记·大觉卧游》

大觉卧游

大觉寺在妙峰山麓，去金山口二十里，远视惟一山，近则山山相倚，如笋张箨，最尊者曰妙峰顶，有天仙圣母庙，香火最盛，每春秋开庙之期，朝山者不绝于路，兹寺为必经地，按：寺本金章宗清水院故址，明建寺曰灵泉，后易今名。康熙五十九年，世宗在潜邸时特加修葺，命僧性音住持。乾隆十二年，高宗重修，额弥勒殿曰圆证妙果，正殿曰无去来处，无量寿佛殿曰动静等观，大悲坛曰最上法门，右置精舍曰憩云轩，前为七堂，左设香积厨，坛后有塔，塔后有塘，塘后有楼。垣外双泉，穴墙址入，环楼左右汇于塘，沉碧泠然，于牣鱼跃。其高者东泉，经蔬圃入香积厨而下，西泉经领要亭，因山势三叠作飞瀑，随风锵堕，由憩云轩双渠绕雷而下，同会寺门前方池中，上驾石梁，七月二十二日，余入寺经之，闻池莲右白左红，僧言本年因修池未开，瞻七堂中立宝龛，左右各设砖榻，每榻卧百人，盖堂深二十丈，与戒坛均天下无双云。北过憩云轩，僧化成具薄馔，豆粥，饭罢挹泉煮茗。旋贺焕文挂杖寻僧，陈朗斋倚栏作画，贻斋因事辞归，余乃拂竹床，设藤枕，卧听泉声，淙淙琤琤，愈喧愈寂，梦游华胥，翛然世外，少醒，觉蝉噪愈静，鸟鸣亦幽，辗转间又入黑甜乡梦回啜香茗，思十余年来值伏秋汛，每闻水声，心怦怦动，安得如今日听水酣卧耶。寺名大觉，吾觉矣。

DAJUE TEMPLE

第 七 章

民国时期的大觉寺

大觉寺山门（旧照片）

民国时期，军阀混战，经济凋敝，社会动荡不安。大觉寺在清末民初没有进行过大规模的修缮工程，寺内龙王堂屋顶檐椽上曾记有民国辛酉年（1921）本寺重修字样，不过这次修缮只是进行简单的局部维修，规模较小。大觉寺山门殿曾在 20 世纪 30 年代遭雷击起火，寺僧也无力修复，只是在原处砌一平顶屋舍凑合了事。

民国十八年（1929）开封中山大学（今河南大学）文学院教授胡改庵出资修补寺内所藏《宗鉴法林》一书书板，并刊印流传，今国家图书馆藏《宗鉴法林》一书中附有当时西山大觉寺住持福振为此事撰写的记文。

中华民国十八年春，黄陂胡改庵居士为其亡夫人盱眙吴慧娴女居士补刻宗鉴法林，计添新板四十二块，修补板七十八块，共字两万五千四百五十八个，先后用银二百元，请由退院方宗和尚董其事。当斯宗风不振之秋，得此慷慨布施之举甚盛事也……[1]

1　国家图书馆藏《宗鉴法林》记文。

国家图书馆藏《宗鉴
法林》封面

大觉寺殿堂檐角

大觉寺殿堂建筑构件 —— 其上墨书题记记录了民国十年补修大觉寺的史实

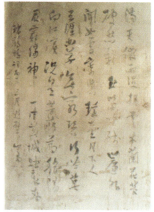

溥儒题壁诗

民国辛酉年修缮寺庙和十八年的补刻经板及刊印流传是当时较大的修缮和弘法活动。

民国时期的大觉寺尽管寺庙建筑失修陈旧，香火冷落，但游人还是很多的，每到夏季，许多城里的有钱人都来此避暑，还有一些大学的学生，也在每年夏天来这里游寺爬山，特别是距此不远的妙峰山庙会开庙期间，朝顶进香赶庙会的人络绎于途。

清末民初著名诗人溥儒在大觉寺留下了吟咏寺内景物的诗篇。溥儒，字心畬，号西山逸士，是道光帝第六子恭亲王奕䜣的孙子，幼年时一直居住在恭王府内，后随家人到西山戒台寺居住，西山逸士的雅号由此而来。溥儒擅长诗词书画，住在西山的几年里，游遍了西山著名的名胜古迹，撰写了大量诗词，风格飘逸，哀怨凄婉。他曾在大觉寺小住过一段，题写了许多诗篇，如今在四宜堂院内北房廊壁上还存有溥儒亲笔题写的观花词两首。

大觉寺地处群山环抱之中，景色幽雅，泉石殊胜，寺内玉兰姿色俱佳，花开时节，游人争相观览。寺外山坡杏林成片，素有一色杏花红十里的雅称。田树藩在他的《西山名胜记》中记载："由温泉向西五六里为大觉寺，乃辽之清水院，金之灵泉寺，明宣德改大觉寺，清康熙、乾隆重修。庙宇宏大，风景亦佳。苍松翠竹满院，幽静无比。寺南院四宜堂有白玉兰两株，初春开花美丽绝伦不可不看，故都仕女来寺看花者络绎不绝门庭若市。附近山坡杏花成林，可同时观赏，以管家岭为最胜。"[2]作者还为这两处景色赋诗赞美："古寺名花放玉兰，芬芳满院雪成团。钗光剑影纷如市，群向佛门一笑欢。""管家岭上杏花红，十里缤纷夺画工。翠柏苍松输尔艳，一年一度笑春风。"[3]由诗中可知，当时寺内玉兰和寺外杏花久负盛名，初春时节游人争相游览。杏花在寺外南北两侧的山坡之上，凡游山者过黑龙潭白家疃后，但见平野如旷，满眼杏花，绵延十余里不下万株，山下居民都以种杏为业，游人在杏林中穿行，要经过数里才能见到大觉寺山门。赏杏花最佳处当数寺外管家岭一带，每岁花时灿烂如锦，观花者络绎不绝，其景色酷

---

2 田树藩《西山名胜记》，北平中华印书局，民国24年。

3 田树藩《西山名胜记》，北平中华印书局，民国24年。

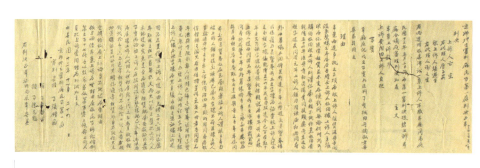

寺藏民国年间诉讼文书，其内容反映了大觉寺下院的归属与地权问题

大觉寺位于旸台山麓

寺外杏花林

似苏州梅林，大觉寺寺外的杏花可称得上是北京的香雪海。

　　除寺内的玉兰、寺外杏花美景外，泉水也是大觉寺的独特之处，李慎言在《燕都名山游记》中写到寺内龙潭的景致："楼后有一泉源，水从石虎头处向外流注，到一大方池内，这池名叫龙潭，正中有一笔架型的岩石，岩石中有三个洞，泉水由洞里穿出，织出许多花纹，看来很有趣味，池子后有座高楼，楼上挂着一幅对联：'有兴常临水，无时不见山'，情景切合，可称佳作……池子东南有个六角形亭子，叫领要亭，泉水经过作成飞瀑向下奔流，水花四溅，鸣声铿锵，象是弹琴，象是击磬，妙景清音，令人依恋难舍。"[4]这篇记于民国二十五年的游记真实的再现了泉水的殊胜之貌，说明在20世纪二三十年代，这里的泉水还极为丰沛，南路泉水流量极大，干涸断流只是近五六十年的事。

4　李慎言：《燕都名山游记》，北京燕都学社，民国 25 年。

大觉寺旁古香道边的摩崖石刻

大觉寺古香道上的残碑

庙会俗称庙市，是中国城乡特有的一种集市形式，每逢寺庙开放的日子，善男信女前去烧香礼拜，商贩们在寺庙附近设摊售货，民间艺人也来表演杂艺。妙峰山庙会是当时有名的庙会。妙峰山在明清两代、民国年间曾经是我国北方地区远近闻明的道教圣地，每年旧历四月初一到十五妙峰山开山半个月，京城善男信女都去进行朝顶，北京西北大道上香客数以万计。据清人富察敦崇的《燕京岁时记》载："每届四月，自初一开庙半月，香火极盛"，"自始迄终，继昼以夜，人无停止，香无断烟，奇观哉。"[5]

去妙峰山进香的香道主要有四条，老北道是从海淀区聂各庄台头村开始进山，中北道是从海淀区北安河村开始上山，中道是从北安河乡的徐各庄村上山，南道是从门头沟区的妙峰山乡陈家庄开始上山。据奉宽的《妙峰山琐记》记载，四条进山山道南道山景幽胜，中道、北道也佳，中北道次之，以道里计，则中道最近，中北道稍远，北道又远，南道最远。[6]四条香道中有三条都在海淀区界内。大觉寺是中道往妙峰山进香的必经之处，这条古香道的具体路程是从北安河乡徐各庄村上山，沿途经关帝庙、栗子台、寨儿峪、上平台、萝卜地、修道路灯会、回香亭等茶棚。

庙会期间，各种民间香会均朝顶进香，沿途边走边练，路上围观的人很多，京郊各村大都组织花会，形式多样，各显其能。较常见的有：高跷、秧歌、开路狮子、小车中幡、太平鼓、五虎棍等，在朝山路上熙熙攘攘，旗帜招展，热闹非凡。妙峰山庙会直至民国期间仍然繁盛不衰，每年四月初一至十五开办之日，远近进香者不计其数。大觉寺是中路去妙峰山进香的必经之地，因此成为众香客中途休憩的场所，门前异常热闹，据当地一些老人回忆，庙会期间各种杂耍一应俱全，小商小贩吆喝不断，堪称是当时一大盛景。

1937 年抗日战争爆发，北平沦陷后，整个城市笼罩在军事暴力的恐怖之中，昔日人流如潮的进香山道，已杳无人烟，西山一带的寺庙也惨遭厄运。大觉寺这座建于辽代的古刹，日伪时期竟成为一个大的军事据点。

1937年卢沟桥事变后中国共产党领导中国人民进行了长达八年的抗日战争，这座千年古刹因地处平西革命根据地的前哨阵地 —— 北平西北郊，在抗日战争和解放战争时期成为游击区。大觉寺是国民抗日军司令部和中共北平市委的所在地。国民抗日军在北平西郊农村开展群众工作，发展武装力量，打击日伪势力。1945年抗日战争胜利后，中共中央决定成立中共北平市委，准备迅速接管北平，任命刘仁为市委书记、武光为市委副书记兼组织部长，组建后的北平市委最紧迫的任务就是迅速接管北平，他们一方面与北平地下党取得联系，一方面进行与日军谈判前的大量准备工作。工作取得一定进展，当时的谈判地点就设在紧邻大觉寺的莲花寺。

寺藏琉璃厂捐赠"琉璃厂献"铭绿釉瓷罐

大觉寺

DAJUE TEMPLE

第八章

新中国成立后的大觉寺

大觉寺山门殿（20世纪七十年代摄）

新中国成立后，大觉寺地属河北省宛平县辖区，当时的寺院已是满目疮痍，院内荒草丛生、砖瓦遍地。1950年4月，经人民政府批准，大觉寺成为林业部干校校址，1952年成立了北京林学院，林业部将大觉寺作为北京林学院的校址，1954年12月林学院迁到肖庄新校址办学，其后20多年的时间里，大觉寺一直由林业部农林部管理使用。1979年，由农林部干校使用的大觉寺又交由林学院管理使用。同年大觉寺也被列为北京市重点文物保护单位。

1979年大觉寺被公布为北京市重点文物保护单位、2006年被公布为全国重点文物保护单位

1992 年北京市文物局领导与专家学者考察寺内古建筑，研究制订保护方案

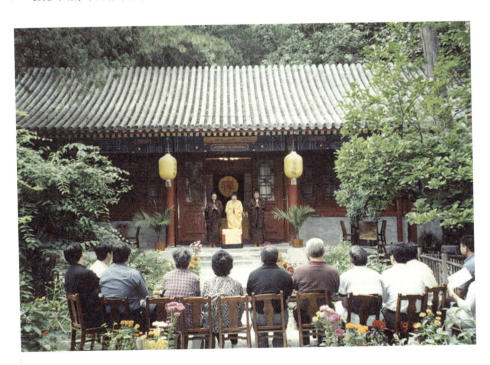

第
八
章

新
中
国
成
立
后
的
大
觉
寺

明慧茶院的茶艺表演

据有关人员介绍，在 1950 年 4 月初接管大觉寺时，寺院内已是瓦砾成堆，破旧不堪，原有的一百多间房屋除大殿外全部漏雨，其中四分之一的房屋屋顶塌陷，院内杂草足有两米多高，可说是一片破落荒芜的景象。

林业部林学院出于对历史古迹的爱护，在使用中精心管理，投入了很多的人力财力，使破败的寺庙初步改变了面貌。1979 年林业部委托林学院在大觉寺内开办干部训练班，林学院和干训班采取多种措施对寺院进行保护修缮，对寺内古树如玉兰、银杏、娑罗、白皮松等名贵树种进行普查，分类登记，并做了标签说明，注名了树木的种类、名称和用途，他们还在寺内新植树木百余棵，并精心进行养护。在主要的殿堂室内，不拉电线不装电灯，还对年久风化局部断裂的辽代古碑进行修复，并建碑亭加以保护。

1986 年 11 月 15 日，大觉寺龙王堂发生火灾，起火原因是焚烧落叶时麻痹大意，致使古建受损。事故发生后，许多家新闻单位做了报道，大觉寺的火灾引起各方面的关注，有识之士在当时的报刊上发表文章对大觉寺的火灾痛心不已，常富春先生曾在次年的报纸上发表《从龙王堂火灾说起》的短文，他写到："大觉寺是一处价值连城的瑰宝，仅记录下的文物景观其细目不下百项，龙王堂周围假山石上就藏有不少诗词，……可惜现为非文物部门使用，尽管倍加爱护，但远远发挥不了它应有的作用，就我国当前经济水平而言，若建一座面积相近、功能现代的新设施，可以说不是太困难的事情，然而就是汇粹全国的能工巧匠也无法另造一个大觉寺来。"作者还在文中呼吁："把大觉寺交归文物部门使用辟为博物馆，进一步修缮对外开放，不仅可使寺中灿若星宿的珍宝为游者赏心悦目，还可以搞活一大片比邻地区，造福众生，这一带山水之奇难以尽数……"从文中我们可以深刻感受到社会各界对古刹大觉寺的关注。

为使大觉寺得到更好的保护和利用，北京林学院和北京市文物局在多次洽谈的基础上，双方本着尊重历史、面对现实、顾全大局的原则，就大觉寺的移交达成了协议。1988 年 10 月 22 日双方正式签定协议，移交工作分期进行，至 1991 年初移交工作全部完毕。北京市文物局接收大觉寺后成立了大觉寺管理处，在文物局的具体指导下，着手制订文物抢修计划及大觉寺发展规划，明确了大觉寺今后的发展方向为保护历史文物，弘扬民族文化，凭借环境优势开展文物旅游事业，为社会主义物质文明和精神文明建设服务，为广大群众提供具有历史人文景观和

北京西山大觉寺全景图

独特自然风光的参观、旅游、休憩、娱乐等文化活动的多功能开放场所。

本着"保护为主、抢救第一"的文物工作方针，首先修复了1986年毁于火灾的龙王堂建筑，随后又整修了部分房屋，整治了寺内环境，通过几年的建设，大觉寺于1992年4月10日正式对外开放，成为京郊一处著名的旅游景点。在北京市文物局的领导下，管理处采取边修缮边开放的原则，加紧古建修缮工作，逐年修复了龙王堂、四宜堂、憩云轩、大悲坛、山门殿、畅云轩等建筑，抢修了大殿后抱厦、配殿及方丈院等濒危房屋。近几年又修缮了大雄宝殿等主要殿堂。据统计，从1991年起，为修缮恢复大觉寺古建筑群国家已拨款千余万元，修缮后的建筑风格依旧，古雅端庄，千年古寺终于焕发出新的光彩。

古树养护也是寺内文物保护工作的重点，寺内古树以松、柏、银杏为主，古树被人们誉为活着的文物，它们以其古拙的树姿，美丽神奇的传说，吸引众多的游人。古树名木堪称寺内一大特色，是不可多得的旅游资源。为使寺内古树得到有效的保护，管理处每年都投入大量资金实施古树养护工程，聘请园林古树专家及相关人员，对寺内古树逐一诊治，治理病虫害，堵塞树洞，清除杂草丛枝，随着管理工作的进一步开展，古树名木的保护已列入重要位置，大觉寺逐步走上了科学管理的道路。

大觉寺是旸台山自然风景区内唯一保存完整、规模宏大的古代建筑群，周围林木茂盛、古迹众多，泉水丰沛、空气清新，旅游资源丰富，极具开发价值，十几年来管理处文物工作者遵循有效保护、合理利用、加强管理的文物工作原则，积极努力开拓进取，在提高自身能力的基础上，不断寻求新的发展，于1997年与国风企业合作，依托大觉寺天然环境及丰富的泉水资源，在寺内开设了北京明慧茶院，以其古雅清幽的风格成为京城独具特色的品茗聚会之地，如今到大觉寺明慧茶院品茗已成为京城人们休闲娱乐的极佳去处。

大觉寺松柏参天，清泉环绕，自然景色清幽秀丽。每年四月玉兰花开之际寺内都举办玉兰品茗节，游览古寺之余，花间小坐品茗，既可以观赏到怒放的玉兰，又可以欣赏到精湛的古琴演奏及传统的茶艺表演，充分领略中国传统文化的博大精深。

随着文物及旅游事业的不断发展，大觉寺这座具有悠久历史的千年古刹越来越为人们所关注。多年以来，大觉寺及其周围的风景名胜吸引了无数游人，无论是悠远深邃的晨钟暮鼓，还是晴岚幽谷的朝云紫气，都给人以远离尘嚣如入仙境的感觉。大觉寺以其丰富的历史文化内涵、独特的自然景观吸引八方游客来此观光游览、探古寻幽。

大觉寺

DAJUE TEMPLE

第九章

佛教宗派与法脉传承

大觉寺自辽代始建至今已逾千年，从佛教教理上看，其间的法脉源流、衣钵传承随着五代王朝的更迭和世事变迁而兴替演变。大觉寺的佛教宗派，经历了辽代以僧觉苑为代表的密宗教派的兴盛，金朝时以禅宗为主要教派的繁荣，元代的禅宗（或汉传藏传佛教兼行），明代"敕建大觉禅寺"而确立的禅宗临济一派，清代则在迦陵禅师主方丈时临济禅宗达到空前繁盛。可以说大觉寺的每一次兴衰更迭，都留下了历史的鲜明印迹。

（一）大觉寺历史上的佛教宗派

大觉寺辽代称清水院。今天，我们根据原立于门头沟区清水村双林寺的统和十年石经幢题记及现存于大觉寺内的咸雍四年阳台山清水院藏经记碑，可推知早在辽圣宗耶律隆绪统和年间，该寺已具一定规模，道宗耶律洪基咸雍年间，该寺已享誉丛林。辽朝是契丹族建立的王朝，契丹族原无佛教信仰，只对自然有着特殊的崇拜，特别是对太阳的信奉虔诚至极。随着汉文化的融合，佛教也渐渐融入契丹民族，尤其对契丹统治者影响极深，如圣宗常游佛寺；兴宗"尤重浮屠法"；道宗能亲自开坛讲经。作为辽朝陪都的南京（今北京），其佛教文化，更为繁荣。《契丹国志》记载南京"僧居佛寺，冠于北方"。有辽一代，诸多宗教中，佛教崇拜居于首位，又以南京为盛。由于辽统治者极力倡导佛教，优待僧徒，佛教文化得以兴盛繁荣，与之相适应的是寺院佛塔大规模修建，信仰僧徒与日俱增，石经、契丹藏先后由统治者斥巨资刊刻、校印。

辽代清水院的宗派法脉并无确切记载，但据阳台山清水院创造藏经记碑碑文记载，当时兼清水院寺务的著名僧人觉苑为密宗大师，由此推断，辽代的清水院在教理上可能为佛教密宗。辽代最兴盛的教派是华严宗，其次是密教，再次为净土宗以及律宗、唯识宗等。密宗是古印度大乘佛教与婆罗门教相结合之产物，约产生于公元7世纪印度德干高原。唐时由善无畏传入胎藏界曼荼罗；金刚智传入金刚界曼荼罗，后来完整的密教也就传到了中国。该派以"五大"（地、水、风、火、空）为"色法"，即"胎藏界"；以"识"为"心法"，即"金刚界"，主张色、心不二，金、胎合一，二者既统摄宇宙一切，又皆在众生心中[1]。燕京圆福寺总秘大师兼清水院寺务僧觉苑，即为辽代密教学派的代表人物。

金代为女真族统治。女真族在开国以前，受邻境高丽、渤海等国影响，崇尚佛教。迨建国后，它以武力灭辽，又继承了辽代社会盛行佛教的风习。其后南进，占领宋都汴京（今河南开封市），攻略黄河流域以至淮水以北的地区，更受到宋地佛教的影响[2]。与辽代相比，金代的佛教政策受宋王朝影响更深，思想上也更多地与宋地佛教接近，主流也是禅宗。《大金国志》说："浮图之教，虽贵为望族，多舍男女为僧尼，惟禅多而律少。"在佛教教学方面，密教在辽代末期即已衰落，金代略有沿袭，其他如华严、禅、净、律各宗在金代都有相当的发展，但其中以禅宗尤为盛行。

禅宗以南北朝时入华古印度僧人菩提达摩为初祖。该派主张以静中思虑为修习方法，即专心于某一法境上的修习，以期证悟本自心性，寻得佛心，故亦称"佛心宗"。"禅宗"主张不立文字，不立语言，但仍有经典作为弘法的依据，即《楞伽经》《金刚般若经》等，故亦称"楞伽宗"。唐时"禅宗"大兴，初分出"牛头禅"；至五祖弘忍而下又分为南、北两派，迅速发展，以致后来成为中国佛教的最大宗派之一[3]。黄河流域的中原一带，金人未占领前，禅宗的杨岐、黄龙二派已很兴盛，金人占领中原后，禅宗更是在道询、圆性、广温、政言、行秀等多位禅师的努力下得以兴盛弘扬。

大觉寺在金代的佛教发展情况，至今未见载籍，但据明末《帝京景物略》载："金章宗西山八院，寺其清水院也。"可知在金代，清水院之名得以沿袭，香火不断，且被金章宗完颜璟辟为离宫别苑，成为西山"八大水院"之一。据相关文献记载，金中都时期，佛教崇禅宗，临济宗为盛，中都地区寺庙，也多为禅院。金代清水院，寺庙而兼离宫别苑，汉化甚深的金章宗视其为游幸之地，估计应是一座禅院。

元朝亦重视佛教的发展。自13世纪初叶，元太祖成吉思汗就曾命其后裔，给各种宗教以平等待遇。元世祖忽必烈在即位前，即邀请西藏地区的名僧八思巴

---

1 见任道斌《佛教文化辞典》，浙江古籍出版社，1994。
2 见全根先、张有道主编《中国佛教文化大典》第二卷第五篇佛教史略之《金代佛教》，青海人民出版社，1999。
3 见任道斌《佛教文化辞典》，浙江古籍出版社，1994。

东来，即位后，奉为帝师，命掌理全国佛教，兼统领藏族地区的政教。终元之世，每帝必先就帝师受戒，然后登位。凡举行法会，修建佛寺，雕刻藏经等佛事费用，多由国库支出，并常给与寺庙大量田地以为供养。而喇嘛僧则享有一些政治经济特权。元朝虽以藏传佛教为国教，但对其他宗教如汉地佛教、儒教、道教，乃至外来的回教、基督教等，也不排斥，可谓采取了一种宽容姿态。元代汉地佛教以禅宗为主流。元代的禅宗，北方有金代万松行秀、雪庭福裕一系的曹洞宗师，海云印简一系的临济宗师；南方则有云峰妙高、雪岩祖钦、高峰原妙、中峰明本、元叟行端等著名临济宗匠，传持禅学。总地来说，曹洞盛于北方，临济盛于南方。此外，天台、华严、慈恩、戒律诸宗，仍余绪未绝。

元代灵泉佛寺的宗派情况，文献无征，但元代初年，元大都的禅宗教派十分兴盛并发展很快，金中都旧时的一些著名寺院，多为禅宗所占，估计前朝"八大水院"之一的清水院，可能仍是一处禅林。不过，自忽必烈即位开始推崇藏传佛教，对盛极一时的禅宗教派加以限制，寺内藏式覆钵白塔的存在，也为大觉寺元代的宗派归属增添了一些神秘色彩。更名为灵泉佛寺的清水院是否主禅宗，还是藏传佛教与汉传佛教兼行，就不得而知了。

灵泉佛寺于明代宣德三年重修扩建，并更额为"大觉禅寺"。大觉寺在明代的兴衰及法脉传承与明王朝的历史发展息息相关。

明代政权建立之初，朝廷有鉴于元代崇奉喇嘛教的流弊，转而支持汉地传统的佛教各宗派，因此喇嘛教在内地渐衰，而禅、净、律、天台、贤首诸宗逐渐恢复发展。明初各宗派中，禅宗盛行，仍以临济为最，曹洞次之。元末禅僧继续传法于明初的，有楚石梵琦等。明初知名的禅僧有季潭宗泐、恕中无愠、呆庵普庄、见心来复、斯道道衍等。中叶以后，则有楚山绍琦、空谷景隆、笑岩德宝、无明慧经、无异元来等，各阐禅学于南北各地。明代中叶，自宣宗至穆宗（1426~1572）一百多年间，各宗都呈衰微之势。但到神宗万历时期（1573~1620），名匠辈出，形成佛教的复兴气象。这个时期最重要的人物，是云栖袾宏（1535~1615）、紫柏真可（1543~1603）、憨山德清（1546~1623）、蕅益智旭（1599~1655），号称明末四高僧。

明朝建立以后，为实行和平外交政策，朝廷于洪武三年（1370）命僧慧昙出使国外，开创了以僧为使者的先河。明代中国和尼泊尔的外交往来，也以僧人为使节。洪武十七年（1384），太祖命僧智光与其徒惠辩等赍玺书彩币出使尼八剌国（今尼泊尔），其王马达纳罗摩遣使随智光入京，送金塔、佛经及名马方物，于洪武二十年（1387）到达南京。太祖报以银印、玉图书及幢幡彩币等。智光在尼泊尔时，曾从麻诃菩提上师受传金刚曼陀罗四十二会，归国后译有《八支了义真实名经》《仁王护国经》《大白伞盖经》等（《明史》卷331《西域列传》）。[4]

明代的大觉寺是临济宗弘法的中心，著名的高僧有智光、周吉祥、性容等。

清代依然是佛教盛行的一代。清朝统治者最初接触到的佛教，是中国西藏地区所传的喇嘛教。清入关之前，清太祖曾对关外传教的喇嘛给予礼遇。太宗时盛京（今沈阳）方面已和当时西藏的第五世达赖喇嘛建立关系。清世祖亦好参禅，不仅重视喇嘛教，更重视对汉地佛教的推崇。圣祖出巡南北，常住名山古刹，赋诗题字，撰制碑文，对佛教也表示接近。世宗常与禅僧往来，自号圆明居士，辑古德参禅语要，成《御制语录》十九卷，以禅门宗师自居，又从章嘉、性音国师参学。

清代佛教宗派，继承着明末的遗绪，仍以禅宗为最盛，净土次之，天台、华严、律宗、法相等又次之。清代禅宗，有临济的天童、磬山二系和曹洞的寿昌、云门二系相对峙。其中临济磬山天隐门下一系的箬庵通问，曾开法于杭州理安寺，后主镇江金山，成为清初以后禅宗最盛一系。[5]大觉寺在清代继续作为临济禅林的弘法道场，其中迦陵（性音）、佛泉（实安）、月天（际宽）等临济宗师衣钵相传，力振宗风，使大觉禅寺闻名于京师，尤其在康熙、雍正、乾隆等朝，其显赫地位更是颖于丛林。清初风气，凡是开堂说法宗师，示寂后常由门人辑录其机缘法语付梓，大觉寺寺存的《宗鉴语要》《宗鉴指要》《佛泉禅师语录》《佛泉禅师后录》《月天宽禅师语录》等木刻经板，即为主大觉寺方丈的迦陵、佛泉、月天禅师语录结集。

---

4 见全根先、张有道主编《中国佛教文化大典》第二卷第五篇佛教史略之《明代佛教》，青海人民出版社，1999。

5 见全根先、张有道主编《中国佛教文化大典》第二卷第五篇佛教史略之《清代佛教》，青海人民出版社，1999。

（二）大觉寺的法脉传承

大觉寺的法脉传承与该寺院的宗派演变有着极为密切的联系。可以说在清代以前，大觉寺的法脉传承并未形成完整连续的体系。直到清康熙五十九年迦陵在雍亲王力荐下主大觉寺方丈之后，大觉寺法脉才得以作为临济正宗而衣钵相传并有序传付。

辽代目前可考的清水院住持僧主要有绍迁和觉苑。

绍迁　绍迁之名仅见于辽统和十年刊立的"佛顶尊胜陀罗尼幢"。下段幢身所刻序文后刻记了捐资者姓名，其中"山门僧功德主绍迁"，即为统和十年前后清水院主持僧的记载。

觉苑　辽代中晚期著名僧人，山西人，住燕京（今北京）圆福寺弘法。主要活动于辽兴宗、道宗两朝（1031~1101）。他博览经藏，复明外典，尤善三密之法，为世所宗[6]。兴宗耶律宗真和道宗耶律洪基都曾命他参与《契丹藏》的刊印工作。咸雍年间，他不仅对已译的经文进行校刊，而且新译、补录了一些佛教典籍。他曾师事印度僧尼三藏，研究瑜伽奥旨，有盛名。辽开泰年间（1012~1020）觉苑奉敕撰《大日经义释演秘钞》十卷。书成后，得圣宗耶律隆绪褒奖，赐紫衣，并赐"总秘大师"之号[7]。撰有《大日经义释科文》五卷（已佚），发挥一行学说[8]。另撰《大毗庐遮那成佛神变加持经义释密钞》二卷，卷首自署"燕京圆福寺崇禄大夫检校太保行崇禄卿总秘大师赐紫沙门觉苑"。觉苑据《华严》的圆教思想以融会密义，虽祖述善无畏、一行所传的胎藏系，而按其内容，由于会通于《华严》，反而和不空所传的金刚系密教为近[9]。另据大觉寺寺存《阳台山清水院创造藏经记》碑记载，觉苑当时还兼领清水院（今大觉寺）事务，而他当时的结衔为"燕京右街检校太保大卿大师赐紫"。

大觉寺金元时期相关的历史资料十多罕见，考证颇难，尤其是这一时期的法

6　比丘明复编《中国佛学人名大辞典》，中华书局，1988。

7　见全根先、张有道主编《中国佛教文化大典》第二卷第六篇《佛教人物》，青海人民出版社，1999。

8　见全根先、张有道主编《中国佛教文化大典》第二卷第五篇佛教史略之《辽代佛教》，青海人民出版社，1999。

9　见全根先、张有道主编《中国佛教文化大典》第二卷第五篇佛教史略之《辽代佛教》，青海人民出版社，1999。

脉更是无从知晓，只能有待日后考古新资料的出现。

明代是大觉寺佛教发展十分繁荣的时期，出现了如智光、周吉祥、性容等许多大德高僧，他们为大觉寺的发展做出了不可磨灭的贡献。

智光（1348~1435） 字无隐，姓王氏，世家山东庆云。明初著名高僧。年十五出家，巡礼天竺，事迦湿弥罗国板的达为师。学三密神咒及声明记论之旨。洪武二年（1369）召见，十七年（1384）中奉使西域，宣扬圣化。既归再往，丕著懋勋。永乐三年擢僧录司右阐教，升右善世。永乐四年奉诏入藏迎大宝法王。还，诏住西天寺。十五年（1417）召居北京崇国寺。成祖时封国师号，仁宗封其为圆融妙慧净觉弘济辅国光泛衍教灌顶广善大国师，并重修扩建能仁寺，命智光居之。宣德三年，大觉寺重修扩建，宣宗"敕有司度僧百余以之为徒"并使其居之"以佚其老"。宣德五年智光奉命为大觉寺铸造铜钟一口，并铸铭文以记之。智光一生宠赐隆厚，历侍四朝，眷宠之隆无以复加。宣德十年（1435）卒，年八十八，葬于大觉寺北西竺寺内。译有《显密经义》《仁王护国经》《大白伞盖经》等。智光圆寂之后，仍被追授予极高的封号。英宗正统年间加封号为"西天佛子"，天顺年间授赐为"大通法王"。[10]

周吉祥（1441~1492） 又名周云端，明代僧人，世为顺天之昌平文宁里人。姓周氏，讳吉祥，圣慈仁寿太皇太后之从弟。父讳斌，母郭夫人。初出家于香山永安寺（香山寺），昙季芳者师之。天顺甲申（1464），圣恩覃延，特授僧录司右觉义；成化丙戌（1466），奉命兼任大慈仁寺；己丑（1469）升左觉义；丙申（1476）升左讲经；戊戌（1478）升右阐教兼住大觉寺，兼管番汉僧。弘治五年（1492）圆寂。[11]后分葬两处，一处坐落在海淀区北安河乡大觉寺南山坡上为"周云端和尚灵塔"，塔南侧嵌有石质塔铭，上刻楷书"圆通本师僧录司左善世兼大慈仁寺开山第一代主持并大觉堂上周公云端大和尚灵塔"，塔建于明弘治五年（1492）；另一处坐落在房山区上方山脚下孤山口村北，塔铭上刻楷书："僧录司左善世钦命掌印第一代住持周吉祥大师塔"，塔前石碑刻有"僧录司左善世兼大慈仁并大

---

10 参考《大国师事实》、《补续高僧传》、《中国佛学人名大辞典》、《名人传记资料索引》等文献资料。

11 引自房山上方山脚下孤山口村北"明故左善世云端大师吉祥塔"之"僧录司左善世兼大慈仁寺并大觉寺住持周吉祥禅师传"碑记。

正德四年大觉寺庙产碑拓片，时性容为
僧录司左讲经兼大觉寺住持

觉寺住持周吉祥禅师传"碑记，塔建于弘治十二年（1499）。周吉祥曾任大慈仁
寺和大觉寺两处寺庙住持，两座墓塔的同时存在，盖为两座寺庙僧徒分别纪念其
而兴建。成化十四年（1478），周太后以"追思曾祖妣之仁，又世居其山之麓"
缘由出资修缮大觉寺，并任命周吉祥为僧录司右阐教兼住大觉寺，兼管番汉僧，
时年 37 岁。周云端从成化十四年入大觉寺住持至弘治五年圆寂，他在大觉寺主持
寺务长达 15 年之久，对大觉寺的发展起到了重要的作用。[12]

　　性容　生卒年不详。周吉祥之法徒。据大觉寺南山坡"周云端和尚灵塔"塔
铭可知，弘治五年（1492）僧录司左善世钦命掌印第一代住持周吉祥大师圆寂后，
僧录司左觉义性容兼大觉寺住持。另据大觉寺内现存"正德四年大觉寺庙产碑"
碑文记载，性容为"僧录司左讲经兼本寺（大觉寺）住持"。正德四年（1509）
距弘治五年（1492）相去 17 年，性容已由"僧录司左觉义"升任为"僧录司左讲经"
并历任大觉寺住持，住持时间虽无详细记载，但至少我们可知他在大觉寺做住持
的时间应超过 17 年。

12　舒小峰：《北京两处明代周吉祥塔考辩》，《北京文博》2003 年第 2 期。

清代是大觉寺宗派发展的鼎盛时期。著名的临济正宗禅师迦陵、佛泉、月天等高僧作为大觉寺住持，均为大觉寺的宗派发展做出了很大的贡献。尤其在迦陵禅师主大觉寺方丈期间，他更是力振宗风，弘扬佛法，甚至试图将旸台山乃至西山一脉发展为临济正宗弘法的道场。有几个细节值得我们探究，其一：他于康熙六十年(1721)著录再版的《杂毒海·序》落款为"康熙辛丑夏五月大觉山佛泉寺沙门性音叙"，其二：他修订的《是名正句·序》落款为"京西大觉山佛泉寺性音撰"。康熙五十九年雍亲王力荐迦陵前往大觉寺主持方丈事务，并亲撰《送迦陵禅师安大觉方丈碑记》以宠之，碑文记载："西山大觉寺者，金源别院。"可知在迦陵任大觉寺方丈之前，仍称为"西山大觉寺"，可是在迦陵住寺后，为什么就变成了"大觉山佛泉寺"了呢？臆度其原因：迦陵禅师作为临济正宗第三十四世大觉堂上第一代开坛演法宗师，他心志高远，欲将临济宗风弘扬光大，其眼界决不只停留于"大觉寺"这样一个单纯的皇家寺庙，他蓄意把"大觉寺"改为"佛泉寺"，把"旸台山"改为"大觉山"，并称与雍亲王交往密切、雍亲王又顺利登基之时，在雍正皇帝这把皇权大伞的庇护下，实现自己广播佛法、力振宗风于禅林的宏图大志。然而，事与愿违，雍正即位后，迦陵反失宠，悄然南游。其后关于山寺更名一事也就不了了之。在迦陵禅师之后，大觉寺还出现了如佛泉、月天、慧彻、空恒、佛果、福振等多位戒行高远的住持高僧。

迦陵（1671~1726） 沈阳人，俗姓李，法名性音，字迦陵，别号吹馀。他幼年聪慧好学，志存高远。年二十四投高阳毗庐真一法师，祝发具戒。复南游杭州理安寺，拜谒梦庵禅师，入为记室，参研佛法，每有垂问，横机不让，竟得授临济宗衣钵。康熙四十六年，梦庵禅师主持北京柏林寺，性音应召进京入柏林。翌年夏，梦庵示寂，众请性音继嗣法席，不受，隐遁于西山，一度在大千佛寺演法，禅林大振。后复归柏林寺，主寺务近三年，又应请去庐山归宗寺。康熙五十九年，经和硕雍亲王力荐，出任大觉寺方丈。在此期间，成为雍亲王胤禛的座上宾，密参帷幄，参予康熙诸子夺嫡争斗的机密要务。胤禛即位之后，性音反失恩宠，悄然离开大觉寺，挂锡南游，一瓢一笠，山栖水宿，居无定止。雍正四年九月二十九日，示寂于江西庐山归宗寺。雍正六年，敕赐"圆通妙智大觉"号，建灵塔于西山大觉寺南塔院。禅师著述甚丰，内典有《十会语录》20卷、《宗鉴语要》1卷、《宗鉴指要》1卷；外籍有《宗鉴法林》72卷、《是名正句》8卷、《宗统一丝》12卷、

大觉寺南莲花寺山门

传临济正宗三十五世佛泉安和尚塔铭

《杂毒海》8卷。

佛泉（？~1744） 讳安，号佛泉，楚之湖北安陆府景陵县张氏子。据元昭氏于《佛泉禅师语录·序》中记载："佛泉大和尚具笃实之性，生秉冰霜之操守，未入归宗之门，已如临济之在。黄檗位下三年，行业纯一，暨受迦老人付嘱之后，潜心苦志，参则真参，悟则真悟，修则真修，真云居，所谓行之之人，而余所谓行而后能言之人也。及乎老人辞世，佛公奉其灵龛建塔于京畿西山大觉寺之傍庐墓，而兼主席，一瓢自爱，足不入城者十有余年，凡城中之学士大夫慕佛公之名而求一见者，山城迢递，邈不可得，盖其真实践履，能令人一望而生欢喜心，而出一言吐一气，亦使人当下知归噫，不意际此佛法陵夷之日而得我佛泉和尚之笃行，君子哉！"[13] 其示寂后，建灵塔于大觉寺南塔院内。塔近代遭到拆毁，其塔铭现埋于大觉寺南莲花寺建筑基座下，如今尚可以清晰的看到"传临济正宗三十五世佛泉安和尚塔"的文字，四周饰以双龙、山石、海水等纹饰。其著述有《佛泉禅

13　大觉寺存《佛泉禅师语录·序》。

师语录》六卷、《佛泉禅师后录》四卷。

月天（1703~1752）　讳宽，号月天，系遵化玉田县孙氏子，母张氏。生于康熙癸未十一月二十四日戌时，童年颖异不凡，二亲强之娶，生二子，性好施，每怀出世之心，年二十九，辛亥依出头山净和尚薙染，次年诣盘山和尚授具戒，至甲寅往京西参大觉师翁一载，深明大法，师翁以从上法印并源流衣拂付之，有掀翻窠臼法眼流传之句。戊午，调叔祖奉上命主万寿，师以深心力辅之，后因正师主江西归宗，尊师翁命代理兴善方丈，居座元寮三载，至甲子春，归省大觉，遂留山中，辅之一载，至甲子冬，师翁谢世，庄亲王命继主大觉方丈，未逾一载遐迩，称其真心实行，住持得体，值遇呈恩重修大觉，此亦希世之奇逢，至辛未春，又荷命兼理印务，非师所尚，唯以佛法为己任，结制打七，单提向上，力振宗风。至乾隆十七年壬申三月九日示微疾，就医于灵鹫庵，师觉病体沉重，急命归山告众，跏趺坐化，蒙发帑金，津送入塔。师住大觉九载，谨守祖风，实心为道，可谓无愧于龙天者也。有语录二卷，嗣法弟子共七人。[14] 其著述有《月天宽禅师语录》上、下两卷。

空恒　生卒年不详。据"笑祖塔院碑"碑阴记载，空恒为道光二十二年（1842）前后大觉寺住持僧。碑阳为"大清京都西直门外笑祖塔院反本寻源归复临济正宗碑记"，临济正宗第三十七世了信撰文，碑文记载了临济正宗反本寻源的缘由。碑阴为助资镌刻此碑的笑祖塔院众法亲名记，其中记述了"极乐寺、万善殿、瑞应寺、资福寺、法华寺、报国寺、卧佛寺、戒台寺、柏林寺、大觉寺、龙泉寺"等 32 个寺庙的主持僧。另据大觉寺寺存"迦陵禅师画像"上的"像赞"记叙"大觉堂上第二代继席法徒实安题……同治二年秋重装第八代法孙空恒供奉"，可知在同治二年(1863) 空恒依然是大觉寺的住持。目前，我们虽无从考证他在大觉寺任住持的确切时间，但自道光二十二年(1842) 至同治二年(1863) 的 22 年时间里，他应该一直在大觉寺主方丈。

佛果　生卒年不详。据大觉寺遗存牌位"传临济正宗四十二世大觉堂上第九代佛果法公和尚之位"和寺存契约文书 037 号记载可知，佛果为同治二年（1863）后大觉寺方丈，并承袭临济衣钵，为临济正宗第四十二世宗师。

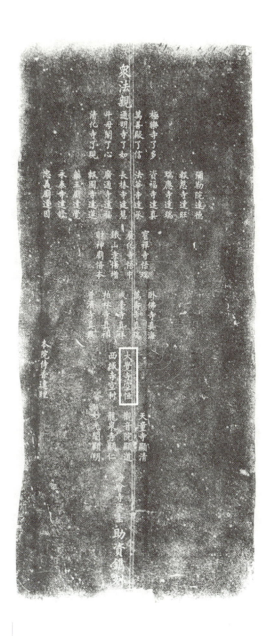

国家图书馆藏笑祖塔院碑碑阴拓片，
确载道光二十二年空恒任大觉寺住持

传临济正宗四十二世大觉堂上
第九代佛果法公和尚之位牌

14 大觉寺存《月天宽禅师语录》经板。

大觉寺历代主持僧名录		
法名	**年代**	**参考文物、文献资料**
绍迁	辽圣宗统和年间（983~1011）	参见"佛顶尊胜陀罗尼幢"
觉苑	辽道宗咸雍年间（1065~1074）	参见"阳台山清水院创造藏经记碑"
智光	明宣德三年（1428）至宣德十年（1435）	参见宣德三年"御制大觉寺碑"、大觉寺钟楼铜钟铭文、《大通法王碑铭》等
周吉祥	明成化年间（1465~1487）至弘治五年（1492）	参见大觉寺南山坡"周云端和尚灵塔"塔铭、房山"明故左善世云端大师吉祥塔"塔铭、"僧录司左善世兼大慈仁并大觉寺住持周吉祥禅师传"碑记
性容	明弘治、正德年间（1488~1521）	参见大觉寺南山坡"周云端和尚灵塔"塔铭及《正德四年大觉寺庙产碑》
悟祥	明正德年间（1505~1521）	参见《正德四年大觉寺庙产碑》
净寿	明正德年间（1505~1521）	参见《正德四年大觉寺庙产碑》
可保	明正德年间（1505~1521）	参见《正德四年大觉寺庙产碑》
定旺	康熙二十七年（1688）前后	参见大觉寺藏清代契约038号
海山	康熙四十五年（1706）前后	参见大觉寺藏清代契约040、041号
性音（迦陵）	康熙五十九年（1720）至雍正四年（1726）	参见《送迦陵禅师安大觉寺方丈碑记》
佛泉（实安）	雍正六年（1728）至乾隆九年（1744）	参见莲花寺建筑基座下"佛泉禅师塔铭"
月天（际宽）	乾隆九年（1744）至乾隆十七年（1752）	参见《月天宽禅师语录》
真觉	嘉庆、道光年间（嘉庆二十五年、道光八年）	参见大觉寺藏清代契约077、005号
慧徹	清嘉庆二十五年（1820）至道光年间（道光十三年）	参见大觉寺藏清代契约073、083号
空恒	道光二十二年（1842）至同治二年（1863）	参见大觉寺藏"迦陵禅师画像"。（空恒，第八代法孙）
佛果	同治二年（1863）后	参见大觉寺遗存牌位"传临济正宗四十二世大觉堂上第九代佛果法公和尚之位"；寺藏契约037
同寿	咸丰十年（1860）前后	参见大觉寺藏清代契约091号
德宝	民国三年（1914）前后	参见租批013—018、020—021、024—025
方宗	民国三年（1914）后至民国十五年（1926）前后	参见大觉寺藏清代契约123号、国家图书馆藏民国十八年大觉寺经板补刻后印刷的《宗鉴法林》序言
福振	民国十八年（1929）前后	参见国家图书馆藏民国十八年大觉寺经板补刻后印刷的《宗鉴法林》序言

（三）近年发现的明清北京地区"临济宗派偈"

大觉寺在明清时期，作为禅宗弘法活动中心而享誉禅林，尤以临济宗法脉为盛，在近年大觉寺大雄宝殿檐柱间发现的契约文书中，夹有一件《临济正宗祖之图》，该图虽无时间落款，但依内容分析，概为明末所撰清初誊录之物。

这张图中值得我们关注的内容有三点。

其一，图中"三徒智光号上师北京海印寺无思藏国人"：智光，即宣德三年（1428）敕谕其入主大觉寺方丈、宣德十年（1435）圆寂的大德高僧。

其二，图中"号金碧峰，家住乾洲永寿县杜家庄"；笑祖塔院碑《反本寻源归复临济正宗碑记》中记载之"碧峰金禅师"概为图中之"金碧峰"，入主雪峰寺另立一支的祖定禅师即为碧峰金禅师派下。

其三，图下侧为临济宗派偈"智慧清净，道德圆明，真如性海，寂照普同。觉信永正，妙法具隆。广庆福果，了悟本宗。"

在我们的考古资料调查中，我们还发现了一些关于临济宗派偈的其他记载。

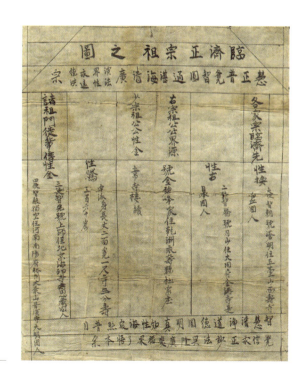

大觉寺藏《临济正宗祖之图》

国家图书馆藏明万历十二年法华寺别院碑碑阴拓本

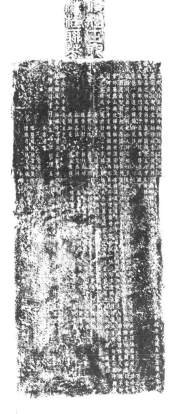

国家图书馆藏清顺治十八年护国寺新续临济正宗碑拓本

国家图书馆藏清康熙二十四年关帝庙碑碑阴拓本

如万历十二年（1584）法华寺别院碑碑阴记载。

续临济正宗派：

智慧清净　道德圆明　真如性海　寂照普同

湛然法界　方广严宏　弥满本觉　□□心宗

□□□□　体生周隆　闻思修学　止观常融

传持妙理　继右贤公　信解行证　月朗天中

顺治十八年（1661)护国寺新续临济正宗碑记载。

觉海永洪　宣援传宗　正脉暇远　□庆福□

体用同遍　真实妙理　清净澄明　□□□照

慈悯利生　平等普度　教启贤喆　解行克功

学□悟达　□□信能　精进□□　庄严品位

玄契参同　惠□□□　佛圆续灯　秉持心印

我原如是　世宜教从　彼岸□诣　□训云仍

嗣先昌后

康熙二十四年(1685)关帝庙碑碑阴记载。

临济正宗法派：

　　智慧清净　道德圆明
　　真如性海　寂照普通

续法派：

　　心源广续　本觉昌隆
　　能仁圣果　常演宽宏
　　惟传法印　证悟会融
　　竖持戒定　永继祖宗

康熙五十七年(1718)弘恩寺碑碑阴记载。

善□福德　慧□海觉

真正□明　□常祖道

□性清净　□喜□□

智行□远　了悟□宗

乾隆四十三年(1778)际瑜和尚塔碑碑阴记载。

临济传法正宗派曰：

祖道戒定宗　方广证圆通

行超明实际　了达悟真空

云居恒朗正杜多复续四十字：

朽枑梧桢椌　枟椐栖椷薿

杆株桐桂朴　栢本栂檀榆

椆柔枢机檖　模楷相格枞

蔇棽榑槌橞　橜梵乐桢楱

道光七年（1827）悟辉塔铭碑阴记载：

宗派源流：

祖道戒定宗　放光证圆通

行超明实际　了达悟真空

朽枑梧桢椌　枟椐栖椷薿

杆株桐桂朴　栢本栂檀榆

椆柔枢机檖　模楷相格枞

蔇棽榑槌橞　橜梵乐桢楱

国家图书馆藏康熙五十七年弘恩寺碑碑阴拓本局部

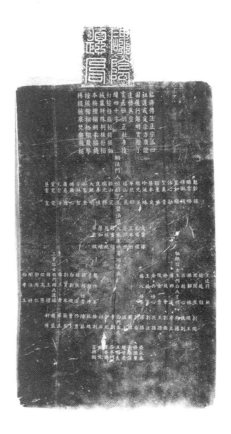

国家图书馆藏清乾隆四十三年际瑜和尚塔碑碑阴拓本

334

国家图书馆藏清道光七年
悟辉塔铭碑碑阴拓本

国家图书馆藏清道光二十二年
笑祖塔院碑碑阳拓本局部

道光二十二年(1842)笑祖塔院碑记载。

祖定禅师所衍：

祖道戒定宗　方广证圆通

行超明实际　了达悟真空

永慈禅师所衍：

普永智朗宏胜德　净慧缘冥正法兴

性海澄清显密印　大乘元妙会心灯

佛恩浩化流芳远　继述长修续嗣深

志愿弥坚参义理　规成谨守镇常新

翼善昌荣因本立　贞祥隆盛复传增

功勋寂照光华蕴　宝镜高悬体用亲

饶益灵文舒景秀　信持静业济时珍

邈然无迹诚诸幻　觉树开敷果自馨

从以上碑刻记载中，我们不难发现，临济正宗在明清不同时期的不同寺庙中，其法脉源流都有各自的记述特点和变化，这些异同之处，对今后临济宗宗派法脉的深入研究具有较高的参考价值。

（四）清代北京地区临济宗的法脉源流

应该提到的还有清代北京地区临济宗的法脉源流发展状况。我们根据已知的相关资料，整理了《清代（包括民初）北京地区临济宗法脉源流简表》。

清代（包括民初）北京地区临济宗法脉源流简表				
世系	宗师	相关时间	寺院	佐证资料
第三十三世	传临济正宗第三十三世梦庵禅师	康熙四七年（1708）圆寂	柏林寺	《新续高僧传》
	传临济正宗第三十三世上滇下波古翁太祖老和尚	乾隆四十三年（1778）立"瞑波行略碑"	云居寺	瞑波行略碑
第三十四世	传临济正宗第三十四世迦陵音和尚	雍正四年（1726）圆寂 雍正六年（1728）建塔	大觉寺	迦陵禅师塔铭 迦陵禅师画像
	传临济正宗第三十四世上粲下海玢公和尚	乾隆十九年（1754）建塔	柏林寺	明玢寿塔额
	传临济正宗第三十四世圆通广禅师	雍正七年（1729）圆寂 雍正十年（1732）建塔	云居寺	明广塔碑
第三十五世	传临济正宗三十五世佛泉安和尚	乾隆九年（1744）圆寂	大觉寺	佛泉禅师塔铭
	传临济正宗三十五世了尘福禅师	乾隆十年（1745）圆寂 乾隆十一年（1746）建塔	云居寺	
第三十六世	传临济正宗三十六世月天宽和尚	乾隆十七年（1752）圆寂	大觉寺	《月天宽禅师语录》
	传临济正宗三十六世上彻下悟醒公老和尚		资福寺	彻悟灵塔塔铭
	传临济正宗三十六世万安瑜和尚	乾隆三十三年（1768）圆寂 乾隆四十三年（1778）建塔	云居寺	际瑜和尚塔碑
第三十七世	传临济正宗第三十七世上恒下朗正公和尚	乾隆四十七年（1782）圆寂 嘉庆七年（1802）建塔	云居寺	了正塔碑
	传临济正宗三十七世了信		万寿殿	笑祖塔院碑
第三十八世	传临济正宗第三十八世大乘焕公和尚	嘉庆十五年（1810）圆寂 嘉庆十九年（1814）建塔	云居寺	达焕和尚碑
第三十九世	传临济正宗三十九世福渊辉公和尚	道光五年（1825）圆寂 道光七年（1827）建塔	云居寺	悟辉塔铭
第四十世	传临济正宗第四十世明文达公和尚	道光十二年（1832）圆寂 道光十六年（1836）建塔	云居寺	真达塔碑
第四十一世	传临济正宗第四十一世空利和尚		云居寺	空利塔铭
	传临济正宗第三十二代上恒下隐心平大师	道光二十三年（1843）建塔	广恩寺	
第四十二世	传临济正宗第四十二世上印下光显明禅师	道光十九年（1839）建塔	妙光阁	印光和尚塔碑
	传临济正宗四十二世佛果法公和尚		大觉寺	佛果法公牌位
第四十三世	传临济正宗第四十三世密增和尚	同治四年（1865）圆寂 光绪八年（1882）建塔	云居寺	密增行略碑
第四十四世	传临济正宗第四十四世慈霞照公老和尚	光绪十九年（1893）圆寂 民国十三年（1924）建塔	云居寺	印照塔铭
第四十五世	传临济正宗第四十五世保泰澄公和尚	民国三年（1914）圆寂 民国十二年（1923）建塔	云居寺	大澄塔铭

以上《清代（包括民初）北京地区临济宗法脉源流简表》是我们对北京地区相关碑刻资料进行调研后所得，因可查资料有限，所以我们今天看到的是一份尚不完整、有待日后补充的表格。通过这份简表，我们不难发现其中一些问题：为何临济正宗第三十三、三十四、三十五、三十六、三十七、四十二世嗣法高僧均有两人甚至三人？纵观此简表，云居寺从第三十三世起几乎代代衣钵相传，目前只是欠缺云居寺临济正宗第四十二世高僧的相关记载和佐证资料。由此推想，大觉寺、柏林寺、资福寺等禅宗巨刹是否也像云居寺那样衣钵相传、法脉相沿呢？清代北京地区临济宗宗派发展到底是怎样一种状况呢？

带着这样的疑问，我们来解读一下刊立于海淀区北太平庄的笑祖塔院碑《大清京都西直门外笑祖塔院反本寻源归复临济正宗碑记》，或许我们可以得到一些答案。

额题：临济宗派

大清京都西直门外笑祖塔院反本寻源归复临济正宗碑记

钦命管理僧录司事务正堂万善殿住持传临济正宗第三十七世了信撰

顺天府学□膳生员韩憍敬书

护法弟子四品宗室国仁篆额

盖闻事有终始水远必寻夫源理寓循环人穷则反其本吾宗支派向用祖定禅师演出之二十字相沿既久传袭至今目下字数已完而继世者莫知祖述承吾宗诸大宗匠折衷于信因思传教修德务须反本寻源旧有海祖永慈禅师衍出一百一十二字煌煌训典前世失传与其舍旧而图新孰若诎今而述古于是商诸宗派从兹绪复真传庶几源远而流自长支清而宗得正也谨陈其事

如左

祖道戒定宗　方广证圆通　行超明实际　了达悟真空

右乃传碧峰金禅师派下祖定禅师入闽住雪峰寺另立一支从祖字起二十字并非临济正宗衍

出及至幻有传祖下杰出天童悟磐山修二支用起圆字以延至今

日现值空字以下绵世系者众

　　论不一有欲用龙山祖派者有欲另立一支者终非至当吾宗诸大宗匠互兴衍唱宜思木本水源

　　务求其宴自有正宗正派源远流长毋致祖牒混淆而复归于正系故名之曰反本寻源

　　普永智朗宏胜德　净慧缘冥正法兴　性海澄清显密印　大乘元妙会心灯　佛恩浩化流芳远　继述长修续嗣深　志愿弥坚参义理规成谨守镇常新　翼善昌荣因本立　贞祥隆盛复传增　功勋寂照光华蕴　宝镜高悬体用亲　饶益灵文舒景秀　信持静业济时珍　邈然无迹诚诸幻　觉树开敷果自馨

　　右系传临济正宗派下海舟永慈禅师衍出之一百一十二字从普字起与祖定禅师所衍之戒字同辈从戒字到空字□与海祖所衍性海澄清之清字同辈凡我同宗诸后贤至空字以下宜即从海祖永慈禅师所衍性海澄清显密印之显字起是仍归复临济正宗正派矣信与诸同宗再三商酌意见皆同爰书此以垂后世法而非信一人之臆断愿诸宗派诸后贤谅之若谓门庭热闹因而

　　各出己见另立支派致涉歧途信亦未如之何也是为记

　　道光二十二年岁次壬寅四月　　　　日建

　　该碑记为钦命管理僧录司事务正堂万善殿住持传临济正宗第三十七世了信撰，了信为何写这样一篇《归复临济正宗碑记》？碑文道出了缘由；"盖闻事有终始，水远必寻夫源，理寓循环，人穷则反其本。吾宗支派向用祖定禅师演出之二十字，相沿既久，传袭至今，目下字数已完，而继世者莫知祖述，承吾宗诸大宗匠折衷于信，因思传教修德务须反本寻源，旧有海祖永慈禅师衍出一百一十二字，煌煌训典前世失传，与其舍旧而图新，孰若述今而述古，于是商诸宗派，从兹绪复真传，庶几源远而流自长，支清而宗得正也。谨陈其事。"又为何称为"反本寻源"呢？碑文中也有详细阐述；"传碧峰金禅师派下祖定禅师入闽住雪峰寺另立一支，从祖字起二十字，并非临济正宗衍出，及至幻有传祖下杰出，天童悟磬山修二支用起圆字以延至今日，现值空字，以下绵世系者众论不一，有欲用龙山祖派者，

国家图书馆藏道光二十二年　　　　　　　国家图书馆藏清咸丰元年陕西重刻、同治三年
笑祖塔院碑碑阳拓本　　　　　　　　　　北京房山云居寺重刻笑祖塔院碑拓本

有欲另立一支者，终非至当，吾宗诸大宗匠互兴衍唱宜思木本水源，务求其寔，
自有正宗正派源远流长，毋致祖牒混淆而复归于正系，故名之曰'反本寻源'。"

　　通过该碑记，我们可以明确临济正宗的谱序，即海祖永慈禅师衍出之
一百一十二字，"普永智朗宏胜德　净慧缘冥正法兴　性海澄清显密印　大乘元妙
会心灯　佛恩浩化流芳远　继述长修续嗣深　志愿弥坚参义理　规成谨守镇常新　翼
善昌荣因本立　贞样隆盛复传增　功勋寂照光华蕴　宝镜高悬体用亲　饶益灵文舒景
秀　信持静业济时珍　邈然无迹诚诸幻　觉树开敷果自馨"。这个谱序的明确，对
于我们研究临济宗宗派的发展脉络至关重要。

　　有趣的是，这份由了信禅师于道光二十二年（1842）撰写的《反本寻源归复临
济正宗碑记》，曾于咸丰元年（1851）在陕西省西安市被重刻，同治三年（1864）
再次被北京房山云居寺重刻，碑文内容相同，不同的只是撰述与镌刻人员的变化。
同一块碑记，被多次刊刻，其原因不难想见：临济宗派在清代前期达到了鼎盛，

支派众多，法徒法孙众多，随之也就产生了相应的问题，这就是如何才能使临济正宗祖牒清晰、不致混淆。于是《反本寻源归复临济正宗碑记》应运而生。该碑记的出现也足以说明，在道光二十二年临济宗已因"现值'空'字，以下绵世系者众论不一，有欲用龙山祖派者，有欲另立一支者"而产生了支派分歧，宗谱排序问题如不解决，将严重影响"正宗正派源远流长"，而致"祖牒混淆"。正是在这样的历史背景下，了信禅师撰写了这篇碑记，而后为广大临济宗道场所传承。

《反本寻源归复临济正宗碑记》的撰写者为钦命管理僧录司事务正堂万善殿住持传临济正宗第三十七世了信，在"反本寻源"、"归复临济正宗"这个问题上，他是作为临济正宗的一代宗师"与诸同宗（共32座寺庙）再三商酌意见皆同"而定，并非"信一人之臆断"。其中作为了信之前的第三十三世至三十六世临济正宗宗师所在道场西域云居寺，大觉寺、柏林寺、资福寺等寺庙参与了此次商酌，并一致赞同"空字以下宜即从海祖永慈禅师所衍性海澄清显密印之显字起"法脉相传。如此可见，这个决定在北京地区临济宗派中具有极高的权威性，乃至陕西省西安市的临济禅林在十年后的咸丰元年仍效仿重刻此碑记并尊崇沿用之。

大覺寺

DAJUE TEMPLE

第 十 章

寺庙园林及古树名木

修葺一新的大觉寺山门

　　北京是一座具有 3000 年城市文明史的历史文化名城，又曾是辽、金、元、明、清五个封建王朝的政治和文化中心。历代帝王、皇亲国戚，文武百官都争相在京郊的西北地区建造园林庄园和寺庙道观。在北京最早建造园林的当属金朝皇帝。八百年前金章宗在北京西山一带建立了著名的八大水院，这里成为他游幸西山时驻跸的行宫，从全国各地征召能工巧匠，不惜巨资，建造山清水秀、意境幽远的皇家园林、行宫别苑。明清时期，北京西北郊营建园林之风更是高潮迭起，不少王公贵族、文人雅士都来此建园游览。在历代统治者的倡导支持下，佛教日益兴盛发展，作为宗教文化的佛寺建筑也就大量出现，随着寺观建筑的日渐增多，相应出现了寺观园林这个新的园林类型。佛寺之内建有园林，最早出现在南北朝时期。僧侣们纷纷选择远离市尘的深山碧水间建立精舍梵刹，潜心修行，以避尘世所扰。建在郊野山林的佛教寺院周围，风景优美，古木参天，流泉淙淙，群山叠翠，自然景色清幽秀丽。正是因为寺院及其周围幽雅静谧的园林化氛围，吸引了古往今来的文人名士，他们大都喜爱这里的自然环境和人文景观，有的人更愿借住在其中读书养性，历代帝王以此作为行宫的更是屡见不鲜。[1] 坐落在郊外旸台山麓的古刹大觉寺，就是一座典型的园林式皇家寺庙，寺内后山园林是大觉寺的附属园林。

（一）大觉寺寺庙园林

园林是一种立体的空间综合艺术，通过叠山理水、种植花草树木、建筑亭台楼阁构成富有诗情画意的艺术环境，达到"虽由人作，宛自天开"的境界。因此建园选址极为重要。寺观园林的选址更要考虑多方面的因素：首先是地形地势，所选取的这个地区应当最能反映整个山麓风景的特色，同时也要有优越的地理条件，引山泉溪水入寺为最佳，水源既要充足，排水也要便利。依山就势的台地尽量平坦开阔，因此地偏境幽、林木茂盛、水源充足的山坳和山麓则成为最佳的建寺建园地点。

大觉寺坐落在京西名山旸台山东麓，旸台山是北京西北部连绵起伏的群山之一，属太行山余脉，在这一地区分布着一系列东北—西南走向、岭谷相间排列的山体，主要由火山灰岩构成，岩石风化后形成的肥沃土质，非常利于植物的生长，因此这里林木葱郁，物种丰富，景色宜人。旸台山山形雄伟美丽，从温泉向西望去，其山势就像一头睡梦中蓦然惊醒的雄狮，头南尾北，昂首张望。因此，当地人也称此山为狮山。大觉寺就在这卧狮的怀抱之中。寺院坐西朝东，前临平畴沃野，景界开阔，三面环山，中有泉水通过，绕寺环流。西高东低的地势非常便于水体的排放。寺院周围青山连绵，林木茂盛，水源丰沛，优美的自然环境本身也已具备了造园的条件，生态环境保持良好，非常适宜营造大规模的寺观园林，寺庙选址在此符合营建园林的条件。

山、水、植物、建筑是构成园林的基本要素，寺观园林的构成也是如此。因此筑山、理水、植物配置、营造建筑是建造园林的重要工作。山水园林中，山水地形是造园的基础，两者缺一不可。大觉寺寺内后山园林充分利用了可凭借的山形地势，泉水流向，建成了很有特色、富有层次、曲折多变、清幽雅致的山水小园林。

1　周维权：《中国古典园林史》，清华大学出版社，1990。

古寺新姿

大觉寺山门夜景

古殿春色

古殿春色

大覺寺

第十章　寺庙园林及古树名木

古殿春色

白塔秋色

大觉寺南玉兰院、四宜堂

寺院依山而建，旸台山自古为京西名山，山势雄伟，起伏连绵，流泉淙淙，怪石嶙峋，得天独厚的地理环境创造了天然山水的形态，构成了完整的山环水绕，草木葱郁的景象，自古以来就成为风水宝地，因此园林建设不需要大规模的筑山之举，凭借天然的地形地势，就可建筑多姿多彩的亭台楼阁等园林建筑。寺内建筑依山就势，灵活布局，高低错落，引人入胜，充分利用台地高坡，造成殿与殿、院与院的错落，使得山势更显其高峻，殿宇也更显其雄伟。

俗语道"天下名山僧占多"，这句话反映了佛教寺庙选园建址的特点，幽远静谧的山地林间所表现出来的超凡脱俗，远离尘世的意境非常符合僧侣们修身养性、建造精舍梵刹的要求。在中国很多名山胜地、山林水畔都建有著名的寺庙。为了增添寺院的宗教氛围，同时也要将建筑本身的修造和花草、树木的配置相和谐，弥补原有山体的不足，还需要构筑假山。假山与真山不同，多以人工堆土垒石砌出山的形状，小巧精致。大觉寺寺内的假山具有独特的艺术风格，主要分布在憩云轩建筑前后及龙王堂和畅云轩等古建筑附近。憩云轩是一座园林风格的建筑，位于南路山坡高台之上，曾是清代帝王的行宫，轩前有青石铺就的台阶，两侧堆砌一些山石，从坡下往上看，假山及两旁的青翠竹林把整个建筑平遮半掩，登上山石台阶，方能看到宽敞隽秀的主体建筑，假山造型突出了憩云轩这座主体建筑的高大轩昂，使之藏而不露，体现了清幽隐秘的园林效果。憩云轩后至领要亭一带，山势陡峻，这里用青石堆叠了大片的假山，东低西高，连贯起伏，颇具自然山野之意趣，在这片假山石中还立有许多乾隆皇帝御制的游览大觉寺的诗文，过去这里曾有泉水顺山势呈三叠飞瀑状奔腾而下的壮丽景观，遗憾的是此景早已不存，如今所见"飞瀑流泉"，为近年恢复，其形其势已远非当年所比，假山石中还间杂种植有许多树木，盛夏时节，浓荫蔽日。

在憩云轩、四宜堂、领要亭等建筑附近有几株老松，树姿古拙，巨大的树冠犹如一把把巨伞遮盖着建筑。憩云轩前后的假山，增加了原有山势的起伏层次，显示了佛教仙山的特色，山石中间所种植的枫树、橡树，树姿优美，景色四时不同。憩云轩至寺内最后一座建筑龙王堂前有一条青石铺成的小道，蜿蜒曲折，顺石阶而上可直达龙潭泉水之旁。这里的山势呈缓坡状，中间青石堆叠的小道，使得山路更显崎岖。龙王堂是一座二层建筑，坐落在寺内后山园林的高台之上，堂前有龙潭，波平如镜，鱼戏莲荷，蓝天、丽日、塔影倒映其中，景自天成。龙王堂两侧也堆叠着人工山石，中有石阶可直通二层楼上，此处假山的堆叠使得这座殿堂不显突兀和呆板，远远望去，仿佛坐落在虚无缥缈的仙山幻境之中。寺内后山的西南边有一六角形古亭，掩隐在葱绿林木之中。这座亭子名叫领要亭，亭名为乾隆所赐，惜匾今已无存，亭子周围假山随坡而造，高低错落，颇具山高亭隐之意境……以上几处假山叠石，除龙王堂及憩云轩前的山石保存完好外，别处山石由于年久失修及自然塌毁，有的走形倒塌，有的凌乱不堪，以难见当年玲珑秀美之景观，亟须恢复原貌。

龙王堂北侧的高台之上建有一座高大的建筑，名曰畅云轩，龙潭泉水从轩前经过，涓涓细流，顺坡而下，因西高东低的地势而形成的水流落差使泉水发出淙淙的声响，石渠两侧及近旁的大片湿地布满了清绿色的苔藓，时有蜂蝶在渠边上下飞舞，啜吸甘泉。畅云轩一直到坡下的建筑香积厨后面，种有大片的竹林，因有北路流泉的滋润，竹竿挺拔，青葱秀丽，若在盛夏雨过天晴时节游览古寺，寺内雾霭弥漫，水气沼沼，使游人宛若置身于秀美的江南园林之中。

水是自然界中最活跃的物质，是塑造园林的基本要素。没有水，就没有生命万物，山也会失去灵秀。大觉寺内山泉水，源自寺外李子峪峡谷，伏流入寺，出

大觉寺南坡新貌

大觉寺无量寿佛殿夜景

龙潭后分做两股，同汇聚于寺内功德池中。泉水清冽甘美，绕寺长流，千年不竭。历史上的北京西北地区泉眼众多，泉水丰沛，然而随着时间的推移、生态环境的改变，天然水源渐渐减少，地下水逐年下降，有许多泉眼都已干涸，而大觉寺内的泉水至今仍汩汩流淌，四时不竭。不愧为神山宝地。大觉寺历史上曾有清水院、灵泉寺之寺名，得名均与这流泉有关。当年寺僧建庙选址在此，考虑的首要因素当也是这道不舍昼夜、奔流不息的山泉水了。泉水不仅是寺内重要的生活饮用水，同时也是构成寺庙园林风景的重要内容，形成山环水绕，曲水流觞的绝妙景致。

大觉寺的水系是以东西向的泉水为脉络的，与天然地表水流向一致，顺西高东低的地势，流淌而下，院内平地挖池，水流成渠。山泉绕寺环流，形成了龙潭、石渠、碧韵清池、玉兰院水池、功德池等多处水景。俗语说"山贵有脉，水贵有源"。寺内天然泉水源于山后李子峪峡谷之中，泉水清澈，水流通畅，流量稳定，水温常年在12℃左右，泉水一年四季长流不竭，即使在干旱的年份也从未断流过，富含丰富的矿物质，偏硅酸、锶等元素达标，经专家鉴定为天然的矿泉水，极具开发价值。奔流不息的山泉水，滋润着古寺的一草一木，也给古寺带来无限的生机。如今利用这天然泉水之优势在寺内开辟的明慧茶院，已成为京城外一处独具特色的品茗聚会、休闲娱乐的好场所。游览之余，在此小憩，呼吸着郊外山野的新鲜空气，品啜着灵泉泉水沏出的香茶，您定会感到怡然自得，如入仙境。

泉水入寺后分作两道水线，北路泉水呈溪流状，潺潺流淌，经畅云轩、竹林、碧韵清池汇入前院功德池中；南路水线出龙潭顺山势呈三叠飞瀑状，汇于憩云轩后石渠，经四宜堂等院落最后也流入功德池中。当年两股流泉长流不息，从山上往山下望去，两道泉水摇摇摆摆，时曲时折，犹如二龙戏珠，构成寺内八绝之一的"二龙戏珠"泉水景观。大觉寺早在辽金时期就因水景之胜而得名"清水院""灵泉寺"。由寺外引双泉贯穿全寺，既作为生活饮用之水，又创造了多层次的水景。奔流不息的山泉水，串联了龙潭及大小不同、形态各异的各处水池，形成丰富多彩的水体景观。

碧韵清池

碧韵清池是由一整块天然大理石精雕细琢而成，池的西沿刻有"碧韵清"三字，字体古朴，苍劲有力。"碧"是形容泉水汇聚池中时所形成的碧绿颜色，当年池旁曾栽有一棵樱桃树，在浓郁的树荫底下池水呈现碧绿的色泽。"韵"是水流入流出时发出的声响，池的东西两沿各有进水口和出水口，泉水从出水口流出时与一个小方池形成高低落差，发出富有韵律的声音。"清"是形容池子的功能，沿石渠顺山势蜿蜒而下的泉水由于露天流淌，加之石渠久经风雨侵蚀逐渐变浅，从山上流下的泉水常常夹带着一些落叶泥沙顺流而下，泉水在流经此池时，由于池深、水缓，泥沙逐渐沉淀，池子就起到了过滤沉淀的作用，从出水口流入功德池中的泉水又变得清澈透明了。碧韵清水池长约 2 米、宽 1.3 米、深约 0.5 米，

碧韵清池

龙潭

池两端各有一凹口，一为进水口，一为出水口。石体呈灰色，其间还夹杂着乳白、黛黑色的花纹，石质坚硬，花纹细腻，也为寺内八景观之一。池边建有一座宽敞高大的建筑物，据说曾是寺内香积厨，即僧人的食堂，此处建池，大概也是为了僧人生活取水方便吧。

龙潭

位于寺内最高处龙王堂前，这是寺内一处天然与人工巧妙结合的景物之一，潭边设石雕栏板，上面雕刻有牡丹花卉的盆景，栏板柱头上雕有石狮四个，姿态活泼，神情各异，据专家考证为金代清水院遗存。潭内西侧有一石雕龙首，泉水由龙口吐出缓缓注入龙潭，泉水保持平满，不溢不涸，正如乾隆为之御题的一首诗词："山半涌天池，淙泉吐龙口，其源远莫知，郁葱叠冈薮。不溢复不涸，自是灵明守"。其实泉水的不溢不涸，那是因为池内设有出水机关。泉水流入池中汇聚成潭，然后分为两股，同汇于山下功德池中。过去泉水流量极大，龙潭水中有一座呈笔架形状的山石，泉水从龙口喷射而出，穿过笔架形山石，激起巨大水花，形成喷泉射窦的景观，现如今，泉水流量早已没有当年那么大，那么急、笔架山也倒伏在池内的淤泥当中。龙潭内生长着睡莲、水草等水生植物，盛夏时节，潭水清碧，莲花怒放，游鱼穿游，是寺内别具情致的一处胜景。

功德池

一进入大觉寺山门，登上石砌台阶，就可看到两个方形水池，池中有石桥相连，这就是寺内的功德池，池的四周砌有半米高的花栏矮墙，池南北两端正中各有一石雕水兽，水兽造型古朴，泉水从龙口流出，昼夜不息，清脆悦耳，乾隆帝为此池曾赋诗一首："言至招提境，遂过功德池。石桥亘其中，缓步虹梁跻。一水无分别，莲开两色奇。右白而左红，是谁与分移。"从乾隆的御制诗文中可知：当时功德池中曾栽植有大片的红色和白色的莲花，因此功德池俗名也称作莲花池，池中红白两色的荷花，争奇斗艳，对比鲜明，堪称寺内一大美景。不知吸引多少人到寺中游览观看。如今这一美景早已不存，只有一池碧水倒映着蓝天、绿树，各色鱼儿在平静的池水中自在闲游。如若恢复此景观，当也是京城一处绝好的观荷赏莲之佳境。

北玉兰院水池

北玉兰院水池

以前北玉兰院曾有一水池，形状是不规则的，有半米高的青石护栏。池内配有一组西湖假山石，水池中还植有莲花。池边种有两棵玉兰树，因此小院也因此得名玉兰院。清池碧水，绿树繁花使得玉兰小院清幽秀丽，别有洞天。可惜后因此院重修，水池被填平，当年泉水穿廊跨院的美景在这里已经消失，令人遗憾。

综观大觉寺的理水，水出有源，水流充足。水的走向与西高东低的地势平行，分布于寺内的潭池、渠道，便于承接山地雨季大量的积水，既解决了山洪的疏导与排泄，也构成了独特的院内泉水景观。由于水源充沛，土壤中含水丰富，院内空气湿润，草木繁盛，翠竹丛生，置身其中，如同来到山清水秀的南方古寺。院内人工水景的开凿也非常符合自然之理，由泉而潭，从潭引溪，溪汇于池，将泉水引入院内各处创造了泉水绕寺，游鱼嬉戏的景色，处处给人以清新、和谐、秀美、灵动之感觉。

园林的生命在于植物，没有花草树木的栽植，也就谈不上园林，大觉寺内的园林如同绿色的海洋，建筑、潭池和通道掩隐在一片万绿丛中。据统计寺内植物种类丰富，多达 70 多种，植物中还有许多北京地区稀有的珍贵品种。整个寺院以常青的松柏为基础，中路建筑前后多种植松树、柏树，苍松郁郁，古柏森森，冬夏常青。秋天是大觉寺最美的季节，树的叶片随季节不断变化颜色，古殿前的银杏满树金黄，后山的枫柿，丹叶飘飘，硕果累累。银杏、枫树、槭树与松柏错落点缀。庭院里栽有各色花卉，池堂中植有绿荷粉莲，建筑前种有苍松翠柏，形成了寺内春花、夏荷、秋叶、冬松的四时美景，建在其中的殿塔楼堂，在蓝天白云的映衬下，更显古朴庄严。运用园林化的手法来渲染佛国天堂的理想境界，使之处处呈现别具特色的山地园林景观，大觉寺堪称为典型的一例。[2]

寺内建筑依山而建，景点布局采用了隐藏的手法，主要殿堂藏而不露，但如果沿路走过，却又"柳岸花明"，豁然开朗，景色尽入眼中，其中的一藏一露，增加了园林景观的层次，此情此景，处处皆是。赏心悦目的园林景观不仅激发人们情感上的共鸣，而且引起人们的无限联想。如寺内园林建筑憩云轩，领要亭颇具江南风格，静坐山后轩内亭前，小憩其中，仿佛置身于江南园林之中，园内古树参天，流泉淙淙，放眼望去，简直就是一幅清秀妩媚的风景画。寺内多处建筑景点都有题诗和匾联，字句简明扼要，突出了景物的精华。比如领要亭之亭名，虽然出自乾隆诗词"山水之趣此领要"，但也道出了此亭的重要地位，它占据着寺内制高点，象征山高亭隐之意，在此处凭栏远眺，寺内佳景尽收眼底。寺中建筑多有楹联，细致地描写出寺中建筑与花木情景交融的意境，如："泉声秋雨细，山色古屏高"，"暗窦明亭相掩映，天花涧水自婆娑"之楹联，形象地描绘出古寺的神韵。在春雨萧萧、秋雨绵绵的不同时节，于轩中品茗小憩，听山泉淙淙，赏青山绿树，颇能感受乾隆皇帝的"我憩云亦憩，此意谁能知"的心境。

大觉寺

第十章　寺庙园林及古树名木

2　周维权：《中国古典园林史》，清华大学出版社，1990。

（二）大觉寺内古树名木

古树是我国宝贵的物产资源和重要的历史文物，是有生命的无价之宝。

古树的生命力极强，有活文物的美誉。在几百年甚至上千年的岁月长河里，棵棵古树可谓阅尽了人世间的苍桑变化，无言的记录着自然界的自然变化和人类社会的兴衰历程。

拥有3000多年建城史的北京，其悠久的历史遗留下数量众多的古树资源，特别是西北郊地区，许多古树因生长在偏僻的山地旷野寺庙陵墓中而保留下来，在特定的环境下，形成许多古树群，长势良好，造型奇特。大觉寺内古树名木有很多，其中不乏北京地区稀有的珍贵品种，如七叶树、楸树等。全寺有古树百余棵。古树名木是有生命的文物，是珍贵的文化遗产，同时也是悠久历史的见证。大觉寺里的千年古银杏树，经历了早期辽代建寺的历史，见证着古老寺院的兴盛衰微，正如乾隆御题古诗中写到"古柯不计数人围，叶茂孙枝绿荫肥，世外苍桑阅如幻，开山大定记依稀。"千姿百态的古树，虬枝古干，生机勃勃，拥有极大的观赏及科研价值。

七叶树

七叶树，属七叶树科，是落叶乔木，它的叶子呈掌状，分为七辫，花为白色，众多的小花簇成圆锥形状的花序，每年五六月开花，其果实呈球形，可以入药。

七叶树

大觉寺千年银杏

　　大觉寺内的七叶树栽种在方丈院内，植于明代，已有 500 多年的树龄，尤为珍贵，此树高十余米，周长近 3 米，枝干遒劲，郁郁葱葱。七叶树夏初开花，花如塔状，又似烛台，每到花开之时远远望去，花簇白中泛紫，像是蒙上一层薄纱，美妙至极。更为可观的是，这满树的花簇朝天而立，微微向中路主殿方向倾斜。仿佛众多弟子在向佛祖朝拜，为众生祈福，因此吸引众多游人争相观赏。

　　七叶树又被称为娑罗树，其实，佛教中的娑罗树并非这种七叶树，只不过是古人把娑罗树和七叶树混为一谈了，七叶树是我国园林庭院树种，属七叶树科落叶乔木，与娑罗树完全不同，北方寺院内多有栽植。

银杏树

　　大觉寺内古树很多，它们以其苍劲古朴的树姿，神奇美丽的传说，吸引着众多的游人驻足在此，赞叹之声不绝于耳。松、柏、银杏是大觉寺的主要树种，尤以中路建筑两侧为最。其中栽种在寺内无量寿佛殿前的银杏树，久负盛名。

　　银杏树又名白果树、公孙树。雌雄异株，木材质密，生长缓慢，是我国特产。第四季冰川时期之后只有中国才有银杏树存活，因此现在世界各地的银杏树都是由中国传入的。银杏树有"活化石"之称。树叶呈折扇状，入秋绿叶变为金黄，树干挺拔，生长茂盛。大觉寺这棵银杏树树龄已逾千年，人称银杏树王，此树高达 30 多米，远远超出大殿的顶部，浓荫遮盖了大半个院子，树干之粗要六七个成人手牵手方能围拢。乾隆帝曾为此树赋诗一首"古柯不计数人围，叶茂孙枝绿荫肥，世外苍桑阅如幻，开山大定记依稀"，此诗就刻在寺内龙王堂边的假山石之上，这棵古银杏至今依然枝繁叶茂，长势极好。传说，在离这里不远的醇亲王园寝（七王坟）也曾种有一棵银杏树，树干粗壮，枝叶茂盛。慈禧因害怕王爷坟上的大银杏树过于茂盛会压过皇上这一脉，于是下令将其砍伐掉。从此以后，大觉寺内的这棵银杏树便成为西山银杏之冠了。

寺内银杏树共有四株，分布在中路殿堂及北路跨院之内，无量寿佛殿前的两棵银杏树，一棵雌树，另一棵是雄树，雄树树龄已逾千年，号称"银杏树王"。每到秋季，南侧的银杏树树冠上挂满了金黄色的果实，犹如金珠，随风摇曳，北侧的银杏树王，枝干挺拔，钻入云天，形同一把撑开的金色巨伞，秋风吹过，落叶飘飘，殿前的台基、地面 仿佛碎金铺地，金光耀眼，两棵高大的银杏树，吸引众多的游人争相观赏。寺内北跨院生长着一棵树形奇特的古银杏，此树高约 20 余米，树龄已逾 500 年，奇特的是，在这棵古银杏的主干四周，有九棵粗细不等的小银杏树，就象九个孩子围绕在母亲身旁，称"九子抱母"。这九棵小树枝叶茂盛，远观像一片小树林，也形成"独木成林"的奇景，九是一个吉祥的数字，为阳数之极，古银杏四周能长出这样九棵小树来，也是很奇特的事情。寺内靠近山门处的北侧跨院内还有一棵更令人称绝的古银杏，因游人足迹不至使得至今还未被更多人欣赏到，银杏树有雌雄之分，而这棵古银杏却雌雄共生一体，其根部树干盘绕相缠，很难分清原为两棵古银杏，更不用说辨别雌雄了，只有到金秋时节，巨大的树冠只有一半结出丰硕的果实时，人们才能分清哪一棵是雌树，哪一棵是雄树。因此，有人干脆把这棵古银杏命名为龙凤树。

秋天是大觉寺最美的季节，也是寺内银杏树景色最美的季节，当金风送爽时，古银杏带给我们一片灿烂的金黄。郭沫若先生非常喜爱银杏树，他曾写有文章赞叹银杏树，"秋天到来，蝴蝶已经死了的时候，你的碧叶要翻成金黄而且又会飞出满园的蝴蝶……那是多么嶙峋而又洒脱呀，恐怕自有佛法以来再也不曾产生过像你这样的高僧。"这是郭老对银杏的至高礼赞。如今郭沫若纪念馆前院还有一棵当年他从西山大觉寺林场移来的银杏树，当年的小树苗，今天已长成参天的大树。

银杏树不但是绿化观赏的优良树种，而且全身是宝，木质坚硬，纹理细腻，

大觉寺无量寿佛殿及千年银杏

古楸树

是上等的建筑材料，它的果实营养丰富，还可入药，有化痰止咳、通经、利尿等功效，果皮有毒性，可用来杀灭害虫。银杏树树姿高大，不生虫害，果实洁白，象征佛法弘传、佛门洁净，所以古老寺院中都有种植，愈是古老的寺庙，愈能多见古老的银杏树。北京除大觉寺外，在法源寺、五塔寺、潭柘寺、碧云寺等寺院都有百年以上的银杏树，金秋时节，树叶金黄，硕果累累。

古楸树

自古以来，楸树就是著名的观赏树木，古老的寺院中常常可以见到它的身影。楸树树体高大、伟岸挺拔，花朵形状如同小钟，白色的花冠上点缀着紫色的斑点，奇趣横生。每到春季开花时节，满树繁花，随风摇曳，令人赏心悦目。寺内古楸树，树龄已逾百年，栽种在功德池畔，树姿古拙，长势良好，是著名的观赏树种。花开时节，花朵一半落在池边小径，一半落在池水之上，淡紫色的花朵点缀的池边小径，池中之水美丽异常。楸树属紫葳科，落叶乔木、树干笔直、生长旺盛、木质细腻，适于建筑雕刻。

白皮松　　　　　　　　　　　　　　　鼠李寄柏

白皮松

白皮松生长在寺内方丈院后院，树身挺拔高大，树形奇特古雅，尤其是树皮呈鳞片状，像贴在树干上面，常常自动剥落下来，远远望去树干仿佛蛇皮一般，所以又称白皮松为蛇皮松。树下拾起一片剥落的树皮，摩挲于掌中即可闻到一股松木的清香，沁人心脾。一首古诗这样赞美白皮松："叶坠银权细，花飞看粉干。寺门烟雨里，混作白龙看。"正是它生动形象的具体写照。

白皮松是我国特产树种，常被种植在古老的庙宇名园当中，是著名的观赏树种。寺内白皮松，树高 30 余米，枝权分生，浓荫蔽院，白皮松在寺内只有一棵，就种在方丈院内，古老的松树，枝叶繁密，长势良好。

古柏奇观

寺内有柏树 20 余棵，分别植于寺内中路建筑两侧、南北跨院和后山园林之中。柏树产于我国，适应能力极强，树龄越长，树姿生长越古拙。在园林中享有盛名。

在古代柏树也常常植于寺庙及墓地之中，给周围环境带来幽静肃穆的气氛。寺内柏树，古老遒劲，树姿奇特，常常被游人赞赏称奇。有两棵古柏，不仅树形古拙，而且树干上还有其他树寄生其上，形成独具特色的古柏奇观——树上树。寺内功德池桥边的古柏树，树龄已逾八九百年，古拙的树干分枝处曾寄生一棵老藤，得名"老藤绕柏"。当年数根藤条盘曲而上形成奇景，后来藤条又被一棵碗口粗细的小构树代替，依旧形成树上长树、一树二叶的自然景观，堪称一绝。如今构树已不存在，古老的残藤枝蔓上又有新叶萌发，煞为奇特，只不过是稍显幼小不被人注意罢了。无独有偶，在寺内南玉兰院（四宜堂）还有一棵小树寄生在古柏之上，柏树树干自地 1 米以上分枝处，生长着一棵阔叶树，学名小叶鼠李，是西山一带特有的硬杂木，此树寄生在古柏树上已有近百年的历史，鼠李树的树冠枝叶繁茂，郁郁葱葱，就像一把绿伞，形成天然的凉棚，远望李柏难分，树姿奇特，堪称古寺一绝，为古寺平添雅趣。

古玉兰

　　玉兰是我国名贵的花木之一，栽种历史悠久。玉兰，落叶乔木，花形俏丽，花色典雅，开花时间为三月底至四月初，花期长达半月之久，到名园古寺观赏玉兰，是北京人春游的重要内容。玉兰花先叶开放，花谢之后，又形成新的花芽以供翌

古玉兰

春开花，因此许多人误把花苞当成又要开花的新蕾，其实这新的花蕾要经过漫长冬天的考验，来年春天才能大放异彩。玉兰树的寿命很长，在颐和园、故宫及古寺中都可见百年以上的玉兰树。

　　大觉寺内的古玉兰，久负盛名，花开时节满树晶莹，如冰似雪，远远望去，犹如雪山琼岛，美不胜收，极具观赏价值。玉兰树栽植在四宜堂院内，因其名噪京华，其院的原名已不被人注意，而只称之为玉兰院了，可见此树的知名度。四宜堂院内的古玉兰据说是寺内清代主持迦陵和尚亲手所植，树龄已近300年，也许是这里优越的地理环境造就得这株古玉兰树姿绰约，花朵繁盛，花香幽雅，花色洁白。其姿、色、香堪称北京玉兰之最。寺中玉兰一般在四月上旬开放，花期一周左右，遇到无风的好天气，花期还可延长数日。由于地处山区，山地气候

古玉兰

使得玉兰放花时节要比市区晚近半个月左右，每年清明节前后开花，到古寺赏花千万不要错过花期。用唐诗中的"人间四月芬菲尽，山寺桃花始盛开"之词句，形容寺内盛开的玉兰是最为贴切的了。只不过要将桃花改作玉兰罢了。

到大觉寺赏玉兰，很早以前就是一件雅事，文人墨客赏花之时纷纷为她吟诗作赋，如今院内北房廊壁上还存有清末著名诗画家溥心畬的题壁诗两首，诗词的内容，全是围绕观赏玉兰的情景所作。溥儒，字心畬，号西山逸士，他的诗词轻逸风流，哀怨凄婉。抒发了其内心的愁绪哀音。《丙子三月观花留题》和《瑞鹧鸪词》两首诗词分别题写在四宜堂院内北房两侧廊壁之上，字迹清晰，保存完好。诗词的落款即为西山逸士溥儒。丙子三月，即民国二十五年（1936）。如今每到春季，玉兰花盛开之季寺内都要举办"大觉寺玉兰节"。游人在春光明媚、朴趣横生的千年古刹之内，于盛开的玉兰花树之下，赏花、品茗、听泉、吟诗、作画……

大觉寺玉兰之美，不仅在于本身的花繁瓣硕，色洁香浓，而且在于这里秀丽山水和清寂古寺的衬托，青山隐隐，流泉潺潺，古寺寂寂，钟磬声声……这一切，使得玉兰花得以尽情的开放，冰清玉洁，香飘四外。

太平花

太平花，属虎耳草科，落叶灌木，夏季开花，花朵白色，花香扑鼻。此花产于我国北部和中部，是庭院观赏花木。大觉寺院内共有三株太平花，一株生长在功德桥畔。另外两株在四宜堂院内，与玉兰同种于一院当中。关于太平花，宋以前生长于四川称"丰瑞花"，宋时作为贡品移植中原，并得宋仁宗赐名"太平瑞圣花"。到了清代道光时将其改称"太平花"，此名一直沿用至今。太平花过去在民间少有，一直栽种在皇家园林当中，保存不多。太平花为祥瑞之花，皇室人员多喜把它当作礼品赏赐王公大臣，因此在当时不少的王公府第官家私邸都有种植。寺内太平花来自哪里，无字记载，当也为皇室赏赐。能有太平花栽种在寺内院中也可想见大觉寺这座皇家寺院地位之高了。

太平花在北方由于气候条件影响，生长缓慢，枝干也显细小，所开花朵多为单片小白花，但作为一种名贵的花木，其祥瑞的花名寓意，仍令今人欣赏赞美。著名学者季羡林，在他撰写的《大觉寺》一文中，专门提到太平花，他在文中这样描写"……此时玉兰已经绿叶满枝，不见花影，而对面的一棵太平花则正在疯

大觉寺　太平花

金镶玉竹

狂怒放，照得满院生辉。吃饭后，我们几个人围坐在太平花下，上天下地，闲聊一番，寂静的古寺更加寂静，仿佛宇宙间只有我们几人遗世独立，身心愉快……"
季老还为小院写过一幅对联"屋脊狂窜小松鼠，满院开满太平花"。[3]

紫藤

寺内大雄宝殿前面有一棵古藤萝，盛夏时节，烈日炎炎，坐在藤萝树下小憩，顿觉精神爽快，仿佛进入一个清凉世界。紫藤是一种大型木质藤本植物，茎干粗实，盘曲缠绕，浓密的枝叶撑起大面积的阴凉场所，适于庭院园林中栽种。紫藤每年四月下旬开花，花团如锦，幽香扑鼻。浓密的小花密集的长在一个花序之下，犹如串串紫葡萄悬挂在枝叶之间，花开时节引来许多蜜蜂来采花蜜，嘤嘤嗡嗡，好不热闹。

3　季羡林：《大觉寺》，《光明日报》1999 年 7 月 15 日。

紫藤生长较快，寿命很长，许多古寺中都能见到百年古藤。寺内这株古藤树形虬曲，枝叶繁茂，放花时节，吸引游人驻足。

金镶玉竹

大觉寺内古树参天，修竹盛茂，竹林集中在北路建筑附近，香积厨后面的大片竹林为刚竹，青翠挺拔，长势良好。天王殿北侧竹林，为金镶玉竹（龙须竹），品种极为珍贵。这两处竹林因有沿山而下的泉水滋润，挺拔隽秀，清翠欲滴。

竹子是常绿植物，茎圆中空、喜潮湿，主要生长在南方，北方院中虽有栽种，但数量很少，据说寺内竹林明代就有，经过数百年的繁衍生长形成今日大片竹林。竹子也适应了寺内的自然环境，寺院依山而建，泉水丰沛。生长竹林的地方背风向阳，土质肥沃，夏无酷暑，冬不暴寒的独特气候使得竹子得以长盛不衰，长势喜人。特别值得一提的是金镶玉竹（龙须竹），整株竹干呈黄色，节节竹干上长有一道绿色的线条，远看仿佛黄金上镶嵌的碧玉，因此，人称此竹为"金镶玉竹"。据说此竹过去在民间很少见到，只在皇宫里种植，因此极为珍贵。金镶玉竹的特点是耐寒喜湿，一年四季，青翠欲滴，有很高的观赏价值。

（三）花木时讯

大觉寺地处群山怀抱之中，寺外群山连绵，林木茂盛，寺内古树参天，繁花似锦，不仅拥有众多的古树名木，而且寺内遍种奇花异草……。这些花草树木美化了寺院环境，对寺庙园林起到了烘托主题创造意境的作用。

大觉寺的历史可上溯到辽代，其树木年代之古老为京城所少见，这里既有300多年的白玉兰，500多年的娑罗树、古楸树，更有千年的银杏王……花草树木，品种丰富，数量众多。乔木与灌木，长青树与落叶树混杂生长，山草野花，杂错丛生，相映成趣。主要的常绿树为油松、侧柏、白皮松，高大的乔木有银杏、国槐、楸树。灌木之中有连翘、珍珠梅、榆叶梅，生长于南方的修竹也有大面积种植，其间还点缀着柿树、杏树、核桃树、樱桃、枣树等，千年古寺，林木森森，拥翠倚红，形成一幅美好的园林胜景。

大觉寺海棠花

　　松树遒劲古朴，柏树古拙浓郁，银杏金黄富丽，枫柿如霞似火，寺内花草树木随四季而变换不同的色彩和形态。因地制宜的选择树种，营造园林植物景观，体现了我国古代园林创造者的匠心独运。

　　从早春二月开始，山坡上，水溪旁，朝阳的墙角边枯草返青，带来了春的信息，三月中旬，寺外山坡开满了漫山遍野的山桃花，杏花闹红枝头，粉白粉红，如霞似锦，清明节前后，玉兰怒放，花香袭人，冰清玉洁，五月初，连翘、榆叶梅、丁香等10余种花木开在寺内桥边，殿旁及角路两侧，群芳争艳，满园春色。夏日荷花也是一道独特的风景，功德池池水之内原来曾种有两色荷花，莲开时节，右白左红，分外妖娆。龙潭中的睡莲更是洁白如玉，美丽异常，在碧绿的莲叶衬托下仿佛水中仙子。六至七月，寺内绿树成荫，银杏树巨大的树冠宛如遮天巨伞，

寺内后山浓荫蔽日，为人们带来片片阴凉。太平花、紫薇花、珍珠梅等夏季花木为充满浓绿色泽的古刹点缀了丰富的色彩。至秋高气爽阳光灿烂的十月，银杏、枫树、柿树等秋色树种叶片逐渐变色，在蓝天艳阳下呈现土黄、褐黄、深红、绯红等不同颜色，五彩缤纷，此起彼伏。站在寺内功德池石桥之上，放眼西望，层林尽染，万山红遍，宛如色彩艳丽的巨幅油画，十二月至次年三月，隆冬季节，万物萧条，四季长青的松柏傲雪挺立，充满生机，山林古寺披银戴玉，越发晶莹、灵秀。

大觉寺内树木花草的种植体现了中国古典园林艺术的追求和实践，做到四季长青，三季有花，变化万端，丰富多彩。

寺内看花的时间很长，由暮春到初夏，陆陆续续，对这些花木，可以按时序花期，次第观赏。

DAJUE TEMPLE

附 录

参考书目及论文

（元）脱脱等：《辽史》，中华书局，1974。

（元）脱脱等：《金史》，中华书局，1975。

于杰、于光度：《金中都》，北京燕山出版社，1984。

（明）宋廉等：《元史》，中华书局，1976。

（清）张廷玉等：《明史》，中华书局，1974。

（明）沈榜：《宛署杂记》，北京古籍出版社，1983。

刘侗、于奕正：《帝京景物略》，古典文学出版社，1957。

（清）于敏中等：《日下旧闻考》，北京古籍出版社，1983。

（清）周家楣、缪荃孙编《光绪顺天府志》，北京古籍出版社，1987。

比丘明：《中国佛学人名辞典》，中华书局，1988。

（梁）慧皎：《高僧传合集》，上海古籍出版社，1991。

（清）麟庆著文，汪春泉等绘图《鸿雪因缘图记》，北京古籍出版社，1984。

田树藩：《西山名胜记》，大华印书局，民国 35 年。

北平市政府秘书处：《旧都文物略》，民国 24 年。

李慎言：《燕都名山游记》，北京燕都学社，民国 25 年。

奉宽：《妙峰山琐记》，国立中山大学民俗学会，民国 18 年。

北京布文物事业管理局：《北京名胜古迹辞典》，北京燕山出版社，1989。

冯钟平：《中国园林建筑》，清华大学出版社，1988。

北京市文物工作队编《北京名胜古迹》，北京旅游出版社，1988。

曹子西主编《北京通史》，中国书店，1994。

汪建民、侯伟：《北京的古塔》，学苑出版社，2003。

梁思成：《中国建筑史》，百花文艺出版社，1998。

任道斌：《佛教文化辞典》，浙江古籍出版社，1994。

王志远主编《佛教百问》，今日中国出版社，1997。

冯尔康：《清人生活漫步》，中国社会出版社，1999。

全根先、张有道：《中国佛教文化大典》，青海人民出版社，1999。

周维权：《中国古典国林史》，清华大学出版社，1990。

齐心：《北京名匾》，北京美术出版社，2000。

何孝荣：《明代南京寺院研究》，中国社会科学出版社，2000。

张传玺主编《中国历代契约汇编考释》，北京大学出版社，1995。

白化文：《汉化佛教法器服饰略经》，商务印书馆出版，1998。

黄春和：《佛缘鉴赏》，华文出版社，1997。

李际宁：《佛经版本》，江苏古籍出版社，2002。

俞秋秋：《高僧智光和北京的几所寺庙》，《北京史苑》（第二辑），北京出版社，

1985。

景爱：《皇裔沉浮——北京的完颜氏》，学苑出版社，2002。

舒小峰：《北京两处时代周吉祥塔考辨》，《北京文博》2003 年第 2 期。

冯尔康、许盛恒、阎爱民：《雍正皇帝全传》，学苑出版社，1994。

季羡林：《大觉寺》，《光明日报》1999 年 7 月 15 日。

周齐：《明朝诸帝的佛教认知与政治文化环境》，《法源》2001 年第 19 期。

人戈：《京西"八大水院"史话》，《北京水利》1997 年第 2 期。

大觉寺
（寺庙建筑的集大成者）
北京

- -

海因里希·希尔德布兰德

普鲁士帝国建筑师

- -

柏林建筑联盟发行出版；

- -

文章中配有 87 幅插图，8 幅石板印刷图片以及 4 幅凹版印刷图片；

柏林市， 1897 年；A.Asher 公司；

于 1943 年由北京纸厂在北京再版印制。

感谢这位昔日来自德国皇家，曾造访中国的使者做出的卓越贡献，他为我们开辟了一条真正的神秘之路。

冯勃兰特先生

我们应给予这位中国文化研究的杰出促进者授予极高的荣誉。

本书撰写者

应北京德国研究院的委托，将这一个作品再版，这是第一次针对中国建筑研究而作的德国文献。

由于首次以专业学科的视角进行修订，难免在过程中遇到技术上的难题，请对这种首创精神给予宽容的态度。

北京，1943 年 8 月

编者导言

这部由德国建筑师撰写的作品，早在几年前在中国面世时已得到了当局的认可，最先是递交给普鲁士国家政府，但当时并没有发挥多大的作用。因为对于理想的无私追求，专业人士从未放弃过这项创作工作，柏林建筑联盟决定，将这部作品公开发行。

由于在这部作品中，编者希望利用一系列摄影图片来对文章进行有分寸地、直观地描述，来解释其中严谨的技术内涵，从而使读者在了解这个建筑的过程中，在视觉上有更加直观的感受，因此作品出版的时间被推迟。我们之所以能够提供这样的补充信息，需要特别感谢两位亲爱的柏林环球旅行家，法庭估价员 F. 海纳贝格博士先生和 P. 格派克博士先生的大力支持，在他们游历中国期间，根据我们的请求造访了大觉寺，克服了极大的身体疲劳及沟通的困难，为我们获得了大量的相关资料。可惜的是，一些区域由于特殊的原因被高墙隔开，还有一些被茂密的树木遮蔽的寺庙区域不允许拍摄照片，在拍摄寺庙的整体外观时，这样的情况占了很大一部分。在寺庙内部，游客只允许粗略的进入参观，而如果想要拍照，肯定会被拒绝。

从希尔德布兰德作品的价值方面来看，它是德国人的勤奋与深厚的知识储备共同努力的产物，我们无须对它进行详尽地描述，因为它本身就具有很强的说服力。首先在这种环境下它做到了，这是第一次以建筑师的视角来评价中国的建筑工程，这在当时是唯一能够开拓我们视野的途径。从编者的角度，我们不难发现，这部作品并没有其他的企图，他仅仅是希望能够对来自东亚文化世界的建筑创造做一番深入地研究，因此我们相信，当我们去接受这些知识时，不会出现误解，因为知识本身最重要的目标已经早就达到了。因此，有些人将这些记录下来的东西及其相关注释加以深化，使人们在理解中国建筑文化的本质时有一个更好地视角，的确，迄今为止，从他的知识介绍中，我们可以获得有关这个国家的相关讯息，我们可以得知，中国文化的本质就是创造。特别是对于建筑师来说，对历史建筑的基本评价进行一次激动人心的回顾不仅是一项十分重要的成果，而且也对这个相对陌生的文化提供了一个直观展示的平台，即建筑师及建筑工匠们创造出的作品——尽管所有的建筑工程及技术上的辅助措施具有差异性 —— 但究其内在根源则是十分相似的。

希尔德布兰德靠他所经营的公司就能获得收入，并且在更广泛的领域内得到认可。毫不怀疑的是，对于他来说，他所获得的最好的、最可靠也是最受欢迎的认可，就是通过公开的方式，将他在东亚建筑文化领域内做出的巨大的牺牲与所得到的重要的研究成果推广传播开来。

柏林市，1897 年 3 月，

柏林建筑联盟文学委员会，

K.E.O. 弗里茨。

装饰题头的草案和图标由柏林的阿尔伯特·霍夫曼完成。

根据作者原版资料和手稿加工而成的图标有柏林的 H. 鲍尔默和弗里茨·克鲁格完成。

镀锌板术、图片石板印刷术以及图片凹版印刷术由柏林 – 慕尼黑的迈森巴赫、希法特公司完成。

图片石板印刷以及图片凹版印刷由柏林 – 慕尼黑的迈森巴赫、希法特公司完成。

图书印刷由柏林的威尔海姆格里夫完成。

纸张由莱比锡 – 柏林的费迪南德弗利施提供。

引　言

应该注意到，在整个建筑文化史上存在着一个较为敏感的漏洞，那就是对于拥有庞大人口的东亚地区文化，特别是在过去的时间里，我们了解得实在是太少太少。

我们的研究者对古典希腊文化的研究可以追溯到它的起源并一直延续到隔岸相望的小亚细亚，他们用较新的文物，只为证实一个观点，那就是小亚细亚一定是希腊文化的发源地。但是最古老的文化是否发源于小亚细亚，还是它们发源于更遥远的东方及南方，或者还可以追溯到腓尼基文化、亚述文化、印度文化及埃及文化的传播，然而根据现有的知识，一切都只是猜测。根据现有的结构学和符号学知识，我们发现，这些国家的建筑有许多相似性，而两个封闭的文化圈绝对存在着相互影响。我在新加坡看到过一座印度庙宇，彩绘的石头纹饰艺术看起来一点也没有模仿古希腊寺庙的痕迹。在历史上，这种彩绘纹饰艺术的传播受严谨的保守主义风格影响，而这种保守主义也一直制约着祭祀建筑的风格，将华丽的印度装饰拒之门外：这种相似性存在于共同的起源之中，并转变成不同的形式出现。因此对于不同地区相同文化内涵的猜想，即不同地区产生相同的文化形式，目前只有很少的实例能够支持这种说法。

然而当观察家面前存在着一些未解开的谜团时，就涉及了那些遥远东亚国家的建筑历史，特别是他们游历过中国及其邻国后发现，它们在建筑文化方面与西方的联系仍被包裹在黑暗之中。然而在这些国家的游历过程中，我们遇到了各种各样的结构和建筑形式，这些中国的建筑给欧洲人的印象是如此的陌生，对于他们来说，只能隐约回忆一下早先的建筑。大觉寺像一个木结构的"安第斯神庙"，这种经典造型来源于史前的希腊，后来作为石制寺庙的典范；其圆拱形窗户上配有的华丽装饰，与意大利宫殿中镶配的铜制装饰有异曲同工之妙，古老而又坚固的城垛足以使我们相信，战士们在一个古德国式的、中古时期的城堡里浴血奋战。

寺庙历史

在印度人看来，将上帝的统一作为最高统治意识这一概念，已经不复存在；

梵天，被看作世界灵魂的象征，它的地位远远比不上独自统治自然及无形世界的以色列之神耶和华。在大自然中保佑人们的神灵毗湿奴，集幸福与神力为一身，受到人们的尊敬，除此之外还有大自然中同时拥有毁灭力与新生命创造力的湿婆。除了这三个主要的神灵（三位一体），在时代前进的长河中，由神灵化身而形成的对于智者的偶像崇拜、宗教创办者、英雄以及各种自然力的因素，造就了一大批大众之神。统治印度的国家宗教改革通过佛教（公元前 6 世纪）构建了一个理性主义系统，也就是说，不认可任何神灵，将所有一切都寄托在道德以及早期的信仰上，并通过具名的传教士在整个内陆和东亚传播。

根据我们的时间计算，早在公元 61 年，佛教就传入中国。直至今日，它在这个国家仍是一个占有主要地位的宗教形式，而穆斯林教和天主教仅有很少的支持者。如果要想将中国发展史中后来建立的诸如喇嘛教、北方佛教等其他不同形式的佛教，作为职业进行深入研究，我必须参考相关的文献资料。为了能够理解下列描述的祭祀礼仪等文化事宜，以及为此建造的寺庙形式，就应该知晓上述背景。

可以假设，佛教这种宗教形式以及服务于佛教的寺庙形式，是从印度传到中国的。除此之外，今天在印度支那半岛大量存在的寺庙和塔形建筑也表明，它们与中国的寺庙形式是一致的。而中国的寺庙建筑形式，传达了对佛教的虔诚的崇敬，并保存着对旧式建筑的忠诚。由于自身创造方面的缺乏，后来建造的寺庙，无论在结构还是在建筑形式方面，都是对旧建筑的模仿。观察这几个世纪来的建筑，人们不难发现，在建造方面有时也会存在退步，特别是屋顶形式方面。

在以往的文献资料中，并没有找到很多有关大觉寺建筑历史的有效信息；然而并不排除，北京文献史料中存在相关信息，但至今仍未公开。即便从寺里的僧人口中，也无法得到一点有关他们寺庙的历史信息；据僧人们说，从寺内现存的书籍或文物中可能会获得寺庙历史的相关信息。研究陷入一片黑暗之中，什么都没有发现，古老的石头也不会自己说话。而事实上，它就像一本书一样，也有自己的语言，虽然简短，但值得信赖。

在寺庙区域立着五块石碑 —— 高大的题字碑，石碑的上面刻着两条作为守护神的龙，背面还有类似于蟾蜍的庞然大物。这些石碑都由光滑坚硬的、有着大理石花纹的泥盆纪石灰石制成，有的两面都有题刻，有的只在一面有题字。（请参

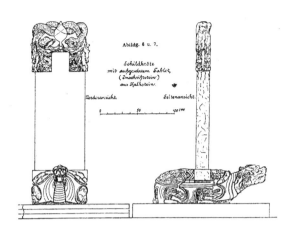

插图 2　无量殿前的石碑

插图 6、7　石碑线

见插图 2、插图 6、插图 7）其中两块石碑，位于庭院入口处的两块莲花石前，还有两块石碑，位于第一主寺后面。最古老的一块，位于第二寺庙西北方向的第二和第三寺庙之间。碑刻的题字由技艺高超的中国书法家写成。在此无须赘述这些中国文字拥有多么深刻的内涵。一般情况下，这样的题字，只有技艺高超、造诣颇深并且完全熟悉中国语言表达方式的书法家才能做到这一点，其中的汉字、图画和含义并不是日常生活中所能见到的。因此，我要特别感谢知识丰富的德国大使弗克博士先生，相信我不久就能获得这些题字的准确译文，只要涉及大觉寺的建筑历史，我就会在稍后将说明奉上。

上文所提及的位于第二寺庙和第三寺庙之间的是最古老的石碑，碑文经近千年的风雨剥蚀，风化严重。碑阳的文字为：

题字 一：

阳台山清水院创造藏经记

燕京通天门外供御石匠曹辩镌造

燕京天王寺文英大德赐紫沙门志延撰

昌平县坊市乡贡进士李克忠书

夫觉皇之诞世也，示生以八相，演法以一音，轨物正时，弘益无尽。自双林树圆寂而后，七叶岩结集已还，教道流通，于是乎在。若乃群方覃衍，历代弘扬，虽梦入汉庭，神应吴会，曷若我朝之盛哉！阳台山者，蓟壤之名峰；清水院者，幽都之胜概。跨燕然而独颖，侔东林而秀出。那罗窟邃，韫性珠以无类；兜率泉清，濯惑尘而不染。山之名，传诸前古；院之兴，止于近代。虽竹室华堂而卓尔，琅函宝藏以蔑如，将构胜缘，旋逢信士，今优婆塞南阳邓公从贵，善根生得，幼龄早事于熏修；净行日严，施度恒治于靳惜。咸雍四年三月四日，舍钱三十万，葺诸僧舍宅，厥道人是念。界狱将逃，非教门而莫出；法轮斯转，趣觉路以何遥。乃馨舍所资又五十万，及募同志助办，印大藏经凡五百七十九帙，创内外藏而龛措之。原其意也，凯释氏那尼常转，读而增慧；俗流士女时顶戴而请福，大士弘济，有如此者。藏事既周，求这之记。聊叙胜因，俾信来裔。非炫公之能，故辞为愧。时咸雍四年岁次戊申三月癸酉四日丙子日巽时记。

燕京右街检校太保大卿大师赐紫沙门觉苑

玉河县南安河村邓从贵合家承办永为供养

题字 二：

碑阴文字已漫漶不清，难以通读。里面包含了许多捐款建寺庙的人名和家族名。

在寺庙入口处的北侧碑亭中，立有石碑一通，碑阳为明宣德三年宣宗朱瞻基撰御制大觉寺碑，文字如下。

题字 三：

佛之至道，广大包乎天地，光明超乎日月，无微不入，无远弗届。其功利之溥博，盖沂乎千万劫之先，沿科千万劫之后，皆周遍而不遗。然其本湛焉明净，如如不动，感然后通而妙应若响者也。

恭惟圣母皇太后，仁圣之德，本乎天赋，清净自然有契慧旨，至诚所存，一务博施。惟欲覆载之内，万物咸适其宜。是以深居九重，日享至养，而每食必虑下之饥，每衣必思下之寒。朕日侍左右习聆慈训，拳拳钦服奉行惟勤。北京旸台山，故有灵泉佛寺，岁久敝甚，而灵应屡彰。间承慈旨，撤而新之。木石一切之费，悉自内帑，不烦外朝。工匠杂用之人，计日给佣，不以役下。落成之日，殿堂门庑岿焉奂焉。像设俨然，世尊在中，三宝以序，诸天参列。鹿苑鹫山如睹，西土万众仰瞻，欢喜赞叹，遂名曰大觉寺。惟圣母茂斯功德，盖上以集隆福于宗庙，中以延鸿祚于国家，下以普慈济于幽显，至仁之施，愈远且大。夫宗庙享其福，国家保其祚，幽显蒙其济。天佑圣母，善庆在躬，福寿隆盛，永宜茂衍于万万年。谨刻石载寺之成，而系以诗曰：西方之圣，万德之尊。巍巍浩浩，妙莫名言。遂函覆载，利洽宗庙。三界九幽，仁为广围。聆之无闻，视之无睹。有诚感焉，应捷桴鼓。明明圣母，如天之德，如佛之仁，周爱矜恻，两仪之大，万汇之蕃，冈不适宜，圣慈以安，宗社疆固，本支万叶，六合一阖。圣慈以怗，日侍婉愉，谟训孜孜。

圣母之仁，我只行之，惟天孔昭，惟佛至慧。明明圣母，仁志广大，天赐纯祐。佛启灵贶，洪福万年，享天下养。旸台之异，密迩京都。兔焉翚飞。佛有新居，琢词贞珉，爰纪厥成，爱日之诚，明视日星。

　　宣德三年四月初七日

在对这些题字数十年的整理过程中，我又在题字上添加了一部分，这是我从钟楼的大钟上发现并记录下来的，这些文字是用汉语和梵语写成的。

题字 四：

　　宣德五年岁次庚戌秋

　　七月吉日僧禄司右

　　讲经月纳耶室哩志

　　书华字括苍季良

　　书梵字荥阳邢恭

碑阴的文字，记录了明正统十一年重修大觉寺的事宜。

题字 五：

　　皇考宣宗皇帝奉圣祖母太皇太后慈旨，修建大觉寺于京师旸台山，以隆宗庙之福，以延国家之祚，以普济于幽显，盖昭乎。如天旋日行，万众所共欢忻瞻仰，而赞叹于无穷者也。今虽銮驭上宾，然尤日切朕念。每诣山陵谒祭延望伊迩，能不益兴追慕之思。间自中道，躬谒寺下，徘徊久之。顾岁颇久，颓弊日增，惧无以副圣慈在天之灵。乃命易其故廓其隘，凡诸像设与夫供佛之具，居僧之舍，亦皆新而大之。故所以副圣慈在天之灵，而抑以称皇帝承顺乎亲之大孝也。其地灵泉涌溢，无间冬夏；抚视其四旁，则峰峦之峭扳，岩谷之深邃，原壤之萦回，树艺之茂密，无不在于指顾之间。仰望台殿楼阁，俨然若自天降，而置之林壑这表者也。然后有以知圣祖母惓惓祝国祚利济幽显之心。所以属兹山而有所建者，实有得于天授，非人力也。切惟国家之兴，天与之，天保之，顾不待有所求而能然者也。圣祖母祝延利济之心，上达于天，天既鉴之，而为之后人者，则顾可以一日而或忘于下也哉。凡朝廷建佛宇之盛，为民禳祫，资用功力有司具焉。今大觉寺之修先后悉出内帑财物，而佣工力成之。民无知者，于其成之岁月，谨识其事于石。而为铭曰：

巍巍大觉，肇迹西土，德尊宇宙，道函率溥。诚之所至，感则咸通，明无不极。幽靡弗穷，明明上天，祚我家国。惟圣祖母，允隆大德。惓惓一心，为我后人。内外远迩，咸囿于仁。旸台之山，直京西北。自我皇考，奉命卜宅。有赫梵宫，世尊所居。法像俨若，兜率真如。万众仰瞻，赞叹欢喜。获福无量，皈依敬礼。我睹大觉，如对圣灵。圣灵在天，孝思用兴。殿堂门庑，弊于风雨。乃命葺修，务浮其故。费出内帑，不劳于民。计日而就，周视一心。副我圣灵，博施广爱。庶几自天，降鉴如在。家邦衍庆，寿福齐天。本支延远，万万斯年。

正统十一年二月初一日

在第一寺庙和第二寺庙之间，北侧立着《大藏经》敕谕碑，碑文如下。

题字 六：

正统十年二月二十五日 谕

朕体天地保民之心，恭成皇曾祖考之志，刊印大藏经典，颁赐天下用广流传。兹以一藏安置大觉寺，永充供养，听所在僧官僧徒看诵赞扬，上为国家祝釐，下与民生祈福。务须敬奉守护，不许纵容闲杂之人私借观玩，轻慢亵渎，致有损坏遗失，敢有违者，必究治之。

在第一寺庙和第二寺庙之间的南侧，立着明成化十四年御制《重修大觉寺碑》，碑文如下。

题字 七：

成化十四年九月初一日

朕惟大雄之教，以济利为用，利国利民，其用之大者。故自其教入中国千有余年，日新月盛，岁积世满，信用不疑，上下一轨。我太祖高皇帝混一区宇，太宗文皇帝靖安家邦，爰创爰绍，为万世子孙法。事神之礼，固罔敢忽，佛氏之教，亦未或遗。乃都城西北一舍许，有山曰旸台，有寺曰灵泉。山势盘环，水流萦迁，木郁以苍，草茂以芬，盖天造地设之胜境也。旧虽有刹，不足以称神明之栖止。

宣德戊申，我皇曾祖妣诚孝昭皇后，命中官董工修葺，缔构既成，因易其额曰大觉寺。后二十一年为正统丙寅，我皇考英宗皇帝万机之暇，车驾幸其所，觌其像已晦，堂已圮，载命新之。后又三十二年为成化戊戌，我圣母皇太后追思曾祖妣之仁，又世居其山之麓，乃矢心重造。特出宫内所贮金帛，市材佣工，凡殿宇、廊庑、楼阁、僧舍山门，靡不毕具。实奂实轮，浮于前规，寺额仍旧。工既告完，故事宜有文于碑，以传夫上。资列圣在天之福，绵圣母齐天之寿延庇朕躬，永绥福履，阴翊皇储支庶蕃衍，以至为国家生民祝厘者，此利国之大也。导人为善，则曰忠臣孝子，即登觉路。惩人为恶，则曰不忠不孝，即堕幽扁，以至荐扬超度群迷者，此利民之大也。利国利国，大雄氏之教也，亦人君宰治天下之心也。

为之赞曰：

西方圣人大雄氏，神功妙用广无际，誓将慧力觉蒙寐，十方世界同一视。

普众闻风无异议，佳山佳水卜胜地。辉煌金碧高为寺，赞欢尊崇无不至。

青灯一点蟾光似，宝幡两行锦绣制。祖宗何以重其事，祛诸恶类开善类。

万寿慈皇发虔志，恢弘殿宇超前制。有祈有祷皆如意，冥冥阴佑期无替。

丰享国祚隆宗嗣，海晏河清应坐致。大哉大雄圣无二，有明香火传千祀。

以上的七条题刻，突出反映了以下信息。

现在的大觉寺在辽代被称为"清水苑"，后又名"灵泉寺"。在辽咸雍四年，玉河县南安河村（今海淀区南安河村）信徒，邓从贵一家舍钱30万，修葺了清水院僧舍，临终前他又舍钱50万，印制了《大藏经》579帙，并刊立《阳台山清水院创造经记》石碑一通。明宣德三年，宣宗朱瞻基奉其母孝昭太后之命，出内帑翻修了凋敝已久的灵泉寺，并更名为"大觉寺"。宣德五年，宣宗又派人铸钟一口，悬挂在钟楼上。正统十一年，明英宗出内帑对大觉寺进行了第二次大规模的修缮工程，扩大了僧侣住所和殿堂，并颁赐1445年印制的《大藏经》一部于大觉寺永充供养。成化十四年，明宪宗母亲周太后出资再一次修缮了大觉寺，形成了现在的寺庙布局。这次维修后刊立了《御制重修大觉寺碑》，记载了这次修缮事宜。除此之外，寺里没有其他碑刻，因此，我猜测，1478年以后，整个寺庙的布局和今天基本没有大的改观，现存寺庙建筑的外观也与以前基本一致。

建筑群的基本布局与规划

建筑规划的布局是否满足风水要求，是中国公共文化或世俗建筑存在的一个主要问题。中国古代就有专门的部门负责审查建筑的风水问题，它不是由宗教人士组成，而是由在建筑领域中具有举足轻重地位的官员组成。风水是宗教问题，由此延伸到选择建筑的布局以及它周围的环境，宗教的观点对风水问题产生了不良影响。夜晚，逝者的灵魂穿过空气，不能有建筑物的阻隔和破坏。好的风水是指所有关系都处于有利局势。建筑物现存的某些特征可以通过宗教习俗和传统观察出来，由所谓的风水衙门鉴定。官府的权力是受到限制的，与普通教徒是不相干的。少数在职人员享有这一权力和使命。

寺庙建筑的构造及其周围环境决定了它的风水 —— 左青龙右白虎，一条水流斜着淌过寺庙前，以带走恶俗的一切，直译过来，我们将它称之为风水学。

寺庙前面的广场以 1∶20 的坡度倾斜，海拔 100 多米，最东面是一座 3.5 米高 7.2 米长的"挡墙"，作为寺庙的边界。这要归因于风水学的要求，它必须能够确保：阻拦罪恶的灵魂通过寺庙的入口，这段挡墙被称作"照壁"。

经过一段 1.5 米高的台阶，穿过大门，我们就可以进入寺庙的主要庭院（一号庭院）。它通过一个 1∶40 的斜坡向上延伸。这座庭院长 70 米，宽 56 米，大约 3920 平方米。庭院东面是寺院的外部围墙，南北各有一堵 2 米高的隔墙将南

图版 11　左为碑亭，右为四宜堂明间

Schyh² tsy³ (Löwe) 1,40ᵐ hoch, aus Kalkstein.

Abbildg. 87. Löwen-Figur im grossen Haupthofe des Tempels

插图 87　石桥前的狮子

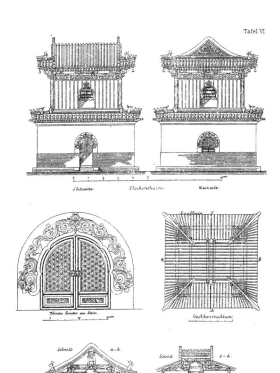

Tafel VI

Südseite.　　Glockenthurm.　　Westseite.

Blindes Fenster aus Stein.　　Dachkonstruktion.

Schnitt　a–b.　　Schnitt　c–d.

Aufgenommen v. Reg.-Bmstr. H. Hildebrand.

Der Tempel Ta-chüoh-sy bei Peking. Glockenthurm.

插图 6　钟楼

区和北区分开。庭院内部根据严谨的对称原理，通过主轴线将不同的小建筑和设施划分开来。大门两旁的房屋由值守的看门人使用，屋前各竖立一根石质基座的旗杆。旗杆西面矗立着两座碑亭（请参见图版 11），亭子里立着石碑。穿过石板路面，可以看到一大一小两个池塘，中间是一座有石护栏的小桥。桥头立着两座由石灰岩雕刻的狮子（请参见插图 87）。这里的建筑相互对称。再往前，北面是一座钟楼，南面是一座鼓楼（请参见插图 6）。北面墙角的云杉和竹林相得益彰，让庭院的景致错落有致，完美无缺。

一号院落的西面尽头坐落着天王殿，作为二号庭院的入口（请参见插图 5 和插图 3），它是建筑群中最具代表性的建筑。大殿的左右两边有过道前后相通。过道北面的房间用作厨房，南面的房间用作储存杂物、粮食和食用油，这些房间与转角处和尚的居所相连。天王殿的对面是位于第二庭院（二号庭院）的建筑，过道成 1:30 的坡度，并向西延伸。一号寺庙大雄宝殿（请参见图版 3）坐落于二号庭院的中间，殿前有一个宽敞、干净的平台，平台四周立有大理石护栏，护栏上雕刻着各式各样的花纹图案。大殿往东，通过一段宽阔的露天台阶和一个地势低 1 米的平台，可与天王殿相连通。这两个平台由砖石砌成。低平台两侧有露天的台阶，可通往南北配殿。配殿是寺内高僧的住所，南北配殿相向而立，三开间，前带廊子。配殿西侧开一门，分别通向南面和北面的侧院。继续向前，是寺庙专门为朝山进香的香客准备的客房（请参见图版 5）。

二号庭院的西侧坐落着二号寺庙（无量殿），它通过甬道和露天台阶与一号寺庙大雄宝殿相连。露天台阶从高高的台明通向庭院，台阶和大理石地面体现了完美的设计和艺术构造。除了中间的主要建筑外，每一个小的庙宇也都有露天台阶。大殿中供奉着神像和历代寺庙方丈的塑像。

从二号庭院后面向上登 10 级台阶，有一块坡度为 1:3 到 1:2 的地带。通过护墙后，在距离寺庙后面 1~2 米处，矗立着一座新建的三米高的平台，再经过一道护墙，就会看到另一座五米高的平台，通过楼梯与寺庙相连接。这个五米高的平台正好位于较小的第三寺庙（大悲坛）的二楼的主轴线上（请参见图版 9）。三号寺庙后面是另一道护墙，后面是一个约 8 米高的露台，从露台南侧的石阶可通往三号寺庙。露台中间的四方基座上矗立着一座 17 米高的砖石佛塔（请参见图版 7 和图版

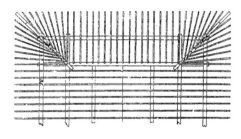

Oestliche Schauseite   des Einganges-Gebäudes.

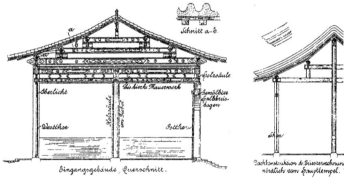

Schnitt a-b.

Holzsäule

Oberlicht

sichtbare Mauerwerk

Gewölbte halbkreisbogen

Westthor

Ostthor

Einganges-gebäude Querschnitt.

Dachkonstruktion d. Thorzeichnung nördlich vom Haupttempel.

Thor

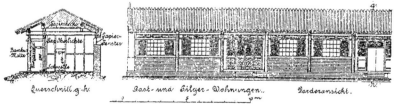

Querschnitt g-h.

Gast- und Pilger-Wohnungen.

Vorderansicht.

Aufgenommen v. Reg-Bmstr H. Hildebrand

Photolitho: Meisenbach Riffarth &Cᵒ Berlin

Der Tempel Ta-Chüeh-sy bei Peking.

插图 5　天王殿

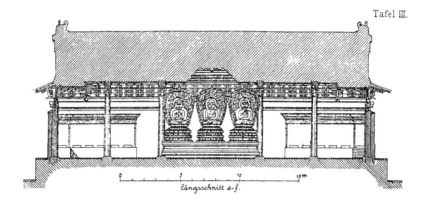

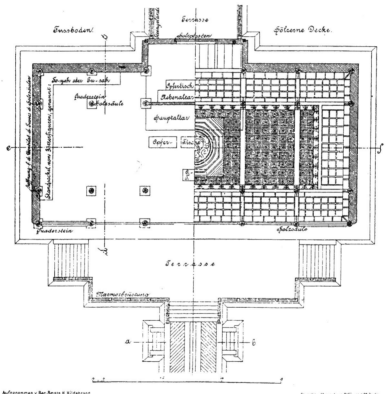

Der Tempel Ta-Chüeh-sy bei Peking

插图 3　大雄宝殿

图版 9　大悲坛

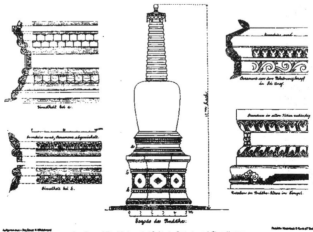

图版 7　佛塔及
须弥座装饰图案

图版 12　左为佛塔，右为领要亭

插图 49　龙王堂

12）；塔的下部呈八角形，上部为圆形，顶部是铸铁的装饰。塔身上雕刻有一个无法通行的石门。据僧人们介绍，这是一座为去世的德高望重的住持而建的墓塔；在中国的其他地方也有类似的塔，里面存放着高僧的骨头、牙齿、脚趾头。塔的西侧、中轴线上，众所周知的泉眼就坐落在那里，清水院或者灵泉寺就是以此而得名的，为此寺院专门为泉眼建造了一个方形水池用来存水。到底是大觉寺的中轴线恰好在泉眼位置，还是泉水恰好流经这里，我们还无法断定；可能两方面都很接近。经年不断的泉水为寺庙及附近地区提供了充足的饮用水。水池的西侧还有一座古老的小寺庙——龙王堂（第四座寺庙），和尚们会在龙王堂的神像前磕头祭拜。

龙王堂为一座两层的小型楼阁（请参见插图 49），在塔的西侧，正在修建一条通往龙王堂二楼的石板台阶。沿着寺庙后面陡峭的山路边，建有寺庙的外部围墙。

值得一提的是还有那块单独竖立的石碑，碑首雕有很大的蟾蜍，碑上的题刻记载了寺庙的古老历史，在前面有译文。插图 2、6、7 展示的两块碑，位于两个主寺的台明东侧。寺庙后方陡峭的山路上栽种着一些古树；二号庭院中也种植了一些古树，古树沿轴线对称分布，其中最吸引人的当属那棵 9 米高的银杏，中国人称作白果树。根据建筑学的一般说法，这些古树属于寺庙建筑的附属文物，人们相信这些树会带来好运，而且古树应该是寺庙的建造者种植的，因此，也应该把它们作为寺庙的一部分来观察；如果哪棵树死了，僧人们会在原来的位置上种下一棵新树。寺庙中树木的品种多种多样，体现了随性的特点。

上文介绍的设施和建筑组成了整个寺庙中心区域的整体，以它们为中轴又划分为南区和北区。

首先是南边的部分，同样，建筑以一条轴线对称分布，它与中部的轴线平行，大约距离 44 米。最东面，在荒废的园林后面有一个由很多树木组成的三号庭院（在图版 1 和图版 2 上）。它三面围墙，西面是一座高大的殿堂（斋堂）。在庭院的南墙边，有一组小型的单层房屋。斋堂的大厅目前只是用来做一些低级别的祭祀活动。同时，也有一些低级的僧侣住在这里（目前有 7 人住在这里，包括四名高级僧侣）。斋堂坐东朝西，正门前是一条走廊，可以通往二号庭院，走廊南端是几间厕所。

斋堂正对面有一个虽然小但是很吸引人的方形庭院（四号庭院），就是图版

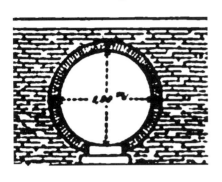

插图8　憩云轩北边侧门

10 上所看到的庭院，长 9 米，宽 8.5 米，面积 76.5 平方米。庭院的南北各有一座三间的配房，一间是招待间，一间是厕所，另外一间用作储藏室，储藏室里放有一些小型的器具。配房前带廊子，大约比地面高 0.5 米。西面的正房，以前是给住持的，现在是给高贵客人住的，面阔五间，前带廊，明间（请参见图版 11）摆放着一把中国某个皇帝坐过的椅子（这个皇帝曾在这里住过一段时间）。沿着正房台明边上的小沟渠，山泉缓缓流过，流入院子中央的水塘中，水塘里养着金鱼和水草。

　　正房的后面是石头堆砌的假山 —— 在中国这种装饰性石头非常受欢迎 —— 其间蜿蜒的石阶一直通往高处的一块平台，平台上是一座大型的建筑物（憩云轩）。很多年前，在北京的德国人曾把这里作为他们避暑休憩的地方。憩云轩面阔五间，明间开门，其余四间开窗。通过北边的侧门（请参见插图 8），可以进入它紧邻的一个偏院，院里的小房间供仆人食宿和放置厨房用具。憩云轩后面又人工堆砌了一些奇异的山石，山石间有个小小的蓄水池。从这里拾阶而上，可以到达领要亭，亭子呈六边形，里面放置着石桌和石凳（请参见图版 12），站在这里可以总览整个寺院，甚至还可以看到一部分的北京城。

　　位于寺庙北区部分的建筑并不完全对称的。靠东的建筑越向北推移越变得没有什么秩序，而靠近西侧的建筑在距离主轴线 41 米处整齐排列。从山门沿着寺庙的外墙向北，有一个大门，进去后首先映入人们眼帘的是一座很大的庭院（五号庭院），38 米长，34 米宽，共占地 1292 平方米。院落被建筑三面环绕。大门右边和左边是守门人和仆人的住所，还有马厩、骡子和驴棚；北侧的房屋是粮食磨坊、饲料间、3 个拴马棚、祭祀农业保护神的一个小厅、仆人寝室、最后面是磨坊和 2 个拴马的地方；西侧沿着墙的院内有专门为牛和猪搭建的圈舍。庭院南侧沿墙的沟渠里，一股清泉缓缓流过。

五号院西侧有一条礓磋路面连接向南的一条通道，由此通过南墙上的院门可以到达一号中庭。在通道尽头往北又岔出一个支廊，从那里过两道门可通向六号与七号庭院。这两座院落各包括一个由三个主要起居室及相应邻室组成的正房，在很大程度上对应了上述提到过的四号庭院中的建筑。

六号院、七号院与西面的建筑之间并没有直接的通道相连接，只有从九号院北部或从一号院和二号院才能到达后面的建筑群。八号院有两列供信徒及普通僧侣居住的房间，其北侧的通道可以连通七号院和九号院，通道的北侧坐落着几间独立的房间和一个带有厕所的偏院。

九号庭院的西侧是一座大型的庙堂，在妙峰山作为徒步朝圣地后，这座庙宇在当时是作为大型宗教仪式的举办地。在这座建筑东北把角处有一个入口，可通向紧靠山墙的花园。紧挨着这座建筑南墙的一条路，可直通十号庭院。十号院的西侧坐落着另外一座庙堂（香积厨），这座建筑现在已不再作为祭祀建筑，而是作为厨房使用，为到妙峰山进香的香客及其仆人提供饮食。香积厨的后面是十一号庭院，穿过院墙，一条石灰石台阶一直向陡峭的山坡延伸，可直通佛塔。石阶边上，小溪顺势而下，可以为寺庙提供充足的生活用水。

大觉寺的整个平面清晰、形象，排列有序，尤其引人注意的是北、中、南三个部分，平行分布，在每个部分的中间有一个宗教祭祀用的房间，以及一些给高贵客人居住用的房间，旁边的部分则是给低一级的僧人使用的房间。显而易见，这张寺庙的平面测绘图是经过仔细考虑和规划的，它避免了套用一些无聊的图表，所以尽管几乎是专业的介绍，但它还是成功的生动说明了各个建筑的位置、寺庙的安排情况等，并且相当详细。对三个部分的划分，随着地势的增高，层次越来越强，直到走到山上的制高点，从上面可以清晰地看到整个寺院的规划情况。

针对寺庙中的供水问题，解决方法也很出色。从寺庙的最高处获得水源，水流顺山势而下，正如前面已经介绍的一样，寺庙中所有的建筑，都可以根据需求就近获得优质充足的水资源。除此之外，寺庙中没有发现其他的供水装置，日常用水和雨水都会流走，但是有时候寺里会出现积水，这样会使建筑的下部受潮。

建筑物结构和材料

大觉寺的寺庙、住宿及杂用等建筑物都是按照寺庙建筑标准要求的木结构建筑物，只有围墙等是用石头建造，这些木构建筑物建造在高高的台明上，看起来就像一座巨大的宝塔。寺庙和其他建筑中现存的墙体只是作为木质结构间的连接或只是装饰意义，并不作为支撑性结构。从大觉寺的建筑结构就可以完全了解到这种历史上著名的木构建筑的结构形式。大觉寺采用的是中国传统的建筑方式：纯木质建筑，没有任何铁件连接或辅助材料。这种木质结构似乎是古老的石质庙宇的前身，大觉寺的外观和建筑排列更是和古希腊的石头建筑结构很相似。相同结构原理的建筑在中国北方是很常见的，蒙古国的喇嘛寺也是相类似的建筑结构。在这所寺庙的结构上也使用了砖或石料的小的拱形结构。明十三陵地下主陵墓中的走廊和小屋的顶部也是由与大觉寺中相类似的拱形圆顶和筒形圆顶构成的。在离大觉寺东南方向大约 4000 米远的山顶部，有两个较小的拱形的斜面连接结构，可能是某个寺庙建筑顶部的覆盖构件。

在中国，对欧洲传入的建筑方式的接受时间不是很长，大约有 50 年。大觉寺内不存在大型的圆拱形结构，只是在一些窗拱或是在附属建筑物上可以见到小型的拱形结构（带有很多象征性的藤蔓装饰的在拱形处起压力传递作用的鼓楼窗拱，见插图 1 及图版 6 中的描述）。

在一段简短的关于中国建筑的描述中一定会涉及这种常见的建造方法，一般情况下缺少根本地基，这种建筑只能在外来建筑风格结构中找到。这是中国宗教意识造成的，根据封建的民俗观念，凿开大地就会侵犯到大地的神灵。建筑的地基不是在建筑物的底层就是在墙下面，挖开最上面的表层土，仔细的夯实由土和石灰混合的土层，形成地基。

在这一层会放置两根或很多根平行的木柱，柱础由很坚硬的方石做成，每一个下面都有一块特殊的基石（请参见插图 10）。上面是木柱子，通过横梁和竖梁

DER TEMPEL TA-CHÜEH-SY BEI PEKING.

Abbildg. 1. Blindes Fenster aus Stein am Glockenthurm
des Hofes No. 1.

插图 1　鼓楼拱形窗户图案

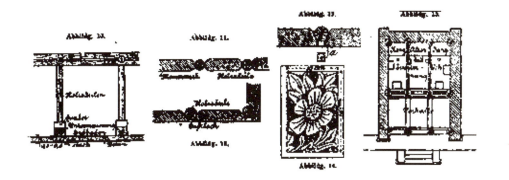

插图 10、11、12、13、14、15

交错连接起来，支撑着天花板和屋顶的重量。值得注意的是，建筑物中没有安装三角形的纵向或横向加固体。支柱或其他三角形斜撑在中国建筑中，就是在现代，也不存在。但是随着时间的推移，这种建筑结构才慢慢地出现，也就是说，一方面所有的地方用的都是结实的木材，木材间的连接，依靠的是卯榫结构，做工非常精细；另一方面，梁架间的空间又通过砌墙连接起来。

　　如在平面图中所见，填充墙就按照插图 11 和 12 中素描的方式设置的，尤其是在后墙和有山墙的墙壁上。木柱子支撑着墙体，从外部看来这些木柱子似乎并不起支撑作用，而是作为填充的下层的建筑结构，墙之间的关系就完全被柱子切

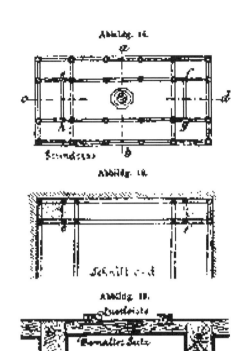

插图 16、18、19

断了，这样这些木材就脱离了危险的砖墙的包围并且能保持干燥。中国建筑师最大的担忧就是木材能够保持多久的干燥，才能改善其牢固性，这个担忧就出现在寺院大殿的大木柱子底部，大殿内的木柱都是放在石柱础上的。因为在这样的气候中，随着干湿度的不断变化，木材容易腐烂的问题就暴露出来了，所以人们也考虑到了这个地方的空气循环。在外墙人们开了一个 10 厘米到 16 厘米大小的洞（插图 13、插图 14），洞口用装饰性的碎瓦片装饰起来。

一般情况下墙会延伸至额枋梁下边缘，在寺庙中离屋顶底部还有大约 1 米的距离；这里会被切成斜面并安装上盖板。承重结构部件间的墙体上方用木材填充。建造方法中所描述的在大觉寺内随处可见的墙体高度差异，显示了寺院人员和住宿香客的尊卑次序，插图 15 中是一个图片演示的例子。此外，这也很有趣，它用一种原始的"安第斯神庙"样本展现了一种庞大的关系图。

值得注意的是在建筑物上经常会使用到泥灰，不仅在墙体表面，而且在木材表面及木柱子、支撑梁、天花，还有木质的门和窗户的外表面上都用到了泥灰。一方面，泥灰为木材上华丽的彩绘提供了地仗基础，另一方面也是单纯设计目的，保护木质结构免受天气和害虫的侵害，对此在南方天气中要加倍小心。寺庙中暴露在外面的木头证明寺庙经历了差不多 5 个世纪的岁月，这些泥灰已经是斑斑驳驳，但可以重新修补。表层的泥灰是由很细的竹子纤维或其他植物纤维混合制成的，薄薄地在房屋的墙壁上涂抹一层，厚度不能超过 2~3 毫米。由于缺少很好的沙子，混合了植物纤维的泥灰的黏着力不是很好。值得注意的是，木材表面泥灰直接涂在光滑的抛光过的木材表面上，并没有把木材表面打毛或利用金属丝蒙面材料或是类似于这样的材料，所以泥灰经常大块小块地脱落，特别是在近代时期，这样一来，木材就大面积因泥灰脱落而暴露出来。更让人感到惋惜的是，泥灰表面的大量的昂贵的彩绘就被破坏了，木材也因失去保护层而遭到破坏。

大殿内的地面铺设地砖，采用的是 50×50 的烧制的蓝灰色的砖，房间内采用的是 20 厘米至 40 厘米大小的正方形蓝灰色砖块铺设，下等房的地板都用泥土夯打而成。寺院杂役房间的地面只比院子的地平略高一些；香客和寺院僧人的房间的地板要高出地面 2~4 个台阶；而大殿要高出世俗建筑 10~12 个台阶。

建筑的屋顶由木质的梁架支撑。在插图 16~18 中所示的是寺院中第一个大殿

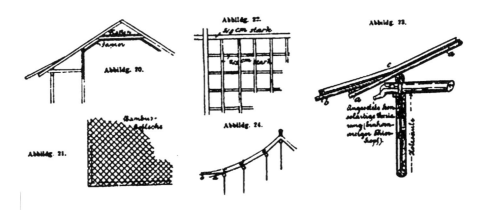

插图 20~24

的屋顶结构，两条横梁 和 gh 搭在柱子和两根替换梁 e 和 fg 上面，这样就形成了一个大约 80 厘米高的屋顶内部矩形，在矩形正中心位置是一个巨大的八角形藻井，上面雕刻着一条巨大而精美的龙俯视着下方。通过矩形的相互交错的抹角梁来固定藻井，这些交错的抹角梁又安放在由柱子支撑的主梁上面。

最上面是一个由 4 块 16×16 厘米的结实的冷杉木的和平放的 60×60 厘米至 60×80 厘米大块的木板组成的框架，它是通过两块在燕尾型凹槽内设施的横向挡板连接在一起的（请参见插图 19）。

大殿、配房及其他所有的住房和杂用建筑都只有一层，只有大悲坛通过屋顶区域的中间隔板被分为上下两层。上面两个小间是用来保存经文的，只有很陡的木板楼梯通往上层。在大觉寺西面距离 80 公里的潭柘寺中的也有一座很大的两层藏经阁，里面供奉有两尊佛像。

房间内做吊顶（请参见插图 20），把上面的梁架遮盖起来，它的结构非常轻，由大约 8 厘米的竹子编织成网状物（请参见插图 21），一般情况下，在它上面还会铺一层厚的草垫子，在下面贴上一层浅灰的纸。在下等房中没有吊顶，可以直接看到屋顶的掾和木架结构。

同样的，屋子内的隔墙也做得很轻很薄。隔墙上用 5 到 8 厘米厚的木板隔出一块长宽为 1 米的大方格，大方格内又被 2 到 3 厘米的小木条分割成更小的方格（请参见插图 22），在小木条的外面再粘上一层纸。较厚的隔墙有 1/2 或 1 块砖那么厚，建筑的侧立面和背立面有 1 到 2 砖厚。

东亚民间建筑艺术的独特之处在屋顶的造型。大觉寺建筑的屋顶设计是很特别的，按照比例尺它基本符合插图 5 中所展示的寺庙人员住房的第二个门厅的屋顶设计，图中没有显示出中间隔板。 原本的关于屋架的描述比图片更详尽。屋面的设计方法和欧式的构造是不一样的（请参见插图 23）。在由冷杉木做的 8 至 10 厘米做的圆形或矩形的椽木上面是 3~4 厘米厚的望板。第二块木板 c 经常是像安放马鞍一样地安放在下面一块木板上。木板 c 产生的弯曲，和通过檩子 d 或 c（请参见插图 24）产生的弯曲一样，共同构成锯齿状的曲线屋檐，像是通过混凝土模板修圆似的。屋面瓦片长在 10 到 15 厘米之间，是由沙土和熟石灰的混合物制作而成的。

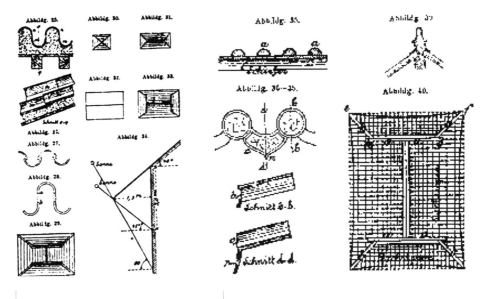

插图 25~34　　　　　　　　插图 35~40

　　下面就是屋顶凹槽部分的板瓦，它与屋顶斜面平行，前后瓦面叠压约2~3厘米，首尾相连（请参见插图25和插图26）。反过来，凸面朝上，拱形扣在板瓦上。屋顶瓦片的空腔和间隙都被灰泥填满，所有的开口和接缝处也仔细地用灰浆涂抹住。如果没有这些屋顶就没有任何密封性可言，缝隙要经常重新涂抹，现在北京也经常看到在雨季来临前涂抹屋顶缝隙的情况，就和这座古老的寺庙看到的一样。在插图27中所示的两个瓦面相互搭接的方式，在大觉寺中并不多见，但是另外一种方法，就是把上面的凸瓦面去掉换成筒瓦，筒瓦板瓦两两相对，中间的间距（请参见插图28）用灰浆抹起来。这样使得寺院的屋顶看起来不至于很单调，这种波形屋顶和我们现代的波纹白铁皮屋顶有异曲同工之妙。前面提到的屋顶覆盖物，虽然自重较大，但很符合炎热季节的需求，通过砖瓦、泥灰和木材的使用能够起到很好的隔热效果。

　　古建筑的屋檐会伸出来，寺庙里的大殿出檐约1.5米，这样是为了保护屋顶木材部分免受气候的侵害。以前人们把亚麻布面的帐篷作为中式屋顶的原型，但现在这种歇山的屋顶形式（请参见插图 29）是否符合那时候中国帐篷的样子，可以暂且不做讨论。众所周知，在技术上，人们在帐篷式屋顶的名义下，认为屋顶是所有的面朝一个共同的点向上延伸（请参见插图 30），并变换标记，但一旦屋顶线不是朝一个点向上延伸，而是朝第一条线延伸，人们就把这种屋顶叫作庑殿顶（请参见插图 31）。没有证据表明，中式屋顶，像插图 32 和 33 中所描述的寺庙和住房的悬山顶和歇山顶的造型，就是帐篷式屋顶或游牧民族帐篷的原型。这种屋顶造型仅仅是为了需求才出现的。由于古建筑的出檐深远（请参见插图 34），在太阳角度相对水平面低于 45° 时，所有的窗户全部罩在阴影里，这样本来就阴暗的寺院房间采光就更少了。

如同在中国所有的建筑中一样，大觉寺的屋顶也是很引人注目的，就其建筑构造设计和装饰相对于其他建筑部分来说也赢得一分，总的来看，它超过了在欧洲普遍使用的标准。屋顶覆盖物的材料可以更换为更好的石板瓦，在一个名为 Hun - Lo 的村庄可以看到这种新的屋顶，同样在石板瓦上覆盖拱形的筒瓦 a（请参见插图 35），不过它只是放在上面起一个装饰作用。除了美感之外，中国特有的斜面装饰也必不可少。

屋顶檐口是由特别形状的砖瓦做出来的，如在插图 3、4、5 和 8 中所示。圆形的砖瓦正面（请参见插图 36~38）是筒瓦的末端，板瓦借助滴水部分引导雨水。屋檐排水沟在寺庙里是不存在的，在现代中国建筑中也不存在。上面所提到的筒瓦的颜色是青灰色的，差不多为半圆，1.5 到 2 厘米厚，用和墙砖一样的泥土烧制，长约 15 到 20 厘米。瓦片间的连接缝用泥或石灰砂浆封护，屋顶的"分水岭"部分，脊两侧的挡沟用灰泥密封（请参见插图 39）。对于等级较高的建筑，会使用歇山屋顶。

大觉寺屋顶的瓦片都大一号尺寸，并且上过釉。瓦片上的釉至今保存得很好，还闪闪发光，有淡绿色、暗绿色、蓝色或黄色几种颜色。瓦当上有浮雕装饰，大多是龙纹、植物花纹或几何图案。垂脊由砖瓦砌成，山花部分与山墙平行（请参见插图 40），也贴着上釉的瓷砖。对角线 b - b 向外墙和山墙延伸形成翼角，梯形 e-f-g-h 形成歇山部分，悬垂的木质博风板挡住湿气对山墙内木质结构的侵害。

垂脊、戗脊上还有一些装饰性的人物和动物雕像，这些脊兽还有一定的宗教意义。在建筑设计上值得注意的是，上面提到的山花部位位于屋面木结构之上，这种处理方式在很多屋脊平面图中都有描写。

大殿和其他建筑的屋檐线末端在平面设计图和正视图中设计成向上弯曲。在平面图（请参见插图 41）中的屋檐线通过椽木延长至墙角。向外弯曲凸出的檐角，这对于外国人来说是一种陌生的样式，如果看习惯了就会觉得寺院的这种结构形式也是一种艺术美感的，简单却设计巧妙。下面的两根檩子 a、a（请参见插图 42）高度相同；同一高度的还有角梁 b - c 向上翘起，这样从 b 到 c 的斜度和屋面的斜度是一致的。檩子 a 上面是垫木 ef（请参见插图 44），从 e 到 f 逐渐变高。椽木 ik（请参见插图 43）比椽木 gh 的倾斜角度更大，因为 K 点比 h 点更高，这样借助垫木 ef 檐部上翘的形状就出来了，并且保持不变。角梁 bc 的头部装饰着前面讲到的兽头和力士像。

建筑材料除了木材以外还有很重要的一个就是砖瓦。这种在老建筑上常见的建筑材料长度和德国砖瓦的通用尺寸不一样，25 厘米长， 5.5 厘米厚；德国标准是 6.5 厘米厚，12 厘米宽。在大觉寺中没有更小的砖，但是最大的砖有 43 厘米长，11 厘米高，21 厘米宽。这些砖是青灰色，并由稀释的黏土烧制而成。烧制砖的砖窑在今天看来也很高大，10 到 15 米高，大约 5 米宽，呈四方形或圆形，用砖砌成。烧砖时一般用高粱秆做燃料，因为没有木柴，虽然煤矿矿井离北京的砖窑距离不远，从盈利角度看价格也不高，但缺少便捷的运输条件，使得煤炭还是很贵。砖瓦都是手工制作的，由搬运工搬到炉子周围的坡道上。烧制的方法和我们野外燃烧炉子一样，为节省秸秆，会在炉火周围建起围墙。烧制好的砖，形状均匀，表面光滑，这要归功于谨慎的塑形和烘干技术。这些砖声音清脆，但不够坚固，也不能抵抗风雨侵害。通常砖的外皮很坚硬， 但烧制时内部由于不能充分加热，砖体外硬里酥。形成青灰色的原因是加热温度不够，高温下会烧成红色。在寺院建筑物中，会在砖砌的墙上抹灰，但是寺院外墙面使用的砖块，会把砖的外部重新削磨至大小合适，这样做出来的墙体，砖与砖之间的结合缝隙一般就只有 2 毫米宽。外表面经过打磨后能够防止湿气对墙体的侵害，所以在砖瓦上几乎没有留下近 500 年风雨的侵袭的痕迹。砌砖所使用的灰泥是肥沃的石灰灰泥，石

插图 45~48

灰石来自位于寺院南部约 5000 米远的一个名为许各庄的村子里的石灰窑里，也可能是来自 Hun - ho 谷的大石灰采石场，据说这个采石场已经有 1000 年的历史。许各庄石灰窑烧制石灰用的是硬煤。石灰窑的建筑方法是，一层煤一层石头交错搭砌（请参见插图 45、插图 46）；外面裹一层用由草和泥土混合制成的外罩，埋在地下，这种外罩由结实的竹绳与杆子捆绑在一起的。石灰窑直径为 8 米，高为 15 米，需要 40 天才能完全烧透。烧好的石灰拥有很好的硬度。

大觉寺内建筑物的墙面内外一致，如插图 47 所示。在墙体的内部可能还是有空隙的，人们用泥土、碎石块和一些泥灰把已经建成的两面墙中间的缝隙填满（请参见插图 48），使用的泥灰是按 1:2 比例沙土混合而成的，这在现在的北京很常见。这样混合而成的泥灰不够结实，由此建成的墙也是不能作为承重结构的，只能是用来填补木质结构的一段一段间的空隙罢了。

从山里开采的质量较好的石料只有少量能用在建筑物上。在附近的村庄里人们只能用烧坏的砖或晾干的泥砖建房。除了上述提到的在许各庄村庄附近的石灰窑外，在寺庙附近又新发现了一个古老的采石场。烧制的原材料有石灰石、有与泥盆纪的艾佛尔山有很相似特性的坚硬的白色大理石。开采出来的小块石料则用来铺设路面或作为阳台或月台的墙角石、窗拱、柱础石、台阶和台阶的栏杆、栏板，以及作为不同样式的雕刻原料，如祭坛的基座，甚至还可以用来建围墙。

通过以上石料的不同使用类别可以看出，石料是作为建筑的辅助材料使用的。接下来的问题就是为什么中国人不把建筑物从用木材建造变为用石头建造呢。在这一方面还是有很多原因的，北京地区多山，有许多质地很好的石灰岩、花岗岩可作为建筑材料。

但是木材方面，比如，大觉寺所选用的木材，在当地及邻近的省里都不是很多，在大觉寺建造之时就更不多了，必须经过几百公里的路程用简陋的运输工具来完成。自古以来中国使用石料有很多先例，例如，明十三陵，比大觉寺建立时间更久，不仅有巨大的石雕兽，也有石柱、石额枋，长达六七米；到处都可以找到很多类似的、绝妙的大理石和花岗岩做成的石雕工艺品，用作栏杆、栏板等。还有后来的石拱桥，虽然有不少已经坍塌，但大多都是用石头建造的；而这座寺庙以木质结构为主，唯一能解释的原因就是，在中国，在几个世纪的进程中，在建筑艺术的发展中，存在某种程度的停滞。内部原因首先就有一定的政治因素。持续不断的地区战争，地区内部不稳定，频繁变换管理体系和统治人口，当地政府拥有很少的权利，这些都没有为艺术和经济的持续发展提供一个长期稳定的环境。如在明朝，虽然出现了一定时期的繁荣盛世，但对传统风俗的践踏，是中国人天性中特有的。他们把从佛教继承来的寺庙样式神圣化，再加上中国式的思考问题的方式，导致了这样的停滞，但这并不是史无先例的。希腊曾被看作每个时代都很有艺术鉴赏力的国家，它在失去民族独立性之前，在近千年的建筑艺术发展进程中，宗教一直是其发展的一个原因，它一直坚持在寺庙设计上的单纯的立场。希腊历史的更替和由此产生的建筑艺术发展的进步，首先是通过暴力运动和从罗马掠夺土地来向前推进的，这种推进方式在中国几千年前是找不到的。野蛮的部落从北部侵略中原地区，他们处在极低的艺术阶段，带来的是低等级的东西，也可能带来的是毁坏文化艺术发展的后果。中国还没有陷入一场与高度文明的民族的严重冲突中，也没有发生一场能够刺激文化艺术继续前进的大的战争。

在中国近代的时间里并不缺少这种刺激，它们来自于活跃在中国的经商的外国人或更高一些以文化为目的的宗教人士。中国的一些建筑有着非常华丽的石雕或重大的意义，如被耶稣教会记载的著名的石桥 —— 卢沟桥，曾多次被模仿。在中国中部，桥梁造型几乎都和卢沟桥如出一辙，在中国北部也存在着许多其简化样式的桥梁。这种影响不能持续不去，或者这种影响对国家内部关系和民众顺从的情绪造成影响，使得这些壮丽的桥梁及修建好的艺术之路，现如今大部分已经坍塌。

寺院的内部建筑和布置

大觉寺最引人瞩目的构造当属每个窗户和门的构造。其结构形式在如今的北京建筑里依旧普遍，但是并不实用。虽然北京的冬季长达四个月之久，并且此间的温度大多在零度或十度以下。

插图 50~52 介绍了窗户的构造以及窗户在寺庙以及屋内的位置。每个窗户由四扇可转动的窗页组成，四个转动点两两相邻。窗页的轴可以在窗户上的半圆形的凹处转动，这样就不必在窗户的某处安装铁件（来实现窗页的转动）。窗户上唯一的金属，就是窗户边缘青铜色的纯粹美观的装饰物（请参见插图 53、插图 54）。两扇中间的窗页前方是不能活动的外窗户（请参见插图 50）。这四个可以转动的窗页均由一个坚固的，成直角结构的木框组成，窗框的分隔条很薄，7×7 厘米厚。窗框的内侧由很薄的而且不透明的纸糊上的，这样的话，在光线相对明亮的白天可以很舒服地在室内读书。窗户的长度占据了整个房子的立面以及房子立面的三分之二的高度。窗户纸就是现如今的窗户玻璃。当时只有高僧们可以有两扇玻璃窗。

在较好的炕上带草席的居室里铺设了地砖，寺庙中仅有很少的房间铺设了地毯；有个特例就是，那两个小寺庙楼上的地板使用的是木地板，这在以前是从未有过的。居室墙壁用石灰涂成了白色或灰色，部分墙面也贴了纸。墙壁内侧和院墙进行了粉刷，一开始也被粉刷成红色，后来变成灰色，显得华丽而严肃，上面还用和谐的色调画上了传统的图案。

屋顶天花板的镶板被涂成红色，较轻的竹制天花板则贴上了灰色的纸。屋内的隔断和寺庙中轴线上的建筑的天花板都使用了木制隔板；上文已经提到，屋顶木构件是用灰浆粉刷、然后在上面用华丽而又有生气的颜色进行装饰美化的。除此之外，目前还能见到那些原本十分华丽浓艳的彩画，但是在几个世纪以来烟雾蒸汽的作用下，色彩渐渐退去，最后显现的并不是十分和谐的色调，因此整个寺庙内部呈现出一种十分神秘的感觉。

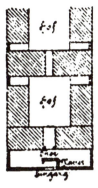

Abbildg. 56

作为内部构造中最重要的组成部分，在僧人、香客以及雇工（寺庙中没有女性雇工）的居室里都可以观察到炕的存在。炕是中国人的卧床，同时也是尊敬的访客坐的地方。根据它的结构，它应是和地面垂直平行的一个砌体。插图 57 和 58 展示了寺庙中一间较好的客房中炕的截面图和平面图。炕的高度为 50 至 60 厘米，一般情况下，其长度与房间宽度相同，而宽度大致是 1.5 到 1.9 米，这也视人的身高而定，也有很多人睡在同一张炕上的可能。在寺庙中，除了大殿，其余的房间都备有炕。炕通常是可移动或是固定的。移动的一般采用木质结构，用木板搭成，可拆卸。固定的炕由砖和黏土砌成，边沿处镶有木条。一般情况下炕上都铺有草席，以满足睡眠需求。对于级别较高的中国人，他的住房内就会配备昂贵的地毯、床垫、枕头及床罩，你就会发现，可怜的苦力们蜷成一团，裹着一块破布，睡在光秃秃的炕上。寺庙中各处的睡眠装备都是相同的，如果

Abbildg. 57 u. 58.

插图 56~58

拜访者在客房里不幸与苦力一起睡，那他必须在中国旅行时自备张床。

可以看到，一部分炕有供暖。炕前面有一个砖砌的灶（请参见插图57），在里面点火，烟气通过水平砌成的管道通到炕下面，房间本身带有一个烟囱，很少在外面另砌。有些情况下，在地下有一个较深的火坑，里面点火取暖，也可以做饭。

由于地板很冷，门窗的密封性差，供暖设备的作用很小，并且会产生很多浓烟。尽管冬天漫长而寒冷，房间里并没有其他的供暖设备。中国人在房间里保暖也有自己的办法，温度下降时，他们穿上一层又一层的衣服，直到他们不再寒冷，至少他们的衣服储备要足够多。

寺庙中较好住房的一般配备有一到两张83~86厘米高的桌子、几把竖直靠背的椅子、凳子，有可能还有木质长椅。测量过所有椅子后发现，椅子面的高度一般为52厘米，宽度和长度分别为44厘米和57厘米。桌椅的外部结构十分不牢固，但是上面的镶嵌物让它看起来具有很高的价值。高僧的住所一般由三个房间组成，中间那间用于祭祀神灵，摆放贡品，还有几个带有雕刻图案的存放经文书籍的柜子。右边和左边各为一间睡房，同样睡房中也有炕，两张桌子，一个柜子，除此之外，还有僧人自己极少的个人物品。桌子上摆放着几个花瓶，墙上挂着几幅并不名贵的画或书法作品，这就是室内的全部布置，对于欧洲人来说，这很难留下一个很好的印象。

寺庙里有两个厨房，小的那个为高僧们准备饭菜，大的供较低级别的僧侣及大量仆人使用（奴仆，厨师，劳力，园丁，饲养马、牛、骡子的人、牧羊人以及其他的工人及工匠），同时还要为妙峰山进香的香客们提供饭菜。厨房里一般备有砌成的火炉，上面带着煮饭用的容器，或者是直径超过一米的铁锅，来满足香客们饭食的供应。做饭产生的烟要么从厨房里的火炉中排出，要么从房子外面的烟囱排出（请参见插图60）。两个厨房都为厨房工作人员配备了睡觉的炕，在大一点的厨房里，烟黑色的灶神祭坛和祭品台旁边还配有长椅的餐桌。寺内一天的吃饭时间分为三次：夏天7点吃早餐，11点吃午餐，5点吃晚餐；做饭时一般先打开最大的炉子，首先用木制的摇杆把空心的木桶提起来取水——由于上文中提到的泉眼已经足够供应整个区域所需的水，因此寺庙中没有打井。

厕所的平面图请参见图版1和2。厕所没有门，入口前面有一堵约两米高的挡墙，内部被相同高度的墙分成一个个的小的区域。厕所地面铺砖，每块砖约为 50 厘米长，30 厘米宽，并砌有排水沟（请参见插图 61）。除此之外厕所内没有发现其他的设施。

正如其他寺庙建筑一样，大觉寺内部配备的设施也是相当简单的；一般情况下，当您现在去游览中国北方的寺庙，观察它们的客房以及其他开放的建筑时，仍能看到和大觉寺相同的设施。正如平面图所展现的，在五号庭院中，在奴仆居住的房子之间有未闭合的马厩、骡子和牛棚以及猪圈，在祭祀房的中部，贡品台后面供奉着主神马王爷，即马神，右边是牛王爷，即牛神，左边是农业保护神。

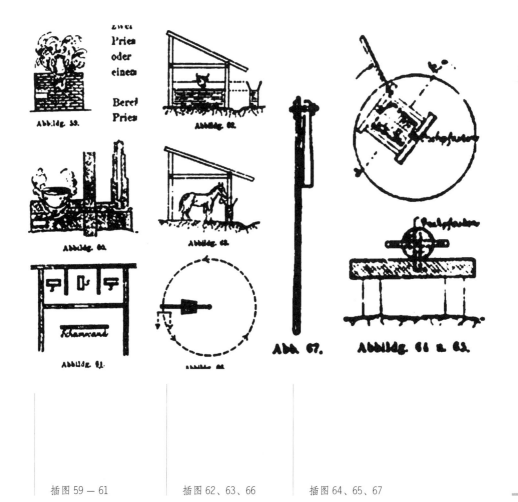

插图 59 — 61   插图 62、63、66   插图 64、65、67

再往左右还有其他的雕像，可以将它们看作是神灵的仆人。雕像边上还放着篮子、木桶、饲料以及其他饲养家畜所需的物品。马厩里唯一的装置就是家畜的饲料桶（请参见插图 62 和插图 63）。马饲料主要是碎稻草混合着潮湿的米糠，或者是高粱谷粒、小豆子和麸子的混合物等。木桶一般放在马厩的右边角落或者在前院墙处。骑乘牲口用套索拴在墙的立柱上。牛棚和猪圈的舍门较低。饲料房中还有一些不同类型的制造碎饲料的机器。大的花岗岩板中间竖着一根垂直的立柱，在一个四方的木框中，运转着一块旋转着的、圆锥体的磨石，人们或牲畜控制插入框中的摇杆进行旋转，磨制饲料。还有两间房内堆放着已经碾碎的粮食。这些设施本来就很简单，只是满足一般的需求，请参见插图 64 及 65。

储藏饲料的房间地面较平整。寺庙里并没有配备打谷机的谷仓。粮食的脱粒工作需要到寺庙外面的打谷场上进行。在今天来看，这也是唯一的一种脱粒方式。脱粒是牲畜拉着滚筒在粮食上碾过（请参见插图 66）；然而人们也看到过其他的打谷方式，通过转向杆控制冲击木（请参见插图 67），并通过皮带固定到把手上，操作简单，但十分罕见。在寺庙里找到的木制粮食簸箕有它独特的形式，用它来将碾过的粮食清理干净，它不同于我们在农场里使用的那种清扫用的簸箕。

对于寺庙祭祀场所的布置需要进行一次详细深入的描述。首先要说的是神灵的祭坛，有关第一寺庙中祭坛的详细描述请参见图版 3 和 4，图版 7 上有相应的图片。两个主寺的祭坛均为石质须弥座，须弥座上另有 3 个独立的木制佛像基座，上面供奉着 3 尊神像，第一寺庙里的佛像是坐姿，第二个寺庙里的是站姿。中间的主尊在边上两尊神像的护卫下，以一种崇高的姿态面向太阳升起的方向。每尊神像后面都竖有一个椭圆形的、断成两半的、富丽堂皇的背光，并装饰了一圈锯齿状的火焰纹，由此可以看出神像的相关背景，它为我们带来了神圣之光，甚至是一个膜拜的典型，这应该是从印度传过来的。

在第一寺庙中（图版 3、图版 4）中，主祭坛的背面，有一个由 3 个菩萨塑像组成的小祭坛，其等级要比前面的神灵低一些，这是这个寺庙比较特殊的一个地方。祭坛前后共 6 尊神灵雕像，3 尊一人多高，另外 3 尊小一点。像体为木雕，上面打一层细腻的泥浆，然后刷上深红的铜锈色涂料。雕像的设计十分严格统一，甚至中国南方的雕像也如出一辙，这种设计最初都是从印度的雕像演化而来的。

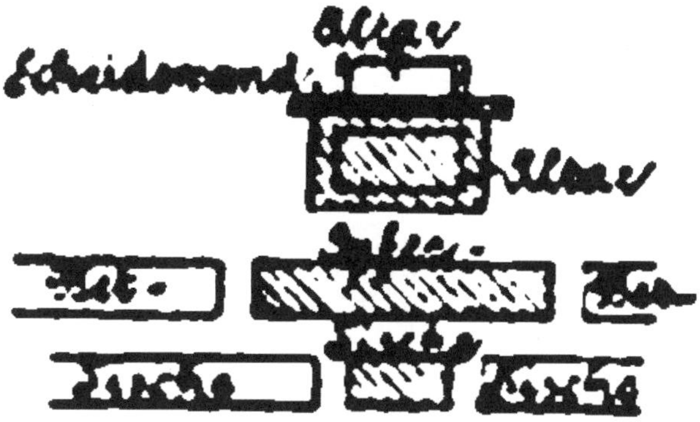

插图 68

主雕像拥有强壮而健硕的四肢，在第一寺庙中，他基本是赤裸的，只有肩膀上披着一点衣物。在设计上，雕像不必在人类身体结构上墨守成规。雕像的面部表情看起来安详，严肃，充满幸福感；额头低而宽，注视前方的眼睛炯炯有神，双颊饱满，嘴巴很小，比正常情况下大两倍多的耳朵特别符合中国审美。

祭坛的前面放着一大一小两个供桌，造型美观，上面还放着一些装饰华美的锡器和瓷器，每天僧侣门将糕点、水果、花放上，还要每天上香。祭坛和祭祀台前面铺着地毯。

供桌的左右两边（请参见插图 68）摆放着两排桌子，每天早上，僧侣们站着或跪着进行祷告，或齐唱圣歌。在乐器方面，寺庙里只有不同类型的音高的打击乐器；一部分是钟，一部分是鼓，其他的就是铁、铜、黄铜、银和木头制成的各种各样的钹；还有一些是用兽皮制成的。还有一点应该更好理解的是，在佛教寺庙中，作为神灵仆人的僧侣与香客是不同的，这一点与其他教派没有什么不同；人们经常可以看到一些拜访者，甚至是欧洲人，住在寺庙里。一般情况下，每天

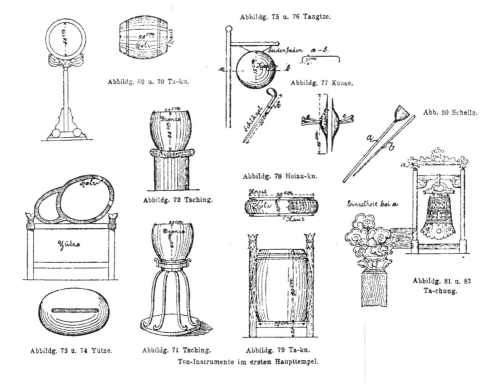

Abbildg. 69 u. 70 Ta-ku.

Abbildg. 75 u. 76 Tangtze.

Abbildg. 77 Kuase.

Abb. 80 Schelle.

Abbildg. 72 Tsching.

Abbildg. 78 Hsiau-ku.

Abbildg. 81 u. 82 Ta-chung.

Abbildg. 73 u. 74 Yütze.　Abbildg. 71 Tsching.　Abbildg. 79 Ta-ku.

Ton-Instrumente im ersten Haupttempel.

410

4 次祷告的时间分别为晚上 12 点，早上 5 点，中午 12 点和下午 5 点；季节不同，时间也会相应调整。

　　对于外来的欧洲人来说，印象最深的应该是上文提到的各种各样的乐器。在第一主寺的东南角放着一面高约 1.5 米的大鼓（请参见插图 69、插图 70）；大鼓是木质的，表面蒙了一层兽皮；用木槌击打它，就会发出低沉的轰鸣声。边上的搁板上还放置着不同类型的各种小鼓。插图71描述的是一面铜钹，放置在一个弧形的基座上；钹通过木棍敲击，发出声响。除此之外，寺庙中还有许多用铜和铸铁制成的乐器；插图72就展示了一个放在基座上的铜钹。插图73和74上的简图展示的是木鱼，上面有一个狭长的切口，这种类型的乐器，寺庙里总共有3个，分别为60到50厘米、40到35厘米、15到10厘米，用裹着兽皮的木棍敲击，依大小区分高低音色。插图75和76展示了木头支架上的铜锣，用小木棍敲击，会产生声响。还有铙钹，当两个黄铜的金属圆片撞击在一起时，发出清脆的声音。除此之外，还有一个较小的平鼓，两面包着兽皮（请参见插图78），鼓边的木环约10厘米高。另外还有一面造型奇特的鼓（请参见插图79），看起来与大鼓很相似。

插图80是一个较小的银铃，后部有一个金属小棍a，一般由领唱颂歌的僧人用右手拿着，食指和中指夹着金属小棍b敲击，就会发出轻快而有节奏的声音。

在第一寺庙的东北角还放了一口很大的铜制的装饰精美的大钟（请参见插图81、插图82）；寺庙里所有的钟都无法摆动，需要用木棍去敲击。

其实用这些乐器并不能演奏一首乐曲，主要是供僧人在吟唱颂歌时使用。当金属钹发出悦耳的声音，通过不同乐器的转换形成不同的音高，这样结合后的声音也令人十分愉快 —— 其中，大鼓需要敲击得十分有力，而钹则会发出轻快的声音，通常情况下，它们共同组成了音乐的高低部分，这样就达到了指挥的目的。一般在节日的时候，祷告的时间自然就会变长，音乐的类型与强度也会改变。人们有时会觉察到，这些乐器也会杂乱无章的混合在一起，由此所产生的噪音，经常会在月中或月末出现。对于欧洲人来说，听到这样的声音是备受折磨的，这让人想很快逃出寺庙。在寺庙附近居住的客人，经常会在半夜被吓醒，那种感觉，就好像是僧人们在乱跑、在狂吼、在拼命敲击所有的东西，待第二天起床一看，令人惊讶的是，每一件乐器都完好无损，工作正常。

在第一寺庙外的西南角，木制支架上放着一面"磬"（请参见插图83），这是一块很重的带有装饰的铜板，由僧人拿着木棍敲击，当进行祷告时，寺庙外面就会听到长时间的有节奏的敲击。在寺庙屋顶的角梁末端，挂着四个精致的铃铛（请参见插图84），30厘米高，里面吊着一个小薄片，在下端还有四个尾翼，随着

411

微风吹拂，小薄片晃动，发出轻快悦耳的声音。

第一寺庙内的南北两侧还立着 10 个一人多高的雕像，被称作二十诸天，代表了年轻的佛。西侧的长墙上另有 10 个菩萨，每五个一组，共两组，被称作十地菩萨，他们为佛服务。佛像一开始都是自然色的，后来变成了青铜色。在第二寺庙的大祭坛中间，供奉着三尊佛像：毗卢佛在中间，释迦佛在南面，卢舍那佛在北面；在它们前面还为僧人设立了带座椅的木制讲坛。在沿着西墙建造的壁柜中，保存有寺庙高僧的许多题字。祭坛的背面有一幅很大的悬塑作品，叫海岛观音，上面塑有他的随从，以及有着神圣意义的人、动物和神灵。祭坛前面有一个小的烧香用的供桌。南北两侧的墙上是 18 罗汉的雕像，他们是毗卢佛的信徒。大殿东边的角上分别立着一面大鼓和一口大钟。

第三座寺庙(大悲坛)和第四座寺庙(龙王堂)中都有神灵雕像，旁边设有香台，

412

插图 83、84、86

插图 85

图版 9　左为大雄宝殿　　右为大觉寺山门

图版 3　天王殿

这些神灵应该来自印度。

寺院的第一主门（参见图版 9）是一个封闭的大厅，叫作头山门。第二道大门（请参见插图 3）叫作天王殿，也是带有木隔板的封闭的大厅，中心祭坛的两侧塑有四大天王雕像，祭坛正面供着弥勒佛，背面供着韦驮，上面有金属和陶瓷的盘子，供人们上香使用，香火过几个小时僧人就要重新更换一次（请参见插图 85）。健壮的四大天王的木雕像，上面涂着华丽的色彩，有两人多高，守护着大门。

在第一寺庙南侧的戒坛中也供奉着神灵的雕像，但这个寺庙已经被用作级别较低的僧侣的卧室。第二寺庙的南北两侧有一排房子，里面有桌子、长椅以及为香客们准备的床铺。

上文提及的佛和菩萨的雕像一些由泥浆加木头制成的，还有一些是泥塑的，但都涂上了色彩。而小的雕像则用青铜锤炼或黄铜铸造而成；除此之外还有一些木制的小雕像。在中国，这种类型的神灵雕像是外国人争相寻觅购买的目标，有的人出于爱好而大量收藏。

在钟楼和与其相对的鼓楼上分别放置着祭祀用的大钟和大鼓。大钟（请参见插图 86）固定悬挂在那里，利用两块晃动的木头进行敲击。

针对寺庙建设的几点意见

如上所述，作为本地代表的大觉寺可以看作自 19 世纪以来，在中国存在着的一种典型建筑方式，这种建筑方式在这一时期内一直使用相同的建筑材料、建筑结构和基本不变的审美观。毋庸置疑，这种建筑方式的起源，就如宗教形式在印度的起源一样，寺庙的布局与设施与印度也有一定的联系，这一点可以通过大觉寺寺内的设施得到明确的证明。就像其他寺庙一样，古老的地方传统并没有在大觉寺被保留下来，当印度古老的木建筑被毁得所剩无几，并已被石头建筑所代替时，我们终究无法查个水落石出。中国的宗教建筑是否只保留了印度宗教建筑物的外形，还是连同建筑物的结构框架也一起保留下来，或者连内部设施的规划和布置都保留下来，最终也不得而知。

大觉寺这种恰如其分的整体布局，在我们看来它拥有最大的价值，它首先是针对给定的土地和设计，通过与大自然融合的建筑物而做出的灵活的整体布局。就艺术上来说，这些建立在高高的石台上的宗教建筑，它们脱离了低等的世俗，通过两扇门与外部世界隔绝起来，在大门的后面，这些建筑物都毫无疑问地被赋予了神奇的魔法。由于这种巨大的吸引力，这些世俗的石山逐渐转变成宗教寺院的一部分，寺院里种植的树木，掩映着高高石台上修建起的宗教建筑。

在艺术的敏锐性感觉方面，它向我们传达了来自欧洲的见解，即在建筑形体上发展的艺术能力又退步了。在此期间其他人也提出了相同的观点，即在中国的建筑学上一直存在着一些阻碍自由创作和继续发展的不可战胜的困难。基于这点，所有的人都会反对这种将对古建筑谨慎的坚持只看作是宗教责任的观点，这一点可以明显地体现在建筑的布局和装饰上，去除粗鲁的自然主义和原始的纯朴后，才能造就部分极好的形式，建筑形体上虽然有所发展，但艺术能力上退步了，这就构成了整个建筑学退步的标志。

首先早期描述建筑的动机就预示了建筑学在亘古时代的起源，即建筑学是所有寺庙建筑的基础，在木构建筑里，开放式的圆柱大厅就代表了它的开放性，大概是后来才开始在两个柱子之间砌筑墙体，有了封闭空间的窗户和门。最明显的例子就是在这样的建筑中带有前廊（请参见插图 15）。在最早的测量中，我曾经认为，圆柱上一个个小小的突起应该是艺术的再次加工，但不久后发现这都应归因于所用木材的自然生长。

屋梁被水平的分为两至三层，柱头上设有斗拱，斗拱有支架的功能，斗拱上有彩绘，同时还起装饰作用，比如古希腊的建筑，其符号特征和构架功能就可以作为这方面的模范。寺庙内部以同样的方式向人们毫无保留的展示着圆柱和梁架以及彩绘。

大觉寺的装饰艺术是否起源于中国或者印度，目前的研究对此还给不出任何的依据。众所周知，印度艺术的一个特点就是寺庙平台栏杆的规则外形，寺庙里的祭坛和所有的设施都是以服务于宗教为目的的。图版 8 展示了大觉寺里几个这样的装饰图案，雕刻的大理石栏杆、砖雕的回纹装饰构件。其中两个回纹装饰图案相对较古老，而且显得比较高贵，从皇椅上的装饰图案中可以看得出。除了这几个并不精致的例子，其他的波形纹饰的式样，比如珠母贝制作的圆柱，在寺庙

大
覺
寺

416

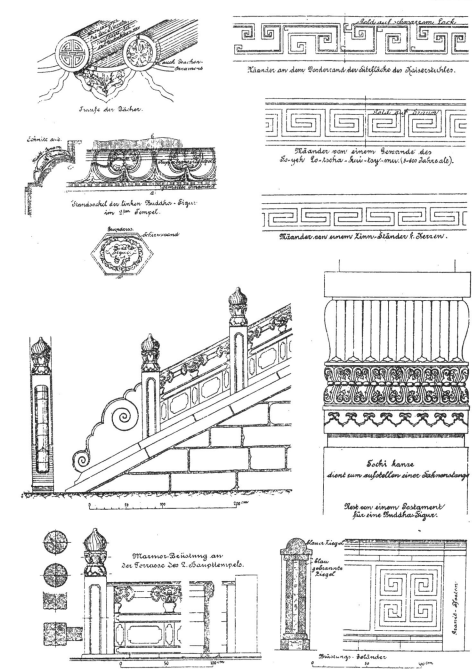

Der Tempel Ta-Chüeh-sy bei-Peking.

图版 8　屋檐及栏杆、栏板的装饰图案

里还未曾发现。

　　木质或石制的叶形装饰只出现在佛塔、少数的基座、祭坛顶部等部位，在寺庙建筑的结构部分里没有。似乎起源于印度的装饰都是这样的，引入的花瓣装饰大部分体现在已退化的装饰样式上，长时间以来，这些作为装饰标志已经失去了其原本的意义。带有叶形装饰的各种各样的雕刻使印度人不再认识到花瓣的特点，在这一点上，它们逐渐趋向于后罗马艺术的产物，比如在第二主寺里左边的佛像底座上，紫铜的叶片装饰，展示了自然装饰的最高水平，同时也说明了叶片装饰的衰落。随后出现了高贵而简单的式样，比如图版7里a图的宝塔上方的叶形装饰就与b图展示的底部的装饰形成了鲜明的对比。造成这种差异的原因，或许不是对于简单式样的美的理解，而是工具的短缺或者其他偶然的因素造成的。即a图里的叶子不是依据艺术进行再加工的，因为其基本式样和轮廓都是一成不变的，每个人也只能去不断地完善它了。

　　值得注意的还有插图1和图版7中介绍的窗户，它存在于钟楼的四面，与鼓楼相对。根据大钟上的题字来看，这些窗户图案起源于14世纪。而这些装饰应该不是源自印度，它应该来自其他地方，在此我不敢妄下定论。但我曾经在其他中国建筑上见到的十分相似的图案，一般情况下，这是一种很罕见的艺术形式，实在是有些陌生。

　　关于屋顶的艺术形式，这在东亚建筑艺术里被看作建筑学里最重要的部分，这种现象的必然性在前边就已经讲过了。图版8用大量的篇幅介绍了屋檐的装饰艺术，就如在屋脊上通过动物形象的雕塑使屋顶上的装饰艺术得到进一步增强的效果一样，这一点也已经在图版3至7上有所体现。

尾声

　　在这次针对中国建筑文化的大规模的深入研究中，通过通力合作以及有说服力的资料，我们取得了很大的进展。首先虽然只是涉及典型建筑物种类的排序，即寺院、宫殿、供香客住宿的房屋、僧人居住的房屋等的排列顺序，这其中一些建筑物的建造时间是众所周知的或者是能确定的，而另一些则是需要进一步调查，然后给出一个详细的描述。只有当大量的研究数据摆在面前时，人们才能通过比较，逐渐驱散未知中的黑暗，从而使东亚的建筑艺术得到广泛而又深远的发展，人们才会对建筑艺术得到一个清晰的概览。通过这样的方式，艺术史不仅能够在根本上得到发展，而且人们也会得到一些触手可及的收获，虽然我们现在只是从古代社会人们的关系中暂时得到少量的知识，但相信我们会慢慢揭开艺术史神秘的面纱。除了其他一些建筑物之外，大觉寺也提供了有说服力的证据，一方面证明了中国和印度之间存在着如此亲密的关系；另一方面，小亚细亚和希腊之间也存在着这样的关系。中国和印度 —— 最近有没有很多人认为它们是荷马诗歌中所赞颂的国家 —— 然后向西方国家传播他们古老的文化呢？或者应该反过来说，产生于小亚细亚海岸的艺术，应该像西方艺术一样，向希腊扩展、向印度扩展然后再向中国和日本扩展，最后在那里慢慢地衰败直到今天的没落呢？一项最近的研究将会对此给出合适的解释。

在建筑师们前期做了大量的工作后，他们就想近距离了解中国建筑，这些尝试激发了更多针对相似艺术的研究工作。同时他们也激起了一种信念，他们并不是仅仅想得到点什么，而是作为一个起点，来发展我们的建筑艺术史，这也是十分必要的。迄今为止，建筑艺术创造这个如此大的领域，还没有被深入研究过，这实在是一个不该被忽视的现实。人类书面记录的材料与那些实际存在的巨大建筑相比，实在是微不足道。所以我们期望借助于照片进行全面的必要的研究。我还希望有一台照相机来协助我完成相关的工作。有时我会这样问自己，这个研究是值得的吗，它能否像研究其余的希腊寺庙一样，促进一个著名的艺术形式的新发展呢？

北京，1892 年 9 月
H . 希尔德布兰德
普鲁士帝国建筑师

历代名人与大觉寺

大觉寺清幽的自然景观和深厚的历史文化内涵，吸引了古往今来众多的游人，他们在感受与领悟佛教文化的同时，寄情山水，流连花木，沉醉于山寺的绮丽景色，其中不乏风流雅士，往往驻足之后形诸笔墨，留下几多雪泥鸿爪之迹。如明代的沈榜、刘侗，清代的纳兰性德、王昶、奕绘和顾太清夫妇、完颜麟庆、奕谭、完颜衡永，近现代的许地山、陈寅恪、朱自清、傅增湘、胡适、溥儒、郭沫若、张伯驹、冰心和吴文藻夫妇、俞平伯、陈述、季羡林、汤一介、侯仁之，都曾经在此留下足迹，甚至很多故事都已成为佳话美谈，至今回味起来，依然隽永悠长。

沈榜　生活于明代中晚期，湖广临湘人，由举人历任内乡、东明、上元三县知县。万历十八年（1590），升任顺天府宛平县知县，后又升户部主事。他在宛平任内，留心时事，搜求掌故，并根据署中档册文件，编著《宛署杂记》二十卷，是一部研究明代北京社会经济、政治制度和风俗掌故的重要参考资料[1]。沈榜在这部书中，记载了大觉寺在西山的方位和宣德、正统年间重修、立碑的史实，他的《宛署杂记》是已知最早一部记录大觉寺历史的书籍。

刘侗（约 1594~1637）　明代文学家。字同人，号格庵，湖广麻城（今属湖北）人。崇祯年间进士，曾赴吴县知县任，死于扬州，年四十四岁。其文属于"竟陵派"，文笔峻削奇崛，流于怪僻。[2]他曾与于奕正合撰《帝京景物略》，详记北京风物，颇有资料价值。该书记大觉寺"故名灵泉佛寺，宣宗赐今名，数临幸焉，而今圮。金章宗西山八院，寺其清水院也。清水者，今绕圮阁出，一道流泉是。"是最早记录大觉寺即金章宗西山八院之清水院的古籍文献，对于研究大觉寺的历史，具有重要价值。

纳兰性德（1655~1685）　字容若，号楞伽山人，正黄旗满洲人，其父为深受圣祖玄烨倚重的当朝宰相明珠。康熙十五年(1676)进士，授乾清门三等侍卫，后循迁至一等。康熙二十四年（1685）患疾病去世，年仅三十一岁。他少年饱读诗书，天资聪慧，又精于书画鉴赏，有著名的词集《侧帽集》《饮水词》，他的

1　参见汪受宽《中国历史文选》练习文选。

2　参见《中国大百科全书》。

诗词缠绵清婉，情真意挚，格韵高远，情辞俱美。纳兰出身显贵，但他不慕权势，常与江南布衣把酒论诗，谈古论今。国学大师王国维在《人间词话》里讲道："纳兰容若以自然之眼观物，以自然之舌言情，此由出入中原，未染汉人风气，故能真切如此。北宋以来一人而已。"可谓评价甚高了。纳兰性德在扈从康熙帝巡幸西山时，撰《浣溪沙·大觉寺》一词。

> 燕垒空梁画壁寒，诸天花雨散幽关，
> 篆香清梵有无间。蛱蝶乍从帘影度，
> 樱桃半是鸟衔残，此时相对一忘言。

词中描绘了大觉寺清幽的景致。康熙十八年(1679)五月九日，康熙幸视西山一路禾稼，驻跸潭柘寺，其线路是由瀛台到西山大觉寺，走寨口、戒台寺，最后驻跸潭柘寺。词中描绘的"燕垒空梁"、"篆香清梵"，真切再现了清初大觉寺的寂寥与清幽。[3]

王昶（1724~1806） 江苏青浦（今属上海市）人。王昶字德甫，号述庵，又号兰泉，是清中期著名金石学家。他乾隆年间登进士第，官至刑部右侍郎。其平生好金石之学，收罗商周及历代石刻拓本1500余种，撰辑《金石萃编》160卷。他曾参加编修《大清一统志》《续三通》等书。他还擅诗古文辞，著有《春融堂集》，辑有《明词综》《国朝词综》《湖海诗传》《湖海文传》等。乾隆四十三年（1778）九月二十七日，王昶西山觅古至大觉寺，他在龙王堂前"寒芜落叶堆中搜得"辽阳台山清水院创造藏经记碑，传拓考证，并著录于《金石萃编》一书。

奕绘和顾太清 奕绘(1799~1838) 字子章，号太素，别号幻园、幻园居士、太素道人、妙莲居士、观古斋主人，堂号明善堂。爱新觉罗氏，曾祖父为乾隆皇帝，祖父永琪，为乾隆皇帝第五子，于乾隆三十年(1765)封荣亲王。父亲绵亿，为永琪第五子。与当时著名才女顾太清为夫妇。顾太清（1799~1876）名春，字梅仙，姓西林觉罗氏，满洲镶蓝旗人，入嫁为乾隆第五子荣亲王永琪之孙、荣恪郡王绵

3　参考徐征1998年发表于《海淀风物丛考》中的《纳兰性德与大觉寺》一文。

亿之子 —— 贝勒奕绘的侧室福晋，报宗人府为"顾"姓。婚后夫妇唱和，伉俪情深，又因奕绘字子章，号太素，为与之匹配，遂字子春，号太清，自署太清春、西林春，故以顾太清名世。太清多才多艺，且一生写作不辍，她的文学创作涉及诗、词、小说、绘画，尤以词名重士林。奕绘、顾太清夫妇到过京西许多佛寺道观，留下许多诗词，如奕绘写过《慈寿寺》《黑龙潭》《宿大觉寺》等，顾太清写过《三月晦同夫子游黑龙潭至大觉寺路经画眉山》等，诗词记录了他们所到之处的秀丽风景。奕绘于道光十二年（1832）所作《宿大觉寺》，对大觉寺进行了细致入微的描写，可谓淋漓尽致。

宿大觉寺

迢迢大觉寺，远在西山隈，薄游散烦暑，絺衣扑黄埃。山僧睹客面，知自尘中来，引我登上池，清泉喷龙腮，洗涤法眼净，盥漱烦襟开。龙力同佛慈，天语题崔嵬。于时六月半，旱及中谷蓷，愿兴油然云，澍雨遍八陔，上慰当宁忧，下济苍生灾。振衣绕佛座，观树下层台，百围古银杏，毫末何年栽？罗生子孙枝，各具梁栋材。迤南更幽洁，竹木久徘徊，绿玉拂晴霭，凉风吹碧苔。翛翛"憩云轩"，御笔挥香煤，飞瀑泻户阃，盈耳喧风雷，激荡长松根，落地成渊洄。平生岩壑志，恋此不忍回，暂借禅房宿，况无公事催。云阴晚峰合，雨意润金罍。

完颜麟庆（1791~1846） 字见廷，金代皇族完颜氏的后裔，满洲镶黄旗人。他嘉庆十四年（1809）中进士，授内阁中书，旋任兵部主事。复出守安徽徽州知府。道光九年（1829）升河南按察使，十二年（1832）任贵州布政使，十三年（1833）升湖北巡抚，十四年（1834）迁总都江南河道兼兵部侍郎、都察院右副都御使，十九年（1839）兼属两江总督管两淮盐政，是道光朝名臣之一。他一生从事治水防灾，为防治黄河泛滥做出了贡献。他一生著述颇丰，有《黄运河口古今图说》、《河工器具图说》及《鸿雪因缘图记》等传世。晚年曾到大觉寺游览，在《鸿雪因缘图记》

中他详细记载了清代大觉寺的诸多景物，并绘有《大觉卧游》图。[4]

奕譞（1840~1891） 清宣宗第七子，咸丰元年（1851）被封为醇郡王，同治三年（1864）加亲王衔，十一年（1872）晋封醇亲王，十三年（1874）十二月其次子载湉嗣位，是为光绪皇帝。光绪十一年（1885）受命"总理海军衙门事务"。奕譞病死后，谥号曰"贤"，葬于妙高峰下法云寺（金章宗西山八院之"香水院"）旧址，即现在大觉寺之北的"七王坟"。醇亲王生前十分喜爱西山之景，选定法云寺旧址建陵寝并建阳宅居住，足以想见他对这里的喜爱。大觉寺内大悲坛建筑（原藏经楼）檐下的"最上法门"匾额即为醇亲王所题，大悲坛展厅内悬挂的"方丈"匾额亦是他的手迹。

完颜衡永 完颜麟庆之孙。贡生出身。曾做过御前侍卫，后来升为镶黄旗满洲副都统（正二品）、正红旗满洲都统（从一品）。民国初年，曾任文史馆馆员。完颜衡永和完颜氏家族其他成员一样喜欢西山之景，尤其喜爱旸台山大觉寺的清幽。如今在大觉寺内，还藏有他撰书的石雕匾额——"旸台别业"。[5]

许地山、陈寅恪 许地山（1893~1941）现代作家、学者。陈寅恪（1890~1969）清朝著名诗人陈三立之子，著名历史学家。在寓居北京时，陈寅恪多次游览大觉寺。有一次在寺内大雄宝殿参观时，看见一人攀援于屋栋之上，正在仔细端详，用心思索，待那人下来之后，方知为作家许地山，原来他正在寺内研究古建筑结构与内部装饰，二人相视大笑[6]。陈寅恪还曾与俞平伯和朱自清夫妇骑驴观赏西山杏花之景。大觉寺附近的杏花相当有名，每到春日，杏花初放之时，京城众多游人争相观览，当时寺院虽然破旧，但游人还是很多的。陈寅恪对西山杏花情有独钟，以至于多年之后，他还向挚友教育家吴宓盛赞黄浚《大觉寺杏林》诗中"绝艳似怜前度意，繁枝犹待后游人"两句，大概是诗中的意境引起了他心中的共鸣吧。

朱自清（1898~1948） 现代著名散文学家。其散文以语言洗练、文笔清丽著称，极富真实情感。三十年代他与夫人来到北平，饱览了郊外的自然风光。朱自清夫妇曾与陈寅恪、俞平伯等人同游大觉寺，还一起骑驴到管家岭看杏花，

4　景爱：《皇裔沉浮——北京的完颜氏》，学苑出版社，2002。

5　景爱：《皇裔沉浮——北京的完颜氏》，学苑出版社，2002。

6　参见蒋天枢《陈寅恪先生编年事辑》，上海古籍出版社，1997。

回去之后特意为大觉寺的玉兰花赋诗一首，读来极为有趣，颇具打油诗味道。

大觉寺里玉兰花，笔挺挺的一丈多，仰起头来帽子落，看见树顶真巍峨，像宝塔冲霄之势，尖上星斗森罗。花儿是万支明烛，一个焰一个嫦娥；又像吃奶的孩子，一支支小胖胳膊，嫩皮肤蜜糖欲滴，眨着眼带笑窝。上帝一定在此地，我默默等候抚摸。

此诗词句音韵铿锵，形容生动，可作者认为是游戏之作，所以并未拿去发表，我们今天从中仍可以感觉到他对寺内玉兰花的喜爱至极。

傅增湘（1872~1949） 字沅叔，号藏园，别号双鉴楼主人，藏园老人。笔名清泉逸叟、长春室主人等。傅增湘幼年过继给叔父为子，童年随生父出川，赴河北天津受学。光绪十四年（1888），在河北顺天府应乡试，中举人。十九岁（1891）入保定莲池书院受业，学业精进。光绪二十四年（1898）会试，中二甲第六名进士，选翰林院庶吉士。他一生著述宏富，除校勘专著外，尚有诗、文、游记若干卷，皆存稿未刊。1949 年 10 月，病逝于北京藏园，终年 78 岁。傅增湘曾多次到大觉寺游览，题写了许多咏叹大觉寺的诗词。如他题写于塔上的诗词。

俨然一塔压琳宫，沐日摩云势岸雄。
驯取蚊虻作环卫，惊看熊虎出深丛。
石螭似诉金源恨，林鹊长呼紫塞风。
佛力渐随王气歇，只留辽碣伴衰翁。

长流清水甘无尽，业藻方塘软似绵。
小坐移候成大觉，柔夸与世不争光。

又如他题写的"憩云轩"、"四宜堂"：

胡适（1891~1962） 现代学者，历史学、文学、哲学家。以倡导"五四"文学革命闻名于世。历任北京大学教授、北京大学校长、台湾"中央研究院"院长等。1934年春，俞平伯与陈寅恪、朱自清夫妇同游大觉寺。动身的前一天，即1934年4月16日，俞平伯曾在信中告诉周作人："明日拟往大觉寺，补看昔年未看之杏，如能无恙归来，当作小文述之，盖彼处传闻不甚平靖耳……春假以后反而添忙，逃学（此二字殊不妙）游阳台亦是一因。"所巧的是，这一年的4月15日，胡适也曾偕夫人江冬秀、儿子胡思杜和学生罗尔纲等坐车同游了大觉寺。这两支"旅游大军"不约而同地同游一处风景区，而时间仅隔一天，可见他们这些文人学者踏青雅兴不浅：皆以赏心悦目的游览观光而自得其乐。

溥儒（1895~1963） 北京人。出身皇族，姓爱新觉罗，字心畲，号西山逸士。曾留学德国。回国后，笃嗜诗文、书画，皆有成就。画工山水、兼擅人物、花卉，与张大千有"南张北溥"之誉，在当时的北京是声誉极高的文化名人。幼年时一直居住在恭王府内，后随家人到戒台寺居住。他遍游西山著名的名胜古迹，著有词集《凝碧余音》，由于幼年生活所限，诗词的内容和描写的环境主要都是西山一带的名胜古迹，词集内曾写到大觉寺、戒台寺、玉泉山等，写景抒情，寄怀所思。现存大觉寺四宜堂北房两侧墙壁上的题壁诗，就是1936年溥儒观览寺内景物所撰。

丙子三月观花留题
寥落前朝寺，垂杨拂路尘。
山连三晋雨，花接九边春。
旧院僧何在，荒碑字尚新。
兴来寻白石，况有孟家邻。
西山逸士溥儒

满天微雨湿朝云，
木兰花发破愁新。
玉笛吹残，
帘外开如雪，
寄与瑶台月下人。

天涯幽草无穷碧，

行吟莫向江滨。

况是芳菲节，

艳阳辰，

最伤神，

一片芜城赋里春。

瑞鹧鸪词　丙子三月题壁

心畬

郭沫若（1892~1978）　中国著名的作家、诗人、历史学家和社会活动家，在中国享有崇高的声誉。郭沫若来大觉寺，虽没有更多的资料记述，但是从一件事情上，我们依然可以感觉到他内心深处对这座古寺的感情。在郭沫若故居内，甬路右侧的第一棵银杏较为瘦弱，她被精心地保护起来，郭沫若一家叫她"妈妈树"，缘故在于：1954年郭沫若夫人于立群患病时，郭沫若带着孩子们从北京西山大觉寺移去一棵银杏树苗，植于当时的宅院中，衷心希望夫人能像这活化石一样坚强地战胜病魔。举家搬迁时，这一家庭的特殊成员也随着落户于此了。郭沫若喜爱银杏树，曾于1942年撰写并发表散文《银杏》，他称银杏树为"中国人文的有生命的纪念塔"，并写有这样的诗歌："亭亭最是公孙树，挺立乾坤亿万年。云去云来随落拓，当头几见月中天。"[7]

张伯驹（1898~1982）　集收藏鉴赏家、书画家、诗词学家、京剧艺术研究家于一身的文化奇人。出身官宦人家，著有词集《丛碧词》《春游词》《秦游词》等。曾于西郊展春园自结庚寅社（展春词社），以词会友，所做诗词已过数千，诗词内容多为出游观览景物所作。张伯驹曾多次前往大觉寺游观，并撰《玉兰》《辽碑》等诗以纪游抒怀。

425

7　据郭沫若之子郭平英记述。

玉兰

千斤一扫镇风流，城主芙蓉召玉楼。

今日若逢班定远，也知头白悔封侯。

锥处里中且自娱，含苞高映玉浮屠。

谀辞自古皆欣赏，执笔休教效董狐。

辽碑

清水院名记岁时，字痕漫漶剩辽碑。

可能剔去残苔藓，更作曹家绝妙辞。

听泉

清泉汩汩净无沙，拾取松枝自煮茶。

半日浮生如入定，心闲便放太平花。

旧僧

抛去袈裟换旧袍，随人茶饭住僧寮。

董家版本今何在，常念先生五柳陶。

冰心和吴文藻　冰心（1900~1999）　　现代诗人。诗歌晶莹清丽、轻柔俊逸。出版的诗集有《冰心诗集》等。吴文藻（1901~1985）　　中国著名社会学家、人类学家、民族学家。1929年，冰心与吴文藻结为伉俪，司徒雷登是他们的证婚人。婚礼在临湖轩举行，这里是燕园精华之所。隆重热闹的婚礼结束后，他们乘司徒雷登的专车来到了西山大觉寺，在这里度过了浪漫的新婚之夜，将自己新婚洞房设在寺内禅房，可谓冰心女士独出心裁。冰心女士非常喜欢大觉寺的清幽，喜欢这里繁盛的树木花草，喜欢这里高大挺拔的银杏树。六月山寺的夜晚，窗外有鸟鸣，有虫声，还有飞来飞去的萤火虫，有永远不能褪去的绿色记忆……他们在寺内共住两天后回到学校，等暑假时双双回到上海，冰心父亲又为女儿的婚事宴请了客人，当时上海的一家画报特地刊出冰心与吴文藻的婚礼照片，文字说明为：当代女文学家谢冰心女士于 6 月 15 日与北平燕京大学社会学教授吴文藻博士举行结婚典礼，主婚人即该校校长司徒博士，新夫妻婚后往西山度蜜月，再来沪消夏。[8]

俞平伯（1900~1990） 著名学者，清代大学者俞曲园之曾孙。原名俞铭衡，出版的诗文集有《冬夜》《忆》《俞平伯诗全编》等。俞平伯曾与朱自清于 1931 年 4 月到大觉寺一游。并撰《阳台山大觉寺》游记一篇，风格平淡，朴趣横生。"夙闻阳台山大觉寺杏花之胜，以懒迄未往，今岁四月十日往游之，记其梗略云。"文章开篇即交代了作者去旸台山大觉寺是为观杏花之胜的，游记首段写作者外出游赏时的心境。"数日未出，觉春物一新，频年奔走郊甸，均为校课，即值良辰，视同冗赘，今日以游赏而去，弥可喜也。"高兴的心情溢于言表，接着又写道："弧形广陌，新柳两行，陇畔土旁，杏花三四，昔阴未散，轻尘不飞。"仅短短二十几个字，简洁明了，虽无华丽词语，却道出了一种淡淡的朴趣。游记对杏花的记述仅限于来到大觉寺之前，然而值午近寺，却这样写道："旁有梨杏颇繁，均果园也，梨花只开七八分，作嫩绿色，正当盛时，杏则凋残，半余绛萼，即有残英未谢，亦憔悴可怜。"进入寺内后，谈到杏花，也只一句"杏花仍无可观"，这种平淡，于"夙闻"之景上表现出来，可谓平淡之极。古语说言为心声，叙述语调的平淡也正是内心闲适的表现。俞平伯在写这篇游记时，正是所谓的现代文学史的苦闷时期，而此时俞平伯正处于十字路口徘徊不能前进，因此他写出这样的文章也就不足为怪了，反映了其内心的苦闷。《阳台山大觉寺》这篇散文，记述了作者与朱自清前往大觉寺游览整整一天的经历，是俞平伯的后期创作。[9]另据记载，1934 年春，俞平伯还与陈寅恪、朱自清夫妇同游了大觉寺，并骑驴上管家岭观杏花，又游览了七王坟及鹫峰寺等。

陈述（1911~1992） 字玉书，原名锡印，河北省乐亭县人，曾任北京师范大学历史系教授、中央民族学院教授、中国社会科学院民族研究所研究员、中国社科院研究生院博士研究生导师。陈述先生是现代著名辽金史学者，一生著作等身，有《全辽文》《全金代文》等作品传世。陈述先生是一位敦厚质朴的长者，

8　参考王炳根《临湖轩的婚礼》。
9　参见《俞平伯名作欣赏》，中国和平出版社，1998。

一辈子清虚自守，1992 年去世，其追思会在大觉寺举行。大觉寺为辽代始建，作为辽金史学研究者，陈述先生对大觉寺有着深厚的感情。他遗下的部分藏书，当时也捐献给了大觉寺，后转至辽金城垣博物馆收藏。

季羡林（1911~2009 ）　北京大学教授、中国语言学家、文学翻译家，梵文、巴利文专家。山东清平（今临清）县人。季先生喜爱大觉寺，1998 年写有《缘分与命运》一文登载于《新民晚报》；1999 年写有《大觉寺》一文登载在《光明日报》之上，文章分别记叙了他对大觉寺的喜爱以及与大觉寺的不解之缘。寺内明慧茶院雅间里悬挂着季老书写的大幅墨迹。

季先生曾多次来大觉寺。20 世纪 80 年代初的一天，他不顾年事已高，驱车三四十公里来到大觉寺，看到了怒放的玉兰花，感到生命力的无穷无尽，感到人间的可爱，留下了难忘的记忆。1997 年，寺内明慧茶院开业，季先生作为嘉宾，为明慧茶院开业典礼剪彩。

是什么这样吸引季老，使他对大觉寺这么情有独钟呢？从他的文章中我们可得知，是这里的自然朴趣、这里的静谧幽深、这里的庄严肃穆使他远离了喧嚣，从烦躁与无奈中得以解脱出来，有一种久在樊笼里复得返自然的喜悦，所以他在大觉寺一文中直抒胸臆："我现在希望得到的是一片人间净土、一个世外桃源。""我是有福的"，"无意间得到了净土和桃源"。

季先生在《大觉寺》文中这样写道：

　　我每次从燕园驱车往大觉寺来，胸中的烦躁都与车行的距离适成反比，距离愈拉长，我的烦躁愈减少，等到一进大觉寺的山门，我的烦躁情绪一扫而光，四大皆空了。在这里，我看到了我的苍松、翠柏、丁香、藤萝、梨花、紫荆，特别是我的玉兰和太平花，它们都好像是对我合十致敬。还有屋脊上蹿跳的小松鼠，也好像对我微笑……[10]

10 季羡林 1999 年发表于《光明日报》的《大觉寺》。

汤一介（1927~2014） 著名学者。原籍湖北省黄梅。1951 年毕业于北京大学哲学系。北京大学哲学系教授，中国哲学与文化研究所所长，博士生导师，中国文化书院院长、中国东方文化研究会副理事长、中国炎黄文化研究会副会长、中华孔子学会副会长。著有《郭象与魏晋玄学》《魏晋南北朝时期的道教》《中国传统文化中的儒道释》等。汤一介曾于 1998 年与季羡林先生、范曾先生等人同来大觉寺游览，并留有墨宝 —— "慧定"。

侯仁之（1911~2013） 中国著名历史、地理学家，在历史地理学、历史考古学和城市建设学方面造诣高深，著述丰实。其祖籍山东恩县。侯先生曾多次来大觉寺，他特别喜爱这里的自然环境。1990 年到大觉寺游览之余，欣然为古寺题词："大觉古刹，燕都明珠，龙泉清水，源远流长。"2001 年 4 月，侯仁之再次游览大觉寺，为寺中明慧茶院题词："松涛声中。"

具有悠久历史和丰富古迹的大觉寺不仅使炎黄子孙中的文人雅士魂牵梦绕，流连忘返。而且对喜爱中国传统文化，致力于汉学研究的外国友人也颇具吸引力。随着改革开放的深入和旅游事业的发展壮大，到中国观光和工作的外国友人日渐增多。闲暇之余，他们游遍中国的名山大川、名胜古迹，被中国博大精深的传统文化所深深吸引。位于京郊西北的古刹大觉寺就是他们探访的古迹之一。

福兰阁和傅吾康 傅吾康，德国汉学家。1912 年出生于德国汉堡。傅吾康先生在北京期间多次来大觉寺游览，他还把去大觉寺小住叫"上山"，并多次与季羡林先生提起上山的事。他所上的山就是西山大觉寺。傅吾康先生与大觉寺的情结源于父亲福兰阁。福兰阁（1863~1946） 德国汉学家，《中华大帝国史》是其重要的著作。早在清代末年，德国汉学家福兰阁（傅吾康之父）任德国驻清朝外交官，当时他们夏天办公的地点就设在西山大觉寺，傅吾康先生多次来这里寻访大概也是纪念父亲的一种方式吧。2005 年夏天，傅吾康先生的子孙一家来到北京，其匆忙的行程中首要安排的一个内容便是参观大觉寺，这也可说是对祖辈纪念的一种延续吧！

　　杨乐兰　曾任荷兰驻中国大使的杨乐兰先生也非常喜爱中国的古建筑，他收藏有一本 1892 年在德国柏林出版的有关大觉寺古建筑的小册子，在得知大觉寺建设需要这方面的资料时，在侯仁之先生的陪同下，专程将小册子的复印件送给大觉寺管理处。区区小事，展现了外国朋友的友爱之情。

　　诗琳通　泰国公主诗琳通，1955 年出生于曼谷。她是中国人民的老朋友，她对中国历史、语言、文化具有浓厚的兴趣和很深的造诣。她先后出版了很多关于中国的著作，翻译了大量的中国诗词和小说。诗琳通公主多次访问中国，为中泰两国人民的友谊和文化交流做出了巨大的贡献。2000 年，诗林通公主在北京大学学习期间，专程到大觉寺参观游览，对寺院悠久的历史、雄伟的古代建筑、独特的自然景观赞叹不已。

　　平山郁夫　日本当代画坛巨匠，日中友好的使者。1930 年出生于日本广岛。他曾多次访问过中国。2002 年在庆祝中日邦交正常化 30 周年之际，日本中国友好协会会长平山郁夫先生及夫人在中国日本友好协会工作人员陪同之下，来到大觉寺参观游览。看到寺内古朴的建筑和优美的自然景色，平山先生欣然即兴作画，当有人问及日本大觉寺情况时，平山先生表示希望能为日中大觉寺建立友好的桥梁。

大觉寺 · 镜头里的记忆与变迁

　　大觉寺是一部历史的长卷，在岁月的长河里流淌不息。千年的风霜雪雨侵蚀且滋润着这座西山古刹，虽历经数代沧桑，却依然梵音缭绕、颖于十方。厚重的历史留下璀璨的文化记忆：苍劲的古树、雄伟的建筑、斑驳的佛像、漫漶的石碑，在大觉寺的每一个角落里，都可以抚摸到历史的印记。

　　这座古寺曾历经辽、金、元、明、清五代兴衰，千百年来，"清水院""灵泉寺""大觉寺"名称更迭沿袭，它一直与皇家有着千丝万缕的联系。解放后，这里曾经是北京林学院校址，也曾为农林部门管理使用。1988 年，北京市文物局接收了这座寺庙，对其进行修缮保护。1992 年 4 月，修缮一新的大觉寺，作为一座不可多得的文物古建筑群落，对公众正式开放。

　　镜头和史料是记录整座寺庙历史变迁的文化载体。恰值大觉寺这座古刹回归公众、对外开放 20 周年之际，我们挑选了百余幅历史图片及史料信息，借以追述百余年来大觉寺的颠沛辗转及兴衰变迁历程。岁月留痕，面对这些历史的镜头和史料，我们应该感念，世代先辈用他们的热情留下了这笔丰厚的文化遗产；我们也应该记住这些过往，在新时代文化大发展大繁荣之际，保护文物，守护文明，使历史文化能够更好地传承延续。

　　【图片说明】

　　文中使用图片和史料，主要包括以下来源，特予说明。

　　（1）普鲁士帝国（德国）建筑师海因里希·希尔德布兰德在 1897 年发表于柏林的建筑专著《大觉寺——寺庙建筑的集大成者》中涉及的照片和手绘图纸。以下图片和图纸简要标注为——希尔德布兰德。

　　（2）澳大利亚籍摄影师赫达·莫里逊于 1933~1946 年在中国从事摄影工作时拍摄的部分大觉寺照片；涉及图片简要标注为——莫里逊。

　　（3）北京市古代建筑研究所收存的大觉寺 20 世纪七八十年代的照片档案；涉及图片简要标注为——古研所。

（4）北京林业大学提供的林学院和林业部门管理大觉寺时期的照片资料；涉及图片简要标注为——北京林业大学。

（5）部分个人捐赠或拍摄照片，如季忠懿捐赠、陆岗拍摄等；涉及图片简要标注为——个人。

（6）大觉寺管理处拍摄存档的近20年来的照片；涉及图片简要标注为——管理处。

（7）其他；涉及图片简要标注为——其他。

中轴路之山门

山门，是了解这座寺庙的门户之首。旧时的繁华与落寞，仅在门外聆听或观望，就可以感同身受。

2-1 《妙峰山进香图》现藏于首都博物馆，是清末佚名画家绢本设色绘画作品，采用了中国传统山水绘画所特有的散点透视构图技法，具有很强的纪实性效果。旧时京西妙峰山香会极其繁盛，五条古香道中，从大觉寺出发进香的中路，是人们朝拜的最佳道路之选。这幅图画，即描绘了香会期间大觉寺山门外热闹的场景。

2-2 清末时期大觉寺山门旧照，是光绪十八年（1892）前后，德国建筑师海因里希·希尔德布兰德于大觉寺居住修养时期拍摄。大觉寺山门，据说曾在20世纪30年代因雷击起火而受损，后因寺僧无力修复，而简单在殿上置一平顶凑合了事。

大觉寺，曾有过作为皇家寺庙时期的兴旺，也曾有过动荡年代的萧条。清代末年，大觉寺的部分房舍曾租借给外国人使用。从光绪初年起，德国大使馆工作人员为避暑消夏，就曾租借了大觉寺憩云轩作为办公场所。随后的几十年间，德国著名汉学家福兰格、著名建筑师希尔德布兰德就曾多次往来于大觉寺，在这里办公、居住、修养，并留下了很多珍贵的历史资料。

2-3 这是一幅拍摄于20世纪六七十年代的图片，平顶的山门殿上，双喜字，红旗，大红灯笼，热闹的鞭炮，传达给我们的是一种喜气，这份喜气的背后，是"革命委员会"成立挂牌的历史背景。"伟大的中国共产党万岁"，"团结、紧张、严肃、活泼"，这些口号，都承载了那个年代的红色的记忆。

2-1　妙峰山进香图

433

2-2　清末大觉寺山门（希尔德布兰德）　　　2-3　20世纪70年代前后大觉寺山门（个人）

2-4　20世纪70年代
大觉寺山门（古研所）

2-5　20世纪80年代
大觉寺山门（其他）

434

2-6　2000年大觉
寺山门（管理处）

2-7　2004年大
觉寺山门，八字
墙上尚未镶嵌
"风调雨顺"琉
璃砖（个人）

2-4　20 世纪六七十年代大觉寺山门，门前第一层为台阶，第二层为砖石砌成的缓坡，坡下为土路，向我们展示着那个朴素的年代。

2-5　20 世纪 80 年代大觉寺山门，门上镶嵌有北京市革命委员会 1979 年 8 月 21 日公布、北京市文物事业管理局 1981 年 7 月刊立的"北京市重点文物保护单位——大觉寺"标识。门旁牌匾"北京林业大学干训部"记载了当时这座寺院的归属及功能。

2-6　20 世纪 90 年代，北京市文物局在接收大觉寺之后，对山门进行了全面的修缮，门前的缓坡改成了台阶，古树名木也得到了有效的保护。庄严的歇山殿顶，漂亮的油漆彩画，"敕建大觉禅寺"的匾额，及门前肃穆威严的石狮，与这座寺庙融合在一起，是那么的和谐。

2-7　进入 21 世纪，在国家对文物保护事业的大力倡导及呵护之下，大觉寺这座古刹，在蓝天白云、苍松翠柏的掩映之间，更显得生机盎然、充满活力。

中轴路之第一进院：御碑亭、功德池及石狮、钟鼓楼、天王殿

走入大觉寺山门，进入中轴路上第一进院落，放眼望去，能看到的是御碑亭、功德池及两侧石狮、钟鼓楼和天王殿。

3-1-1　进入山门视野一片开阔，古树、石桥、石狮、殿堂，还有那古朴的地面方砖中丛生的杂草，构成了 20 世纪三四十年代的记忆。这是 1933~1946 年，澳大利亚籍女摄影师赫达·莫里逊拍摄的照片。

3-1-1　眺望功德桥（莫里逊）

435

3-1-2 眺望功德桥（古研所）

3-1-2　20世纪六七十年代，荒芜的景象已经远去，图片中依稀可辨的电线、电灯，向我们表达了林大干训部时期这座寺庙被作为培训基地的历史。

3-1-3　如今，古木依旧参天。在白雪的掩映之下，古刹依然焕发着勃勃的生机。

3-2-1　这是清光绪十八年前后，德国建筑师希尔德布兰德拍摄的南侧御碑亭照片。

3-1-3　眺望功德桥（个人）

3-2-1　南御碑亭
（希尔德布兰德）

3-2-2　南御碑亭（莫里逊）

3-2-3　南御碑亭

3-3-1　1933~1946 年大觉寺柏树及石狮、碑亭（莫里逊）

3-2-4　南御碑亭内碑阳——清康熙五十九年送迦陵禅师安大觉方丈碑记拓片（管理处）

　　3-2-2　这是 1933~1946 年，女摄影师赫达·莫里逊拍摄的南侧御碑亭照片，与四五十年前德国建筑师希尔德布兰德选择了相似的视角。

　　3-2-3　如今站在这里，我们依然能看到相同的景物，所不同的是，没有了当年的杂草丛生。

　　3-2-4　御碑亭内石碑，正面是清康熙五十九年雍亲王胤禛亲撰并书的《送迦陵禅师安大觉方丈碑记》，背面是清乾隆十二年高宗弘历撰文、庄有恭正书的《御制重修大觉寺碑文》。

　　这是雍亲王胤禛亲撰并书的碑文拓片，通过它，我们既可以领略胤禛的书法造诣，也可以追述雍正皇帝即位之前与禅僧迦陵性音之间过密而又深厚的交往史迹。

　　3-3-1　这是女摄影师赫达·莫里逊拍摄的照片。1933~1946 年，她在中国度过，拍摄了大量高质量照片。1991 年莫里逊在澳大利亚去世，根据遗嘱，她在中国大陆 13 年间拍摄的一万多张底片和六千幅照片全部捐赠给哈佛大学的哈佛—燕京图书馆。赫达·莫里逊自己最重要的一本摄影集便是《A Photographer In Old Peking》，1985 年由英国牛津大学出版社出版。该书在中国影响很大，出了汉译本，书题被译者改成一个不错的名字：《洋镜头里的老北京》，由北京出版社发行处在 2001 年 11 月出了第 1 版。书中选刊的是赫达·莫里逊从她有关北京城、胡同与北京旧时照片里面搜检出来的精品。书中有 3 张照片即为大觉寺旧影，这幅便是其中之一。

3-3-2　20 世纪中期，功德桥畔石狮还保存得比较完整。

3-3-3　如今的石狮已面目全非。至于是何时何原因被破坏的，现已无从考证。

文物是文化的载体，保护文物，使文明能够发展延续，恰恰是需要我们现代人身体力行而做的事情。

3-3-4　这是一幅线描图，120 年前由德国建筑师希尔德布兰德绘制。图中石狮描绘得较为写实，但狮子的面部造型也或多或少地突出了西方人的表达视角。

海因里希·希尔德布兰德是普鲁士帝国（德国）著名建筑师，曾于清光绪十八年前后在大觉寺内居住修养。其间他亲自勘测考察了寺内大部分殿宇、房舍及古塔，以建筑师的专业水准为当时的寺庙留下了第一份测绘数据。1897 年发表于柏林的建筑专著《大觉寺——寺庙建筑的集大成者》中涉及的文字、照片和手绘图纸，便是希尔德布兰德在大觉寺居住时期考察、拍摄和记录的。

3-3-5　这是 20 世纪六七十年代，以碑亭、古柏、石狮、功德桥为背景拍摄的一张合影照片，片中最前方这位林业部门年轻女干部名叫季忠懿，如今她已经成为一位老人，是她为我们提供了一些大觉寺珍贵的旧照。合影的背后，古树上悬挂着一口古铜钟，据说当年曾用来上下课时敲击、报时。如今，这口古钟还存在寺里。

3-4-1　这是 20 世纪六七十年代的功德池，由东北向西南望去，能看到林木中掩映的鼓楼，依稀能辨认出鼓楼的正面墙壁上书写着"团结、紧张"的标语。

3-4-2　新时代的古刹春色，安静而祥和。

3-4-3　新时代的古刹冬日，肃穆而庄严。

3-5-1　德国建筑师希尔德布兰德绘制的钟楼测绘图。

3-3-2　大觉寺功德桥头
北侧石狮（古研所）

3-3-3　北侧石狮

3-3-4　功德桥前的狮子
（希尔德布兰德）

3-3-5　功德桥上（个人）

3-4-1　大觉寺功德池（古研所）

3-4-2　大觉寺功德池（管理处）

3-4-3　雪中功德桥（个人）

大
覺
寺

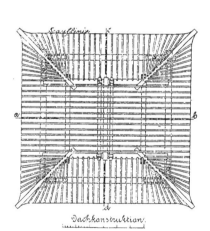

440

Südseite. Glockenthurm. Westseite.

Blindes Fenster aus Stein. Dachkonstruktion.

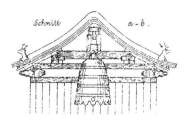

Schnitt a - b.

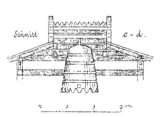

Schnitt c - d.

Aufgenommen v. Reg. Bmstr. H. Hildenbrand

Der Tempel Ta-chüeh-sy bei Peking. Glockenthurm

附
录

3-5-1 钟楼线描图（希尔德布兰德）

3-5-2　大觉寺钟楼（古研所）

3-5-3　大觉寺钟楼春色（个人）

3-5-2　20世纪七八十年代钟楼旧影，正面墙壁上书写着"严肃、活泼"的标语，恰与对面而立的鼓楼上"团结、紧张"的标语相互呼应。

3-5-3　钟楼前的古樱桃树，每逢花开时节，便不禁让人想起清早期宰相明珠的儿子、著名词人纳兰容若（纳兰性德）。康熙十八年（1679）五月九日，纳兰作为御前一等侍卫曾扈从康熙皇帝巡幸西山，途经大觉寺时写下一首《浣溪沙·大觉寺》，词中描述了当年寺内清幽之境。

燕垒空梁画壁寒，诸天花雨散幽关。篆香清梵有无间。

蛱蝶乍从帘影度，樱桃半是鸟衔残。此时相对一忘言。

DER TEMPEL TA-CHÜEH-SY BEI PEKING.

Abbildg. 1. Blindes Fenster aus Stein am Glockenthurm
des Hofes No. 1.

3-6-1　鼓楼拱形窗户图案线
描图（希尔德布兰德）

3-6-2　大觉寺钟楼石窗（古研所）

3-6-3　鼓楼窗饰

3-6-1　德国建筑师希尔德布兰德绘制的鼓楼拱形窗线描图。

3-6-2　20 世纪七八十年代拍摄的鼓楼窗雕图片。

3-6-3　鼓楼窗雕，现在依然保存完好。

4-1-1　德国建筑师希尔德布兰德绘制的天王殿测绘图。

4-1-2　德国建筑师希尔德布兰德拍摄的天王殿旧照。

4-1-3　20 世纪六七十年代，山门殿前曾立有旗杆和毛主席像，人们喜欢站在主席像前拍照留念。那时流行的是毛主席语录，拍照时手持语录，表达的是那个特殊年代又红又专的精神信仰。

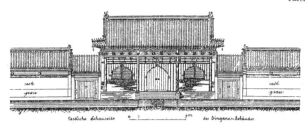

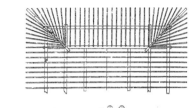

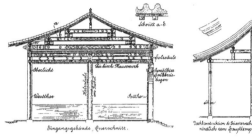

4-1-1　天王殿剖视图
（希尔德布兰德）

4-1-2　天王殿（希尔德布兰德）

4-1-3　20世纪六七十年代天
王殿前（个人）

大覺寺

附录

4-1-4　常修照片

4-1-5　大觉寺天王殿（古研所）

4-1-6　原大觉寺天王殿弥勒佛及慈禧區（古研所）

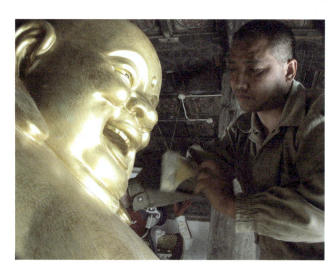

4-1-7　恢复天王殿塑像

4-1-8　天王殿前丁香

4-1-4　照片中左侧这个个子稍矮些的人名叫王常修，曾是留守大觉寺的最后一名僧人。解放前，因时局动荡无有依靠而出家广济寺，后被广济寺方丈派往大觉寺看管寺庙田产。解放之后，常修响应国家政策而还俗，于寺外徐各庄村娶妻生子，繁衍生息。他还被林学院返聘为职工，依旧在大觉寺内看管寺庙及文物。

4-1-5　20世纪七八十年代拍摄的天王殿外景，从照片中依稀看到，殿堂外檐悬挂有一方匾额，依史书记载推测，此乃为清乾隆皇帝题写的御匾"圆证妙果"，现匾额已无存。

4-1-6　这张照片大概拍摄于20世纪六七十年代，殿内弥勒佛据说在1980年5月被移往北京法源寺，殿内悬挂的"妙喜吉祥"匾额为清慈禧皇太后手书，现已无存。

4-1-7　2003~2004年，空荡荡的天王殿内，被恢复了旧有弥勒佛、韦驮菩萨、四大天王的供奉规制。

4-1-8　如今的天王殿前，丁香花依旧灿烂。

附录

大觉寺

穿过天王殿，进入中轴路上第二进院落，出现在眼前的即是寺内最重要的一组佛殿建筑——大雄宝殿。

5-1-1　德国建筑师希尔德布兰德绘制的大雄宝殿测绘图，通过该图，我们能隐约地看到殿堂内供奉三世佛的场景。

5-1-2　德国建筑师希尔德布兰德绘制的殿堂屋檐及栏杆、栏板等装饰纹样。

5-1-3　德国建筑师希尔德布兰德绘制的殿堂内钟、鼓、木鱼等法器纹样。

5-1-4　德国建筑师希尔德布兰德拍摄的大雄宝殿照片。

5--5　这是一张 20 世纪六七十年代大雄宝殿侧面照片，通过它，我们能看到殿堂曾同时打开三扇大门，供人们进出。

5-1-6　这张照片大概拍摄于 20 世纪五六十年代或者更早，那时大雄宝殿外檐正中的匾额尚未遭到破坏，清乾隆皇帝御笔所书"无去来处"四字尚存。"清规"琉璃砖安置于殿门外，似在警醒寺僧及世人恪守寺规，也在向我们讲述着这座寺庙在禅宗历史上发展的轨迹。檐柱上"严禁吸烟 谨慎火烛"的标语，也在告诉我们，在这座古寺里"防火"一直都是一件非常重要的事情。

5-1-7　"清规"是中国禅宗寺院对于丛林管理及僧众管理的规章制度。大觉寺清代"清规"琉璃砖现保存展示于大悲坛展厅之内。

5-1-8　德国建筑师希尔德布兰德绘制的钟琴图样。

5-1-9　这是 1933~1946 年，女摄影师赫达·莫里逊拍摄的钟琴照片，与清光绪十八年前后德国建筑师希尔德布兰德绘制的图样完全吻合、呼应，为我们再现了当年寺内这一法器的详细面容，如今这件法器已经无存。这张照片被一同发表于《洋镜头里的老北京》一书之中。

5-1-10　德国建筑师希尔德布兰德绘制的殿堂檐角的风铃图谱。

5-1-11　如今，这些风铃依然悬挂于殿堂的檐角上，有时会随着风的吹拂而摆动，偶尔发出一两声清脆的响声，尤其在寒冷的冬日里，使得这座寺庙更显得清寂。

5-1-12　大明敕谕碑（庙产碑）曾断裂两截，散落于寺内角落里。

5-1-13　2000 年，大觉寺管理处将倒地、断裂的大明敕谕碑（庙产碑）黏合并立起，补配龟趺一座，置于大雄宝殿前。通过这座石碑，我们能领略大觉寺作为明代皇家寺庙时期曾经的辉煌。

5-1-14　大雄宝殿前有一座藤萝架，架上爬着藤萝花，每当春日里紫藤花

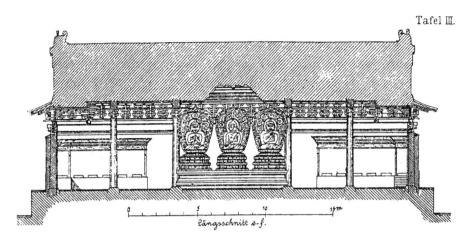

Längsschnitt e-f.

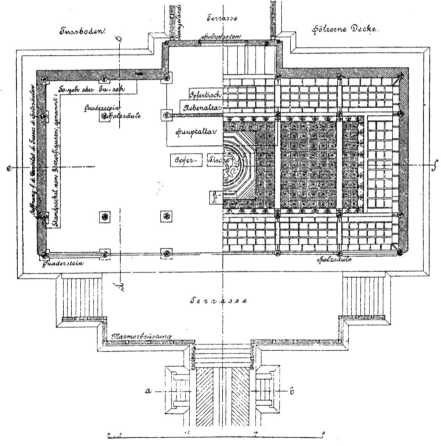

Aufgenommen v. Reg-Bmstn H. Hildebrand   Photoliths-Meisenbach Riffarth & C° Berlin

Der Tempel Ta-Chüeh-sy bei Peking.

5-1-1　大雄宝殿剖视图及仰视图（希尔德布兰德）

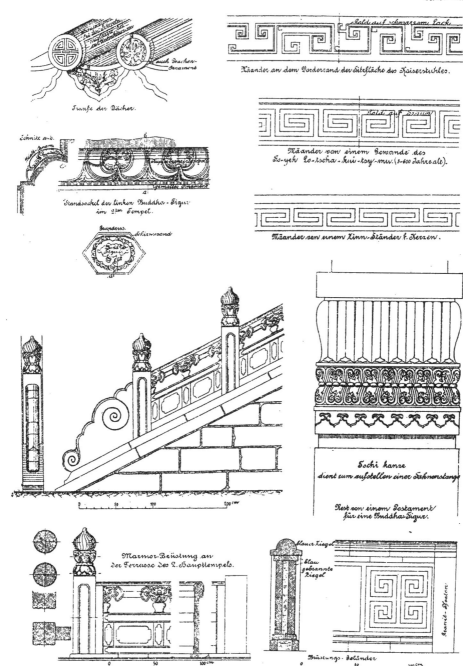

Der Tempel Ta-Chüeh-sy bei-Peking.

Aufgenommen v. Reg-Bmstr. H. Hildebrand

Photolitho. Meisenbach Riffarth & Co Berlin

大
覺
寺

448

5-1-2　屋檐及栏杆、栏板的装饰图案（希尔德布兰德）

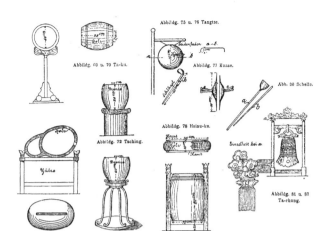

5-1-3 大雄宝殿内法器
（希尔德布兰德）

5-1-4 大雄宝殿（希尔德布兰德）

5-1-5 大雄宝殿2（古研所）

5-1-6 大雄宝殿及清规
（古研所）

5-1-7 清规（管理处）

Abbildg. 83 Tien.

5-1-8 钟琴（希尔德布兰德）

Abbildg. 84.

5-1-10 大雄宝殿檐角风铃
（希尔德布兰德）

5-1-9 33—46 年大觉寺钟琴（莫里逊）

5-1-11　风铃（管理处）

5-1-12　大明敕谕
碑残碑（管理处）

5-1-13　修复后的大
明敕谕碑（管理处）

5-1-14　大觉寺大雄宝殿
前紫藤（管理处）

5-2-1　原大觉寺三世佛及法器（古研所）

5-2-2　1933—1946 年 大
觉寺大雄宝殿内法器（莫
里逊）

5-2-4　大觉寺三世佛（古研所）

5-2-3　大觉寺大雄宝殿
内法器（莫里逊）

盛开之时，殿堂也被映衬得更加素雅。

5-2-1　大雄宝殿正中供奉的是三世佛造像。这张图片拍摄于20世纪五六十年代或者更早。照片中的三世佛是那么的肃穆庄严，须弥座与背光是那么的精美，然而这些都已成为历史。1972年，这三尊塑像由国家宗教局调拨至北京广济寺内。如今，三尊塑像在广济寺大雄宝殿内保存完好。

5-2-2　这是1933~1946年，女摄影师赫达·莫里逊拍摄的大雄宝殿内佛案前法器的照片，与上一张照片内供奉物品基本相同，推测这两张图片拍摄时间应不会相距太远。这张照片被一同发表于《洋镜头里的老北京》一书之中。

5-2-3　这是1933~1946年，女摄影师赫达·莫里逊拍摄的大雄宝殿内佛案前法器背面的照片剪影。

5-2-4　1972年，国家宗教局报批市革委会同意，将大觉寺三世佛调往广济寺，同时将北京智化寺三世佛调往大觉寺内安置。

5-2-5,5-2-6　这是一份《关于大觉寺三世佛迁往广济寺及智化寺三世佛迁到大觉寺的情况简报》，也是一份重要的历史档案。通过它，我们能详细地了

5-2-7　大觉寺大雄宝殿（个人）

5-2-8　大觉寺大雄宝殿三世佛正像（个人）

5-2-9　大雄宝殿诸天造像（管理处）

　　解当年这段文物调拨的历史。广济寺是中国佛教协会所在地，在"文化大革命"
这一特殊历史时期曾遭受冲击。后经国务院批准，国家宗教局对该寺进行了全面
地修缮保护。大觉寺三世佛正是在这一历史背景下发生了与广济寺、智化寺之间
的调拨转移。

　　5-2-7,5-2-8，5-2-9　这是如今大雄宝殿内的供奉及布局。

中轴路第三进院：无量寿佛殿、千年古银杏、石碑

6-1-1 穿过大雄宝殿，进入中轴路上第三进院落，闯入眼帘的是无量寿佛殿，千年古银杏和殿前的明代石碑刻。

6-1-2 这是20世纪七八十年代拍摄的无量寿佛殿照片，殿堂外檐正中悬挂着清乾隆皇帝御笔手书的"动静等观"匾额，如今匾额依然悬挂在那里供人欣赏。那时地面的砖缝间还杂草丛生着，显露着自然的朴趣。

6-1-3 这一进院落虽然不大，但异常的幽静。无量寿佛殿的右前侧有一块石碑，记载了明成化十四年（1478），宪宗承母亲周太后慈旨，出内帑重修大觉寺之事。周太后祖居大觉寺山下周家巷村，重修大觉寺，一为皇家祈福，二可借前来进香礼佛之机回家省亲探望。

6-2-1 这是德国建筑师希尔德布兰德拍摄的明成化十四年御制重修大觉寺石碑。

6-2-2 这是德国建筑师希尔德布兰德绘制的石碑图谱。

6-1-1 大觉寺无量寿佛殿（个人）

6-1-3 大觉寺无量寿佛殿（个人）

6-1-2 大觉寺无量寿佛殿（古研所）

6-2-1 无量殿前的石碑（希尔德布兰德）

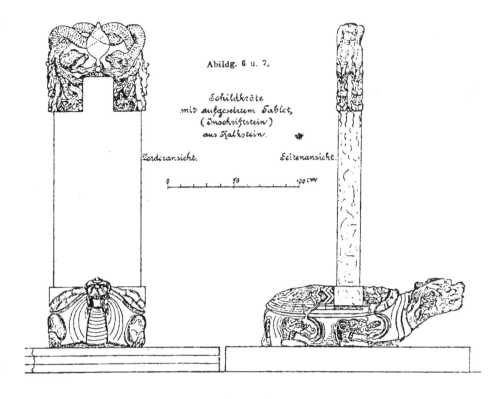

6-2-2 石碑线图（希尔德布兰德）

6-2-3 大觉寺石碑龟趺（古研所）　　　　6-3-1 大觉寺千年银杏树（莫里逊）

6-3-2　大觉寺千年银杏
（管理处）

6-3-3　大觉寺千年银杏树（古研所）

6-2-3　这是 20 世纪七八十年代拍摄的石碑龟趺照片。

6-3-1　20 世纪七八十年代，无量寿佛殿前的千年古银杏，依然焕发着勃勃的生机和活力。

6-3-2　三四十年后的今天，这棵古银杏树似乎已停止了继续生长的脚步，不再有蓬勃向上的活力，仿佛开始试着享受休养生息的生活。

6-3-3　这是 20 世纪七八十年代拍摄的古银杏主干，从台阶下观望，似乎更容易领略它的历史与沧桑。不禁想起清乾隆皇帝之曾孙奕绘所作《宿大觉寺》之诗句：振衣绕佛座，观树下层台。百围古银杏，毫末何年栽？罗生子孙枝，各具梁栋材。

6-3-4，6-3-5，同一棵树，同一个视角，在不同的时节，会有不同的感受。

6-3-6　这是清乾隆二十三年（1758）高宗弘历游幸大觉寺时为这棵古银杏树写的诗句，当年被刻在了龙王堂假山石上以当圣迹。御制诗中这样描述：

古柯不计数人围，叶茂孙枝绿荫肥。

世外沧桑阅如幻，开山大定记依稀。

6-4-1　这张图片拍摄于 20 世纪五六十年代或者更早，图中尚能辨认出无量寿佛殿两侧曾供奉有十八罗汉塑像，后来被毁坏无存。

6-4-2　2003~2004 年，大觉寺管理处恢复了无量寿佛殿两侧十八罗汉造像，那时尚未查找到老照片资料。然而冥冥中自有安排，恢复后的罗汉造像风格，似乎与原有塑像有着惊人的神似。

6-4-3　在无量寿佛殿内东北角，发现有一块彩色木雕，上面是一条游走于祥云中的飞龙。这曾经是促使我们恢复十八罗汉造像的一个基础条件。那时只是听说佛殿两侧曾供有十八罗汉造像，但没有相应的图片或者文字记载作为依据。游龙木雕的发现，使我们论证其下面对应的恰是降龙罗汉所在的位置，依此而确认并恢复了佛殿两侧造像。

6-4-4　无量寿佛殿左侧重新恢复的十八罗汉造像。

6-4-5　这是 1933~1946 年，女摄影师赫达·莫里逊拍摄的无量寿佛殿背后供奉的海岛观音造像。由图片依稀判断，当时观世音菩萨右侧的小龙女塑像尚存，一只彩色的鹦鹉站立于观世音菩萨左上侧的橄榄枝上。

6-4-6　这是如今殿堂里海岛观音造像。观世音菩萨右侧的小龙女为 2003~2004 年重塑，原塑像已经不存。橄榄枝上的吉祥鸟不知何时已被转移到了观世音菩萨的手中。

6-3-4　千年银杏（管理处）

6-3-5　大觉寺千年银杏树
（管理处）

6-3-6　乾隆题银杏树诗拓片
（大觉寺）

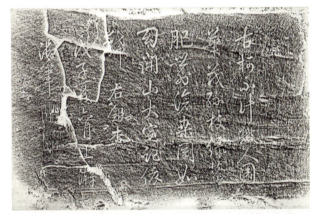

6-4-1　大觉寺无量寿佛
（古研所）

6-4-2　大觉寺无量寿佛（管理处）

6-4-3　大觉寺无量寿佛殿
龙雕（管理处）

6-4-4　大觉寺无量寿佛殿十八罗汉北侧造像（管理处）

6-4-5　海岛观音悬塑之
海岛观音（莫里逊）

6-4-6　大觉寺海岛观音悬塑（管理处）

中轴路第四进院：大悲坛、辽碑

穿过无量寿佛殿，进入中轴路第四进院。拾阶而上，我们看到的是一座双层楼建筑，这就是"大悲坛"，乃旧时寺庙的藏经之所，也称"藏经楼"。院落外墙北侧，有着一块朴拙的石碑，即"辽碑"，记载了这座寺庙早期的历史。

7-1-1　这是德国建筑师希尔德布兰德拍摄的大悲坛照片。

7-1-2　这是20世纪七八十年代拍摄的大悲坛照片，据说这里曾是林大干训部时期学员的宿舍。

7-1-3　现在的大悲坛崭新地呈现在我们面前，如今它已经作为一座大觉寺历史文化展厅对观众开放。

7-1-1　大悲坛（希尔德布兰德）

7-1-2　大觉寺大悲坛（古研所）

7-1-3 大觉寺大悲坛（管理处）

7-2-1　大觉寺辽碑（古研所）

7-2-3　重新加以保护的辽碑
（管理处）

7-2-2　大觉寺辽碑（个人）

　　7-2-1　大悲坛北侧的辽碑，外面被砌盖了一座简易的砖制碑亭，据说这一碑亭乃林业大学为保护该石碑而增设。

　　7-2-2　辽碑是大觉寺内最为重要的一件文物，碑文上记载了辽咸雍四年，阳台山清水院（今大觉寺）山下南安窠（今南安河）村信士邓从贵出资30万缗为寺院修缮僧舍，又出资50万缗为寺院助印大藏经（契丹藏）之始末。辽碑外面，又增加了一道金属栏杆作为围挡进行保护。

　　7-2-3　2007年，大觉寺管理处对辽碑进行了进一步清理保护，将深埋于地下的龟趺起出，在石碑下搭砌石台，并在碑身外增设玻璃护罩加以保护，以防止风雨对石碑的侵蚀。

中轴路第五进院：佛塔、龙王堂、领要亭

从大悲坛北侧拾阶而上，步入的是中轴路上第五进院落，这也是大觉寺后山园林之所。松柏抱塔而立，后面是龙王堂和龙潭。南侧是六角攒尖的领要亭，据说站在亭子里，可以领略这座寺庙的风景。

8-1-1　这是德国建筑师希尔德布兰德拍摄的白塔照片，此时关于这座白塔，史料称其为"佛塔"。

8-1-2　这是德国建筑师希尔德布兰德绘制的白塔测绘图。

8-1-3　这是 1933~1946 年期间，女摄影师赫达·莫里逊拍摄的白塔照片。

8-1-4　20 世纪七八十年代拍摄的白塔。大约从这一时间段起，人们开始称这座白塔为"迦陵禅师舍利塔"，这一说法，以讹传讹，竟然传了三四十年。然而，管理处工作人员通过研究考证，认为迦陵禅师舍利塔另有所指，而这座佛塔似乎比迦陵禅师所在的清早期时间更早，概为元末明初之遗存。

8-1-5　20 世纪七八十年代白塔旁的古松已显现出衰老之势，有些枝杈已经干枯。

8-1-6　这是 10 年前拍摄的白塔照片，那时塔旁的古松一息尚存。

8-1-1　佛塔（希尔德布兰德）

8-1-3　白塔（莫里逊）

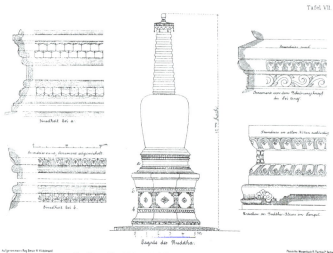

Tafel VII.

Der Tempel Ta-chüeh-sy bei Peking, Pagode und Einzelheiten.

8-1-2 白塔测绘图
（希尔德布兰德）

8-1-4 大觉寺白塔
（古研所）

8-1-5 大觉寺舍利塔塔肚
（古研所）

8-1-6 大觉寺白塔（管理处）

8-1-7　雪中的松柏抱塔，景色是那么的迷人。然而，此时古松的树干已经被沁药的麻布包裹了起来。古松树遭受着病虫害的折磨，即使是古树专家多次会商，也没有获得有效治愈的办法。

8-1-8　2003 年，塔旁古松寿终正寝。为确保寄生于此树上的病虫害不再继续危机其他古树的生命安全，迫不得已，园林部门砍伐了这棵古松的树干。如今古松已经被一棵仿真树所替代。

8-1-9　这是 20 世纪六七十年代拍摄的大觉寺南塔院照片。据说这里是大觉寺清代高僧安葬之所。据国家图书馆藏迦陵禅师塔铭拓片记载，该拓片为 20 世纪 70 年代由大觉寺南塔院拓制而来。由此推断，迦陵禅师舍利塔应建于塔院之内。70 年代塔院被毁，现只剩遗址残存。

8-1-7　大觉寺白塔雪景（个人）

8-1-9　大觉寺南塔院（古研所）

8-1-8　雪中白塔（管理处）

大覺堂上第二
代繼席法徒書
安歙
題圖通妙智大
清
迦陵名晋杏和
尚讚云
欲要讚只恕污
淀還老漢欲要
跌嚯䐉子不是
破喈父不覌讚
難誰李奉重大
遗觧內秦你也
國樣誰智你清
孫怎眾保礼
這受天敬
師同治人重
阿裝第二年秋
來空恒供八歲法孫

8-1-10 清迦陵禅师画像，保存在大觉寺大悲坛展厅之内。

8-2-1，8-2-2，8-2-3，8-2-4 在大觉寺南北方向，均建有不同时期寺内高僧舍利灵塔。大觉寺之北有西竺寺，曾是明宣德年间大觉寺高僧智光法师的灵骨安葬之所。这是 20 世纪七八十年代和现在分别拍摄的西竺寺遗址，图片拍摄相去近三四十年，遗址上残存的一通重修西竺寺石碑，并未有太多改变。

8-2-1 大觉寺北西竺寺石碑（古研所）   8-2-2 西竺寺碑（管理处）

8-2-3 大觉寺北西竺寺石碑碑额（古研所） 8-2-4 西竺寺碑额（管理处）

8-3-1，8-3-2，8-3-3　在大觉寺之南有一座砖塔，安葬的是明代大觉寺高僧主持周云端和尚灵骨。明成化十四年（1478），大觉寺被皇家修缮一新之后，周太后从弟（表弟）周云端（原名周吉祥）被任命为僧录司右阐教兼大觉寺住持，兼管番汉僧，直至弘治五年（1492）圆寂，主持寺务达 15 年之久。如今，这座周云端和尚塔已被修缮保护并被评定为区级文物保护单位。

8-3-1　大觉寺南周吉祥塔（古研所）

8-3-3　大觉寺南周云端塔

8-3-2　大觉寺南周吉祥塔 2（古研所）

9-1-1 龙王堂（希尔德布兰德）

9-1-2 大觉寺龙王堂（古研所）

9-1-1 德国建筑师希尔德布兰德拍摄的龙王堂照片。

9-1-2 20世纪七八十年拍摄的龙王堂照片，建筑看上去已经年久失修。

9-1-3 这是一张拍摄于2004年的龙王堂新景。龙王堂，乃祭拜龙王、祈求风调雨顺之所。1986年秋天，大觉寺后山因焚烧落叶而失火，殃及了龙王堂，由此而引发了大觉寺这一古建筑群落归属问题的关注与探讨。经市政府有关部门慎重考虑，出于更好地保护文物的目的，大觉寺被划归至北京市文物局进行管理。

9-1-4 在有效地保护下，修缮之后的龙王堂，纵然在寒冷的冬日里，也依然显得是那样的温馨与和谐。

9-1-3 大觉寺龙王堂（管理处）

9-1-4 大觉寺雪景（管理处）

9-2-1　大觉寺龙潭（古研所）

9-2-2　大觉寺龙潭 2（古研所）

472

9-2-3　大觉寺龙潭（管理处）

9-2-4　大觉寺龙潭（个人））

9-2-1　龙王堂的前方，是一座方形水池，称为"龙潭"。

9-2-2　龙潭中汇聚的泉水，千年不断，一直声声不息地流淌着。辽金时期，大觉寺名为"清水院"，后易名"灵泉寺"，皆因寺内泉水而得名。

9-2-3　睡莲在龙潭泉水的滋养下勃勃地生长着，每逢花开时节，在周围古朴的石雕栏板的映衬下，更显得清雅而脱俗。

9-2-4　池塘中倒映着天空的颜色，与漂浮的水草、游曳的鱼儿相映成趣。

9-3-1　德国建筑师希尔德布兰德拍摄的领要亭照片。清乾隆皇帝曾为此亭赋诗一首："山水之趣此领要，付与山僧阅小年。"意即站在此亭内，能领略整座寺庙的山水风景。

9-3-2　20世纪七八十年代，领要亭落寞地伫立于后山南侧，独自品味着这里的四季更迭与变迁。

9-3-3　领要亭被修整一新，而亭外不远处的石狮，残破的面部已无法修复。朴拙的辽代石狮，阅尽了这座寺庙的兴衰变迁，似在讲述着一千年来发生在这里的故事。

9-3-1　领要亭（希尔德布兰德）

9-3-2　大觉寺领要亭（古研所）

9-3-3　大觉寺领要亭（管理处）

9-3-4 1889年福兰阁
在大觉寺领要亭下碑刻
山石间的留影（个人）

9-3-4 这是德国著名汉学家福兰阁在大觉寺后山假山石间拍摄的留影。清光绪十五年（1889）夏天，福兰阁在北京德国公使馆工作期间，来到大觉寺度夏。他在回忆录中这样写道："我们在坐落于陡峭山峰脚下的大觉寺内租了房子，并加以布置。从这里直到两千多公尺的山上，虽树木不多，但雨季后形成的落差较大，溪流发出阵阵怒吼，流经深深的山间峡谷，构成了美丽的图画。从山顶上眺望远处，沟壑纵横的山区，景色美不胜收。只要时间允许，我便于大觉寺而出，在山中漫步，在寺院中看和尚们祭礼，听他们诵经也同样令我大开眼界。"

南路跨院：四宜堂、憩云轩

南路跨院主要是清代皇帝的行宫，主体建筑包括四宜堂、憩云轩等。既为行宫，自然是娴雅之境，与中轴路建筑及装饰有着显著的不同。

10-1-1 这是德国建筑师希尔德布兰德拍摄的四宜堂明间照片，因时隔近120年时间，照片已显得模糊，片中景物难以分辨，依稀感觉，正中似有一匾曰"大觉寺"，中间有座椅、条案等陈设。据希尔德布兰德这样记述："西面的正房，以前是给住持的，现在是给高贵客人住的，面阔五间，前带廊，明间摆放着一把中国某个皇帝坐过的椅子（这个皇帝曾在这里住过一段时间）。"据史料推测，这里所说的皇帝概为清乾隆皇帝，所以照片中模糊的座椅，应该是当年乾隆皇帝御用之物。

10-1-2　这是曾经从大觉寺流失出去的一件文物。据加拿大皇家安大略博物馆亚洲美术部主任鲁克思先生这样描述："有一把交椅，很漂亮。供应给我馆的商人 GEORGE CROFTS 于一九二〇年说，椅子是慈禧皇后专用的，她死了以后，大觉寺的方丈把它卖给一位私人（不知道是谁），价钱是三百块鹰洋。这位私人死了以后，交椅在北京东交民巷被拍卖，CROFTS 就买了。原来有两把交椅，一把是我馆一九六九年卖掉。此把一九九六年于纽约 CHRISTIE'S 被拍卖，价钱是美元五十三万。我馆当然很后悔卖掉了。"

10-1-3　大觉寺最后一名僧人王常修，还俗之后作为林大职工仍留在寺内

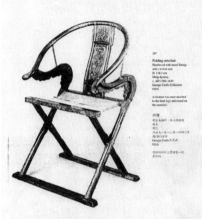

10-1-2
慈禧皇太后御用交椅（其他）

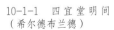

10-1-1　四宜堂明间
（希尔德布兰德）

10-1-3　王常修及家人在四宜堂院内合影（个人）

工作,这是王常修与家人在四宜堂院玉兰树下拍摄的一张合影。那时古玉兰有两株,东西对称种植。

10-1-4 照片拍摄于20世纪六七十年代。这是四宜堂内东侧的古玉兰,花枝烂漫。然而如今这里已经被一棵树龄较小的二乔玉兰所替代。至于这棵树,一说是死掉了,一说是被移植到中南海去了,具体情况已无从考证。

10-1-5 照片拍摄于20世纪七八十年代。片中的鼠李寄柏依然旺盛地生长着。而前面这些盛开的芍药花,现在经失去了踪迹。

10-1-6 这是现在的四宜堂,清幽,雅致。

10-1-7 四宜堂内300年的古玉兰乃京城白玉兰之王。如今,这棵玉兰虽已年迈,但花开时节,依然朵朵银葩竞相绽放,一片冰清玉洁。

10-1-8 当夜幕逐渐降临的时候,灯光映衬下的白玉兰更是别有一番韵味。

11-1-1 这是20世纪七八十年代的憩云轩照片。

11-1-2 憩云轩的前方是一组假山石,点缀着这一组行宫建筑。

11-1-3,11-1-4,11-1-5 完颜麟庆,于清嘉道年间出任官职,是道光朝名臣之一。晚年曾到大觉寺游览,在《鸿雪因缘图记》中,他详细记载了清代大觉寺的诸多景物,并绘有《大觉卧游》图,该图描绘的是大觉寺憩云轩及后山园林之景。

11-1-6 这是清末拍摄于大觉寺内的一组汉白玉石刻文物图片,这些石刻于20世纪初被加拿大皇家安大略博物馆收藏,为乾隆年间遗物。据该馆文物登记账记载,文物来源为北京大觉寺。该馆研究员鲁克思先生最初认为此说法不一定准确,特来寺考察。看到寺内水系,听到乾隆年间皇家修缮寺庙,乾隆皇帝也曾多次来寺游幸并题诗刻石之事后,鲁克思判断此物为大觉寺所出无误。

在随后的信件中,鲁克思这样描述:"我馆所藏传说是从大觉寺来的文物(这传说应该可靠)有三个石头台子和一个水盆,见照片。照片上的月亮门在大觉寺内。"

11-1-7 这是现在修缮之后的憩云轩,轩前之匾为清乾隆皇帝手书。这里曾经是乾隆皇帝来寺游幸时的休憩之所。

11-1-8 很多爱好摄影的人,特别喜欢选择憩云轩北侧的院墙之上作为拍摄点,似乎那里更显得居高临下些,更容易拍摄到更多的风景。这张图片即是1933~1946年,女摄影师赫达·莫里逊在此拍摄的图片。

10-1-4 大觉寺南玉兰院（个人）　　　10-1-5 大觉寺四宜堂院芍药花（古研所）

10-1-6 大觉寺四宜堂（管理处）

10-1-7 大觉寺古玉兰
（个人）

10-1-8　夜晚的大觉寺古玉兰（个人）

11-1-1　大觉寺憩云轩（古研所）　　　　　　11-1-2　大觉寺憩云轩前假山（古研所）

11-1-3　清《鸿雪因缘图记》—— 大觉寺卧游图

世宗在潛邸時特加修葺曰圓證妙果正殿曰無去來定無量
高宗重修額勒

大覺臥遊

大覺寺在妙峯山麓云金山口二十里遠視惟一
山近則山山拐倚如荀戣篠最尊者四妙峯頂有
天仙聖母廟香火最盛每春秋開廟之期朝山者不
絕明建寺曰日雲泉後易今名康熙五十九年
址於路旁寺本金章宗清水院故
令佛殿日勤靜書觀大悲壇曰最上法門右置精
舍曰慈雲軒前為七堂在設香積廚壇後有塔

鴻雪因緣圖記
　　大覺臥遊

後有塘垣外雙朱六牆址入環接左右
匯於塘沈碧冷然初坐躍其高者東泉翌圓
入香積廚而下西象翌雙桑統會雲而下同會寺門
簾隨風緝隨由總雲軒要亭園山勢三景作展
前池中上寫石梁七月二十二日余入寺經
閣池道右名設靫榻每榻臥百人蓋堂深二
十丈與戌壇均天下無雙云北迤壇未開唱西
具蒲供豆粥飯罷把泉玄旋賀煥文柱枕尋憶
陳朗齋倚欄作畫貽齋因事辭繆余乃揚竹床設

簾枕臥穩泉聲深深淨碟愈嘩夢遊草菴偕
然世外少睡覺輝喉逾靜鳥鳴亦幽銀輝閣又入
黑甜鄉夢回吸香者思十餘年來值伏秋汛每聞
水聲心怦怦勤妥得如今日穩水酣臥耶寺名大
覺吾覺矣

11-1-4　清完颜麟庆书《大觉卧游》

11-1-5　清完颜麟庆画像

11-1-6　收藏于加拿大皇家安大略博物馆的石刻三件，据说来源于北京大觉寺

11-1-8　眺望寺内古建及林木（莫里逊）

11-1-7　大觉寺憩云轩（管理处）

北路跨院：方丈院、北玉兰院、香积厨

北路跨院是旧时僧人的生活居住之所，主要包括方丈院、北玉兰院、香积厨等。

12-1，12-2，12-3　方丈院是旧时方丈居住之所。院内有两棵七叶树，树冠高大而饱满。每年 5 月是它的花开之季，一簇簇花束就像一座座宝塔，供养着这座千年古刹。

12-1　大觉寺方丈院

12-2　500 年七叶树

12-3　七叶树花开

13-1-1,13-1-2,13-1-3　这是北玉兰院旧时的风貌，院中有一座很大的水池，池中所种荷花随着季节的更替而生长或凋残。院中有两株古玉兰，每逢花期，甚是婀娜。

13-1-4,13-1-5　因房屋陈旧、建筑结构残朽，2003 年，大觉寺管理处对北玉兰院进行了重修。院中的两株玉兰，一株被留在了院内，另一株被隔在了墙外。但在花开时节，它们依然是里外呼应、相映成趣。看到花儿绽放得如此绚烂，我们又怎能体会不到人间的可爱呢？！重修之后的玉兰院，更像是一座典雅的四合院建筑，与整座寺庙的氛围更加的协调。

13-1-1　大觉寺北玉兰院（古研所）

13-1-2　大觉寺北玉兰院（赠）

13-1-3　北玉兰院水池（管理处）

13-1-4　大觉寺娑罗树（管理处）

13-1-5　北玉兰院玉兰树

14-1-1　山间的泉水从龙潭析出，分两条水路顺流而下，流经南北路各个建筑。

14-1-2,14-1-3　这座建筑是香积厨，即寺僧的食堂。建筑前面有一方形水池，曰"碧韵清池"。泉水自山上汇集而下，注入水池，再沿另一出口流出，流向功德池。池中之水有进有出，从不干涸或溢满。香积厨内，僧人若是取水做饭，只需从池中舀水便可。

14-1-4　如今的香积厨已被修缮一新，得到了充分的保护和利用。

15-1-1，15-1-2,15-1-3，15-1-4　物换星移，人文千载。大觉寺里，看春去秋来，花开花落，云卷云舒。不论是怎样的记忆与变迁，终究会随着时间而流逝，唯一不变的，是我们对于历史的记忆。

历史的记忆，就在镜头中的点点滴滴之间流动。

每一幅画面，都承载了一段岁月的痕迹。通过它们，我们仿佛穿越了时空的阻隔，又回到了当初那些过去了的日子。

时代在不断地发展，历史也在不断地更新，而这些记忆与变迁却能在镜头中得以永恒。

那些过去的岁月已渐渐远去。

蓦然回首，我们还能看到什么呢？

14-1-1　大觉寺北路石槽（古研所）　　　　14-1-2　大觉寺北路碧韵清池（古研所）

14-1-3 香积厨

14-1-4 香积厨

15-1-1　古寺殿顶—春（个人）

15-1-2　古寺殿顶—夏（个人）

15-1-3　古寺殿顶—秋（个人）

15-1-4　古寺殿顶—冬（个人）

大觉寺大事记

1. 辽圣宗耶律隆绪统和十年（992）十月，应辽玉河县县令齐讽等官员倡导，清水院（今大觉寺）功德主绍迁、院主绍兴等"领衔"与县域内白贴山院、双峰院、大安山延福寺三家佛寺及邑众千余，在当时的玉河县县治附近（今北京门头沟区清水镇上清水村）建经幢石塔一座，上雕佛教造像，刊镌《般若波罗蜜多心经》、《佛顶尊胜陀罗尼经》（此经幢 20 世纪五十年代尚存，今仅存幢身与基座，存门头沟区文管所）。

2. 辽道宗耶律洪基咸雍四年（1068）三月四日，辽南京析津府玉河县南安窠村檀越邓从贵，舍钱三十万（缗），修葺清水院僧舍。

3. 咸雍四年（1068）三月四日，邓从贵又捐钱五十万（缗），并募捐同志助办，印大藏经（即契丹藏）五百七十九帙，创内外藏，龛措于清水院。

4. 辽道宗咸雍四年（1068）三月四日，燕京右街检校太保大卿大师赐紫沙门觉苑因玉河县南安窠村邓从贵等在清水院捐资修缮僧舍与刊印大藏经事，刊碑记之。碑阳为记文，碑阴为捐资僧俗贰众提名。记文由"燕京天王寺文英大德赐紫沙门志延"撰述，书丹者为"昌平县坊市乡贡进士李克忠"。

5. 金海陵王贞元元年（1153），金朝的第四代皇帝完颜亮下诏，将都城从位于一隅的上京会宁府（今黑龙江省阿城区）南迁至燕，改辽南京为金中都，改析津府为大兴府，清水院地属大兴府宛平县境。金朝统治者儒、释、道皆崇，大约在海陵王时期，清水院的佛教活动便逐渐恢复，而在金世宗号称"小尧舜"的大定年间（1161~1189），清水院的佛教活动，不仅日益兴盛，而且借山奇、林秀、泉清的自然造化之力，成为京都西北郊的一处形胜之地。

6. 金章宗完颜璟明昌年间（1190~1195），章宗在中都（今北京）西山，选择山势雄奇、林木苍翠、飞瀑流泉、地僻幽深之处，修建八大水院，为游幸驻跸之所，并从全国征召造园大师与工匠，对八大水院进行修建。始建于前朝的清水院仍袭旧名，并且作为八大水院之一，成为梵宇琳宫与亭台花木交辉的天子临幸之地。

7. 自金卫绍王大安三年（1211）蒙元大军首攻金中都（今北京）开始，到金宣宗贞祐三年（1215）金中都陷于蒙元，这段时期中都兵戈不断，百姓流离，京西南北百里之郊兵掠火焚，破坏甚巨，佛寺道观，多成灰烬，少有完璧。时清水院所在西山，估计必然遭受重创，从而凋敝。

8. 元世祖忽必烈至元元年（1264）八月，诏改燕京为中都，至元四年（1267）在原中都城东北另筑新城，至元九年（1272）改称大都。西山一带作为元朝首都的近郊，再次成为佛教活动的圣地，一些蒙古贵族和当朝权要纷纷捐资修复战乱中毁废的寺庙，清水院在当地也应经历了一次修葺的过程，修复后的清水院，因为已失去了前朝皇帝（金章宗）游幸之所（行宫）的功能，而仅为宗教教徒演法之道场，所以很有可能是在那时（元初），更名为灵泉佛寺。

9. 明宣德初年，皇太后（明仁宗朱高炽孝昭皇后，张氏，永城人，宣德皇帝朱瞻基生母）见北京旸台山故有灵泉佛寺，岁久敝甚，发愿出内帑修建。宣德皇帝秉承母后慈训，命内官董工，撤而新之，修葺经年，至宣德三年（1428）四月落成，殿堂门庑，像设巍然。御赐其名曰"大觉禅寺"。

10. 宣德三年（1428）四月初七日，《御制大觉寺碑》刊立于大觉寺院内。该碑记为宣宗朱瞻基撰述记文，前序后铭，首序佛教教义，再颂其母皇太后仁圣之心，后述建寺更名之颠末。

11. 宣德五年（1430），"历事六朝，宠锡冠群僧"的高僧智光，奉钦命入住大觉寺"居之以佚其老"，并铸造铜钟一口置于钟楼之内。

12. 宣德十年（1435）宣宗朱瞻基奉皇太后命，钦赏大觉寺庄田四处，计地数 38 顷 93 亩 2 分 2 厘，另赏家人一十六户，佃户五十七户。

13. 宣德十年（1435）六月十三日，高僧智光坐化于大觉寺，享年 88 岁。宣宗闻其示寂，御笔亲书赞辞，称其"有绩有劳"。智光逝后，众弟子取其遗物，于各处建塔立碑以祀。

14. 明正统十年（1445）二月十五日，明英宗朱祁镇颁赐大觉寺《大藏经》一部，"永充供养，听所在僧官僧徒看诵"。并敕谕"务须敬奉守护，不许闲杂之人私借观玩。"此帝谕旨即时刊石，立于大觉寺。同时被颁赐藏典的京师寺庙，还有大隆善寺、西竺寺和弘教寺。

15. 正统十一年（1446）三月庚辰，英宗朱祁镇钦命工部侍郎王佑督工，修大觉寺，"易故廓其隘，凡诸像设与夫供佛之具、居僧之舍，亦皆新而大之"。

16. 正统十一年（1446）十一月初一日，大觉寺重修工竣，御撰《重修大觉寺之碑》立于寺内。

17. 明成化十四年（1478）宪宗朱见深承其母孝肃太后（周氏，昌平人，宪宗之母）慈旨，出内帑重修大觉寺。当年九月工毕，刊《御制重修大觉寺碑》，立于寺内。

18. 成化十四年（1478），孝肃周太后从弟周云端（原名吉祥）被任命为僧录司右阐教兼住大觉寺，监管番汉僧，直至弘治五年（1492），共主持寺内事务达 15 年。

19. 成化十五年（1479），宪宗朱见深奉太皇太后懿旨，赐大觉寺买地银若干，共买地 77 顷 76 亩。

20. 明弘治五年（1492）三月二十八日，时为僧录司左善事兼大慈仁寺并大觉寺住持周吉祥禅师示寂，终年 51 岁。是月，由其徒、大觉寺住持僧性容建造的灵塔落成于大觉寺南约 1.5 公里的山坡间（位于今海淀区苏家坨镇）。

21. 明弘治十七年（1504）十一月初九日，孝宗朱祐樘敕谕官员军民诸色人等，大觉寺历朝所赐土地每年该纳粮草免征一半；庙产不许凌占侵夺，违者必重罪不囿。此敕谕刊石立于寺内（俗称庙产碑）。

22. 明正德四年（1509）九月，大觉寺主持性容及悟祥、净寿、可保等将本寺庙产分序详列，刊于弘治十七年庙产碑之阴，示于公众。

23. 明代万历年，沈榜在宛平县任知县，编著《宛署杂记》二十卷，书中记载了大觉寺在西山的方位和宣德、正统年间整修、立碑的史实。《宛署杂记》是已知最早一部记录大觉寺历史的书籍。

24. 明末，刘侗和于奕正合著《帝京景物略》，书中记大觉寺"故名灵泉佛寺，宣宗赐今名，数临幸焉，而今圮。金章宗西山八院，寺其清水院也。清水者，今绕圮阁出，一道流泉是。"是最早记叙大觉寺即金章宗西山入院之清水院的古籍文献，对于研究大觉寺的历史，具有重要价值。

25. 康熙七年（1668）三月，大觉寺僧佛果将寺院山门外杂果园地一段，以银七十五两之价售出。

26. 康熙十八年（1679）五月九日，纳兰性德扈从康熙帝巡幸西山并撰《浣溪沙·大觉寺》一词。

27. 康熙二十七年（1688 年）十一月初八日，大觉寺主持僧定旺，复将本正殿两间典与王某"住坐为业"，于此可窥当时该寺经济每况愈下之状。

28. 康熙四十五年（1706）七月，大觉寺僧海山等将杂果林一块典出，并将院北西竺寺苇地一段卖与三教院。

29. 康熙五十九年（1720），皇四子和硕雍亲王胤禛重修大觉寺，并力荐临济宗三十四世传人迦陵性音和尚为大觉寺主持。

30. 康熙五十九年（1720）九月，皇四子和硕雍亲王胤禛撰写并书丹《送迦陵禅师安大觉方丈碑记》，刊立于大觉寺正殿前。

31. 康熙五十九年（1720）十二月十五日，大觉寺购置香火地九亩。

32. 康熙六十一年（1722）二月初七日，大觉寺以五十年为期，典进香火地一块。

33. 雍正元年（1723）春，迦陵性音禅师辞去大觉寺事，飘然南游，于雍正四年（1726）九月示寂于归宗寺。果亲王允礼汇禅师事迹奏闻，朝廷敕赐其为"圆通妙智大觉禅师"谥号，追封大清国师，迁其灵骨归北京西山，在大觉寺南塔院敕建灵塔奉安其灵骨。

34. 雍正六年（1728）十月，性音和尚灵塔竣工，塔铭记题为"敕建国师圆通妙智大觉禅师传临济正宗三十四世迦陵性音和尚塔"。

35. 约在雍正八年（1730）前后，雍正皇帝对性音和尚的态度大变，说其行为不端，热衷红尘俗务，曾在谕旨中说："朕从前失于检点，亦性音辜负朕恩处，"令削去性音国师封号，并将其已收入《大藏经》的佛学著述撤出。

36. 雍正八年（1730）十二月初一日，大觉寺购置香火地三十亩。

37. 雍正年间（1723~1734），雍正曾多次到大觉寺巡幸驻跸，亲笔题额所居为"四宜堂"，并撰写了《游大觉寺诗》。

38. 雍正十年（1732）八月十五日，大觉寺当家僧人海潮、性德将寺内祖业香火地十亩典出。

39. 雍正十一年（1733）九月，雍正帝在其编辑的《御选语录》后序中，对迦陵禅师的学养、人品和生平法事活动，进行了更全面否定，并竭力掩饰自己曾与迦陵等僧人有过亲密往来的历史。

40. 乾隆元年（1736）三月，僧人申缘将位于京师东城关内的法兴寺，送与大觉寺，愿永为大觉寺下院。

41. 乾隆四年（1739）正月十三日，大觉寺僧人海潮、性德将祖业香火地七亩典出。

42. 乾隆八年（1743）十一月，大觉寺当家僧性德、寂志师兄弟二人不合，议同分受祖业，遂将田园、财产平分，各领法徒，分户管理各业，"一居街之南，一居街之北"。

43. 乾隆九年（1744）五月，刊立《西山大觉寺下院灵鹫庵重修碑》，固山贝子弘景撰文并书丹，记文内仍尊性音为大觉寺正嗣。

44. 乾隆九年（1744）冬月，佛泉（实安）禅师谢世，庄亲王命其弟子月天（际宽）禅师继主大觉寺方丈。

45. 乾隆十一年（1746）六月二十二日钦命僧录司印堂札示大觉寺僧众：因僧性德已故，着由其徒圆通照单管业、接续焚修，并令分居的寂志永不侵占，以维持性德在世时寺内的管理形式。

46. 乾隆十一年（1746）十月初十日，大觉寺僧人圆通将祖业香火地两块计18亩典出。

47. 乾隆十二年（1747）五月，乾隆皇帝临幸大觉寺，撰《初游大觉寺诗》。

48. 乾隆十二年（1747）十一月，敕命重修大觉寺工程告竣，乾隆帝弘历撰《重修大觉寺碑记》，兵部侍郎庄有恭书丹，镌于康熙五十九年九月雍亲王《送迦陵禅师安大觉方丈碑记》之阴。

49. 乾隆十七年（1752）三月，大觉寺主持僧月天禅师示寂。

50. 乾隆十八年（1753）五月，檀越普兴自带果园三块投大觉寺"住净养老"。

51. 乾隆二十三年（1758）至乾隆六十年（1795），大觉寺逐年购入杂果园、香火地多块、数顷。

52. 乾隆三十一年（1766）六月，乾隆帝临幸大觉寺，为水泉题字。

53. 乾隆三十三年（1768）六月，乾隆皇帝御制《游大觉寺杂诗》六首。

54. 乾隆三十三年（1768）前后，乾隆皇帝分别为大觉寺弥勒殿题额曰"圆证妙果"，为大雄宝殿题额曰"无去来处"，为无量寿佛殿题额曰"动静等观"，还为寺内一些轩、堂题写了楹联。

55. 乾隆三十三年（1768）十一月，大觉寺购进香火地四亩。

56. 乾隆三十八年（1773）十一月二十九日，大觉寺购置香火地十六亩。

57. 乾隆四十三年（1778）九月二十七日，王昶西山觅古至大觉寺，于龙王堂前"寒芜落叶堆中搜得"辽阳台山清水院创造藏经记碑，传拓考证，并著录于《金石萃编》一书。

58. 乾隆四十七年（1782）十二月初三日，大觉寺购入杂果园地一块。

59. 乾隆四十八年（1783）正月，大觉寺购入近处栗子沟北岭荒地一处，永为恒业。

60. 乾隆五十二年（1787）二月，因大觉寺行宫墙外有旧庙址一所，殿宇倒坏，恐有碍圣驾巡幸时观瞻，故购入修补。

61. 乾隆五十六年（1791）二月，大觉寺以十年为期典入田园一处。

62. 乾隆六十年（1795）三月初七日，大觉寺以三年为期，典入田园一处。

63. 嘉庆四年（1799）至嘉庆二十五年（1820），大觉寺数次购置香火地数块，收养带产僧徒数人。

64. 嘉庆十四年（1809）二月，有近村邢秉理等四人偷伐大觉寺御路两旁树木的枝杈，被监院、常住拿住，被罚各栽树十棵管活，并保证后不再犯，立字具结后放归。

65. 嘉庆二十三年（1818）经圆明园苑丞吉成等呈奏承办，将大觉寺院内行宫所有"存收陈设并木器全行撤回，运交黑龙潭新建两卷殿内安摆"。

66. 嘉庆二十五年（1820）二月十三日，戒台寺方丈临远、监院怡然，将其寺坐落在昌平州延庆寺随庙香火地一顷余，赠予大觉寺主持慧彻。

67. 道光四年（1824）十一月，大觉寺购入香火地一处。

68. 道光八年（1828），西山大觉寺住持僧真觉呈文禀报宛平县衙，述报寺院建筑"渗漏坍塌损坏"等项情况。可知当时寺内"中所"（即今中路）及"南跨院"（即今南路行宫），因多年失修已近颓敝。

69. 道光十二年（1832）十二月，大觉寺购入香火地八亩。

70. 道光十二年（1832）奕绘作《宿大觉寺》一诗，对大觉寺进行了细致入微的描写，可谓淋漓尽致。

71. 道光十三年（1833）六月，大觉寺购入杂果园地一处。

72. 道光十六年（1836）十一月，大觉寺常住监院了尘与窑户马进山、山主张起龙等签订合同，以四十股的股份，共同经营南安河小南山的煤矿开采业。

73. 道光二十年（1840）四月，僧人湛一将自置西直门洞庙转让于大觉寺。

74. 道光年间，完颜麟庆曾到大觉寺游览，在《鸿雪因缘图记》中他详细记载了清代大觉寺的诸多景色，并绘有《大觉卧游》图。

75. 咸丰三年（1853）十二月，大觉寺购入农田八亩。

76. 同治十年（1871）八月，大觉寺下院灵鹫庵购宅院一所，计房屋三十三间半，坐落在京师东区旧鼓楼大街口袋胡同，此宅系满洲厢黄旗吉郎阿佐领下都尉花良阿祖业，自咸丰二年（1852）始，几经转卖，后被大觉寺购入。

77. 同治十年（1871）十月，大觉寺购入园地数块，近三顷。

78. 同治十一年（1872），清宣宗第七子奕譞晋封为醇亲王。其后，奕譞曾到大觉寺观览并题写了"最上法门"、"方丈"匾额。

79. 光绪五年（1879），敕修大觉寺南塔院。

80. 光绪十八年（1892），一位德国高级建筑师利用在寺内居住修养的时间，亲自勘测考察了寺内大部分殿宇、房舍以及古塔，为当时的大觉寺留下了第一份测绘数据，并以建筑师的眼光撰写了一本关于大觉寺建筑的小册子，同年在德国柏林出版，书中详细介绍了大觉寺古建筑的功能特点，书内还附有当时大觉寺的部分图片。

81. 光绪三十三年（1907）冬月，大觉寺南塔院建塔两座。修天罗池二座，砖砌，面宽六尺，进身九尺六寸。

82. 中华民国十年（1921）修缮大觉寺。大觉寺在清末民初因社会经济衰竭，基本上没有大规模的修缮工程，寺内龙王堂屋顶檐椽上记有"民国辛酉年本寺重修"字样，当时只是进行简单的维修，没有大动土木。

83. 中华民国十三年（1924）十一月，京师地方审判厅民事第一厅，就大觉寺上诉万馨楼香铺应腾交百年前所租法兴寺房屋一事做出判决：以不能凭空解除契约为由，驳回上诉。

84. 中华民国十八年（1929）春，开封中山大学（今河南大学）文学院教授胡改庵，为其亡夫人补刻大觉寺藏迦陵禅师所辑《宗鉴法林》书板，共补字25458个，并印行数部流传。

85. 中华民国十八年（1929）6月15日，冰心与吴文藻举行婚礼，婚礼后他们乘司徒雷登的专车来到西山大觉寺，在这里度过了浪漫的新婚之夜。

86. 中华民国二十年（1931）4月10日俞平伯与朱自清到大觉寺一游，并撰写《阳台山大觉寺》游记一篇。

87. 中华民国二十三年（1974）4月15日，胡适偕夫人江冬秀、儿子胡思杜和学生罗尔纲等坐车同游大觉寺。

88. 中华民国二十三年（1934）4月17日，俞平伯与陈寅恪、朱自清夫妇同游大觉寺。

89. 中华民国二十五年（1936）三月，溥儒到大觉寺游览并留有题壁诗二首于四宜堂院内廊庑两侧墙壁上。

90. 大觉寺山门殿曾在二十世纪三十年代遭雷击起火，事后寺僧也无力修复，只是简单的在原处砌一平顶屋舍凑合了事。

91. 1945年抗日战争胜利后，中共中央决定成立中共北平市委，准备迅速接管北平，任命刘仁为市委书记，武光为市委副书记兼组织部长。组建后的北平市委最紧迫的任务就是迅速接管北平，他们一方面与北平地下党取得联系，一方面进行与日军谈判前的大量准备工作。经过一段努力，工作取得一定进展，当时的谈判地点就设在大觉寺附近的莲花寺。但是由于日蒋秘密勾结，蒋介石极力阻挠接收工作，致使谈判破裂，日军受降未成。

92. 1952年北京林学院成立，林业部将大觉寺作为北京林学院的校址。

93. 1954年，郭沫若夫人于立群患病时，郭沫若带着孩子们从北京西山大觉寺移去一棵银杏树苗，植于当时的宅院中，衷心希望夫人能像这活化石一样坚强地战胜病魔。

94. 1954年12月林学院迁出大觉寺，迁到肖庄新校址办学。其后20多年的时间里，大觉寺一直由林业部农林部管理使用。

95. 1979年，由农林部干校使用的大觉寺又交由林学院管理使用。

96. 1979年，大觉寺被列为北京市重点文物保护单位。

97. 1988年10月，北京市文物局与林业大学签订移交大觉寺协议。12月，北京市文物局派接收小组进驻大觉寺。

98. 1989年3月，北京市编委批准成立"北京西山大觉寺管理处"。

99. 1990~1991年，文物部门对寺内龙王堂、南北庑房等古建筑进行修缮。

100. 1992年4月4日，辽金史专家陈述先生追思会在大觉寺举行。

101. 1992年4月10日，大觉寺正式对外开放。

102. 1992 年 4 月 18 日，著名学者侯仁之先生陪同荷兰驻华大使杨乐兰及夫人参观大觉寺。

103. 1992 年，对寺内大悲坛、憩云轩等古建筑进行修缮。

104. 1993 年 12 月，《大觉寺历史沿革展》正式对外展出。

105. 1993~1994 年，对寺内南北配殿、转角房等古建筑进行修缮。

106. 1995 年 8 月，纪念辽金史学专家陈述先生及辽金史学术研讨会在大觉寺召开。

107. 1995~1996 年，对大觉寺山门进行复建修缮。

108. 1996 年，对寺内畅云轩进行修缮。

109. 1997 年 4 月，大觉寺合作单位北京明慧茶院举行开业典礼，季羡林等学者出席开幕式。

110. 1997~1998 年，对寺内方丈院古建筑进行修缮，该修缮工程被北京市建筑工程质量监督部门评为优质工程。

111. 1998 年 5 月，对寺内古玉兰树开展养护工程。

112. 1998 年 5 月，大觉寺管理处申报的《大觉寺馆藏契约文书和研究》课题，获准为市文物局立项科研课题。

113. 1998 年 11 月，在北京市古建研究所配合下，完成大觉寺古建筑群"四有"档案工作。

114. 1998 年 12 月，完成自来水引水工程及消防栓系统工程，解决了寺内消防用水问题。

115. 1999 年 2 月，完成第二期自动报警器系统的安装调试；完成灭火器的安全检测，淘汰并补充配套灭火器具。

116. 1999 年 3 月，正式启用院内消防栓系统。

117. 1999 年 4 月，完成寺内旧存文物的清点核对、登记造册工作。

118. 1999 年 6 月，对部分寺存文物按类别拍摄资料照片，建立照片档案。

119. 1999 年 8 月，对寺内现存的 519 块木刻经板进行清理、分类，并拓印存档。

120. 1999 年 9 月，完成南庑房的落架大修及内部装修。

121. 1999 年 9 月，完成大雄宝殿、松柏抱塔修缮工程。

122. 1999 年 9 月，完成南庑房的落架大修及内部装修。

123. 1999 年 11 月，完成对戒堂的落架大修工程。

124. 2000 年 5 月 12 日，国学泰斗季羡林来大觉寺。后季羡林于《光明日报》发表《大觉寺》的文章。

125. 2000 年 5 月，参加文化宫举办的"5·18"国际博物馆日宣传活动。

126. 2000 年 5 月，旅游集团、铁路开通旅游列车，大觉寺站启用。

127. 2000 年 6 月，管理处党支部成立。

128. 2000 年 7 月，配合局"三讲领导小组"完成"三讲"工作。

129. 2000 年 7 月，修复大雄宝殿的"无去来处"匾额一块，复制大雄宝殿、无量寿佛殿内铜钟两口。

130. 2000 年 7 月 17 日，北京市委副书记李志坚、副市长刘敬民、房山区委书记单霁翔等领导在北京市文物局局长梅宁华的陪同下到大觉寺视察。

131. 2000 年 8 月，对文物藏品进行全面检查，并制定《北京西山大觉寺管理处文物维修方案》。

132. 2000 年 9 月，北京市文物局干部培训中心被北京市旅游局评定为一星级旅游涉外饭店。

133. 2000 年 10 月，完成明代庙产碑修复、重立工作。

134. 2000 年 10 月，建立馆藏文物总账和分类账。

135. 2000 年 10 月，完成院内部分危险房屋、围墙、护坡的整修。

136. 2000 年 10 月，恢复院内南路部分水道。

137. 2000 年 11 月，请北京市文物鉴定委员会专家对寺存契约、经书、经板、瓷器进行鉴定，二、三级定级文物 669 件。

138. 2000 年 12 月，出版《大觉寺》图书一册。

139. 2001 年 2 月，泰国公主诗琳通来到大觉寺学习考察。

140. 2001 年 2 月，对一、二期报警系统进行系统修缮、检测及合并工作。

141. 2001 年 2 月，完成配电室增容改造工程。

142. 2001 年 8 月，完善管理处各项规章制度并汇编成册报局备案。

143. 2001 年 8 月，为培训中心购置投影仪等专业配套设备，提高接待服务水平。

144. 2001 年 8 月，大觉寺被旅游局评为"国家 AA 级旅游景区"。

145. 2001 年 10 月，对定级文物藏品进行精宝软件的电子建档工作。

146. 2001 年 10 月，完成消防水道的改造。

147. 2001 年 10 月，完成展厅、文物库房及院墙的防盗报警系统安装和调试工作。

148. 2002 年 2 月，大觉寺被北京市旅游局评为"紫禁杯"先进集体。

149. 2002 年 4 月，举办"大觉寺玉兰节"活动。

150. 2002 年 4 月，国家外经贸部副部长龙永图、北京市副市长张茅、海淀区委书记朱善路、海淀旅游局局长古红梅等来到大觉寺参观游览。

151. 2002 年 4 月，北京市副市长翟鸿祥及外省市部级干部一行十余人来大觉寺参观游览。

152. 2002 年 4 月，对大悲坛展厅进行改陈，举办《大觉寺历史文化展览》。

153. 2002 年 4 月，参与"5·18"国际博物馆日宣传活动，制作中英文宣传折页免费向游人发放。

154. 2002 年 5 月，大觉寺南路水路修复工程完工并投入使用。

155. 2002 年 5 月，举办"高山流水音乐会"。

156. 2002 年 6 月，国务委员吴仪来到大觉寺参观游览。

157. 2002 年 6 月，整理完成《大觉寺资料汇编》一套。

158. 2002 年 7 月，博物馆学会举办的博物馆馆长任职资格培训班在文物局培训中心大觉寺举办。

159. 2002 年 8 月，对馆藏定级文物进行藏品档案建档工作。

160. 2002 年 8 月，对三棵古油松进行抢救。

161. 2002 年 8 月，由德国元首钦点的德国军界十大将军中的五位大将在中方陪同下来到大觉寺参观。

162. 2002 年 9 月，完成功德桥面铺装；大雄宝殿、无量寿佛殿月台及甬路铺装；憩云轩、领要亭修缮；四门道地面及南路水道恢复；无量寿佛殿后防护坡、宇墙及北十间后山墙修缮工作。

163. 2002 年 9 月，北京市文物局局长梅宁华陪同近百名全国政协委员到大觉寺参观考察。

164. 2002 年 9 月，日本中国友好协会会长平山郁夫先生及夫人在中日建交

30 周年之际专程来到大觉寺参观游览。

165. 2002 年 10 月，完成 VIP 贵宾接待室的装修工作。

166. 2002 年 10 月，林业部门对大觉寺一、二级古树共 100 棵重新安装新的保护标志牌。

167. 2002 年 11 月，对寺内 54 棵古树进行抢救、复壮工作。

168. 2002 年 11 月，完成北路消防水道改造。

169. 2002 年 12 月，完成两座旅游接待星级厕所的改造。

170. 2003 年 4 月，由国家旅游局评定的大觉寺"国家 AA 级旅游景区"正式挂牌。

171. 2003 年 6 月，园林专家董保华、赵怀谦、吴承元、任桂芳为大觉寺濒危古树进行会诊。

172. 2003 年 7 月，申请专项资金对寺内 4 棵一级古树进行抢救，并重建古树档案。

173. 2003 年 6 月，完成管理处中层干部聘任工作。

174. 2003 年 6 月，法国国防部长来到大觉寺参观游览。

175. 2003 年 7 月，国务院副总理吴仪来到大觉寺参观游览。

176. 2003 年 10 月，自筹资金 10 万元，对院内标志牌及部分座椅、垃圾桶改造。

177. 2003 年 10 月，召开"大觉寺佛像复原专家论证会"，对大觉寺天王殿弥勒佛、四大天王、韦驮及无量寿佛殿十八罗汉复原修缮进行可行性论证。

178. 2003 年 10 月，大觉寺召开白塔旁松树保护工程验收会议，园林专家董保华、赵怀谦、吴承元等参与验收工作。

179. 2003 年 11 月，悬塑修缮及佛像复原一期工程完工。

180. 2003 年 11 月，完成触摸屏硬件设施购置及软件开发工作。

181. 2003 年 11 月，为提高旅游接待的硬件水平，对培训中心客房设备进行改造。

182. 2003 年 11 月，完成消防栓、暖气管路及供水设备的改造。

183. 2003 年 11 月，完成北玉兰院、方丈前院西侧陪房、无量寿佛殿耳房、路面及上下水管道改造工程。

184. 2004 年 2 月 28 日，全国政协原副主席王文元到大觉寺参观考察并题字留念。

185. 2004 年 4 月，举办大觉寺玉兰节，开展"古寺兰香——玉兰文化展"、"大觉寺文物资源发掘保护与利用学术研讨会"、名家笔会等活动。

186. 2004 年 4 月 8 日，北京市第十二届人大常委会副主任林文漪到大觉寺参观考察。

187. 2004 年 5 月 26 日，于大觉寺无量寿佛殿前举办"中国佛教音乐传世珍品——智化寺音乐欣赏"活动。

188. 2004 年 5 月，大觉寺被评为"首都文明旅游景区"。

189. 2004 年 8 月 23 日，新西兰前总理詹尼·希普利、韩国前总理李寿成、尼泊尔前首相比斯塔、澳门基金会主席吴荣恪等贵宾来到大觉寺参观游览。

190. 2004 年 8 月 24 日，博鳌亚洲论坛理事长、菲律宾前总统拉莫斯先生到大觉寺参观。

191. 2004 年 9 月 3~4 日，龚一古琴演奏会在大觉寺举办。

192. 2004 年 9 月，悬塑修缮及佛像复原二期工程完工，完成悬塑修缮及佛像彩绘工作。

193. 2004 年 9 月，"风调雨顺"琉璃字砖镶嵌大觉寺山门墙上。

194. 2004 年 10 月 2 日，中共中央政治局常委、中央书记处书记、中央党校校长曾庆红到大觉寺参观考察。

195. 2005 年 3 月，研究人员对大觉寺塔院遗址进行调查，发现一些建筑遗址和石刻遗迹，尤其以刻有"大清光绪五年塔院闰三月重修"门楣最为重要，门楣上方有"敕…"之字，可惜"敕"字之后已残缺，无法断定后为何字。门楣及部分精美石雕的发现，对于研究大觉寺历史，尤其是研究大觉寺清代历史具有重要的资料价值。

196. 2005 年 4 月，大觉寺举办《历代名人与大觉寺》展览。

197. 2005 年 4 月，《千年古刹——大觉禅寺》由方圆电子音像出版社出版发行。

198. 2005 年 5 月 3 日，国家发改委主任马凯和北京市副市长张茅到大觉寺参观考察。

199. 2005 年 5 月 15 日（农历四月初八），大觉寺无量寿佛殿前举办"晨钟暮鼓——中国佛教音乐传世珍品欣赏"活动。

200. 2005 年 9 月 2~3 日，在寺内憩云轩前举办《山水·庭院——2005 龚一古琴演奏会》。

201. 2005 年 10 月 9 日，"2005 西山银杏节"在大觉寺开幕。

202. 2005 年 11 月，大觉寺开展寺内四棵一级古油松倾斜支撑保护工作。

203. 2005 年 11 月 12 日，中共中央政治局委员、中央书记处书记、中央组织部部长贺国强到大觉寺参观考察。

204. 2005 年 11 月 18 日，北京市市委常委、统战部部长尤兰田到大觉寺参观考察。

205. 2005 年 11 月 26 日，北京市委常委、组织部长赵家骐及京津沪渝四直辖市市委领导到大觉寺参观考察。

206. 2006 年 1 月，大觉寺获评为第十一届"首都旅游紫禁杯先进集体"称号。

207. 2006 年 2 月 20 日，大觉寺管理处被首都绿化委员会授予"首都全民义务植树先进单位"。

208. 2006 年 3 月 30 日，海淀区人大代表 20 余人到大觉寺参观考察。

209. 2006 年 3 月，《大觉禅寺》图书出版发行。著者：孙荣芬、张蕴芬、宣立品。

210. 2006 年 3 月 31 日，由中华诗词学会、中华文学基金会联合主办的"著名书法家沈鹏先生诗词研讨会"在大觉寺举办。

211. 2006 年 4 月 1 日，国家文化部副部长、故宫博物院院长郑欣淼在北京市文物局副局长舒小峰、海淀区委副书记彭兴业等人陪同下参观考察大觉寺。

212. 2006 年 4 月 2 日，全国对外友协会长陈昊苏在北京市文物局副局长舒小峰陪同下参观考察大觉寺。

213. 2006 年 4 月 6 日，由北京市文物局主办、大觉寺管理处承办、明慧茶院协办的"2006·大觉寺玉兰节"开幕。《大觉寺藏契约文书展》首次对外展出。

214. 2006 年 5 月，大觉寺语音导览机投入使用。导览机内设中英法日韩等五种语言，方便了来自不同国家游客的参观游览需求。

215. 根据上级有关部门要求，自 2006 年 7 月 1 日起，将对每周三前 200 名来大觉寺的游客实行免费参观政策。

216. 2006 年 8 月 7 日，国务院副总理吴仪到大觉寺参观考察。

217. 2006 年 9 月 9 日～10 日，大觉寺明慧茶院举办"琴歌雅韵—2006·龚一、乔珊古琴会"。

218. 2006 年 9 月 27 日，北京联合大学应用文理学院与北京西山大觉寺管理处签订了"历史学专业就业实习基地建设协议书"。

219. 2006 年 9 月 28 日，为配合 2006 年海淀金秋旅游节暨西山银杏文化节活动，作为承办单位之一的大觉寺管理处特举办《西山银杏文化展》，以图片和文字的形式向观众展示普及银杏文化知识。

220. 2006 年 10 月，大觉寺电子门票制作完毕。

221. 2006 年大觉寺被核定为第六批全国重点文物保护单位。同年 11 月 1 日，"大觉寺—国家重点文物保护单位"石碑刊立于大觉寺山门之前。

222. 2006 年底，大觉寺管理处举办的《历代名人与大觉寺》展览获评为北京市文物局经济技术创新优秀成果奖。

223. 2006 年 11 月 15 日，大觉寺管理处与故宫博物院正式签订了大觉寺藏清代迦陵禅师画像的修复协议。

224. 2007 年 3 月 12 日，由北京市文物局主办的"博物馆管理与展览组织高级研修班"在大觉寺举办。

225. 2007 年 3 月 7 日，法国前总统密特朗夫人达尼埃尔及法国蓬巴杜市市长在北京市文物局副局长于平的陪同下，来到北京西山大觉寺参观。

226. 2007 年 3 月，大觉寺展开寺内憩云轩、香积厨等古建筑油漆彩画的保护性修缮工作。

227. 2007 年 4 月 3 日，"2007 大觉寺玉兰节"开幕，北京市文物局副局长于平、崔国民，海淀区政协主席彭兴业及相关领导出席开幕式并讲话。

228. 2007 年 4 月 16 日，大觉寺管理处邀请北京市文物鉴定委员会吴梦麟、张茹兰和刘卫东三位专家，为大觉寺寺内 40 余件石刻文物进行定级鉴定。

229. 2007 年 5 月 30 日，北京市城八区人大代表近 40 人来到大觉寺进行参观考察。

230. 2007 年 7 月，大觉寺管理处对大雄宝殿内倒坐观音、文殊、普贤三大士菩萨进行修缮性保护。

231. 2007 年 7 月 30 日，全国政协副主席、民进中央常务副主席张怀西率民进各省主委到北京大觉寺参观考察。

232. 2007 年 8 月 7~10 日，由北京市文物局主办为期四天的第三次全国文物普查培训班在大觉寺举办。

233. 2007 年 9 月 16 日，北京市委宣传部副部长陈冬一行百余人到大觉寺参观考察，北京市文物局局长孔繁峙、副局长舒小峰等陪同并接待。

234. 2007 年 9 月，大觉寺管理处制订并颁发《大觉寺管理处安全应急预案》手册。

235. 2007 年 10 月，大觉寺管理处配合西山银杏文化节举办《曲径通幽处禅房花木深——大觉寺古树名木展》。

236. 2008 年 3 月，大觉寺管理处对大悲坛历史沿革展览进行改陈。

237. 2008 年 3 月，大觉寺开始对寺内三世佛、三大士、韦驮、西方三圣、海岛观音悬塑等佛像、佛八宝以及殿内木柱进行修缮，修缮工作至年底前结束。

238. 2008 年 3 月，由大觉寺管理处整理并编制的《大觉寺藏清刻禅宗典籍八种》图书由燕山出版社出版并发行。

239. 2008 年 4 月 2 日，大觉寺举办"2008 大觉寺玉兰节"开幕式活动。

240. 2008 年 4 月，大觉寺举办《大觉寺摄影图片展》。

241. 2008 年 4 月 13 日，中央政治局委员、全国政协副主席、党组副书记、中央直属机关工委书记王刚来到大觉寺进行参观视察。

242. 2008 年 4 月 19 日，全国人大常委会副委员长、民进中央主席严隽琪在北京市文物局局长孔繁峙陪同下到大觉寺参观考察。

243. 2008 年 5 月 13 日，大觉寺管理处及职工，通过北京红十字会，向四川汶川灾区紧急捐款 23300 元人民币。

244. 2008 年 5 月 17 日，中国致公党北京市委员会在大觉寺举办为四川汶川灾区献爱心、抗震救灾书画义卖活动。

245. 2008 年 5 月 18 日，为纪念"5·18"国际博物馆日，大觉寺举办"佛舍利及其考古发现"、"佛珠漫谈"公益讲座活动。

246. 2008 年 7 月 2 日，北京市政协委员 30 余人到大觉寺视察工作。

247. 2008 年 10 月，大觉寺管理处举办《西山银杏文化展》。

248. 2008 年 10 月 22 日，"2008 西山银杏节"开幕式在大觉寺举办。海淀区委书记谭维克、副区长穆鹏、北京市文物局副巡视员、办公室主任王丹江等领导出席了开幕式并讲话。

249. 2009 年 3 月 8 日，中国医学科学院北京协和医学院整形外科医院教授李森恺和浙江中医药大学教授连建伟等 4 名全国政协委员来到大觉寺参观考察。

250. 2009 年 4 月 1 日，大觉寺《禅茶与寺庙》临时展览对公众展出，展期 1 年。

251. 2009 年 4 月 2 日，"2009 大觉寺玉兰节"开幕式在大觉寺内举办。

252. 2009 年 4 月 8 日，全国政协副主席、台盟中央主席林文漪到大觉寺参观视察。

253. 2009 年 4 月 10 日，"2009 年北京地区博物馆工作会"在首都博物馆召开，北京西山大觉寺管理处孙荣芬主任被评为"首都'迎奥运、讲文明、树新风'活动先进个人"称号，

254. 2009 年 5 月 6 日，中共中央政治局委员、中央军事委员会副主席，中华人民共和国中央军事委员会副主席，国务委员兼国防部部长曹刚川到大觉寺参观视察。

255. 2009 年 5 月 18 日，为配合"5·18"国际博物馆日宣传活动，大觉寺管理处与北京古代建筑博物馆携手展出《历代名人与大觉寺》展览。展览布展于古建筑博物馆神厨院内，5 月 18 日当天开始对游客开展，展出时间为一个半月。

256. 2009 年 5 月，大觉寺大雄宝殿内"二十诸天"和"十地菩萨"佛像修缮工程开工，这是继 2008 年"三世佛"、"三大士"、"西方三圣"、"韦驮"、"海岛观音悬塑"等佛像修缮之后的又一次大修工程，该工程由北京古建筑工程公司承接。先期工作主要是除尘养护，之后会陆续对开裂、剥落的塑像局部进行修补，对于没有破损的部位则进行原样保护。

257. 2009 年 7 月 2 日，大觉寺管理处结束了在古建馆神厨为期一个半月的巡展，将《历代名人与大觉寺》展览送至大觉寺东路通讯团部队继续巡展，展览展出时间为一个半月。

258. 2009 年 8 月 3 日，应大觉寺管理处邀请，市林业保护站副站长闫国增、园林病虫害防治专家徐公天及海淀区林业保护站站长周义等同志一行 6 人来到大觉寺，对四宜堂院内古玉兰病虫害诊治工作考察指导。

259. 2009 年 8 月，大觉寺管理处"迎国庆平安行动"展开安全检查并进行消防演练。

260. 2009 年 8 月中旬，大觉寺管理处结束了大觉寺东路通讯团部队为期一个半月的巡展后，将《历代名人与大觉寺》展览送至二炮培训中心继续巡展，展览展出时间为一个月。

261. 2009 年 8 月 29~30 日，"茶香寺溢静品琴泉"古琴会在京西大觉寺的憩云轩前举办，享誉琴坛的中国古琴演奏家龚一、陈雷激和琴歌演唱家乔珊联袂演出。

262. 2009 年 9 月 25 日，为加强博物馆之间的文化交流与合作，北京古代建筑博物馆送展《巧夺天工 构筑奇迹》至大觉寺巡展，展览布展于大觉寺北路玉兰院西侧庭院内。

263. 2009 年 9 月 28 日，大觉寺管理处主办的《历代名人与大觉寺》临时展览，在结束了为期近 5 个月的博物馆、军队巡展之后，又回到大觉寺，并将继续在寺内展出，展期为一个半月。

264. 2009 年 10 月 15 日，为加强博物馆之间的文化交流与合作，北京古代建筑博物馆送展《农神的足迹》至大觉寺巡展，展览布展于大觉寺北路玉兰院西侧庭院内。

265. 2009 年 10 月 23 日上午，由北京市文物局、海淀区旅游局、苏家坨镇政府主办，北京西山大觉寺管理处承办，凤凰岭自然风景区等单位协办的"天心树语 爱我中华——2009 西山银杏节"活动开幕式在大觉寺内举办。

266. 2010 年 1~6 月，开展"文物调查及数据管理系统建设"工作，核查文物数据、拍摄照片资料并进行网上填报。完成大觉寺馆藏二级和三级文物藏品的照片拍摄和系统档案录入报送和审查工作。其中二级文物 674 件，包括经板 519 件，契约文书 128 件，经书 19 件，匾额 1 件，石碑 6 件，画像 1 件。三级文物 29 件，包括经书 3 件，匾额 10 件，其他石刻文物 16 件。共报送文物藏品纸质档案 703 份，数码照片为 4218 张。

267. 2010 年 4 月，大觉寺举办《迦陵禅师与雍正皇帝》专题展览，展期 2 年。

268. 2010 年 4 月 4 日，大觉寺管理处组织并撰写相关文章，印制成《大觉寺文集》图书对外发放。

269. 2010 年 4 月 4 月 15 日，"2010 大觉寺玉兰节"开幕式在大觉寺内举办，北京市文物局、海淀区政府等有关领导出席开幕式并讲话。

270. 2010 年 4 月 6 月 19 日，在大觉寺内再次举办古琴会，著名古琴演奏家龚一先生及青年古琴演奏家陈雷激、乔珊、王鹏演奏《流水》、《广陵散》等经典名作，并与来宾对话古琴艺术的渊源、交流古琴知识，禅画大师李智先生更是挥毫一副禅茶画卷，与琴声相映成趣。

271. 2010 年 4 月 7 月 19 日，北京市文物局培训中心党支部接收预备党员大会在大觉寺召开。经培训中心党支部全体党员一致通过，同意接收顾春敏和宣立品同志为预备党员，并对两位同志提出了具体的意见和建议。

272. 2010 年 4 月 7 月，雨季来临，北京西山属雷雨频发地区，为了保护殿堂不受雷电破坏，大觉寺管理处对大觉寺中路殿堂避雷针进行了更换。

273. 2010 年 4 月 7 月，临近雨季，大觉寺管理处全面对寺内古建筑、库房文物等开展安全大检查工作，并对存在隐患的部位开展修补加固等工作。

274. 2010 年 4 月 7 月 7 日，在市委宣传部和北京市文物局的倡导下，西山大觉寺管理处党支部也积极开展了"共产党员献爱心"捐献活动，大觉寺党员及积极分子一如既往地全部参加了此次捐献活动。大觉寺党支部共有共产党员 7 名，入党积极分子 2 名，共捐献爱心款 1200 元。

275. 2010 年 4 月 10 月，大觉寺管理处对无量寿佛殿、大雄宝殿及天王殿陆续开展天花板保护工作。

276. 2010 年 4 月 10 月 21 日上午，由北京市文物局、海淀区旅游局主办，北京西山大觉寺管理处、凤凰岭自然风景区等单位承办的"2010 西山银杏节"开幕式将在大觉寺内举办。届时，有关领导将出席开幕式并讲话。此次银杏节除赏银杏、品白果外，还将举办《大觉寺摄影图片展》、金秋登山祈福等活动。

277. 2010 年 4 月 11 月 9 日，为纪念"11·9"消防安全日，培养职工的消防安全意识，提高消防应用水平，大觉寺管理处特举办消防安全工作会、消防安全演习、消防安全技能培训、消防安全知识竞赛等活动，全体职工参加了此次活动。

278. 2011 年 4 月 4 月，举办玉兰节，邀请清史专家阎崇年、中国佛协副秘书长延藏法师出席开幕式并文化讲座。

279. 2011 年 4 月，玉兰节期间，邀请国家级非物质文化遗产——四川泸州分水油纸伞的继承人毕六富先生及门徒进行现场制作，为游客增加新鲜文化项目。

280. 2011 年配合玉兰节开发旅游纪念品"大觉寺玉兰麦秸画""大觉寺佛八宝油纸伞""大觉寺文化 T 恤衫"。配合西山银杏节开发旅游纪念品——清乾隆皇帝题大觉寺千年古银杏诗题材青花釉里红瓷对杯茶具一套。

281. 2011 年 6 月 21 日，为纪念中国共产党成立 90 周年，北京电视台推出大型新闻系列节目《红色地图》。其中播出的专题片《海淀西山大觉寺》是以大觉寺为红色背景，追踪记录了中共北平市委在日本投降后一段时间内开展工作的痕迹。北平市委成立后，主要机关的工作地点设在平西北安河村一带以大觉寺为中心的庙宇、私人别墅以及学校里。纪录片记录了这段时期发生在大觉寺及周边的抗战历史。从这一段历史可以看出，北安河地区，大觉寺一带，也就是现在被称为"大西山风景区"的地域，不仅有很深的历史文化底蕴，而且还经过一段红色风暴的"洗礼"。由此可见，大觉寺地区也是北京"革命圣地"之一。

282. 2011 年中秋节期间，与局工会联合邀请著名清史专家阎崇年先生在大觉寺举办文化讲座《北京的中轴线》。

283. 2011 年 10~11 月，《素食与养生》展览的备份展板送往北京辽金城垣博物馆和凤凰岭国家森林公园进行巡展。与北京辽金城垣博物馆合作，引进《北京辽金元佛塔图片展》在银杏节期间来寺巡展。

284. 2011 年 11 月，完成大觉寺官方网站建设。

285. 2011 年 12 月，对馆藏木器家具制定维修保护计划。

286. 2011 年 12 月，完成安全系统检测及院内设施改造。

287. 2011 年本年度，举办《素食与养生》临展并设计印制宣传册；举办《大觉寺摄影图片展》临展；举办《金鱼科普知识展》临展及木海盆景金鱼实景展示；在龙王堂举办《祝大年先生部分书画作品展》临展。

288. 2011 年本年度，精心完成方丈后院客房装修整治，完成功德池和龙王池的防渗工程，北下院等修缮工程基本完工，完成大觉寺岁修工程。积极筹备北下院南罩房、西侧功能房及暖廊等附属功能用房维修工程、憩云轩公共厕所及南十间南侧夹道排水改造工程、基础设施改造工程和彩钢房拆建工程。

289. 2012 年通过媒体积极开展宣传报道，大觉寺腊八节、春节、玉兰节、清明节期间举办的系列文化活动均得到了电视台（《首都经济报道》《北京新闻》

等）、电台（103.9 新闻、一路畅通等）、报刊（《北京日报》《法制晚报》《京华时报》等）、网络（千龙网、新华网、博客、微博等）等多方媒体及社会各界的广泛关注、宣传和报道。

290. 2012 年与《这里是北京》节目组合作制作两期大觉寺专题宣传片，在玉兰节期间播放。与《今日京华》节目组合作，制作《大觉寺玉兰花节》专题片在玉兰节期间播放，制作《大觉寺》文化宣传片两集在春夏之交播放。

291. 2012 年 11 月，在市文物局的要求下开通官方微博，宣传推介大觉寺历史文化。

292. 2012 年完成标识牌的改装工作，完成五种语言景区标识牌设计安装。

293. 2012 年完成大觉寺馆藏木器家具修复项目的申报审批工作。

294. 2012 年积极组织 2A 景区复核和 3A 景区参评工作。

295. 2012 年本年度，完成各种展览 11 项，包括：《腊八节民俗文化展》、《龙王堂里话"龙"年——大觉寺 2012 新春民俗展》、《大觉寺——镜头里的记忆与变迁》图片展、《大觉寺玉兰文化展》、《国家级非物质文化遗产——传统插花文化展》、《鱼跃龙门——朱明德先生画展》、《文物保护与修复技术专题展》、《端午节民俗文化展》、《中秋传统文化展览》、《西山·大觉寺银杏文化展》。《素食与养生》送至西罗园社区巡展。展览举办的力度远远大于往年，受到游客的肯定。

296. 2012 年本年度，举办文化活动 7 项。其中包括：腊八节（元旦）期间，举办"民俗腊八节，与民共品腊八粥"活动；春节期间，举办"博物馆里过大年——2012 年大觉寺新春祈福活动"，包括"祈福迎祥、带福还家"送福包、许愿系福、敲钟祈福、敬香礼佛、赏猜灯谜、看民俗展览"等系列内容；举办"2012 大觉寺玉兰节暨大觉寺对外开放二十周年"大型系列文化活动；清明节期间，举办国家级非物质文化遗产"清新自然 宛自天开——传统插花赏析与体验"活动；中秋节举办"赏月中秋祈福大觉——赏月·冷餐·音乐"活动；举办"山深境幽 古树禅心"——2012 大觉寺银杏节；重阳节举行敬老活动。

297. 2012 年本年度，举办文化讲座、座谈会 6 项，合计 26 场次。玉兰节期间，举办公益讲座《让生命像花儿般绽放》，由北京中医药大学副教授曲黎敏主讲；举办国家级非物质文化遗产"清新自然 宛自天开——传统插花赏析与体验"文化讲座 3 场；举办"感谢、传承、凝聚、开创——大觉寺开放二十周年纪念会"；

"5·18"博物馆日当天，举办公益讲座《浅谈清敕修乾隆大藏经经版修复、保护与研究》，由中国佛教协会副秘书长延藏法师主讲；召开"我记忆中的大觉寺——周边居民口述资料收集整理座谈会"；与国家文物局各省市文博干部在大觉寺内开展文化交流座谈会4场；举办讲解员培训讲座10场；国庆节期间麋鹿苑副馆长郭耕主讲《素食：健康与环保的捷径》《生态文明与绿色行动》2场；国庆节期间王松主讲《弥勒造像的流传与演变》1场；银杏节期间举办摄影知识讲座2场。讲座的举办大大丰富了大觉寺社教工作的文化内涵，从更深层次上与观众交流互动，扩大了大觉寺的影响。

298. 2012年出版《阳台集——大觉寺历史文化研究》图书一部；撰写书稿《大觉寺契约文书整理及研究》、《雍正皇帝与迦陵禅师——从迦陵禅师和大觉寺看雍正皇帝与佛教》参加局属单位2013年度科研出版项目申报。业务人员宣立品、王松撰写的《大觉寺：古刹千年迷踪》一文发表于国家级文化类核心期刊《文化月刊》（2012年5月刊）。

299. 2012年送派2名工作人员赴台参加北京与台北文创产业交流活动。结合大觉寺文化特点开发文创产品，包括玉兰花瓷水盂、玉兰题材书签、中式特色笔记本、便签、影集等，在实际推广中深受好评。

300. 2012年完善监控技防设施，加装监控探头，装配巡更系统，保障顺畅运行，装配远程信号传输系统。维护保养灭火器240具，另外补充文物局配发灭火器24具，增加12个灭火器放置点位。

301. 2012年完成大觉寺北下院安保房及暖廊等维修工程、绿化及环境整治工程、北下院北房厕所装修工程、大觉寺绿化及环境整治工程、大觉寺功德池南侧增设服务设施工程、电力设备增容工程、围墙及院内堡坎修缮工程等。在"7·21"特大自然灾害期间，大觉寺的文物古建经受住了考验，这一方面得益于管理处反应迅速，及时应对，另一方面得益于大觉寺扎实的古建日常维护修缮工作。

302. 2013年1月，依照中华人民共和国国家标准《旅游景区质量等级的划分与评定》与《旅游景区质量等级管理办法》，经北京市旅游发展委员会旅游景区质量等级评定委员评定，批准北京西山大觉寺由国家2A级旅游景区升级为国家3A级旅游景区。

303. 2013年1月19日，大觉寺举办"腊八民俗节 共品腊八粥"的民俗活动。

活动主要包括现场免费喝粥，免费领取腊八米、与家人分享，看民俗展览等内容。

304. 2013 年 1 月 23 日，海淀区消防支队、海淀区文委、苏家坨镇综治办有关领导来到大觉寺，联合开展消防安全大检查。

305. 2013 年 2 月，大觉寺管理处举办"纳福纳瑞 一体同春——2013 年新春祈福"活动，推出"敲福钟、品民俗，看展览，猜灯谜"等系列春节文化祈福活动内容，为市民奉上一道丰盛的春节文化大餐。

306. 2013 年 3 月 27 日，在大觉寺银杏院养正堂内召开"古寺兰香 赏花悟道——2013 大觉寺玉兰节·新闻通气会"，通报 2013 年大觉寺玉兰节活动安排，回答记者提问。新闻发言人为大觉寺管理处主任姬脉利。北京市文物局副局长刘超英、海淀区政协主席彭兴业、中国佛教协会副秘书长延藏法师等有关领导和嘉宾出席并讲话。大觉寺玉兰节活动时间为 4 月 4 日至 4 月 30 日，活动内容主要包括：（1）国家级非物质文化遗产——传统插花现场讲座及体验分享；（2）展览：①《大觉寺历史文化展览》改陈开展；②《大觉寺摄影作品展》；③《纪念毛泽东诞辰120 周年书画展》；（3）大觉寺玉兰节摄影公益讲座；（4）京剧票友票戏；（5）赏兰品茗，欣赏茶艺表演及民乐演奏；（6）茶文化讲座；（7）书画名家笔会。

307. 2013 年 4 月，《大觉寺历史文化展览》改陈开展。此次展览改陈，突破原有展览循规蹈矩的固有模式，在继续丰富展品的基础上，增加现代化展示媒介，力求使观众在参观的同时，能获得知识以外，视觉与美的体验。

308. 2013 年 4 月，大觉寺举办公益展览《大觉寺摄影作品展》。

309. 2013 年 4 月 4 日，大觉寺管理处举办"国家级非物质文化遗产——传统插花之体验与分享"活动。活动期间，百余名观众积极参加了此项活动，并深深地喜爱上了这项非物质文化遗产项目。

310. 2013 年 4 月 6 日，大觉寺管理处推出公益摄影讲座，邀请业界专业摄影师——北京市博物馆文化研究所副所长、中国文物学会文物摄影委员会会长祁庆国老师，在大觉寺公益开讲，博物馆，古建筑，文物，风景，游客们在实景中学习、体验和分享。祁庆国老师资历深厚，学识渊博，讲座内容丰富饱满、引人入胜，一些精彩照片的解读使人感动。

311. 2013 年 4 月 20 日，海峡两岸文化创意产业展在台北世贸中心开幕，大觉寺管理处积极组织参展工作。

312. 2013 年 5 月 18 日，博物馆日，大觉寺举行纪念活动，通过展览、讲解、票价优惠等方式，让更多观众了解其作为一座以古建筑及园林等文化为核心的博物馆对于文化的传承和弘扬。

313. 2013 年 6 月 12 日，大觉寺举办游古寺、品端午民俗——"端午节时品香粽"活动。

314. 2013 年 9 月 19 日，中秋佳节，由北京市文物局主办、北京西山大觉寺管理处和明慧茶院承办的"琴歌雅韵 清泉流觞——2013 大觉寺中秋古琴会"在西山大觉寺内盛大开幕。来自国内十多名古琴艺术家、爱好者和琴童倾情献艺，约 300 多名听众举家赏月听琴。

315. 2013 年 10 月 13 日是重阳节，大觉寺管理处为老年人精心准备了具有大觉寺特色的文化创意礼品——大觉寺石碑揽胜之书法及无量寿佛殿素描绘画综合一体创意而成的创意礼品，此作品既展示了千百年来寺存石刻碑帖中关于寺庙历史源流的记载，又增加了明代古殿、清乾隆匾额"动静等观"的现代素描绘画，这既是文化的继承，也是传承形式上的创新。前来参观的老人们收到这份意外的纪念品都非常高兴。

316. 2013 年 10~11 月，大觉寺举办"山深境幽 古树禅心——2013 大觉寺银杏节"。游古寺，赏古树，品香茗，听琴声。

317. 2013 年 11 月 2 日下午，大觉寺银杏院内，举办"一盏清茶酬知音——金秋雅集"分享活动。

318. 2013 年 11 月，大觉寺管理处积极参加"第八届中国北京国际文化创意产业博览会"博物馆长廊展示并获得广泛嘉奖。国家工商行政管理总局党组书记、局长张茅，国务院参事室主任陈进玉，北京市副市长杨晓超，北京市委宣传部副部长张淼，韩国前副总理林昌烈先生及夫人等，分别在北京市文物局局长舒小峰、副局长于平等领导的陪同下，来大觉寺大觉寺展区内视察，对大觉寺文博创意产业的促进工作给予了充分肯定和赞许。大觉寺在"第八届中国北京国际文化创意产业博览会"中荣获"主展场最佳展示奖"；在文物及博物馆相关文化创意展馆中荣获"文博创意产业促进奖"。大觉寺文化创意产品"动静等观"匾额摆件，在第十届"北京礼物"旅游商品大赛中获铜奖。

319. 2014 年 4 月，深度挖掘大觉寺佛造像艺术及历史文化，开展专题研究，举办《诸天造像艺术展》专题展览，除布展于大觉寺临时展厅外，还开辟大觉寺龙王堂作为展厅，配合此次展览活动，使展览内容更生动、更丰富。

320. 2014年4月初，大觉寺管理处赴俄罗斯中国文化中心和普希金博物馆，举办《一盏清茶酬知音——中国茶文化体验与分享》展览及茶艺表演等活动。

321. 2014年与藏地进行茶文化交流，传播汉地茶文化。2014年9月，赴西藏林芝，举办《2014茶马古道——北京、林芝茶文化交流会》活动，在林芝群众艺术馆举办《中国茶文化展览》、文士茶表演、中国茶文化讲座，并与西藏酥油茶文化同台献艺，与茶马古道之易贡茶场进行交流分享等。

322. 2014年本年度，推出临时展览多项。其中包括《元旦民俗文化展览》、《腊八民俗文化展览》、《春节民俗文化展览》、《古刹春色——大觉寺摄影图片展》、《国家级非物质文化——传统插花专题展览》、《端午民俗文化展览》和《中秋民俗文化展览》等。

323. 2014年举办"古寺兰香 赏花悟道—2014大觉寺踏春季"清明踏春赏花活动。活动期间，举办插花公益讲座和现场实践体验活动2场，举办茶文化讲座、茶艺表演、赏花品茗等活动。

324. 2014年举办"山深境幽 古树禅心——2014大觉寺银杏节"活动。活动内容主要包括《大觉寺银杏摄影作品展》，《诸天造像艺术展》，赏银杏，品香茗等活动。

325. 2014年中秋节期间，大觉寺举办"中秋明月夜 共叙跨国情——二零一四年在京外国专家联谊座谈会"；举办古琴音乐欣赏等活动。

326. 2014年继续办好传统民俗活动。包括"腊八民俗节 共品腊八粥"活动、"博物馆里过大年——春节民俗"活动以及"端午节 游古刹 品香粽"活动等。

327. 2014年完成"大觉寺二十诸天"画册出版工作。

328. 2014年开展《雍正皇帝与迦陵禅师》局级科研出版项目。

329. 2014年业务干部宣立品参与市文物局考古科研处"一对一专家帮助培训"项目，与指导老师黄春和踏查川藏地区寺庙历史文化，撰写专题学术论文《金代青州希辩禅师塔铭考述》，并提交学术刊物给予发表。

330. 2014年完成《大觉寺藏契约文书整理和研究》出版工作。

331. 2015年1月，完成《雍正皇帝与迦陵禅师》出版项目。

332. 2015年参与并完成全国文物普查工作项目中大觉寺相关普查工作内容。

333. 2015年5月，由北京市文物局、厦门大学国学研究院主办，北京西山大觉寺管理处、厦门筼筜书院承办的《禅与茶——中国茶文化展览》在厦门筼筜书院举办。

334. 2015年8月，完成《禅与茶——中国茶文化展览》赴美国芝加哥外展。除展览外还举办了禅茶和文士茶表演、中国茶文化讲座、中国功夫茶互动、中国书法讲座与撰写展示互动、中国传统插花互动教学以及古筝演奏等活动。该活动由北京市文物局、大觉寺管理处主办，美国二十一世纪学会、奥兰德帕克市政府、奥兰德帕克市公共图书馆承办。以传播中国以茶为载体的传统文化，在互动交流中学习和成长为目的，我们深入美国主流社会，深入社区，完成展览、讲座、表演等项目，使美国人民对中国茶及相关传统文化有了更直观地了解。

335. 2015年本年度，举办腊八民俗节庆活动；举办博物馆里过大年——大觉寺新春祈福活动；完成大觉寺文化展昌平区县巡展项目。

336. 2015年推出传统临时展览多项。具体包括《元旦民俗文化展览》、《腊八民俗文化展览》、《博物馆里过大年——春节民俗文化展览》、《古刹春色——大觉寺摄影图片展》、《端午民俗文化展览》和《科学放生科普展览》等。

337. 2015年推出特色临时展览两项：《千年极境——非物质文化遗产唐卡文化展》，《彩墨金秋 大觉禅韵——大觉寺主题绘画展》，深受观众喜爱。

338. 2015年举办"古寺兰香 赏花悟道—2015大觉寺踏春季"清明踏春赏花活动。活动期间，举办茶文化讲座、茶艺表演、赏花品茗等活动。

339. 2015年举办"山深境幽 古树禅心——2015大觉寺银杏节"活动。活动内容主要包括《唐卡艺术展》，《大觉寺主题绘画展》，赏银杏，品香茗等活动。

340. 2015年金秋十月，与明慧茶院联合举办古琴音乐欣赏等活动。

341. 2015年完成"西山大觉寺藏契约文书中记载寺庙的初步调查"和"北京明代及周边地区诸天形象研究"两项局级课题的立项申报工作，并获批成为2016年科研课题。

342. 2015年文博系列中级专业职称人员张蕴芬完成论文《大觉寺历史文化漫谈》发表于《中国名城》杂志2015年第10期；《大觉寺寺庙园林》即将于2015年底发表于《海淀史志》。王松完成《从大觉寺藏契约看古代契约文书的收藏价值》学术论文，因刊物排版调整，由2015年底被调整至《收藏家》（省部级）2016年第1期发表。

343. 2015年开发大觉寺主题国画书签，在赴厦门茶文化展览、赴美芝加哥茶文化展、大觉寺主题绘画展、重阳节等特色节中、局工会职工俱乐部系列活动中，免费发放，获得了观众的喜爱和好评。

344. 2015年依靠现有条件积极参与科普活动，举办《科学放生科普展览》及科学放生等活动。

345. 2015年完成院内消防设施的维护及保养工程，完善消防设施的配套配置，完成南坡长亭避雷工程的施工，完成全院的电消检工作。

346. 2015年完成大觉寺修缮工程、大觉寺中路安全辅助照明及电路改造工程、大觉寺匾额修缮工程等。工程实施中加强监管，加强沟通协调，该工程全面加强了文物古建的安全，改善了接待环境。鉴于邻近村民拆迁的情况，对大觉寺南侧围墙进行了勘查和修建的方案设计，完成了大觉寺院内环境整治工程方案设计并报市文物局审核。

图书在版编目(CIP)数据

大觉寺 / 姬脉利等著. -- 北京：社会科学文献出
版社, 2016.9
　　ISBN 978-7-5097-9708-2

　　Ⅰ. ①大… Ⅱ. ①姬… Ⅲ. ①佛教－寺庙－介绍－北
京 Ⅳ. ①B947.21

　　中国版本图书馆CIP数据核字(2016)第219143号

大觉寺

顾　　问 /	顾春敏	
著　　者 /	姬脉利　张蕴芬　宣立品　王　松	
出 版 人 /	谢寿光	
项目统筹 /	郑庆寰	
责任编辑 /	郑庆寰　周映希	
出　　版 /	社会科学文献出版社·皮书出版分社　(010) 59367127	
	地址：北京市北三环中路甲29号院华龙大厦　邮编：100029	
	网址：www.ssap.com.cn	
发　　行 /	市场营销中心 (010) 59367081　59367018	
印　　装 /	北京盛通印刷股份有限公司	
规　　格 /	开　本：787mm×1092mm 1/16	
	印　张：32.25　字　数：528千字	
版　　次 /	2016年9月第1版　2016年9月第1次印刷	
书　　号 /	ISBN 978-7-5097-9708-2	
定　　价 /	298.00元	